Vergessene Geschäfte – verlorene Geschichte

Barbara Händler-Lachmann
Thomas Werther

Vergessene Geschäfte
verlorene Geschichte

*Jüdisches Wirtschaftsleben in Marburg
und seine
Vernichtung im Nationalsozialismus*

HITZEROTH

Die Abbildung auf dem Umschlag zeigt das Haus Elisabethstraße 15 im Jahre 1911.

Dieses Buch entstand im Rahmen der Arbeit der
Geschichtswerkstatt Marburg e.V.
Die Drucklegung wurde gefördert durch den Magistrat der
Universitätsstadt Marburg und das Hessische Ministerium
für Wissenschaft und Kunst.

Die Deutsche Bibliothek – CIP-Einheitsaufnahme

Händler-Lachmann, Barbara:
Vergessene Geschäfte – verlorene Geschichte : jüdisches
Wirtschaftsleben in Marburg und seine Vernichtung im
Nationalsozialismus / Barbara Händler-Lachmann und Thomas
Werther. [Dieses Buch entstand im Rahmen der Arbeit der
Geschichtswerkstatt Marburg e.V.]. – Marburg : Hitzeroth, 1992
    ISBN 3-89398-077-6
NE: Werther, Thomas:

Umschlaggestaltung: Gerhard Exel
Satz und Lithos: Harald Händler
Herstellung: Joh. Aug. Koch, Marburg
Printed in Germany
ISBN 3-89398-077-6

Vorwort

Die Arbeiten an einem Projekt zur Erforschung der jüdischen Geschichte der Stadt Marburg begannen 1987; konkreter Anlaß hierfür war der fünfzigste Jahrestag der Pogromnacht im Jahre 1988. Das Projekt verfügte zunächst über zwei halbe ABM-Stellen der Geschichtswerkstatt Marburg e.V. 1988 war die Arbeit soweit vorangeschritten, daß eine Broschüre über die Ereignisse des Jahres 1938 und den Prozeß gegen die Synagogenbrandstifter im Jahre 1947 publiziert werden konnte. Nachdem 1989 die finanzielle Förderung des Projektes mit öffentlichen Mitteln ausgelaufen war, konnten die Arbeiten nicht mehr mit gleicher Intensität fortgesetzt werden. Auch die Pläne zur Erforschung weiterer Bereiche des jüdischen Lebens in Marburg mußten vorerst zurückgestellt werden. Vielleicht gibt die hier vorgelegte Publikation den Anstoß zu einer erneuten Förderung dieser Arbeiten, für die inzwischen eine breite Materialgrundlage entstanden ist.

Zu danken haben wir an erster Stelle Harald Händler, ohne den dieses Buch nicht hätte fertiggestellt werden können. Angus Fowler hat uns mit seinem profunden Wissen bei der Abfassung der historischen Abschnitte sehr geholfen. Renate Bastian, Ralf Berg, Susanne Fülberth, Petra Hoffmann, Regine Hommel und Ulrich Schütt haben uns auf verschiedenste Weise bei dem Projekt geholfen: bei der Archivarbeit, der Texterfassung, der Korrektur und vielem anderen. Den jüdischen Gesprächs- und Briefpartnern haben wir vieles zu danken: nicht nur Informationen über die Zeit und über das Schicksal der jüdischen Menschen in unserer Stadt, sondern auch die von Anfang an bestehende Bereitschaft, uns in Freundschaft zu begegnen. Wir haben mit ihnen viele interessante, freudige und auch traurige Stunden verlebt, die wir nicht vergessen werden. Und wir hoffen, auch künftig neue Bekanntschaften zu machen und die alten Freundschaften zu erhalten.

Einer unserer jüdischen Gewährsleute sei zuerst genannt: Robert Freund. Leider hat er die Fertigstellung dieses Buches nicht mehr erlebt; er ist am 4. Oktober 1991 bei einem Verkehrsunfall in New York ums Leben gekommen. Des weiteren danken wir Hans Adler, Judith Bachrach, Theo Bachrach, Ilse Feibel, Heinz Fürst, Hanna Goldschmidt, Max Haas, Dieter Lanzewizki, Berta Levi de Garcia, Leopold Lion, Franz-Dietrich Lucas, Milli Mitscherlich, Herbert Roth, Edith Shestack, Abraham Tempelhof, Margot Weil, Max Walldorf, Carola Wertheim, Trude Wertheim und Erwin Wohl.

Da es selbst heute noch - oder gerade heute wieder - problematisch ist, über die Verfolgung jüdischer Bürger zu berichten, haben wir darauf verzichtet, unsere nichtjüdischen Gesprächspartner namentlich zu nennen. Ihnen, die meist in freundschaftlichem Verhältnis zu den jüdischen Familien standen, sei an dieser Stelle herzlichst gedankt.

Große Unterstützung bekamen wir auch von der jüdischen Gemeinde und der Gesellschaft für Christlich-Jüdische Zusammenarbeit in Marburg. Insbesondere Willi Sage hat uns über viele Schwierigkeiten hinweggeholfen.

Immer wieder erfuhren wir bei öffentlichen Stellen große Hilfsbereitschaft. Besonders gedankt sei hier vor allem Herrn von Geyr vom Einwohnermeldeamt Marburg, Dr. Uta Löwenstein vom Staatsarchiv Marburg, Dr. Volker Eichler vom Hauptstaatsarchiv und Herrn Flach von der Entschädigungsbehörde in Wiesbaden.

Inhalt

1. Einleitung

Im heutigen Marburg weist kaum noch etwas darauf hin, daß es hier einmal eine bedeutende jüdische Gemeinde gegeben hat. Zu den wenigen Hinweisen auf sie, die der aufmerksame Besucher finden kann, gehört ein unauffälliger Gedenkstein an dem Platz, an dem sich bis November 1938 eine große, das Stadtbild beherrschende Synagoge befunden hat. Der Stein erinnert an den Pogrom vom 9. November 1938, als eine Marburger SA-Gruppe die Synagoge niederbrannte; er fordert zum Gedenken an die ermordeten jüdischen Bürger auf.

Abseits vom Zentrum der Stadt gibt es einen großen jüdischen Friedhof, der bei seiner Anlage weit außerhalb der Stadt lag, heute aber eine Insel zwischen Neubauten und verkehrsreichen Straßen bildet. Hier findet sich - wenig beachtet - eine Tafel mit den Namen aller Marburger Juden, die dem Holocaust zum Opfer fielen.

Und es gibt in Marburg eine Judengasse, die 1936 von den Nationalsozialisten in *Schloßsteig* umbenannt wurde. So heißt die Straße heute noch, aber seit den siebziger Jahren gibt ein Zusatzschild mit der Aufschrift *Judengasse* einen Hinweis auf den Teil der Stadt, in dem die Juden ihre erste Synagoge, einen Betraum und eine Schule hatten. Zudem wurde vor einigen Jahren die *Schwangasse* in *Leopold-Lucas-Straße* umbenannt. Leopold Lucas stammte aus einer alteingesessenen jüdischen Familie. Er verließ Marburg in jungen Jahren und wurde später Rabbiner und bedeutender Wissenschaftler. Zusammen mit seiner Frau fiel er dem Holocaust zum Opfer.

Seit einigen Jahren gibt es in Marburg auch wieder ein jüdisches Gemeindezentrum. Doch es bestehen kaum direkte Beziehungen zur früheren jüdischen Gemeinde, die im Nationalsozialismus fast völlig ausgelöscht wurde. Nur wenige Gemeindemitglieder lebten schon vor dem Krieg in der Region. Die meisten kamen in den Jahren nach dem Krieg in die Stadt.

Nur dann, wenn ehemalige jüdische Mitbürger, die dem Holocaust entkommen konnten, die Stadt besuchen, werden die Verbindungen zur Vergangenheit wieder wach. Aber die meisten dieser Personen sind hochbetagt, und der Zeitpunkt ist abzusehen, zu dem auch dieser Bezug zur jüdischen Vergangenheit Marburgs nicht mehr besteht.

Es gibt bisher nur wenige Publikationen, die sich intensiv mit dem Schicksal der Marburger Juden beschäftigen. Zu diesen gehört die materialreiche und wissenschaftlich fundierte Arbeit von Konstantin Haase und Günther Rehme: " ... *mit Rumpf und Stumpf ausrotten ... Zur Geschichte der Juden von Marburg und Umgebung nach 1933*". Die Arbeit ging aus einem Schülerwettbewerb hervor. Die Schüler standen vor einer schwierigen Quellenlage, denn in den Beständen des Staatsarchivs Marburg - normalerweise der Ort, an dem die wichtigsten Dokumente zur Zeitgeschichte zu erwarten sind - fanden sich kaum Zeitzeugnisse, die sich direkt auf die Stadt Marburg beziehen. Deshalb legten Haase und Rehme den Akzent auf den Landkreis Marburg, für den umfangreichere Materialien existieren.

Weitere wichtige Arbeiten zu dem Thema sind die von Dickinson *German and Jew. The life and death of Sigmund Stein* (Pseudonym für Dr. Hermann Reis), die bisher nur auf Englisch erschienen ist, und die Dissertation von Axel Erdmann *Die Marburger Juden - Ihre Geschichte von den Anfängen bis zur Gegenwart*, die bislang nur als Dissertationsdruck vorliegt. Darüberhinaus gibt es noch eine Reihe kleinerer Publikationen zu dem Thema. Die genannte Literatur beschäftigt sich mit dem Thema dieser Arbeit, dem jüdischen Wirtschaftsleben, jedoch nur am Rande.

Der Umstand, daß im Staatsarchiv umfangreicheres Material zu Marburg selbst für die Zeit das Nationalsozialismus fehlte, stellte auch die vorliegende Publikation vor größere Quellenprobleme. Der Entschluß, die Untersuchung auf die Stadt Marburg einzuschränken - und damit eine Lücke zu füllen -, bedeutete, auch alle die Unterlagen einzubeziehen, die in den verschiedensten Marburger Ämtern archiviert sind. Es begann eine lange, arbeitsreiche Zeit der Suche, der Fehlschläge, aber auch der überraschenden Funde. Einer davon war eine wohl relativ vollständige Kartei der jüdischen Bevölkerung in der Zeit des Nationalsozialismus, die sich im Keller des Einwohnermeldeamtes fand. Ein anderer unerwarteter Fund in den Akten des Friedhofsamtes gab den ersten Hinweis auf jüdische Zwangsarbeiter, die auf Marburger Friedhöfen eingesetzt waren. Als sehr wertvoll erwiesen sich auch die Gewerberegisterbände im Gewerbeamt.

Die zweite wichtige Quellengruppe bildeten die Zeitungen. Als wichtigste seien hier zwei genannt. Es wurden alle Ausgaben der *Oberhessischen Zeitung*, die zwischen 1933 und 1938 erschienen, zum Thema jüdisches Geschäftsleben durchgesehen, exzerpiert und fotokopiert. Die Ausgaben der *Kurhessischen Landeszeitung*, bzw. der *Hessischen Volkswacht*, wie sie bis 1933 hieß, die sich für den Aspekt des jüdischen Wirtschaftslebens von 1934 an als weniger ergiebig erwiesen, wurden für diesen Zeitraum durchgesehen.

Eine dritte Gruppe von Quellen erschloß sich aus einer ganzen Reihe von Kontakten, die nach und nach mit ehemaligen jüdischen Mitbürgern, die dem Ho-

locaust entkommen konnten, entstanden waren. Zu den Informanten gehörten auch nichtjüdische Personen, die in der Zeit des Nationalsozialismus Kontakt zu Juden hatten oder die im Rahmen eigener Forschungsarbeit wichtige Beiträge leisten konnten. Es entstand - und es wächst weiter - eine umfangreiche Sammlung von transkribierten Interviews, von Gesprächsnotizen, von bereitgestellten persönlichen Dokumenten, von schriftlicher Korrespondenz usw.

Und es entstanden viele Freundschaften zu Betroffenen, deren erschütternde Lebensberichte nicht zuletzt die Motivation stärkten, die große Arbeit, die diesem Buch vorausging, weiterzuführen und zu Ende zu bringen.

Was nun hier vorgelegt werden kann, ist ein dichtes Mosaik aus Einzelbelegen zur Verdrängung des jüdischen Wirtschaftslebens und zur Vernichtung der Juden in einer deutschen Mittelstadt. Die Darstellung geht in den ersten beiden Hauptabschnitten chronologisch vor.

Der erste zeichnet das wechselvolle Schicksal des jüdischen Lebens in Marburg von den ersten nachweisbaren Spuren im Mittelalter bis zur Machtergreifung durch die Nationalsozialisten nach. Die wichtigsten Quellen bilden hier die - spärlich - vorhandene Literatur, insbesondere veröffentlichte Archivmaterialien, sowie eigene Recherchen in Archiven. Die geschichtliche Linie, die sich nachziehen läßt, reicht von der mehr oder minder großen Rechtlosigkeit in der Frühzeit bis zur vollen Emanzipation der Juden gegen Ende des neunzehnten Jahrhunderts - immer begleitet von Antisemitismus und antijüdischen Ausschreitungen. Der sich in der Zeit der Weimarer Republik enorm verstärkende Antisemitismus - der im Raum Marburg ein Zentrum hatte - erreicht in der nationalsozialistischen Bewegung seinen Höhepunkt.

Der zweite Hauptabschnitt behandelt vor

dem Hintergrund der politischen Ereignisse den Niedergang des jüdischen Geschäftslebens in Marburg von 1933 bis zu dessen Auslöschung im Jahre 1938. Er basiert auf der erarbeiteten Materialgrundlage und stellt damit - von den Zeitungsexzerpten einmal abgesehen - überwiegend bislang noch nicht publizierte Zeitdokumente zusammen. Aber auch die Durchsicht der Zeitungsbestände stellt eine thematische Quellenarbeit dar, die mit der übrigen Archivarbeit vergleichbar ist und die neuartige Zeitaspekte sichtbar macht. Das bedrückende Bild, das das Kapitel vermittelt, ist geprägt von der mörderischen Konsequenz, mit der die Juden verfolgt wurden, von einer dümmlich-arroganten Propaganda, die aus heutiger Sicht oft grotesk anmutet, von einem zwiespältigen Verhalten der nichtjüdischen Bevölkerung, das oft ganz und gar nicht in die offiziell verordnete Sicht paßte, und vor allem durch das von heute aus zum Teil schwer nachvollziehbare Verhalten der Juden: manche hofften noch auf Besserung, als es schon viel zu spät war, andere sahen ihre Lage realistisch und wanderten frühzeitig aus.

Der dritte Hauptabschnitt geht auf siebzig jüdischen Geschäfte, die es in Marburg während der Zeit des Nationalsozialismus oder kurz davor gegeben hat, einzeln ein. Hier wird versucht, die Schicksale der Familien und der Werdegang ihrer Geschäfte zu rekonstruieren. Die Materialbasis für dieses Kapitel ist natürlich unterschiedlich: Für manche Geschäfte gibt es reichhaltige Quellen mit vielen Detailinformationen - dies ist meist dann der Fall, wenn Nachkommen bekannt sind -, auf andere gibt es nur sehr wenige Hinweise.

In einem abschließenden Anhangteil werden eine Reihe von Listen und Tabellen zusammengestellt, deren Publikation wegen des schwierigen Zugangs zu den Originalquellen wichtig schien. Sie enthalten Informationen über die Entwicklung der jüdischen Gemeinde Marburgs und die Wirtschaftstätigkeit der einzelnen Familien. Darüberhinaus werden hier eine Reihe wichtiger Originalquellen publiziert.

Bei der Darstellung des Materials wurde versucht, mit möglichst wenig alphabetischen Namenslisten und tabellarischen Übersichten auszukommen; solche gab es zur Zeit der nationalsozialistischen Verfolgung zur Genüge. So sind z.B. die Familiendaten im Kapitel über die einzelnen Geschäfte, soweit sie nicht als fortlaufender Text präsentiert sind, lediglich durch fehlenden Blocksatz, und nicht als durchgliederte Tabellen kenntlich gemacht. Im Anhang ließ sich die Listen- und Tabellenform nicht völlig vermeiden, aber auch hier wurde versucht, dem Druckbild die administrative Form, soweit es ging, zu nehmen.

Eine Arbeit über Juden im Nationalsozialismus hat es mit einer Reihe begrifflicher Schwierigkeiten zu tun. Dies gilt besonders für den Begriff *Jude* selbst. Bis zur Machtergreifung durch die Nationalsozialisten waren Juden Angehörige des jüdischen Glaubens; nach Austritt aus der jüdischen Gemeinde galten sie und fühlten sie sich nicht mehr als Juden. Der pseudowissenschaftliche Rassebegriff der Nationalsozialisten änderte dies grundlegend. Verfolgt wurden auch Christen und Religionslose, die nun aufgrund ihrer Abstammung als 'Volljuden', 'Halbjuden' usw. bezeichnet wurden; alle Begriffe aus dem Vokabular des Holocausts werden in dieser Arbeit - bis auf wenige Ausnahmen, die im Text erklärt sind - mit Anführungszeichen verwendet. Wenn im folgenden von *Juden* die Rede ist, so sind damit Personen gemeint, die der jüdischen Gemeinde angehörten oder in deren amtlichen Unterlagen sich die Bezeichnung *Angehörige der mosaischen Religion* findet. In einigen Fällen muß offen bleiben, ob die so Angesprochenen mit dieser Bezeichnung einverstanden gewesen wären.

In dem vorliegenden Buch geht es weniger um die Täter - fast fünfzig Jahre nach dem Holocaust gibt es kaum noch Täter zu ermitteln -, es geht vor allem um die Opfer, um das Bemühen, einen wichtigen Teil jüdischer Geschichte nicht dem Vergessen preiszugeben. Hannah Vogt betont in einer Rezension des vom Bundesarchiv Koblenz bearbeiteten Gedenkbuchs (*Gedenkbuch. Opfer der Verfolgung der Juden unter der nationalsozialistischen Gewaltherrschaft in Deutschland 1933 bis 1945*) die große Wichtigkeit der Rekonstruktion jüdischen Wirkens, und sie sieht hier gerade auch für die Geschichtswerkstätten ein besonderes Arbeitsfeld: " ... *Adreßbücher und Meldeamtsunterlagen können Auskunft geben über Wohnung und Beruf. Wo war der Laden, die Fabrik, die Rechtsanwaltskanzlei. ... In Schularchiven mögen sich Bilder und Berichte (Schulbücher) finden lassen. Aus den einzelnen Namen könnten wieder Familien entstehen, Großeltern, Eltern, Kinder.*"
(*Das Parlament* vom 13./20. Juni 1987)

Diese Zielsetzung der vorliegenden Arbeit hat auch wissenschaftliche und politische Bezüge. Wissenschaftlich ist sie *Geschichte von unten*, gibt sie der traditionellen Zeitgeschichte Quellenmaterial an die Hand, das - falls derartige Untersuchungen flächendeckend durchgeführt werden sollten - auf letztere zurückwirken muß.

Der politische Bezug wird angesichts der gerade in letzter Zeit wieder alarmierend anwachsenden Ausländerfeindlichkeit, aber auch des nie erloschenen und neuerdings ebenfalls wieder stärkeren Antisemitismus besonders deutlich. Zwar ist kaum zu hoffen, daß Brandbomben werfende Schlägerbanden dieses Buch lesen werden, aber für andere kann das fundierte Detailbild von dem, was von anderen Akteuren zu einer anderen Zeit schon einmal angerichtet worden ist, eine wichtige argumentative Hilfe sein.

Dieses Buch handelt von Marburg. Aber es ist auch mehr, nämlich ein Beispiel dafür, was so oder so ähnlich in vielen deutschen Städten während der Zeit des Nationalsozialismus stattgefunden hat.

2. Juden in Marburg vor dem Nationalsozialismus

2.1 Das Mittelalter und die vorindustrielle Zeit

Spuren jüdischen Lebens lassen sich für Marburg und Umgebung bis ins Mittelalter zurückverfolgen.[1] Erste Zuzüge vermutet man im 13. Jahrhundert, als sich Marburg vom Marktort zur (Residenz-) Stadt entwickelte; es gibt hierfür aber keine Belege.

Die früheste bekannte Quelle für das Marburger Umland datiert von 1273. Sie berichtet, daß *Juden zu Amöneburg* zur Schuldentilgung des mainzischen Statthalters von Fritzlar herangezogen wurden.[2]

Für Marburg selbst stammt die erste bekannte Quelle aus dem Jahre 1317. In ihr wird eine *Judenschule* erwähnt - die zeitgenössische Bezeichnung für eine Synagoge.[3] Da zum jüdischen Gottesdienst mindestens zehn erwachsene Männer anwesend sein müssen, ist anzunehmen, daß zu jener Zeit bereits eine größere Gruppe in Marburg oder zumindest in der nächsten Umgebung gelebt hat. Anscheinend wurde das Gotteshaus zu einem jährlichen Festzins angemietet, wie aus einem späteren Dokument zu ersehen ist.[4]

Über die wirtschaftliche Tätigkeit der jüdischen Einwohner ist wenig bekannt. Erhalten haben sich aber z.B. aus Marburger Gerichtsakten mehrere Rückzahlungsforderungen bzw. Pfändungsandrohungen eines Juden *Meyer aus Marburg*. Dieser hatte offensichtlich in den Jahren 1341, 1342 und 1348 Rechtsstreitigkeiten mit Vasallen und Ministerialen aus der Region.[5] Da andererseits Bürger aus Rauschenberg wiederum Klage gegen Meyer geführt haben,[6] ist es wahrscheinlich, daß dieser als Geldverleiher tätig gewesen ist. Auch der in einer Urkunde aus dem Jahre 1364 genannte Marburger Jude *David*

von Frankenberg scheint dieses Gewerbe ausgeübt zu haben.[7]

Das Geldgewerbe war zu dieser Zeit - wie zahlreiche Dokumente belegen - ein für Juden wichtiger Wirtschaftszweig, zumindest, was die städtischen Juden anbetrifft. So berichtet eine Urkunde aus dem Jahre 1395 von der Verpfändung der Städte Marburg, Gießen und Grünberg durch Landgraf Hermann an die *Juden der Stadt Frankfurt*; sie erhielten für diese drei Städte die landgräflichen Steuerrechte.[8] Ein Jahr später wurden durch eine Verfügung König Wenzels alle *Judenschulden* aufgehoben. Ob die Frankfurter Juden die ihnen zustehenden 1300 Gulden bekommen haben, dürfte deshalb sehr fraglich sein.[9]

In der zweiten Hälfte des 14. Jahrhunderts gab es in Marburg bereits die *Judengasse*[10], den heutigen Schloßsteig, der den oberen Markt mit der Wettergasse verbindet. Auch ein jüdischer Friedhof - wohl identisch mit dem heutigen hinter Weidenhausen - läßt sich nachweisen.[11]

Der erste bekannte *Judenschutzbrief* für Marburg wurde 1415 von Landgraf Ludwig I. ausgestellt:

"Landgraf Ludwig von Hessen nimmt den Juden Meyern von Wertheim nebst Frau, Kindern und Gesinde gleich anderen in Hessen wohnenden Juden in Schutz und Schirm und gestattet ihm, in Marburg zu wohnen. Dafür soll Meyer vier Jahre lang jährlich 15 fl. bezahlen."[12]

Die dürftige Quellenlage zum jüdischen Leben in der Anfangszeit und auch später hat sicherlich mit den vielen Verfolgungen und Anfeindungen zu tun, denen die Juden ausgesetzt waren. Was Marburg und seine Umgebung anbetrifft, läßt sich annehmen, daß die Judenpogrome der *Pestjahre* 1348/49 auch hier statt-gefunden haben. Darauf deutet hin, daß 1375 der Judenfriedhof als Garten ge-nutzt wurde.[13] Im Jahre 1452 nutzte man die Steine der abgebrochenen Synagoge zum Bau der Kirchhofsmauer an der Kilianskapelle.[14] Offenbar gab es nach der Zeit der Pogrome Mitte des vier-zehnten Jahrhunderts für längere Zeit kaum jüdisches Leben in Marburg.

Wie es scheint, hielten die hessischen Landgrafen viel von der jüdische Heil-kunst. Sowohl Landgraf Heinrich III. von Hessen-Marburg als auch sein Sohn Wil-helm III. beschäftigten jüdische Leibärzte. So wurden im Jahre 1481 ein *Meister Ab-raham*[15] und 1499 der *Judenarzt Adam*[16] in diese Stellung berufen. Sie hatten sich nicht nur um das leibliche Wohl der landgräflichen Familie zu kümmern, auch der gesamte Hof wurde von ihnen ärztlich betreut. Dafür wurden die Ärzte entsprechend fürstlich belohnt.

1524 wies Landgraf Philipp seine Amt-leute an, *"in ihren Ämtern keine Juden mehr zu dulden und den benachbarten Adeli-gen anzuzeigen, daß sie es ebenso halten sollen."* *"Fremden"* Juden sollte dagegen weiterhin Schutz und Geleit gewährt werden, *"sofern sie den üblichen Zoll ent-richtet haben".*[17] Es scheint längere Zeit gedauert zu haben, bis diese Verfügung in die Tat umgesetzt war. Jedenfalls deu-ten diese Zeugnisse darauf hin, daß zu diesem Zeitraum wieder Juden in Mar-burg lebten. Dies belegt auch eine Kla-geschrift vom September 1525, in der sich die Behörden der Stadt Marburg an den Landesherren mit der Bitte wandten, die Juden *"gemäß seiner 'reformation des lants vertriben' zu lassen".*[18] Als Begrün-dung wurde angegeben, *"daß so viel ge-stohlen und den Juden, die täglich 'uf der gassen laufen', verkauft wird".*[19] Im April 1528 wies der Rat der Stadt Marburg den Stadtschreiber an, erneut wegen der Ju-den an den Landgrafen zu schreiben.[20] Ein Jahr später erfolgte dann die Ankün-digung, den Marburger Juden Liebmann auszuweisen.[21] Andererseits wurden Ju-den in Marburg auch aufgenommen, so im Jahre 1536 die beiden Juden Lieb-mann und Gottschalk.[22] Ob Liebmann mit dem zuvor Ausgewiesenen identisch ist, läßt sich nicht klären.

Ein wichtiges Mittel, jüdisches Leben in früheren Jahrhunderten zu rekonstruie-ren, sind Gerichtsakten, sowie Gesetze und Verordnungen, die sich auf Juden beziehen. Für Marburg läßt sich damit ein buntes Bild zeichnen. So wurde 1537 das Privileg der Marburger Juden über den Fleisch- und Fischverkauf überprüft, und man trieb von ihnen die durch das Reich angeordnete 'Türkensteuer' - mit der der Feldzug gegen die Türken mitfi-nanziert werden sollte - ein.[23] Den Ju-den wurde untersagt, bei Metzgern Vieh nach jüdischem Ritus zu schlachten.[24] Zusätzlich ermahnte man sie, sich in Geldgeschäften bei Androhung der ge-richtlichen Vorführung an eine nicht näher ausgeführte *ordenung mit dem wucher* zu halten,[25] auch Kauf und Ver-kauf sollten bei Strafandrohung ord-nungsgemäß durchgeführt werden.[26] Des weiteren wurden ihnen bestimmte Ab-gaben (Ablösung der Pforten-, Wacht-und Frondienste) auferlegt.[27]

Über das Verhältnis der nichtjüdischen zu ihren jüdischen Geschäftspartnern ge-ben Gerichtsprotokolle dieser Zeit Auf-schluß. So waren Gottschalk und Lieb-mann häufig gezwungen, ihre vielen Außenstände einzuklagen.[28] Aus diesen und anderen Quellen geht hervor, wel-che Handelsmöglichkeiten den Juden zu-gestanden wurden. Alle Handwerksberu-fe waren ihnen versagt, da in die Zünfte keine Juden aufgenommen wurden. Ihre Wirtschaftstätigkeit bestand im Zwi-schenhandel agrarischer und städtischer (Zunft-) Produktion sowie im Geldhan-del, vornehmlich Tausch- und Kreditwe-sen. Textile Roh- und Fertigprodukte wie Leinwand, Tuche, Kleider und Hauben werden erwähnt, ebenso Fleisch und Fisch. Die jüdischen Händler zogen durch die Region und kauften und verkauften die Dinge, die der für sie eingeschränkte Markt bot. Wie beschränkt die wirtschaftliche Tätigkeit für sie war, macht die Weigerung der Stadt Marburg, dem Juden Liebmann die Schankerlaubnis zu erteilen, deutlich. Es wird ihm mitgeteilt, daß er *"sich seiner brief halten und kein burgerlich hantirung und handlung treiben"* [29] solle.

In den Jahren 1538/39 erließ Landgraf Philipp eine Judenordnung. Er wollte den Juden begrenzte Wirkungsmöglichkeiten zugestehen, ohne dabei den christlichen Kaufleuten und Zünften die Verdienste zu schmälern. Forderungen nach einem umfassenden Verbot aller Handels- und Geldgeschäfte durch Juden, sowie die, den Bau von Synagogen zu unterbinden, wies er damit ab. Er stellte fest, daß die Juden den Untertanen *"mer liebs und guts mit leihen und vorstrecken gethan und weniger wuchers gnommen, dan wol etwa di christen"*.[30] Er berief sich auf die Bibel, in der nichts davon stehe, daß man die Juden vollständig vertreiben solle. Nach längeren Beratungen, besonders mit seinem Ratgeber Martin Bucer, erließ Philipp Anfang 1539 die Judenordnung, die hier besonders in den Abschnitten zur wirtschaftlichen Tätigkeit interessant ist:

" 5. Sie sollen in "zimlicher weise" kaufen und verkaufen, doch nur in Städten oder Orten, wo keine Zünfte sind oder die Zünfte sie dulden. Der Preis ihrer Waren ist zuvor durch Beamte, Bürgermeister oder Rat festzulegen.

6. Bei angedrohter Strafe und dem Verlust aller Güter sollen die Juden keinen betrügerischen Handel treiben. Wer solches entdeckt und anzeigt, soll den 10. Pfennig von dem verfallenen Gut erhalten.

7. Wucher ist untersagt. Verleihen sie 1 fl. oder mehr, soll dies nur im Beisein landgräflicher Beamter oder des Rats geschehen. Der erlaubte Zinssatz beträgt 5% oder soviel wie man den Christen gibt. Nimmt ein Jude höhere Zinsen, soll er die ausgeliehene Summe und die Hälfte seines Besitzes verlieren und mit vier Wochen Turmhaft bestraft werden. Vierzehn Tage Turmhaft, Verlust des halben Besitzes und der ausgeliehenen Summe sowie einer gleichhohen Summe, die halb dem Rat, halb dem landgräflichen Beamten zu zahlen ist, droht, wenn ein Jude einer Frau Geld ohne Wissen ihres Mannes oder einem Mann Geld ohne Wissen seiner Frau und ohne Billigung der Amtleute leiht.

10. Die Juden haben sich nach der Herkunft der von ihnen gekauften oder beliehenen Waren genau zu erkundigen, da ihnen bei Erwerb oder Beleihung von gestohlenem Gut die Todesstrafe droht.

11. Auswärtigen Juden ist jeder Handel in Hessen untersagt." [31]

Trotzdem häuften sich in der Folgezeit die Klagen nichtjüdischer Krämer Marburgs. Ihre Bestrebungen gingen dahin - meist mit Berufung auf die Judenordnung -, die Juden aus Marburg zu vertreiben oder zumindest aus dem Wirtschaftsleben zu verdrängen. Aber auch die jüdischen Händler und Kaufleute hatten Konflikte mit ihren Geschäftspartnern, sie waren immer wieder darauf angewiesen, ihre Rechte (meist Handelsschulden) beim Marburger Gericht einzuklagen.[32]

Einige Juden versuchten, sich den ihnen auferlegten Lasten und den Einschränkungen ihrer Berufstätigkeit durch den Übertritt zum Christentum, zu entziehen.[33] Gefördert wurde die Bereitschaft hierzu, daß der Rat der Stadt Marburg für taufbereite Juden Prämien aussetzte. Die jüdischen Gemeinden wiederum waren bestrebt, Religionswechsel zu verhindern, wobei sie manchmal zu ungewöhnlichen Mitteln griffen; so wurde in einem Fall ein Taufwilliger kurzerhand entführt.[34] Aber auch getaufte Juden waren bei ihren Nachbarn nicht unbedingt wohlgelitten. Man wollte nicht im gleichen Haus mit ihnen wohnen.[35] Der Wunsch, sich taufen zu lassen, entsprang aber nicht nur wirtschaftlichen Überlegungen oder religiöser Überzeugung, sondern wurde vor allem durch das judenfeindliche Klima, das sich vielfach in Übergriffen äußerte, geschaffen. So fand die Hetzschrift *Judenfeind* des Gießener Pfarrers Georg Nigrinus solchen Anklang, daß Landgraf Wilhelm IV. von Hessen-Kassel sich gezwungen sah, die Verbreitung dieses *"schlecht werck"*, das kaum mehr böte als *"fabeln von dem durchbrochenen sacramentlichen brodt und dergleichen"*, zu untersagen und bat auch seinen Bruder, Landgraf Ludwig IV. von Hessen-Marburg, dies zu tun.[36]

Weniger Verständnis zeigten die hessischen Landgrafen allerdings, wenn eigene Interessen durch jüdische Wirtschaftstätigkeiten berührt wurden. Mehrmals wurde versucht, den Handel mit 'billigen' spanischen Goldmünzen, die die heimische Finanzwirtschaft bedrohten, zu unterbinden. Als dies nicht gelang, wurde dieser Handel strengen Kontrollen unterworfen.[37] In diesen Zusammenhang gehört wohl der *Falschmünzerprozeß* von 1571/72: Als in der Dammühle eine Falschmünzerstätte ausgehoben worden war, wurden Juden aus dem Umland verdächtigt und inhaftiert. Wie sich schließlich herausstellte, waren die Anschuldigungen nicht haltbar.[38]

Die vier Söhne Landgraf Philipps, unter denen Hessen aufgeteilt worden war, versuchten, ihre Juden durch immer neue Leistungen und Abgaben auszupressen, wie z.B. durch die Übernahme von Kosten für die landgräfliche Pferdehaltung.[39] Landgraf Ludwig VI. von Hessen Darmstadt ordnete 1662 sogar die Ausweisung aller Juden aus den Städten seines Machtbereichs an. Dieser auf politischen Druck der Städte erfolgte Ausweisungsbefehl - ohne diesen Schritt hätten die Städte dem unter akutem Geldmangel leidenden Landgrafen keine Kredite gewährt - war ein schwerer Schlag für das jüdische Leben in Hessen. Die kurze Auszugsfrist von acht Wochen raubte vielen die Existenz; ausgeliehene Gelder konnten nicht mehr eingetrieben werden. Die etwa fünfzehn noch im Machtbereich verbliebenen Juden waren nicht in der Lage, Schutzgelder - geschweige denn Sonderabgaben - zu zahlen.[40] Lange scheint diese Politik aber nicht durchgehalten worden zu sein, denn schon 1679 wird eine neue Judenordnung erlassen, die im wesentlichen die alten Rechte und Pflichten wiederherstellte.

Der wirtschaftliche Spielraum, den man den Juden gewährte, war gering. Die Landwirtschaft blieb ihnen vollständig versagt, da der Besitz von Grund und Boden verboten war. Aus den Handwerksberufen waren sie ausgeschlossen. Alle staatlichen, kommunalen und gelehrten Berufe waren ihnen durch 'Judenordnungen' untersagt. Auch die Handelsmöglichkeiten waren stark eingeschränkt; der Handel mit Waren an einem Ort, an dem auch Zünfte mit gleicher Warenproduktion ansässig waren, war unzulässig. So blieben den Juden nur wenige Auswege, die vor allem im Kleinhandel und im Geldgeschäft lagen. Da sie aber fast alle von den gleichen Erwerbszweigen lebten, machten sie sich häufig untereinander unerträgliche Konkurrenz.[41]

Reiche Hofjuden gab es in Marburg nicht. Die Juden gehörten entweder zum 'Mittelstand' oder aber zu der nicht unbeträchtlichen Anzahl der 'Betteljuden', die es besonders in Krisenzeiten vom Lande in die größeren Städte zog, besonders auch während des Dreißigjährigen Krieges. Von dort wurden sie aber immer wieder vertrieben. Es gab in Marburg zu dieser Zeit nie mehr als drei Judenschutzbriefe gleichzeitig. Diese beinhalteten ein Niederlassungsrecht für den Antragsteller, seine Familie und sein Gesinde und waren mitunter jährlich kündbar. Manche enthielten eine Handelserlaubnis, andere nicht. Außerdem mußten sie zumindest nach jedem Regierungswechsel erneuert werden. Von diesen Briefen hing die Existenz jüdischer Familien entscheidend ab. Während sie ihren Besitzern immerhin eine gewisse Rechtssicherheit gaben, waren die geduldeten 'ungeschützten' Juden der reinen Willkür des Landesherrn ausgesetzt.

Der wirtschaftlich Druck, dem die Juden ausgesetzt waren, bestand vor allem in den verschiedensten Sonderabgaben. Einige davon seien hier angeführt: die allgemeine Kontribution, die außerordentlichen Kontributionen für den Kriegsfall, die 'unständigen' Kontributionen, die zwar alle zahlen mußten, die aber für Juden immer besonders hoch angesetzt wurden, die Beteiligungen am 'Wachgeld', falls sie nicht selbst die Tag- und Nachtwachen zum Schutz der Stadt übernehmen wollten, das 'Servicegeld' für die Soldaten, die in Marburg nicht in jüdische Häuser einquartiert werden durften, das 'Druselgeld', eine Art Wasserabgabe, und die 'Duldungsabgabe', die erst 1649 abgeschafft wurde. [42]

Was Marburg betrifft, war das Verhältnis der Geschäftsleute zu ihrer jüdischen Konkurrenz durchaus gespannt. Es gab immer wieder Klagen Marburger Kaufleute und Zünfte. So sind Eingaben an den Landesherren von 1653, 1655, 1673, 1692 und 1722 belegt. Vor allem die Metzger, Lohgerber, Schuhmacher und die Lein- und Wollenweberzunft waren unzufrieden, weil die jüdische Konkurrenz besonders mit den Rohprodukten dieser Gewerbe Handel trieb.[43] 1655 untersagte man den Juden den Häutehandel, 1657 wurde dem Juden Itzig der Gewürzhandel verboten und einem Isaac der Kramhandel. Die Metzgerzunft setzte durch, daß rituell geschlachtetes Fleisch nur über die christlichen Metzger verkauft werden durfte.[44]

Aus einer Beschwerde der Kramerzunft von 1673 gegen den jüdischen Händler Sußmann, der vom damaligen Oberrentmeister, dem Marburger Wirtschaftsverwalter des Landgrafen, die Erlaubnis zur Ansiedlung in der Stadt erhalten hatte, geht hervor, auf welche Art die Juden damals gehandelt haben und wie stark dies den Unwillen seiner christlichen Kollegen hervorrief: *"..., weil dieser ihnen nicht nur dadurch schaden würde, daß er in die Häuser der Einzelnen mit seinen Waren ging, sondern auch auf der Straße die Bürger anrief und sie zum Kauf seiner Waren ermunterte."* [45] Eine andere Beschwerde, die aus dem Jahr 1691 stammt, beschimpft die jüdischen Händler und gibt Aufschluß, mit welchen Waren Juden handelten: *"Die Juden wechseln schlechtes Geld und führen solches ein, während sie gutes ausführen; sie 'banquerottieren', nehmen fremde Juden auf; keiner von ihnen 'arbeitet', alle handeln mit Leder, Eisen, Früchten, Garn, Wolle, Geld etc."* [46]

Die eben für Sußmann beschriebene Art des Warenverkaufs, eine Art Hausierhandel, blieb bis weit in das 19. Jahrhundert hinein eine gängige Form jüdischen Handels.[47] Trotz ungünstiger Quellenlage kann davon ausgegangen werden, daß die Marburger Juden, die mit Wein, Gewürzen, Obst und Gemüse, Fleisch, Metall, Wolle und Tuche, alten Kleidern, Hüten, Leder, Leingarn, Tabak, zeitweise auch mit Pferden und Vieh handelten, neben dem Hausierhandel an einem Ort vor allem auch das Reisegewerbe ausübten, d.h. von Ort zu Ort und von Markt zu Markt zogen.[48] Es gibt aber auch Hinweise auf Ladentätigkeit. Ein Jacob Isaac wird 1704 und 1710 als Ladendiener bei seinem Bruder Schmuel bezeichnet, der offenbar einen Textilhandel betrieb.[49]

In vielen Städten mußten die Juden in bestimmten Stadtbezirken wohnen. Für Marburg ist ein solches Ghetto nicht nachweisbar.

Im achtzehnten Jahrhundert lebten die Marburger Juden in der Langgasse, Wettergasse, Krebsgasse, Judengasse und Neustadt. Sie hatten sich also auf das ganze damalige Stadtgebiet verteilt, und der Großteil ihrer Wohnungen und Geschäftseinrichtungen gehörte ihnen selbst.[50]

Im Verlauf des 18. Jahrhunderts vergrößerte sich die jüdische Gemeinde Marburgs. Wurden noch 1666 in der *Marburgischen Visitation* - eine Auflistung der Marburger Juden - lediglich drei Schutzbriefe genannt [51], so waren es um 1730 schon fünf [52], und in der Einwohnerliste von 1781 finden sich sieben Schutzjuden[53].

Gesetz-Bulletin des Königreiches Westphalen. Erster Theil, Cassel 1808, S. 254-259.

2.2 Der Weg in die wirtschaftliche Emanzipation

Zu Beginn des 19. Jahrhunderts erlangten die Juden unter der französischen Herrschaft größere politische und wirtschaftliche Freiheiten. Der von seinem Bruder eingesetzte König von Westfalen, Jérôme Napoleon, zu dessen Herrschaftsbereich auch Kurhessen gehörte, erließ im Dezember 1808 ein Dekret, in dem er *"die den Juden auferlegten Abgaben aufhebt"* [54] und ihre Gleichberechtigung festschreibt: *"Art. 1. Unsere Unterthanen, welche der Mosaischen Religion zugethan sind, sollen in Unsern Staaten dieselben Rechte und Freyheiten genießen, wie Unsere übrigen Unterthanen."* [55]

Mit der Rückkehr des hessischen Kurfürsten 1813 wurde aber der alte Rechtszustand wiederhergestellt. Die hessischen Juden erhielten erneut den Status von 'Schutzjuden', und Juden, die sich während der französischen Herrschaft niedergelassen hatten, waren von der Vertreibung bedroht.[56] Auch die alten Zunftordnungen wurden wieder in Kraft gesetzt, und blieben bis zu Kurhessens Annexion durch die Preußen 1866 bestehen.

Für Marburg existiert eine Urkunde - ein Gesuch der Kaufmannschaft an den Kurfürsten, die alte Ordnung wieder einzuführen -, die das Spannungsverhältnis zu den Juden sehr deutlich macht: *"Die französiche Regierung ... erlaubte jedem ... den Betrieb des Handels ... Juden, welche sich ohne Aussicht in Hessen in großer Zahl niederließen ..., gewannen freien Spielraum, nach Willkür zu wuchern. [Der Kürfürst wisse vielleicht, wie diese] ... Menschen den Wohlstand ganzer Gegenden, vorzüglich der Landleute, untergraben ... Sie drangen auch in die Städte ein und richteten den Wohlstand ansässiger Handelsleute zugrunde, indem sie, geübt in den Künsten des Wuchers, besonders durch Ueberredung und eine fast unglaubliche Zudringlichkeit ihren gehaltlosen Waren bei Unerfahrenen Absatz zu verschaffen wußten. Auf ganz ausgezeichnete Weise war dies in Marburg der Fall, wo nicht nur eine ganze Menge von Subjekten förmlich aufgenommen ... sondern auch Aus-*

ländern ein freier Umtrieb mit Hausieren gestattet wurde ... Wir wagen daher Ew. kurf. Durchlaucht ergebenst zu bitten, ... die Wiederherstellung der vorigen Handelsverfassung, besonders die Zunfteinrichtung, wodurch der Handelsstand von untauglichen Subjekten gesäubert und das Eindringen der Juden verhindert wird, gnädigst zu verfügen ..." [57]

Auch ein für das Gesuch verfaßtes Gutachten des Oberschultheißen Hille schlägt diese Töne an; es beklagt die große Zahl jüdischer Kaufleute, die das Land mit ihren Waren *"überschwemmt"* hätten.[58]

Ludwig Börne geißelte 1819 in seinem Essay *'Für die Juden'* diese antijüdische Hetze: *"Es wird mit der schamlosesten Heuchelei gegen die Juden zu Werke gegangen. Es werden lügnerische Behauptungen mit solcher Keckheit geführt, daß selbst Gutgesinnte dadurch getäuscht werden, weil sie nicht glauben können, daß man sie so plump betrügen wolle."* [59]

Eine Rückkehr in die Zeit der Rechtswillkür gegen Juden gab es jedoch nicht mehr. In der *Kurhessischen Verordnung vom 14.5.1816 die Verhältnisse der jüdischen Glaubensgenossen als Staatsbürger betreffend* wurde ihnen die Gleichberechtigung offiziell zugestanden, aber es gab noch vielerlei Einschränkungen. Sie galt z.B. nicht für die Juden der Landesteile Hanau und Fulda, bestimmte Schichten, wie die als 'Nothändler' bezeichneten Kleinsthändler, wurden ausgenommen.

Einige Bestimmungen waren grundlegend für die weitere Entwicklung der jüdischen Wirtschaft. Jüdische Kinder wurden in die allgemeine Schulbildung miteinbezogen, der Erwerb von Haus- und Grundbesitz wurde gestattet, wie auch allgemein erlaubt wurde, Handwerk und Gewerbe auszuüben.[60]

Auch die Marburger Juden profitierten von ihrer neuen rechtlichen Situation. Dies wird an den Einwohnerlisten der folgenden Jahre deutlich. In der des Jahres 1824 werden erstmalig Tätigkeiten und Berufe erwähnt, die jüdischen Bürgern bis dahin unzugänglich waren. Man findet einen Studenten Leopold Eichelberg, einen Buchbinder Simon Stiebel und einen Kammerjäger Isaac Freund. Neben den bisher in Einwohnerlisten üblichen Bezeichnungen wie 'Handelsjud' und 'Schutzjud' wird nun nach Kaufmann, Handelsmann und Trödler unterschieden.[61] *(Vgl. auch Materialanhang 1 u. 2: Jüdische Familien in der Populationsliste von 1824, bzw. 1833)* Zur Einschätzung des jüdischen Bevölkerungsanteils muß bei der Populationsliste von 1824 bedacht werden, daß dort die Ehefrauen noch nicht mitangeführt sind.

Großen Anteil an der jüdischen Emanzipation hat die gesellschaftliche Umwälzung, die den Beginn des 19. Jahrhunderts entscheidend prägt, die industrielle Revolution. Wie es scheint, partizipierten jüdische Unternehmen im Durchschnitt stärker an dieser Entwicklung als nicht-jüdische.[62]

Die geänderte Wirtschaftslage führte auch in Marburg dazu, daß der Hausierhandel allmählich zurückging und sich stattdessen mehr oder weniger feste Ladengeschäfte entwickelten, die vielen jüdischen Kaufleuten einen gewissen Wohlstand brachten. Die neue Konkurrenz übte auf die alteingesessenen Kaufleute Druck aus. So existiert eine Urkunde aus dem Jahr 1817, in der die Getreidehändler klagen: *"Hochbekanntlich ist der Fruchtverkauf schon seit einigen Jahren ein Handels Artikel und Nahrungszweig speculativer Wucherer geworden. Manche Menschen die weder säen noch erndten, finden bey diesem Handel und der grosen Noth ihrer Mitmenschen, eine vortheilhafte Gelegenheit, sich auf eine leichte Art in kurzer Zeit zu bereichern."* [63]

Ein Großteil der hier angesprochenen 'Wucherer' waren Juden, deren Rolle im Handelsbereich zwischen agrarischer und städtischer Produktion bedeutender wurde. Daneben gab es natürlich auch weiterhin jüdische Hausier- und Trödelhändler, die in der Regel arm geblieben waren.

Von der Mitte des 19. Jahrhunderts an verbessert sich die Quellenlage zur jüdischen Geschichte. Amtliche Adreßbücher und genauer geführte Statistiken gestatten bessere Einsichten in das Leben der jüdischen Bürger und ihrer Beteiligung am Gewerbe.

Im Kreis Marburg lebten im Jahre 1842 insgesamt 346 jüdische Männer, Frauen und Kinder. 72 davon waren erwerbstätig, und zwar 41 im Handel, dreizehn im Handwerk, sechs im öffentlichen Dienst und zwei als Ackerbauern.[64] *(Vgl. auch Materialanhang 3)* Die starke Dominanz des Handels im Kreis Marburg entsprach in etwa der allgemeinen Berufsstruktur der jüdischen Bevölkerung Preußens und Kurhessens.[65] *(Vgl. Materialanhang 4)*

Für die Stadt Marburg selbst existiert noch keine gesonderte Statistik; eine Quelle nennt für das Jahr 1840 22 jüdische Familien.[66] Da sich diese Zahl aber auf Schulunterlagen stützt, ist es wahrscheinlich, daß darin auch Familien aus dem unmittelbaren Umland enthalten sind, zumal der jüdischen Gemeinde in Marburg seit 1818 Ockershausen, Cölbe, Wehrda und Elnhausen angeschlossen waren.[67]

Für das Jahr 1853 existiert ein *Verzeichnis über den Handelsbetrieb der Israeliten im Landratsamt Marburg*. Diese Statistik weist 85 jüdische Personen aus, die in der Stadt lebten, davon 38 Männer und 47 Frauen. Als 'Selbständige' werden 21 Personen aufgeführt.[68] *(Vgl. Materialanhang 5)* Über die Hälfte, nämlich elf, waren im Handel tätig, fünf übten ein Handwerk aus und immerhin drei standen im öffentlichen Dienst als Akademiker.

Informationen zum Geschäftsleben finden sich im *Adressbuch der hessischen Kaufleute von 1842*. Als einziges jüdi-

Adreßbuch der Stadt Marburg 1874.

sches Geschäft in Marburg wird hier das von Falk und Moses Erlanger, *Ellen- und Modewaren, Wechsel und Kurzwaren*, aufgeführt.[69] Es lassen sich noch weitere jüdische Firmen in Marburg aus dieser Zeit nennen: Bernhard Freund handelte mit Kleidern und Metallwaren. Koppel Buxbaum besaß eine Schirmfabrik, die aus einer Regenschirmmacherei seines Vaters Ascher Buxbaum hervorging, handelte aber nebenher noch mit *Knochen und altem Eisen*. Michael Drucker betrieb in Ockershausen neben Ackerbau auch eine Metzgerei und einen *Mischhandel*.[70] Lucas Wertheim erhielt 1852 die Konzession für einen *Kramhandel inclusive Kaffee und Zucker*.[71] Andere Geschäfte, über deren Aktivitäten zu dieser Zeit wenig bekannt ist, führten die Familien Menke und Therese Eichelberg, Aron Lucas, Salomon Gosen und Moses Weiler sowie Salomon Stern. Aus Schulunterlagen geht hervor, daß Aron Lucas fast ein Viertel des jüdischen Gemeindeetats bestritt. Ein Großteil der Firmen wird im Bereich der Manufakturwaren, Textilien, Kolonialwaren sowie landwirtschaftlicher Produkte angesiedelt gewesen sein, wie sich aus den Angaben des ersten *Marburger Adreßbuches* von 1868 schließen läßt. Das Geldgeschäft war ebenfalls vertreten, wie das Beispiel der Firma Erlanger für 1842 zeigt; da es im deutschen Reich zu der Zeit neun verschiedene

Währungen gab, bestand großer Tausch-
bedarf. Zum Spektrum des jüdischen
Gewerbes in Marburg gehörten auch drei
'Nothändler',[72] worunter man sich wohl
eine Art Pfandleiher vorzustellen hat.
Solche Geschäfte waren illegal, wie eine
Urkunde aus dem Jahre 1858 belegt, die
ebenfalls Nothändler - vielleicht dieselben - nennt. Offenbar befanden sich die
Marburger Bernhard Freund, ein Kleider-
und Metallwarenhändler, und Koppel
Buxbaum, ein Schirmmacher und Trödelhändler, sowie der Ockershäuser Michael
Drucker, Gemischtwarenhändler und
Bauer, in einem Verzeichnis *"von Israeliten, welche mit verbotenem Nothandel und
sonstigen Schacher- und Wucherhandel sich
beschäftigen".*[73] Der Regierungsdirektor für
Marburg macht die Mitteilung, daß diesen Personen *"... vorgeschriebenermaßen eröffnet worden ist, wie sie bei fortgesetztem
Betriebe dieses unerlaubten Handels die Ab-
mahnung der ihnen erteilten Konzession zu
gewärtigen hätten."* [74]

Der wachsenden wirtschaftlichen Bedeutung jüdischer Unternehmen entsprach
auch die Bevölkerungsentwicklung. 1855
lebten im Kreis Marburg bereits 479 Juden, davon in Marburg 84.[75] (*Vgl. Materialanhang Nr.6*) Unter den 68 erteilten
Handelskonzessionen der Regierung waren 26 an jüdische Inhaber gegangen; das
entsprach einem Anteil von fast vierzig
Prozent.[76] Dieser Anteil entsprach etwa
dem der jüdischen Händler in ganz Kurhessen; von insgesamt 7649 Händlern
dort waren im Jahre 1852 nicht weniger
als 2861, also 37 Prozent, jüdisch bei
einem Bevölkerungsanteil von 2,5%.[77]
Die wirtschaftliche Expansion jüdischer
Unternehmen, besonders in den skizzier-
ten Bereichen, schritt trotz der noch bestehenden Einschränkungen voran - zum
Teil sehr zum Unwillen der nichtjüdischen Konkurrenz: *"Unermüdet, wie sie
sind, gehen sie hausierend von Ort zu Ort,
halten an verschiedenen Plätzen geheime*

Adreßbuch der Stadt Marburg 1876.

*Niederlagen von Waren, verlocken durch al-
lerlei Mittel, namentlich durch übermäßiges
Kreditgeben zum Kaufen, verschleudern
selbst ihre Waren und handeln überhaupt in
einer Weise, die ein reeller christlicher Kaufmann niemals nachahmen kann und
wird."* [78]
Ihre wachsende Wirtschaftskraft zeigte
sich auch an folgendem Beispiel aus
Marburg. 1862 beteiligte sich eine Frankfurter Bank am Aufbau des Gaswerks in
Marburg. Das Bankhaus *Raphael Erlanger*,
dessen Besitzer mit den Marburger Erlangers verwandt war, gewährte der
Stadt Marburg ein Darlehen von 102.000
Mark. Dieser Betrag überstieg den damaligen jährlichen Haushaltsetat der Stadt
um ein Vielfaches. Die Stadt behielt sich
aber ein Erwerbsrecht für das Gaswerk
nach 30 Jahren vor, welches auch 1910
eingelöst wurde.[79]

Marktplatz 1876. Am Fachwerkhaus an der rechten Seite des Obermarktes befindet sich das Schild 'M.A. Blumenfeld Holz- und Kohlenhandlung', im ersten Haus auf der rechten Seite das Geschäft M. Blumenfeld (vgl. Anzeige S.23).
Aufnahme: Ludwig Bickell, Bildarchiv Foto Marburg.

Die endgültige Gleichberechtigung der Juden in Preußen trat durch das Gesetz des Norddeutschen Bundes vom 3. Juli 1869 in Kraft: *"Alle noch bestehenden, aus der Verschiedenheit des religiösen Bekenntnisses hergeleiteten Beschränkungen werden hierdurch aufgehoben, insbesondere soll die Befähigung zur Teilnahme an der Gemeinde- und Landesvertretung und zur Bekleidung öffentlicher Ämter vom religiösen Bekenntnis unabhängig sein."* [80]
Damit hat die Geschichte der rechtlichen und politischen Emanzipation ihren Abschluß gefunden. In der Reichsverfassung von 1871 wurde die Gleichstellung

allgemeingültig für das Deutsche Reich festgeschrieben.
Doch war es eher eine wirtschaftliche Notwendigkeit als die Einsicht, daß die jüdische Bevölkerung die gleichen Rechte selbstverständlich auch für sich beanspruchen konnte. *"Der Staat erklärte die Juden nur deshalb vor dem Gesetze gleich, weil Anno 1871 ein mittelalterliches Ständerecht im Kaiserreich nicht mehr denkbar war und weil die aufwärtsstrebende Wirtschaft die Juden brauchte."* [81]
Die Zeit, in die die endgültige Emanzipation der Juden fällt, ist geprägt durch enorme gesellschaftliche und ökonomi-

sche Umwälzungen. Der explosive Wirtschaftsaufschwung in den 'Gründerjahren', begleitet von politischen Krisensituationen, hatte auch starke soziale Umschichtungen und Bevölkerungsbewegungen zur Folge.

Auch Marburg erlebt in dieser Zeit große Veränderungen. Die Annexion Kurhessens durch Preußen 1866 hatte der Stadt einen Aufschwung gebracht. Das verschlafene, mit großen sozialen Problemen behaftete Handwerker- und Krämerstädtchen entwickelte sich zu einem regionalen Zentrum. Dies ist einerseits auf die Verlegung einer preußischen Garnison, andererseits auf den rasch betriebenen Ausbau der Universität durch die Preußen zurückzuführen. Des weiteren bedeutete der Anschluß Marburgs an das Eisenbahnnetz, der ab 1847 erfolgt war, eine wichtige Verbesserung der Infrastruktur.[82] Die Stadt dehnte sich aus, neue Stadtviertel wurden gebaut. Das Südviertel entstand um die Kaserne, das Nordviertel um den Bahnhof. Die Bevölkerung Marburgs stieg durch Zuzug aus der Umgegend und aus anderen Reichsteilen stetig an.[83] Lebten 1866 noch 7718 Einwohner in der Stadt, so waren es 1905 bereits 20136.[84]

Vor diesem Hintergrund muß das rasche Anwachsen der jüdischen Gemeinde gesehen werden. Auch die hessischen Landjuden zogen in die Städte.

Lebten 1861 74 Juden in Marburg, so waren es 1905 bereits 512. Ihre Zahl stieg um sehr viel mehr als die Marburger Bevölkerung insgesamt.[85]

Ein jüdischer Autor erklärt diese Abwanderungsbewegung so:

"Hauptsächlich sind es Gründe des Erwerbs, die den Zug nach der Stadt unter den Juden so besonders markant machen. Die Juden sind eine Handel und Industrie treibende Bevölkerung. Der Zug richtet sich demgemäß auch nach den Mittelpunkten des Handels (Berlin, Frankfurt, Hamburg) und den industriellen Gebieten (Sachsen, Rheinland, West

Adreßbuch der Stadt Marburg 1876.

falen, Hessen-Nassau, Nürnberg-Fürth). Auch Landes- und Provinzialhauptstädte, Verkehrsmittelpunkte, Universitäten und Fremdenplätze üben eine starke Anziehungskraft aus. ... Stadtluft macht frei. Die schroffen ländlichen Standes- und Konfessionsunterschiede verwischen sich mehr; hier winkt Befreiung aus einem armseligen Krämerleben und die Möglichkeit einer ungebundeneren Entfaltung der Persönlichkeit. Auch die hohe Wertschätzung des Wissens zieht den Juden vielfach dorthin." [86]

Wie entscheidend diese Beweggründe waren, erfährt man auch heute noch von älteren Juden, wenn sie ihre Familiengeschichte erzählen. So begründet Theo Bachrach den Umzug seiner Familie zu Beginn dieses Jahrhunderts von Neustadt nach Marburg damit, daß sie ihr Geschäft an einem größeren Ort mit mehr Handelsmöglichkeiten fortführen und den Kindern bessere Aufstiegsmöglichkeiten bieten wollten.[87]

Freizügigkeit und Gewerbefreiheit ermöglichte dem jüdischen Teil der Bevölkerung, an der gesellschaftlichen Entwicklung teilzuhaben. Der Zuzug in die Städte, der bei den Juden am ausgeprägtesten war [88], führte dort zu einem raschen und starken Anstieg der jüdischen Einwohnerzahlen. Wirtschaftlich gelang manchem der Aufstieg, besonders in den immer wichtiger werdenden Bereichen des Groß- und Kleinhandels, dem Bankwesen, der Chemie-, Nahrungsmittel-

und Textilindustrie.[89] Das jüdische Gewerbe in Marburg nimmt folgende Konturen an:[90] *(Vgl. Materialanhang Nr. 7, 8 und 9)*

- Verkauf von Produkten, die sich aus der Tradition des Landhandels ergeben: Felle und Häute, Borsten, Frucht-, Mehl- und andere Landesprodukte.

- Verkauf von Textilien, Uhren, Schmuck, Schirme etc., z.T. mit modernen Verkaufsstrategien wie kleinen Warenhäusern.

- Geldgeschäfte.

- In geringerem Maße Herstellung und Verkauf von Genußmitteln: alkoholische und nicht alkoholische Getränke (Likör, Branntwein und Mineralwasser) sowie Tabakwaren.

Ein Beispiel für jüdischen Geschäftserfolg in diesen Jahren ist die Firma des Moritz Erlanger im Haus 520, heute Elisabethstraße 15. 1868 stellt ihn das Marburger Adreßbuch folgendermaßen vor: *"Director d. Dienstm.-Instituts, Branntwein-, Colonial- u. Kurzwaarengeschäft, Strumpfwaaren, fertige Wäsche u. Fantasiesachen, Lager bewährter Nähmaschinen zum Geschäfts- u. Familiengebrauche."* [91]

1874 wird die Angebotspalette weiter vergrößert: Wohnungsnachweise und Bettwaren kommen hinzu, und es eröffnet eine Inkasso-, Kommissions- und Speditionsabteilung.[92]

Der jüdische Anteil am Marburger Geschäftsleben lag zu diesem Zeitpunkt bei etwa zehn Prozent. Im *Verzeichnis der Rechtsanwälte, prakt. Aerzte, Handels- und Gewerbetreibenden* im Adreßbuch von 1874 sind etwas mehr als 200 Geschäftsunternehmungen aufgeführt, wovon 22 in jüdischem Besitz waren.[93]

Das enorme Wachstum des jüdischen Geschäftslebens wird deutlich, wenn man diese Zahlen mit denen des Adreßbuchs von 1889 vergleicht. Hier sind 67 'selbständige' jüdische Personen aufgeführt. Den Kaufmannsberuf üben 26 Juden aus, sechs werden allgemein als

Adreßbuch der Stadt Marburg 1891.

Händler oder Handelsmänner geführt. Dazu kommen drei Lederhändler, ein Fellhändler, ein Kohlenhändler und ein *Sensal*, eine Art Handelsmakler. Insgesamt sind also 39 Juden im Handelssektor tätig. Im Produktions- und Dienstleistungsbereich werden sieben Juden angeführt: zwei Schirmmacher, zwei Uhrmacher, zwei Gastwirte und ein Metzger. Vier Personen sind im Bankgeschäft tätig. Ferner werden zwei Professoren und ein Rechtsanwalt genannt. Drei Personen werden von der jüdischen Gemeinde bezahlt: der Thoraschreiber, der Lehrer und der Rabbiner. Schließlich gibt es die 'Berufslosen', die ihren Lebensunterhalt aus Mieten, Ersparnissen oder Renten bestreiten: sechs Witwen, drei *Privatiers* und zwei Rentner.[94] *(Vgl. Materialanhang Nr. 9)*

24

Aus Angaben von 1889 wird deutlich, daß sich die jüdischen Geschäfte gleichmäßig auf die Geschäftsstraßen der Altstadt wie Barfüßerstraße, Markt, Wettergasse, Neustadt und Steinweg, sowie auf die der neuentstandenen Stadtviertel wie Bahnhofstraße und Gutenbergstraße verteilt haben.

In einigen Wirtschaftsbereichen waren Juden besonders aktiv und überrepräsentiert: im Bankwesen, bei Kleider- und Modewaren, bei Kurzwaren, bei Landesprodukten, im Fell- und Lederhandel sowie im Schirmgeschäft. In den anderen Sparten sind sie dagegen selten oder gar nicht vertreten. Auf einigen Gebieten sind sie Pioniere für eine nachfolgende allgemeine Entwicklung wie z.B. in der Entwicklung zu Kaufhäusern als regionale Einkaufszentren; im Vergleich zu 1874 ist die Firma R. Erlanger inzwischen zu einem modernen Warenhaus geworden, das die gesamte Palette des Bekleidungsbereich abdeckte.

In dieser Phase der Prosperität des jüdischen Wirschaftslebens verstärkt sich eine Entwicklung, die später - noch vor dem Holocaust der Nationalsozialisten - noch dramatischere Formen annehmen sollte: der Antisemitismus. Die schwierige wirtschaftliche Situation der oberhessischen Bauern mag Nährboden gewesen sein für den Agitator Otto Böckel, der 1887 als erster antisemitischer Abgeordneter in den Reichstag kam. Mit ihm wurde der Raum Marburg zu einem Zentrum des Antisemitismus im Deutschen Reich. Böckel, der als Bibliotheksassessor an der Universitätsbibliothek der Philipps-Universität beschäftigt war, gab in Marburg den 'Deutschen Herold' heraus, ein antijüdisches Hetzblatt, welches reichsweit vertrieben wurde: *"Ein fremder Volksstamm ist es, der sich bei uns einnistet, durch Gottes Fluch dazu verdammt, eine Völkergeißel, ein Verwüster blühenden Wohlstands zu sein. Ausgerüstet mit allen Kräften der Hinterlist, mit allen*

'Kehraus', Titelblatt des 'Antisemitischen Volkskalenders' aus dem Jahr 1894.
Aus: Juden in Kassel 1808-1933. Eine Dokumentation anläßlich des 100. Geburtstages von Franz Rosenzweig. Kassel 1986/87, S. 180.

Tücken der Schmeichelei und Trugeskunst, sieht dieses Geschlecht seine Aufgabe darin, unser Volk auszubeuten, auszusaugen und zu knechten." [95] Hier verbinden sich alte christliche Vorurteile mit neuem rassischen Gedankengut und 'antikapitalistischen' Phrasen [96] - eine gefährliche Mischung, wie sich später zeigen sollte.

Bis zum 1. Weltkrieg behinderte der Antisemitismus die Entfaltung jüdischen Lebens - es erlebte seine größte Blüte überhaupt - in Marburg wenig. Dafür standen als deutlich sichtbare Zeichen der Bau der neuen Synagoge, der Bau des *Israelitischen Schüler- und Lehrlingsheims* in der Schulstraße, Beteiligung von Juden in den freisinnigen und liberalen politi-

Wahlflugblatt der Deutsch-sozialen Antisemitenpartei.
Aus: Juden in Kassel 1808-1933. Eine Dokumentation anläßlich des 100. Geburtstages von Franz Rosenzweig. Kassel 1986/87, S. 182.

schen Vereinen, die große Zahl jüdischer Studenten, Wissenschaftler und Professoren an der Universität, sowie die 'drei geistigen Zentren' um Provinzialrabbiner Dr. Munk, den Philosophen Prof. Cohen und den Lehrer Abraham Strauss.

Diese drei angesehenen Marburger Bürger waren es auch, die den Gründungsaufruf für die Errichtung des Schüler- und Lehrlingsheims für jüdische Jugendliche als Erstunterzeichner mitbetrieben. Die Bildung ihrer Nachkommen war eines der Hauptziele jüdischer Eltern. Auffällig ist das außergewöhnliche Bildungsniveau jüdischer Kinder und Jugendlicher in Marburg. Von den Eltern zum Lernen angespornt, wurde vor allem der Realschulabschluß angestrebt, aber auch im Gymnasialbereich waren Schüler aus jüdischen Familien häufiger als im Bevölkerungsdurchschnitt vertreten. Die Gesamtzahl der Schüler jüdischer Konfession an der Oberrealschule betrug im Zeitraum von 1902 bis 1933 insgesamt 374, das sind über zehn Prozent aller Schüler. Davon haben dort 43 ihr Abitur abgelegt und mindestens 154 die Mittlere Reife absolviert.[97] Ein hoher Anteil dieser Schüler kam von außerhalb, meist aus dem oberhessischen Raum, einzelne sogar von noch weiter. Für diese Schüler sollte das eben erwähnte Heim gebaut werden. In den Statuten des Vereins *Israelitisches Schüler- und Lehrlingsheim* wird formuliert, zu welchem Zweck dieses Heim errichtet werden sollte: *"Die seit mehr als zwei Jahrzehnten gegen unsere Glaubensgenossenschaft entfesselte Agitation hat die Schwächung unserer wirthschaftlichen Kraft zu ihrem ausgesprochenen Ziele. Das hessische Land, zuerst das ehemalige Kurhessen, bald darauf das Großherzogthum Hessen, ist von dieser Agitation am heftigsten und nachhaltigsten betroffen worden. ... Bildung ist vorzugsweise im Stande, die wirthschaftliche Kraft zu heben und die Gesittung zu sichern. Langjährige Berathung ... hat ... zu dem Ent-*

Synagoge in Marburg kurz nach der Erbauung 1896-97.
Foto: Sammlung Hermann Bauer.

schlusse geführt, in Marburg ein Haus zu gründen, in welchem jüdische Knaben, insbesondere aus hessischen Orten, Aufnahme finden sollen, um ein Handwerk zu erlernen oder eine der hiesigen Schulen zu besuchen. In diesem Hause sollen sie zu einem geringen Betrage, eventuell umsonst, Aufnahme, Verpflegung, Ueberwachung und Erziehung, endlich auch Nachhilfe finden. ... Die jüdische Wohltätigkeit ist allezeit von dem Grundsatz geleitet worden, wirthschaftliche Mißstände und sociale Gefahren durch Hebung von Bildung und Gesittung unverdrossen zu bekämpfen." [98]

Viele alteingesessene jüdische Geschäfte hatten sich inzwischen in Marburg etabliert und gehörten zu den führenden Warenhäusern der Region, vor allem die Kaufhäuser Erlanger und Eichelberg. Ebensowenig waren die privaten Banken aus dem Geschäftsverkehr Marburgs wegzudenken, obwohl sie zunehmend

Adreßbuch der Stadt Marburg 1896.

Bahnhofstraße um 1900. Das Haus mit dem kleinen Erker links neben dem 'Hotel du Nord' dürfte die Nr. 36 gewesen sein. Dieses Haus gehörte der Familie Bachrach; hier waren die Firmenräume der Großhandlung für Mehl, Getreide, Kolonialwaren, Futtermittel und Sämereien, ebenso die Wohnung der Familie.
Foto aus einem Marburg-Kalender.

Konkurrenz durch genossenschaftliche Banken bekamen.
Mehrere Filialen von Geschäftsketten, deren Besitzer nicht in Marburg ansässig waren, hatten sich in Marburg niedergelassen: Heineberg & Co., Frankfurter Schuhlager, Hamburger En-Gros Niederlage. Einer der ersten Versuche, in Marburg ein Lichtspielhaus zu eröffnen, wurde von einem Frankfurter Juden in der Bahnhofstraße gewagt. 1911 begann er mit einem Photoautomaten und im Januar 1912 betrieb er einen Kinematographen in der Bahnhofstr. 20. Dem Kino war sogar ein Automatenrestaurant angeschlossen.[99]
Bis 1905 war die jüdische Gemeinde auf 512 Personen angewachsen.[100]

2.3 Der Erste Weltkrieg und die Weimarer Republik

Wie die große Mehrheit der deutschen Bevölkerung hatten auch die Juden den Kriegsausbruch 1914 überschwenglich begrüßt. *"Deutsche Juden! In dieser Stunde gilt es für uns aufs neue zu zeigen, dass wir stammesstolzen Juden zu den besten Söhnen des Vaterlands gehören."* [101] Diese patriotische Gesinnung teilten auch die meisten Marburger Juden, wie z.B. der Begründer der Marburger Schule des Neukantianismus, Prof. Hermann Cohen: *"Wir haben den fremdländischen Geistern, um mit Fichte zu reden, viel zu viel nachgegeben, weil wir leider die deutsche Eigenart nicht erfaßt hatten. Und nicht verstehen wollten. Das muß anders werden."* [102]

Artur Katz berichtet in seinen Erinnerungen, wie auch er als Zwölfjähriger mit jüdischen Freunden zum Bahnhof eilte, um die dort verschickten Pferde der Reichswehr mit Hafer zu versorgen. *"Ich kann nicht untätig bleiben, während die Soldaten zur Front ziehen."* [103] Die Jungen gingen sogar in die umliegenden Dörfer, um dort für Kriegsanleihen zu werben.

Wie sich der Krieg auf die jüdischen Familien auswirkte beschreibt er so: *"Fast jedes Haus ist betroffen. Die kleine jüdische Gemeinde in Marburg hat dreizehn Gefallene zu beklagen, meist einzige Söhne, darunter ein Vetter meiner Mutter, Siegmund Höxter der als Vizefeldwebel bei Langemarck fällt.*[104] *Wir sprechen meinen Vetter Kurt Katz aus Göttingen nur wenige Minuten am Marburger Bahnhof auf der Fahrt zur Westfront. Eine Woche später trifft die Nachricht von seinem Heldentod ein ... Für meine Familie beginnen mit der Einberufung meines Vaters schwere Zeiten, da meine Mutter allein das Geschäft fortführen muß ... Meine Eltern beraten, ob es nicht besser sei, während des Krieges den Laden zu schließen, kommen aber davon ab, um die Angestellten, etwa 8, nicht zu entlassen, die anderswo keine Arbeit finden würden."* [105]

Ludwig Beck als Kompanieschreiber (mit Pickelhaube) im 1. Weltkrieg. Die Aufnahme wurde am 10.9.1916 bei Verdun gemacht.
Foto: Privatbesitz.

Ähnlich ging es der Familie Bachrach. deren großes Geschäft allein von Adolf Bachrach weitergeführt wurde, weil seine Brüder Samuel und Willi im Krieg waren.[106] Für andere Geschäfte bedeutete der Krieg das Ende. Sally Bergenstein z.B., der Inhaber einer Metzgerei, war im November 1914 gefallen, und sein Bruder Julius starb 1918 in Marburg. Die Witwe Selma Bergenstein mußte die Metzgerei verkaufen.

Deutschland hat ewigen Bestand.
Es ist ein kerngesundes Land!

Deshalb/Deutscher/zeichne
die 9·Kriegsanleihe!

Zeichnungen nimmt entgegen
Bankhaus Baruch Strauss
Marburg a.L.   gegr·1866·   Frankfurt a·M·
Tel·Nr·29·136.   Tel·Hansa 7371·7372·7373·

Originalzeichnung von Prof. Otto Ubbelohde für das Bankhaus Baruch Strauss Marburg u Frankfurt a M·   Nachdruck verboten·

Entwurfszeichnung für ein Plakat 1918.
Aus: Bernd Küster: Otto Ubbelohde. Lilienthal 1984.

Mindestens 38 weitere Marburger Juden waren Kriegsteilnehmer. Sie kehrten in der Zeit von November 1918 bis Oktober 1919 nach Marburg zurück, wo der Antisemitismus immer stärker geworden war. Artur Katz beschreibt die Situation nach Kriegsende bitter: *"Die eigentlichen Schuldigen an der Niederlage sind bald gefunden: die Juden! Es ist ja ganz klar, daß sich der amerikanisch-jüdische Kapitalismus mit dem russisch-jüdischen Kommunismus zum Untergang Deutschlands verbunden hat. (Von Logik muß man sich freihalten!). ... Die Saat fällt auf fruchtbaren Boden. Hetz-Organisationen wie der "Deutsch-Völkische Schutz- und Trutzbund" tauchen auf. Je phantasievoller der Name, desto wirkungsvoller."* [107]

Die meisten Juden hatten sich so sehr an ein gewisses Maß von Antisemitismus gewöhnt, daß dieser für sie schon zum Lebensalltag geworden war.[108]

"Für sie alle war das Überleben des Antisemitismus eine Tatsache, mit der sie auskommen mußten: im Geschäfts- und im beruflichen Leben, in der Armee, in Teilen der sogenannten guten Gesellschaft und in den Universitäten." [109]

Artur Katz, der in den frühen 20er Jahren in Marburg studierte, konstatierte, daß der Antisemitismus an den Universitäten 'zum guten Ton' gehörte.[110] So hatten bereits 1919 die Mediziner als erste einen die Juden ausschließenden Satzungsbeschluß gefaßt.[111]

1920 konstatierte der ehemalige jüdische Student Victor Goldschmidt: *"... ich spreche nicht von verflossenen Jahrhunderten, sondern ... [vom] ... neuesten Marburg ... das sich allem Anscheine nach zum Hort des akademischen Antisemitismus, der akademisch-politischen Reaktion, aufzuwerfen beabsichtigt. Unser Marburg ist antisemitisch."* [112]

Zum Ende der Weimarer Zeit organisierten sich viele Kaufleute und Händler im *Kampfbund Deutscher Mittelstand*, der allenthalben gegen 'jüdische Vorherr-

Jakob Lanzewizki (links) als Soldat der russischen Armee, wahrscheinlich zu Beginn des 1. Weltkriegs.
Foto: Privatbesitz Dieter Lanzewizki.

schaft' im Wettbewerb und die 'Vermassung' des Konsums in 'jüdischen Warenhäusern' agitierte. Er wurde unmittelbar 1933 als NS-Organisation übernommen.[113]

Eine antisemitische Wirtschaftspropaganda betrieb auch der *Deutschnationale Handlungsgehilfenverband* (DHV); auch er brauchte 1933 in Marburg nicht gleichgeschaltet zu werden, da *"die hiesige Ortsgruppe schon seit Jahren von Männern geführt wird, die der NSDAP schon angehörten, als es noch gefährlich war, Nationalsozialist zu sein".* [114]

Zur Unterstützung des Kapp-Putsches im Frühjahr 1920, gab es sogar Pläne, Studentenverbindungen in den Kampf einzuschalten: *"Durch einen ... Geheimbefehl waren eine Anzahl von Studenten abgeteilt, die alle öffentlichen Gelder zu beschlagnahmen und die jüdischen Banken zu besetzen hatten."* [115]

Adreßbuch der Stadt Marburg 1926/27.

Trotz allem waren die Marburger Juden bemüht, in gutem Einvernehmen in der Stadt zu leben. So erklärte Provinzialrabbiner Dr. Cohn anläßlich des Hauptfestaktes zum Universitätsjubiläum am 12.8.1927: *"Wir glauben dies hervorheben zu sollen, um zu zeigen, daß in Marburg, das in weiten Kreisen als etwas antisemitisch angehaucht verschrien ist, bei dem Jubiläum seiner Universität der Vertreter der israelitischen Religionsgemeinschaft als völlig gleichberechtigt behandelt wurde."* [116]

Viele Marburger Juden hatten den Antisemitismus so verinnerlicht, daß sie sich gar nicht mit ihm auseinandersetzten. Nach Theo Bachrach hatte man sich so an die 'vielen kleinen Begebenheiten' gewöhnt; das gehöre halt zum Leben eines Juden dazu. [117]

Die jüdische Wirtschaftsentwicklung ist für die Weimarer Zeit nur sehr schwer von der übrigen getrennt zu erfassen. Zwar belegen Statistiken über das Steueraufkommen jüdischer Steuerzahler, die der *Preußische Landesverband jüdischer Gemeinden* in Auftrag gegeben hatte, daß die Wirtschaftskraft 1925 schon geschwächt war, um dann zur Zeit der Wirtschaftskrise *"erschreckende Maße"* anzunehmen; [118] für Marburg aber war die Entwicklung etwas weniger dramatisch. Der Konzentrationsprozeß im Bereich der Banken und Industrie erschwerte den eher auf Selbständigkeit und Eigeninitiative bedachten jüdischen Kaufleuten die weitere Expansion in diesen Branchen. So schlossen sich nach und nach einige Gebiete des Wirtschaftslebens für die Juden, die ihnen früher in großem Maß Betätigungsfelder geboten hatten, und es blieben die freien Berufe (Rechtsanwälte und Ärzte) und das un-

33

Die Ketzerbach und die Karmelitergasse in den zwanziger Jahren. Auf der rechten Seite erkennt man das Firmenschild der Schneiderei Lanzewizki.
Foto: Bildarchiv Foto Marburg.

abhängige kaufmännische Gewerbe ihre stärksten Positionen.[119]
"Der jüdische Kaufmann und Industrielle hat in einer hochkapitalistischen, kartellierten Wirtschaft nie wieder den Rang der Vorkriegszeit erreicht, hat aber, soweit er nicht aus dem Arbeitsprozeß ausgeschaltet wurde, wieder sein gutes Auskommen gefunden und sogar Vermögen gesammelt."[120]
In Marburg sank die Zahl der jüdischen Einwohner von 512 Personen im Jahre 1905 auf 354 Personen im Jahre 1925; also ein Verlust nahezu eines Drittels in zwanzig Jahren.[121] Die Gründe für diese Entwicklung sind vielfältig. In Marburg bestätigte sich der allgemeine Trend des Geburtenrückgangs bei den deutschen Ju-den, der zeitlich der allgemeingesellschaftlichen Entwicklung weit voraus und sehr viel ausgeprägter war. Lange Ausbildungszeiten zumindest der akademischen Berufe, Familienplanung im Zusammenhang mit der Sicherung und des Ausbaus einer bürgerlichen Existenz, sowie die zunehmende Emanzipation der jüdischen Frauen bestimmen diese Entwicklung. Im Zuge des Prozesses zu mehr religiöser Toleranz und zunehmender Abkehr vom traditionellen Glauben nahmen auch die sogenannten 'Mischehen' zu; dies galt vor allem für Kaufleute und Akademiker. Die Kinder aus diesen Ehen wurden meist nicht mehr der jüdischen Gemeinde zugezählt.[122]

Gründe für den zahlenmäßigen Rückgang der jüdischen Gemeinde sind auch in der wirtschaftlichen Entwicklung zu suchen. Inflation und Weltwirtschaftskrise bewirkten, daß viele Geschäftsleute in größere Städte abwanderten in der Hoffnung, daß sich dort bessere Möglichkeiten und eine breitere Basis für ihre Tätigkeiten ergaben.[123]

Besonders kraß sind die Auswirkungen der Wirtschafts- und Finanzkrisen an den meist jüdischen Privatbanken Marburgs abzulesen. Auf diesem Sektor fand ein zunehmender Konzentrationsprozeß statt, dem die kleineren, privatwirtschaftlich organisierten Banken nichts entgegenzusetzen hatten. Die *Hessische Bankverein A.G.*, eine Bank im Besitz mehrerer jüdischer Bankiers aus Oberhessen, die nach dem Krieg eine Filiale am Markt 9 eröffnet hatte, ging bereits 1923 an die *Commerz- und Privatbank A.G.* über. Die *Hessische Privatbank A.G.*, ein Marburger Unternehmen mit den jüdischen Teilhabern David Jacobs und Simon Falk mußte 1926 aufgeben. Die *Mitteldeutsche Kreditbank* mit dem Bankdirektor Rothschild wurde im Winter 1928/29 von der *Commerzbank* übernommen, und das seit 1866 bestehende *Bankhaus Baruch Strauß* wurde im Dezember 1929 an die *Dresdner Bank* verkauft, nachdem einer der Besitzer, der Bankier Hugo Strauß, 1928 verstorben war. Das Bankhaus *Carl Haas* schließlich, dessen Inhaber die Marburger Bankiers Karl Haas, Albert Herz und Siegmund Lilienstein waren, mußte 1930 wegen der wirtschaftlichen Umstände das Konkursverfahren eröffnen.[124] Die Besitzer, Prokuristen und Angestellten dieser Banken gingen teilweise in größere Städte, meist nach Frankfurt, wie Albert Strauß. Einige, wie der ältere Bankier Rothschild, denen aus dem Verkauf ihrer Bank genügend Geld blieb, setzten sich in Marburg zur Ruhe. Andere konnten aus dem Konkurs ihrer Bank nicht mehr viel retten. Sie versuchten, durch

Oberhessische Zeitung 12.6.1919.

neue Tätigkeiten ihren Lebensunterhalt zu sichern. Karl Haas und Albert Herz wurden im Laufe des Konkursverfahrens gezwungen, ihr gemeinsames Haus in der Frankfurter Strasse 44 zu verkaufen. Karl Haas richtete auf den Namen seiner Frau Emmy eine kleine Handelsvertretung in seiner Privatwohnung ein. Sie vertrieben *technische Fette und Öle, Papier- und Schreibwaren sowie Reklameartikel*.[125] Die Frau von Albert Herz, Johanna, eröffnete ein Tag nach Konkursende eine Weinvertretung.[126] Der dritte Teilhaber des ehemaligen Bankhauses *Carl Haas*, Siegmund Lilienstein, blieb ebenfalls in Marburg und eröffnete einen Vertrieb von *Wäscheartikeln* in seiner Privatwohnung.[127]

Eine Anpassung an die sich verändernde wirtschaftliche Situation gelang auch Siegmund Schaumberg mit seiner Firma. Das Geschäft, das sein Vater 1899 mit Landesprodukten und Baumaterialien begonnen hatte und sich mittlerweile zu einer Großhandlung mit *Maschinen und Einrichtungen für landwirtschaftliche Betriebe* entwickelt hatte, wurde ab 1930 nach Frankfurt verlegt.[128]

Der Versuch eines Juden, in Marburg eine liberale Tageszeitung für den oberhessischen Raum zu etablieren, scheiterte. Der Verleger Max Bamberger zog schon 1920 nach Frankfurt; anscheinend hatte seine Zeitung, die *Hessische Landeszeitung*, nicht genügend Leser in Marburg und Umgebung gefunden.[129]

Ebenfalls stark veränderte sich das Bild

Studentenumzug zum Universitätsjubiläum 1927. Im Hintergrund das Schuhgeschäft 'Mercedes',
Inhaber Ernst Blumenfeld.
Foto: Bildarchiv Foto Marburg.

der jüdischen Betriebe auf dem Gastro-
nomie- und Genußmittelsektor. Schon
1919 mußte die Branntweinfabrik *M.B.
Strauß* schließen. 1929 folgte die Speise-
wirtschaft mit Metzgerei Jonas im Wehrdaer Weg 2; der Restaurations-, Hotel-
und Metzgereibetrieb Isenberg am Steinweg 12 wurde nach und nach eingestellt.
Auch Johanna Blumenfeld mußte ihre
Pension und ihren Mittagstisch in der
Kasernenstraße 8 (heute Gutenbergstraße) 1931 aufgeben. Sie hatte bis zur
Schließung des Israelitischen Schüler-
heims im Jahr 1928 ständig jüdische
Schüler und Lehrlinge aus der Region
zur Untermiete. So existierten zu Beginn
der 30er Jahre nur noch der Mittagstisch

der Metzgerei Levi sowie die Konditorei
und Bäckerei Blumenfeld am Bahnhof.[130]
Auch Klein- und Kleinstunternehmungen
mußten z.T. ihre Tätigkeiten einstellen.
Irene Stern gab ihr Putzwarengeschäft
auf und ging als Putzhilfe nach Recklinghausen, der Kleinhändler Moses
Weinhauer gab seine Hausiertätigkeit
auf.[131] Moritz Tempelhof, als russischer
Kriegsgefangener nach Deutschland gekommen, scheiterte mit seiner Möbelschreinerei und mußte als Arbeiter in
einer Möbelfabrik den Lebensunterhalt
für sich und seine Familie verdienen.
Auch andere zum Ende des Krieges oder
kurz danach nach Marburg gezogene Juden aus dem Osten hatten in Marburg

Der Tod meiner beiden Brüder, mit denen ich jahrzehntelang mein väterliches Geschäft führte, hat mich der treuesten Mitarbeiter beraubt. Die junge Generation meines Hauses ist noch nicht herangereift. Die Arbeitsüberlastung und die damit verbundene Verantwortung ist so groß geworden, daß ich sie mir aus gesundheitlichen Gründen nicht mehr zumuten kann.

Das Geschäft will ich aber nicht verwaisen lassen. Ich habe deshalb meine Firma an die mit meinem Hause seit über 50 Jahren befreundete „Dresdner Bank, Berlin", mit Aktiven und Passiven übertragen, die das Geschäft in traditioneller Weise weiterführen wird.

Es ist mir eine Genugtuung, mitteilen zu können, daß ich auf Wunsch der Dresdner Bank diese in ihren Bemühungen, das Geschäft nicht nur zu erhalten, sondern weiter auszubauen, mit Rat und Tat unterstützen werde.

Marburg a. d. Lahn, den 10. Dezember 1929.

Albert Strauß

Mitinhaber des Bankhauses Baruch Strauß, Marburg.

Im Anschluß an vorstehende Mitteilung des Herrn Albert Strauß geben wir bekannt, daß wir dessen altangesehene Firma Baruch Strauß mit dem heutigen Tage mit sämtlichen Aktiven und Passiven übernommen haben und getreu den alten bewährten Grundsätzen des Bankhauses Baruch Strauß unter der Firma

Dresdner Bank Filiale Marburg
vorm. Baruch Strauß

weiterführen werden.

Wir halten uns zur Ausführung sämtlicher bankgeschäftlichen Angelegenheiten bestens empfohlen.

Marburg a. d. Lahn, den 10. Dezember 1929.

Dresdner Bank Filiale Marburg
vorm. Baruch Strauß.

Oberhessische Zeitung vom 14.12.1929.

einen schweren Stand. Sie blieben oft auch innerhalb der jüdischen Gemeinde relativ isoliert.[132]

Bessere Wirtschaftsbedingungen hatte nur eine begrenzte Anzahl der jüdischen Unternehmungen. Dies gilt vor allem für den Konsumgüterhandel - insbesondere den Textilienverkauf - und für die freien Berufe. Hier ist die Entwicklung ähnlich wie in Gesamtdeutschland: 1932 verkauften Juden 62 Prozent der Bekleidungsartikel, 36 Prozent des Hausrats- und

Wohnbedarfs und 18 Prozent der Kultur- und Luxusartikel.[133] In Marburg ist ihr Anteil nicht ganz so groß, aber die Kaufleute dieser Bereiche konnten ihre Möglichkeiten nutzen. Die Kaufhäuser und Modegeschäfte E. Baum, Blumenfeld & Co., Eichelbergs Nachf., R. Erlanger, Gebr. Ellenzweig, Heineberg & Co., J. Stern, I. Weinberg, M. Wolf u.a., sowie die Schuhhandlungen *Frankfurter Schuhlager* und *Mercedes* waren die führenden Betriebe dieser Branchen.[134]

Zu den relativ erfolgreichen Geschäften zählen auch landwirtschaftliche Großhandlungen, Vieh- und Pferdehandel sowie der Landmaschinenverkauf. So konnten sich die Firmen A.S. Bachrach, S. Blumenfeld, H. Goldschmidt, S. Höchster, S. Schaumberg, A. Stern sowie R. Stern und M. Drucker in Ockershausen bis 1933 gegen die Konkurrenz behaupten.[135]

Das gleiche gilt für die Seifenfabrik S. Sonneborn, das Korsettgeschäft Geschw. Aron, die Lederhandlung K. Strauß, den Juwelier Freund und die Kaufhausfilialen von Schade & Füllgrabe - meist alteingesessene und gutgehende Geschäfte, die das Bild des jüdischen Handels und Gewerbes in Marburg vervollständigen.[136]

Die akademischen Berufe waren ebenfalls stark in Marburg vertreten, nicht zuletzt bedingt durch die Universität, an der eine größere Zahl jüdischer Professoren und Dozenten lehrten und forschten. Mehrere jüdische Lehrer unterrichteten an den Marburger Schulen. Die Praxen der Rechtsanwälte L. Bachrach, H. Reis und W. Wertheim arbeiteten in der Weimarer Republik erfolgreich.[137]

Insgesamt gesehen, scheinen die Marburger Juden überwiegend an den alten Strukturen des privaten Klein- und Mittelgewerbes festzuhalten; die wenigen größeren Warenhäuser bilden hier die Ausnahmen. Diese Tendenz wurde auch als allgemeine festgestellt: *"Der Drang der Juden nach unabhängigen wirtschaftlichen Stellungen, ob geboten aus innerer Haltung oder durch Zwang seitens der Umgebung, mag die Anpassungsfähigkeit der Juden an die sich verändernden Formen des wirtschaftlichen Lebens im industriellen Deutschland vermindert haben."* [138]

Das bedeutet für eine Vielzahl der Marburger Juden, daß sie die ihnen zugeschriebene Flexibilität hier nicht bewahren konnten. Sie hielten größtenteils an ihren Verhaltensweisen und ihrem Streben nach Selbständigkeit auch dann noch fest, als diese ihnen in vielen Sparten schon längst keine wirtschaftlichen Vorteile mehr versprachen.

1. Löwenstein, Uta: Quellen zur Geschichte der Juden im Hessischen Staatsarchiv 1267-1600, hrsg. von der Kommission für die Geschichte der Juden in Hessen, 3 Bde., Wiesbaden 1989. (Im folgenden zitiert: Löwenstein, Band, Seite, Nummer)

2. Löwenstein a.a.O., Bd. 1, S. 1, Nr. 2.

3. Baur, L.: Urkundenbuch des Klosters Arnsburg in der Wetterau, Darmstadt 1851, S. 322, Nr. 478. Am 15. November 1317 wird eine Hausstelle vom *Steinernen Haus* (Markt 18) gegenüber Judenschule erwähnt: "*ex opposto domus aut scolis judaeorum*". 1325 und 1356 wird die Judenschule erneut erwähnt. Löwenstein a.a.O., Bd. 1, S. 8, Nr. 29 und S. 18, Nr. 65.

4. Löwenstein a.a.O., Bd. 1, S. 28, Nr. 105. Zur 'Judenschule' gehören auch noch ein Hof, eine Hofstatt und Grund, für die ein "ewige(r) Zins von 3 Schillingen Pfennigen" zu entrichten war.

5. Schuldner waren u.a. der Ritter Schenck zu Schweinsberg, der Vogt Ludwig zu Fronhausen und der Knappe Ruttigir Gaugrebe. Löwenstein a.a.O., Bd. 1, S. 11, Nr. 42; S. 12, Nr. 43; S. 14, Nr. 51.

6. Löwenstein a.a.O., Bd. 1, S. 15, Nr. 53.

7. Löwenstein a.a.O., Bd. 1, S. 24, Nr. 92.

8. a.a.O., Bd. 1, S. 46, Nr. 178.

9. a.a.O., Bd. 1, S. 44, Nr. 172.

10. a.a.O., Bd. 1, S. 18, Nr. 65.

11. Der Friedhof befand sich "*apud viros leprosos*", also in der Nähe der Siechen, wo er sich auch noch heute befindet. Löwenstein a.a.O., Bd. 1, S. 32, Nr. 120; S. 44, Nr. 171. Erdmann, Axel: Der Friedhof der Marburger Juden, in: Studier mal Marburg, Nr. 11, November 1985, S. 4.

12. Löwenstein a.a.O., Bd. 1, S. 52, Nr. 202.

13. a.a.O., Bd. 1, S. 32, Nr. 120.

14. Staatsarchiv Marburg (StAM), 330 Mbg A, II, 5, 1452.

15. Löwenstein a.a.O., Bd. 1, S. 105, Nr. 403, Nr. 404; S. 106, Nr. 405.

16. a.a.O., Bd. 1, S. 154, Nr. 586; S. 159, Nr. 606.

17. a.a.O., Bd. 1, S. 230, Nr. 853a.

18. a.a.O., Bd. 1, S. 235, Nr. 862.

19. Ebenda.

20. a.a.O., Bd. 1, S. 238, Nr. 872.

21. a.a.O., Bd. 1, S. 242, Nr. 886.

22. a.a.O., Bd. 1, S. 302, Nr. 1094a.

23. a.a.O., Bd. 1, S. 306, Nr. 1101.

24. a.a.O., Bd. 1, S. 319, Nr. 1157.

25. a.a.O., Bd. 1, S. 317, Nr. 1146.

26. a.a.O., Bd. 1, S. 317, Nr. 1148.

27. a.a.O., Bd. 3, S. 281, Nr. N109.

28. Die Verhandlungen zogen sich teilweise über Jahre hin, hier vom Juni 1539 bis zum März 1543 mit 36 protokollierten Gerichtsterminen. Löwenstein a.a.O., Bd. 1, S. 349ff., Nr. 1247a.

29. Löwenstein a.a.O., Bd.1, S. 360, Nr. 1269.

30. a.a.O., Bd. 1, S. 336ff., Nr. 1224.

31. Ebenda.

32. Ein umfangreicher Aktenvorgang handelt von Streitigkeiten eines verzwickten Pferdetausches zwischen dem Marburger Juden Gotschalck und Reitz Keil aus Amöneburg. Ein weiterer Vorgang beschreibt ein Pfändungsgesuch Gotschalcks beim Amöneburger Schultheiß Henn Maus. Schwierigkeiten entwickelten sich besonders in der Rechtsauslegung von Geschäften über Gebietsgrenzen hinaus, also zwischen dem hessischen Marburg und dem mainzischen Amöneburg. In die Zeit dieser Prozesse fallen immer wieder Drohungen des Stadtrates gegenüber den Marburger Juden, "die ordenung zu halten oder zu wichen". Die Ausweisungen konnten aber nicht in die Tat umgesetzt werden, weil die Marburger Bürger ihre Schulden an die Juden nicht bezahlen konnten. Die Anfeindungen sind auch vor dem Hintergrund des 'großen Sterbens' in Marburg der Pestjahre 1542/43 zu verstehen; in solchen Zeiten stieg der Judenhaß immer an. Besonders zu leiden hatte der Biedenkopfer Jude Michel, dessen Söhne dann auch die Gegend verließen. Löwenstein a.a.O., Bd. 1, S. 375, Nr. 1310; S. 382, Nr. 1331; S. 377f., Nr. 1318; S. 383, Nr. 1333a. Löwenstein a.a.O., Bd. 2, S. 114, Nr. 1965; S. 232, Nr. 2212; S. 236, Nr. 2226; S. 257ff., Nr. 2275; S. 260, Nr. 2277.

33. Löwenstein a.a.O., Bd. 1, S. 395f., Nr. 1361; S. 425, Nr. 1411, Bd. 2, S. 357, Nr. 2498.

34. a.a.O., Bd. 1, S. 320f., Nr. 1160.

35. a.a.O., Bd. 1, S. 451, Nr. 1469.

36. a.a.O., Bd.3, S.373, Nr.N238, siehe zum Werk Nigrinus: Bd. 2, S. 170f., Nr. 2085a.

37. Löwenstein a.a.O., Bd. 2, S. 197ff., Nr. 2142; S. 485, Nr. 2916a.

38. a.a.O., Bd. 2, S. 184f., Nr. 2121.

39. a.a.O., Bd. 3, S. 51, Nr. 3365; S. 180, Nr. 3648.

40. Bodenheimer, Rosy: Beitrag zur Geschichte der Juden in Oberhessen von ihrer frühesten Erwähnung bis zur Emanzipation, Dissertation Gießen 1931, S. 21.

41. Ebenda, S.33.

42. Cohn, Abraham: Beiträge zur Geschichte der Juden in Hessen-Kassel im 17. u. 18. Jahrhundert, Teil I. Staat und Umwelt in ihrem Verhältnis zu den Juden, Diss. (Teildruck) Marburg 1933, S. 19-26.

43. Erdmann, Axel: Die Marburger Juden, Dissertationsdruck, Marburg 1987, hier besonders S. 47f. Kürschner, Walter: Die Stellung der Juden in einer hessischen Stadt

[Marburg] von den Anfängen bis zur Neuzeit, in: Hessenland 5/6, 1938, S. 123f.

44. Cohn, Abraham a.a.O., S. 38.

45. Cohn, Abraham a.a.O., S. 48, Anm.8.

46. Cohn, Abraham a.a.O., S. 34, Anm.5.

47. Vgl. Prinz, Arthur: Juden im deutschen Wirtschaftsleben 1850-1914, bearbeitet und herausgegeben von Avraham Barkai, Tübingen 1984, Schriftenreihe wissenschaftlicher Abhandlungen des Leo-Baeck-Instituts 43, S. 23ff.

48. Erdmann a.a.O., S. 47. Für die Reisetätigkeit sprechen auch die guten Beziehungen nach Kassel, wie sie Erdmann auf S. 48 erwähnt.

49. StAMStahr, Kurt: Marburger Sippenbuch, Bd. 19, S. 133, Nr. 29908. StAM, Bestand 40 A XVI Marburg Judensachen, darin: Verzeichnisse der Juden in Stadt und Amt Marburg 1704 und 1710.

50. StAM, Bestand 330 Marburg, A I, 125, Renovierter Steuerstock 1721. StAM, Bestand 330 Marburg, A I, 130, Geschoßbuch ca. 1770. StAM, Bestand 330 Marburg, A I, 132, Brandsteuer - Kataster 1768 - 1819.

51. StAM, 17 I, 799 Marburgische Visitation 1666, Specification der Judenschafft zue Marpurgk.

52. StAM, 19b, Swr 49,3: Pflichtmäßige Specification aller in Stadt und Ambt Marburg und auch zu Kirchhain, die Adliche Gerichter mit eingeschloßen befindliche Juden und Familien. Die zweite Liste ist undatiert. Gerald Soliday, der sie uns überlassen hat, schätzt ihre Datierung auf 1750 oder einige Jahre später. Angus Fowler weist sie für die Zeit um 1730/40 aus.

53. StAM, Bestand 330 Marburg A II, 103, Einwohnerliste 1781, Auszug erstellt von Angus Fowler.

54. Vollständiger Gesetzestext in: Bulletin des Lois du Royaume de Westphalie/- Gesetz-Bulletin des Königreiches Westphalen, Erster Theil, Cassel 1808, S. 254-259. Hier entnommen dem Ausstellungskatalog "Juden in Kassel 1808 - 1933, Kassel 1987,S. 134.

55. Ebenda.

56. Kürschner, Walter: Geschichte der Stadt Marburg, Marburg 1934, S. 232.

57. Undatiertes Gesuch der Marburger Kaufmannschaft, zit. n. Kürschner, W.: Geschichte..., a.a.O., S. 246.

58. Gutachten des Oberschultheiß Hille, zit. n. Kürschner, W.: Geschichte ..., a.a.O., S. 247.

59. Börne, Ludwig: Für den Juden, Essay aus dem Jahr 1819, hier zitiert nach: Schuder, Rosemarie/ Hirsch, Rudolf: Der gelbe Fleck, Wurzeln und Wirkungen des Judenhasses in der deutschen Geschichte, Köln 1988, S. 494.

60. Kropat, Wolf-Arno: Die Emanzipation der Juden in Kurhessen und in Nassau im 19. Jahrhundert, S.325-349, in: Neunhundert Jahre Geschichte der Juden in Hessen, Schriften der Kommission für die Geschichte der Juden in Hessen VI, Wiesbaden 1985, S.329ff.

61. StAM, Bestand 330 Marburg A I, 190, Kantonsliste (Populationsliste), Auszug erstellt durch Angus Fowler. StAM, Bestand 330 Marburg C 170, Einwohnerliste von 1833, Auszug erstellt durch Angus Fowler.

62. Vgl. Prinz, Arthur a.a.O., S. 50: "An der von allen Wirtschaftshistorikern betonten Steigerung der deutschen Einkommens- und Vermögensverhältnisse in jener Zeit nahmen die Juden einen mehr als durchschnittlichen Anteil." Prinz gibt auch an, daß in der allgemeinen Entwicklung zu Schiebereien und Spekulantentum in Folge der kapitalistischen Hochkonjunktur Juden beteiligt seien, allerdings prozentual nicht wesentlich mehr als andere: "Der Durchbruch der deutschen Wirtschaft zum Kapitalismus war... zu einem erheblichen Teil mit Mitteln erzielt und mit Erscheinungen verbunden, die als moralisch verwerflich gelten", S.54.

63. Fox, Thomas/Hertner, Peter: Marburg als Marktort im 18. Jahrhundert: Ein Beispiel für Stadt-Umland-Beziehungen im vorindustriellen Zeitalter, in: Marburger Geschichte, hrsg. von Dettmering/Grenz, Marburg 1982, S. 337.

64. StAM, Bestand 16 Ministerium des Innern, Übersicht über die Erwerbstätigkeit der jüdischen Bevölkerung in der Provinz Oberhessen 1842, Kreis Marburg.

65. StAM, Bestand 16, Ministerium des Innern Rep. XIV Kl.1, Nr. 57. Nach Silbergleit, H.: Die Bevölkerungs- und Berufsverhältnisse der Juden im Deutschen Reich, Bd. I, Freistaat Preußen, Berlin 1930, S. 78f; und Prinz, Arthur a.a.O., S. 42. Im Gegensatz zu Preußen scheinen in Kurhessen regionale Unterschiede wie etwa der Stand der Entwicklung der Industrie auf der einen Seite und die unterschiedliche Struktur im Agrarbereich (Junkertum) die etwas andere Struktur der hessischen Juden zu bestimmen.(Anhang Mat.Nr. 4: Berufsstruktur der kurhessischen Juden 1842 und Berufsverhältnisse der Juden in Preußen 1843).

66. Kürschner, Walter: Geschichte ... a.a.O., S. 260.

67. Munk, Leo: Zur Erinnerung an die Einweihung der Synagoge in Marburg am 15.September 1897, Marburg 1897, S. 3.

68. StAM, Bestand 16, a.a.O., Verzeichnis über den Handelsbetrieb der Israeliten im Landratsamtsbezirk Marburg. Das Verzeichnis gibt die Gesamtzahl mit zwanzig an, die Liste enthält aber 21 Personen.

69. Adressbuch der Kaufleute, Fabrikanten der Stadt Frankfurt, Hessen-Darmstadt, Hessen-Kassel, Nassau, Nürnberg 1842, S. 86f.

70. StAM, Bestand 16, a.a.O., Akten betreffend den Handelsbetrieb der Juden, Vol. II 1859.

71. StAM, Bestand 16, a.a.O., Verzeichnis der zum Handelsbetrieb an Israeliten in den Ortschaften des Kreises Marburg erteilten Konzessionen.

72. Erdmann a.a.O., S. 85.

73. StAM, Bestand 16, a.a.O., Verzeichnisse der Israeliten, welche mit verbotenem Nothandel und sonstigen Schacher- und Wucherhandel sich beschäftigen, 1842 - 1861.

74. StAM, Bestand 16, a.a.O., Bericht des Reg.Dir. Wegner an das Kurhessische Ministerium des Innern vom 21.12.1858.

75. StAM, Bestand 330 Marburg C 31 und C 32, Volkszählungen von 1852 und 1855, Auszug erstellt durch Angus Fowler.

76. StAM, Abt. 16, a.a.O., Verzeichnis der zum Handelsbetrieb an Israeliten in den Ortschaften des Kreises Marburg erteilten Konzessionen.

77. StAM, Bestand 30 Stat. Komm. Rep. II Kl.5b, Nr. 5 vol.1, zitiert nach Kropat, A.-W.: Die Emanzipation der Juden ..., a.a.O., S. 342f..

78. StAM, Bestand 16, a.a.O., Übersicht über den Handelsbetrieb der Juden in einzelnen kurhessischen Kreisen.

79. Kürschner. Walter: Geschichte ... a.a.O., S. 244. Und: vom Brocke, Bernhard: Marburg im Kaiserreich 1866-1918, S.367-540, in: Dettmering, Erhart/Grenz, Rudolf (Hrsg.): Marburger Geschichte, Rückblick auf die Stadtgeschichte in Einzelbeiträgen, Marburg 19822, S. 403.

80. Bundesgesetzblatt des Norddeutschen Bundes, Berlin 1869, Nr. 28.

81. Elbogen, Ismar/Sterling, Eleonore : Die Geschichte der Juden in Deutschland, Frankfurt 1988, S. 241.

82. Vgl. v. Brocke a.a. o., S. 373. Vgl.: Fülberth, Georg: Marburg 1866 - 1918, S. 104, in: Marburg, Eine illustrierte Stadtgeschichte, Marburg 1985.

83. Marburg hat von 1866 - 1914 mit 57% nur ein relativ geringes Bevölkerungswachstum aufzuweisen, der hessische Durchschnitt liegt bei 170%, aus: Bog, Ingomar: Die Industrialisierung Hessens, S.190-203, in: Schultz, Uwe (Hrsg.): Die Geschichte Hessens, Stuttgart 1983, S.202.

84. v. Brocke a.a.O., S. 377.

85. v. Brocke a.a.O., Anm. 232, S. 475.

86. Drey, Paul: Die Verteilung der jüdischen Bevölkerung im Deutschen Reich auf Stadt und Land nach der Volkszählung vom 1. Dezember 1900, in: Veröffentlichungen des Bureaus für Statistik der Juden, Band 3: Die jüdischen Gemeinden und Vereine in Deutschland, Berlin 1906, S. 84.

87. Interview mit Theo Bachrach am 7.8.1987.

88. Vgl. Schmelz, Usiel O.: Die demographische Entwicklung der Juden in Deutschland von der Mitte des 19. Jahrhunderts bis 1933, S.31-72, in: Zeitschrift für Bevölkerungswissenschaft, Jg.8, 1/1982, S. 51. Des weiteren Prinz, Arthur a.a.O.. Segall, Jakob: Die beruflichen und sozialen Verhältnisse der Juden in Deutschland, 1912. Toury, Jakob: Soziale und politische Geschichte der Juden in Deutschland 1847-1871, Düsseldorf 1977.

89. Prinz, Arthur a.a.O.. Ebenfalls Heinrich Silbergleit: Die Bevölkerungs- und Berufsverhältnisse der Juden im Deutschen Reich, Bd. 1, Berlin 1930.

90. Adreßbücher der Stadt Marburg, Jahrgänge 1868ff.; hier besonders die Verzeichnisse der Handel- und Gewerbetreibenden und die Auszüge aus den Handelsregistern. Allgemeines Handels-Register des Kurfürstlichen Justizamts I Marburg; dies Register wurde angelegt am 21.11.1865 und endet 1901. Danach wurde ein neues Handelsregister angelegt: Handelsregister A Bd. 1, 1 - 267, Bd. 2, 267ff., endet mit 1945; Handelsregister B, Verzeichnis der Aktiengesellschaften. Gewerbean-, ab- und

-ummeldungen der Stadt Marburg: hier handelt es sich um vier Bände: 1. Gewerbeanmeldungen, Alphabetisches Namensverzeichnis; 2. Gewerbean- und -ummeldungen, 1893 - 1926; 3. Gewerbean- und -ummeldungen, 1926 - 16.6.1945; 4. Gewerbeabmeldungen, ab 3.6.1926. Einwohnerkartei Marburgs bis 1945. Die damals von der Gestapo benutzten Unterlagen, für die es einige Hinweise auf den alten Meldekarten gibt, ist leider verschwunden. Allerdings befand sich in der Abteilung "Kriegsopfer" ein größerer Bestand mit alten Meldekarten jüdischer Bürger.

91. Adreßbuch der Stadt Marburg 1868, Marburg 1868.

92. Adreßbuch 1868 a.a.O., S. 13. Adressbuch 1874, a.a.O., S. 15.

93. Adreßbuch 1874.

94. Adreßbuch der Stadt Marburg 1889.

95. Der Reichs-Herold, 6.Jg. Nr. 477 vom 26.1.1892, in: Juden in Kassel 1808 - 1933. Eine Dokumentation anläßlich des 100. Geburtstages von Franz Rosenzweig, Ausstellung des Kulturamts der Stadt Kassel vom 23.November 1986 - 31.Januar 1987, Katalognummer 89, S. 180.

96. Kehraus, Antisemitischer Volkskalender für das Jahr 1894, Verlag Reichsherold, Marburg, in: Juden in Kassel..., Katalognummer 91, S. 181.

97. Krause, Helmut: Herkunft und Zukunft der Schüler jüdischer Konfession 1902-1936, in: Martin-Luther-Schule 1838 - 1988, Eine Dokumentation, Marburg 1988, S. 147.

98. Gründungs- und Spendenaufruf des Vereins *Israelitisches Schüler- und Lehrlingsheim* in Marburg, Marburg 1900. Archiv des Leo-Baeck-Instituts New York.

99. Gewerberegisterbände der Stadt Marburg, vgl. Anm.90.

100. Vgl. v. Brocke a.a.O., S. 475, Anm.232.

101. Juedische Rundschau, Allgemeine juedische Zeitung vom 7.8.1914, zitiert nach: Juden in Kassel a.a.O., S. 202.

102. UB Marburg, HS 831, Nr. 47, Brief von Hermann Cohen an Paul Natorp, zitiert nach: Juden in Kassel, a.a.O., S. 203.

103. Katz, Artur: Streiflichter, Betrachtungen und Erinnerungen eines Marburgers. Unveröffentliches Manuskript, Presseamt Marburg, S. 20.

104. Mindestens 13 jüdische Soldaten fielen im 1. Weltkrieg. StUB Ffm, LS Judaica HS 24 TD 3/275: Die jüdischen Gefallenen des deutschen Heeres der deutschen Marine und der deutschen Schutztruppen 1914-1918, ein Gedenkbuch, hrsg. vom Reichsbund Jüdischer Frontsoldaten, 2. Auflage, Berlin 1932, S. 284. Es werden aufgeführt (in Klammer: Todestag): Gefreiter Moritz Baum (4.9.14), Sally Bergenstein (12.11.14), Unteroffizier Berthold Eichelberg (5.3.15), Julius Gans (28.5.18), Vizefeldwebel Siegmund Höxter (8.5.15), Siegfried Kugelmann (22.10.14), Marine-Gefreiter Ernst Leyser (2.11.18), Gefreiter Richard Meyer (5.3.15), David Schlesinger (13.11.14), Gefreiter Sally Stern (30.11.17), Moritz Wolf (10.1.19) Isidor Katzenstein (24.10.18 in Gefangenschaft) und David Plaut (23.7.17)

105. Katz, Artur a.a.O.

106. Gespräch mit Theo Bachrach am 7.8.1987.

107. Katz, Artur a.a.O., S. 22.

108. Mosse, Werner E.: Der Niedergang der Weimarer Republik und die Juden, S. 3-50, in: Entscheidungsjahr 1932. Zur Judenfrage in der Endphase der Weimarer Republik, hrsg. von W.E. Mosse und Arnold Paucker, Tübingen 1965, S. 38. Mosse sieht in der übergroßen Mehrheit der Juden die "apathischen, interesselosen und gleichgültigen Juden, die eine Vogel-Strauß-Politik betrieben."

109. Gay, Peter: In Deutschland zu Hause. Die Juden in der Weimarer Zeit, in: Die Juden im nationalsozialistischen Deutschland 1933 - 1945, Tübingen 1986, S. 31.

110. Katz, Artur a.a.O., S. 26.

111. Schäfer, Wolfram: "Bis endlich der langersehnte Umschwung kam ...", Sonderdruck Geschichtswerkstatt, Marburg 1991, S. 180, Anm.5.

112. Goldschmidt, Victor: Jüdisches Studentenleben im alten Marburg, in: Israelitisches Familienblatt, 12.2.1920.

113. Genschel, Helmut: Die Verdrängung der Juden aus der Wirtschaft im Dritten Reich, Göttingen 1966, S.63.

114. Oberhessische Zeitung vom 19.5.1933, zit. nach: Willertz, John Richard: Marburg unter dem Nationalsozialismus, S. 593-653, in: Dettmering/Grenz (Hrsg.) a.a.O., S. 594. Vgl. Genschel,Helmut a.a.O., S. 283.

115. von Selchow, Bogislav: 100 Tage aus meinem Leben, Marburg 1936, S. 321.

116. Jüdische Wochenzeitung für Kassel, Hessen und Waldeck, 4. Jhg., Ausgabe vom 12.8.1928.

117. Interview mit Theo Bachrach am 7.8.1987.

118. Birnbaum, Max P.: Die jüdische Bevölkerung in Preußen, S. 113-129, in: Gegenwart und Rückblick, hrsg. von Herbert A. Strauss und Kurt R. Grossmann, Heidelberg 1970, S. 113.

119. Comité des Délégations Juives (Hrsg.): Die Lage der Juden in Deutschland 1933. Das Schwarzbuch - Tatsachen und Dokumente, Paris 1934, wiederaufgelegt Frankfurt 1983, S. 279f.

120. Elbogen, Ismar: Die Geschichte der Juden in Deutschland, Berlin 1935, S. 472.

121. v. Brocke a.a.O., S.475, Anm.232. Kessler, Wilhelm: Geschichte der Universitätsstadt Marburg in Daten und Stichworten, Marburger Stadtschriften zur Geschichte und Kultur 15, Marburg 19842, S.127.

122. Schmelz, Usiel O.: Die demographische Entwicklung der Juden in Deutschland von der Mitte des 19. Jahrhunderts bis 1933, S.31-71, in: Zeitschrift für Bevölkerungswissenschaft, Jg.8, 1/1982, S.31.

123. Barkai, Avraham: Die Juden als sozio-ökonomische Minderheitsgruppe in der Weimarer Republik, S.330-346, in: Grab, Walter/Schoeps, Julius H. (Hrsg.): Juden in der Weimarer Republik, Stuttgart/Bonn 1986, S.331.

124. Vgl. 'Haas, Emmy' im dritten Teil des Buches.

125. Ebenda.

126. Vgl. 'Herz, Johanna' im dritten Teil des Buches.

127. Vgl. 'Lilienstein, Siegmund' im dritten Teil des Buches.

128. Vgl. Geschäft Siegmund Schaumberg, Gewerberegisterbände der Stadt Marburg.

129. Vgl. Geschäft Max Bamberger, Gewerberegisterbände der Stadt Marburg.

130. Vgl. 'Metzgerei Levi' und 'Blumenfeld, Hermann' im dritten Teil des Buches.

131. Vgl. Geschäft Moses Weinhauer, Gewerberegisterbände der Stadt Marburg.

132. Richarz, Monika (Hrsg.): Jüdisches Leben in Deutschland, Dritter Band, Selbst-zeugnisse zur Sozialgeschichte 1918-1945, Stuttgart 1982, S.16.

133. Barkai, Avraham: Die Juden als sozioökonomische Minderheitsgruppe in der Weimarer Republik, S. 330-346, in: Grab, Walter/Schoeps, Julius H. (Hrsg.) a.a.O., S. 341.

134. Vgl. dritter Teil des Buches.

135. Ebenda.

136. Ebenda.

137. Ebenda.

138. Bennathan, Esra: Die demographische und wirtschaftliche Struktur der Juden, S.87-131, in: Mosse, Werner E./Paucker, Arnold (Hrsg.): Entscheidungsjahr 1932. Zur Judenfrage in der Endphase der Weimarer Republik, Tübingen 1965, S.126.

3. Das jüdische Wirtschaftsleben 1933 bis 1938 in Marburg

3.1 Die Ausgangslage

Das folgende Kapitel versucht, die Ausschaltung des jüdischen Wirtschaftslebens in Marburg vor dem Hintergrund der allgemeinen politischen Ereignisse nachzuzeichnen. In die Untersuchung werden alle jüdischen Gewerbebetriebe aufgenommen, soweit sie in den zugänglichen Quellen auffindbar sind. Die wichtigsten Orientierungsgrundlagen sind hierbei die Gewerbeverzeichnisse der Adreßbücher; sie führen die Einzelhandelsgeschäfte, Filialbetriebe, Handelsvertretungen, Makler- und Rechtsbüros, Rechtsanwaltspraxen, Groß- und Kleinhandelsgeschäfte, Handwerksbetriebe, Agenturen, Mittagstische, Fabriken, Kinos und Arztpraxen auf.

Einige der kleineren jüdischen Geschäfte, z.B. die 'Etagengeschäfte', bei denen ein Raum der Wohnung Geschäftsraum war, erscheinen teilweise nicht in den Adreßbucheintragungen. Bei manchen dieser Kleinstgewerbebetriebe fällt es schwer zu entscheiden, ob ein eigentlicher Geschäftsbetrieb überhaupt bestand, so bei wechselndem ambulanten Handel - zum Beispiel mit Mineralwasser, dann wieder Metzgereibedarf u.a. In diesen Fällen wurde das Geschäft dann in die Untersuchung aufgenommen, wenn es Einträge im Gewerberegister der Stadt Marburg gab.

Als Stichtag gilt der 1. Januar 1933; alle jüdischen Gewerbe, die an diesem Tag bestanden, sind in die Untersuchung aufgenommen. Doch gibt es einige Ausnahmen von dieser Regel; so bei Betrieben, die hier einen Namen hatten oder lange in Marburg ansässig waren, aber zu diesem Stichtag schon nicht mehr existierten, oder bei Betrieben, die erst nach 1933 nach Marburg verlegt wurden. Sie erscheinen in der Regel in der letzten Geschäftsschließungsliste Ende 1938 und wurden deshalb aufgenommen.

Obwohl alle zugänglichen Quellen ausgewertet wurden, muß offen bleiben, ob das hier vorgelegte Material vollständig ist. Jedenfalls kann davon ausgegangen werden, daß es sich um eine bestmögliche Annäherung an die genauen Verhältnisse handelt.

Detaillierte Angaben zu Zeit und Umständen der Existenz eines jüdischen Geschäftes finden sich im dritten Teil dieses Bandes.

In die statistischen Angaben wurden nur die Geschäfte aufgenommen, die am 1. Januar 1933 bestanden.

1933 lebten in Marburg 340 Juden bei einer Gesamteinwohnerzahl von 29259.[1] Die meisten jüdischen Familien hatten Gewerbebetriebe, insbesondere Einzelhandelsgeschäfte. Von den rund 1400 Betrieben, die im *Verzeichnis der Gewerbebetriebe des Adreßbuchs der Stadt Marburg 1932/33* genannt werden, gehörten ca. sechzig jüdischen Einwohnern. Festzustellen ist, daß es keine gleichmäßige Beteiligung jüdischer Gewerbebetriebe in den verschiedenen Branchen gab. Die meisten jüdischen Familien zogen erst im letzten Drittel des 19. Jahrhunderts oder zu Anfang des 20. Jahrhunderts nach Marburg. Meist führte erst die zweite Generation der Zugezogenen die Geschäfte, und die Branchen, in denen sie tätig waren, beschränkten sich zunächst noch stark auf den auf dem Land benötigten Bedarf.

Von den 43 Geschäften - die Zahl berücksichtigt nur die jüdischen und nichtjüdischen Geschäfte, die im Adreßbuch

1932/33 genannt werden -, die mit Konfektionskleidung, Stoffen und Zubehör handelten, waren neun jüdische Unternehmen. Von sechs Geschäften dieser Branche, die sich als Warenhäuser oder Modewarenhäuser bezeichneten und branchenführend waren, gehörten vier jüdischen Kaufleuten.

Der jüdische Anteil am Handel mit 'Landesprodukten', also Getreide, Mehl, Futter, Düngemittel u.ä., war besonders hoch. Von fünf Betrieben gehörten drei jüdischen Familien.
Es gab in Marburg zwei 'Darmhandlungen', d.h. Geschäfte mit Metzgereibedarf wie Blasen, Därme, Gewürze, Messer und Fleischmaschinen. Eine davon gehörte einem jüdischen Bürger. Darüber hinaus betrieb ein Jude noch einen ambulanten Handel mit Därmen und Blasen.
Da es immer noch sehr schwierig war, als Jude Beamter zu werden, wählten viele jüdische Studenten Fächer, in denen sie später freiberuflich arbeiten konnten. So ist es nicht verwunderlich, daß in Marburg von sechzehn Rechtsanwälten vier dem jüdischen Einwohnerteil angehörten.
Im handwerklichen Bereich gab es nur wenige jüdische Betriebe: eine Schneiderei, eine Schuhmacherwerkstatt und eine Schreinerei - diese bestand 1933 schon nicht mehr. Sie gehörten sogenannten 'Ostjuden', die in der Zeit um den Ersten Weltkrieg nach Marburg gekommen waren.
Da es für eine jüdische Gemeinde existenziell wichtig war, mit koscherem, d.h. nach den religiösen Vorschriften geschlachtetem und zubereitetem Fleisch versorgt zu werden, gab es auch jüdische Metzgereien in der Stadt. 1933 bestanden noch drei von ihnen; eine weitere, die Metzgerei Jonas am Wehrdaer Weg, war schon Ende der zwanziger Jahre aufgegeben worden. Jüdische Privatbanken, die

es auch in Marburg gegeben hatte, z.B. die Banken von Baruch Strauß, Menke Eichelberg und Karl Haas, bestanden im Untersuchungszeitraum nicht mehr. Die letzte, das Bankhaus Karl Haas, mußte 1930 Konkurs anmelden.

Viehhandel, ein Gewerbe in dem traditionell viele Landjuden arbeiteten, gab es in Marburg ebenfalls. In Ockershausen, dem Ortsteil, der 1931 zu Marburg eingemeindet worden war, waren es zwei Familien, die Viehhandel betrieben, in der gesamten Stadt Marburg vier.
Die einzige jüdische Fabrik, die noch 1933 bestand, war die Seifenfabrik Samuel Sonneborn in der Alten Kasseler Straße 43.
Schließlich gab es noch das Kino *Kamera* in der heutigen Gutenbergstraße, das Frankfurter Juden gehörte, und zwei Geschäfte der damals in jüdischem Besitz befindlichen Ladenkette *Schade & Füllgrabe*.
Jüdische Arbeiter sind für Marburg nicht bekannt. Erst als das jüdische Wirtschaftsleben in der Stadt nicht mehr existierte, mußten Juden als Zwangsarbeiter - z.B. im Straßenbau - arbeiten.

Eine Konzentration jüdischer Geschäfte in bestimmten Straßen oder Vierteln läßt sich nicht feststellen. Sie verteilten sich relativ gleichmäßig auf die Marburger Geschäftsstraßen wie Bahnhofstraße, Elisabethstraße, Steinweg, Wettergasse, Barfüßerstraße, Universitätsstraße, Gutenbergstraße und Biegenstraße.
Nur wenige Betriebe bestanden in den ärmeren Vierteln der Stadt wie Ketzerbach, Am Grün oder Weidenhausen. Die meisten jüdischen Geschäfte gehörten zu dem in der Stadt schon etablierten Mittelstand. Deutlich wird dies auch daran, daß nicht wenige jüdische Familien sich in dem um 1900 entstandenen gutbürgerlichen Südviertel niederließen, viele sogar im eigenen Haus.

3.2 Terror und Verdrängung - das Jahr 1933

Der Boykott-Tag wird vorbereitet

Nach der Machtergreifung der Nationalsozialisten am 30. Januar 1933 setzten im
ganzen Reich ab März 1933 planmäßig
organisierte Großaktionen gegen jüdische
Bürger und Betriebe ein. In Hessen waren es insbesondere die in Kassel am
13. März beginnenden Ausschreitungen,
die auch zur Berichterstattung in ausländischen Zeitungen führten.[2] Diese
Artikel wurden von der NS-Regierung
zum Anlaß genommen, der angeblichen
Greuelpropaganda mit Boykottmaßnahmen gegen den jüdischen Bevölkerungsteil entgegenzutreten.

Für Marburg gibt es für diese ersten
Wochen bisher keine Informationen über
offene antijüdische Aktionen. Aber die
Organisationen der NSDAP wurden auf
ihre Einsätze vorbereitet: so in einer
Veranstaltung am 2. März 1933, die vom
Kampfbund für den gewerblichen Mittelstand
und der *SS-Staffel Marburg* durchgeführt
wurde. Der 'Spezialreferent' Alfred Rosenthal hielt einen Vortrag, der *"den zer-
störerischen Einfluß der Talmud-Lehre, wie
er sich durch die tausendjährige Pflege dieser
jüdischen Haßliteratur im Judentum gegenüber allen Völkern auswirken mußte, in
deren Grenzen die Juden geduldet wurden"*
zum Gegenstand hatte. Bemerkenswert
war der Nachweis des Referenten, *"daß
alle Hoheitszeichen der deutschen Republik
aus jüdischen Symbolen bestehen."* [3] Der
Vortrag fand - laut Zeitungsmeldung -
einen solchen Anklang, daß er auf die
doppelte Zeit ausgedehnt werden mußte
und an zwei weiteren Abenden wiederholt werden sollte.

Die ersten Übergriffe auf jüdische Geschäfte sind für Ende März belegt. Am

Hessische Volkswacht vom 23.3.1933.

23. März 1933 erschien unter dem Titel
"Unerhörte jüdische Frechheit" ein Artikel
in der *Hessischen Volkswacht*, dem *Nationalsozialistischen Kampfblatt für Kurhessen
und Waldeck (HV)*. Darin wird berichtet,
daß die jüdische Firma Heineberg Braun-
hemdenstoff, Fahnentuch für Haken-
kreuz- und schwarz-weiß-rote Fahnen
angeboten habe. Die SA unterband den
Verkauf, versiegelte die Ware und stellte
sie sicher. Desgleichen waren in der
Buchhandlung Arthur Katz evangelische
und katholische Gesangbücher, Bibeln
und Heiligenbilder beschlagnahmt worden. Im Kaufhaus Ellenzweig, das Gram-
mophonplatten mit dem Horst-Wessel--
Lied verkauft hatte und die *"unerhörte
Frechheit"* besessen hatte, Hitlerfähnchen
an die Kunden zu verteilen, war nichts
mehr gefunden worden, da die *"gerisse-
nen"* Geschäftsleute die Ware in Sicherheit gebracht hätten.[4]
Die Vorfälle machen zweierlei deutlich:
Zum einen übte die SA Polizeifunktionen

aus. Sie kontrollierte die Geschäfte, drang sogar in Räumlichkeiten ein und handelte an Ort und Stelle, ohne daß die Polizei eingeschaltet wurde. Zum andern verkauften auch die jüdischen Geschäftsleute die Waren, die zu der Zeit reißenden Absatz fanden. Sie sahen sich noch in erster Linie als Geschäftsleute und nicht als Juden. Aus heutiger Sicht, mit dem Wissen über den furchtbaren Völkermord an den Juden, ist ein solches Verhalten sicher schwer verständlich, aber damals sahen wenige die drohende Katastrophe. Oder wie es der jüdische Rechtsanwalt Dr. Hermann Reis später formulierte: *"If it weren't for the antisemitic nonsense, I might have voted for Hitler."* [5]

Eine gesetzliche Grundlage für das Verhalten der SA gab es nicht. Erst im August 1933 wurde in der *Oberhessischen Zeitung* bekanntgegeben, daß der Verkauf durch Erlaubnisscheine geregelt werden sollte: *"Um Irrtümer und wirtschaftliche Schäden zu vermeiden, weise ich nochmals darauf hin, daß als letzter Termin zur Erteilung der Erlaubnis zum Verkauf und zur Herstellung parteiamtlicher Bekleidung und Ausrüstungsgegenstände der 15. September 1933 festgesetzt ist... Gez. Weinrich, Gauleiter, Neuburg, Gaugeschäftsführer."* [6] Erst der Erlaß Bormanns im Februar 1934 verbot den jüdischen Geschäften den Verkauf von 'Symbolen der nationalen Bewegung'.[7]

Das Verhalten der Nationalsozialisten dem jüdischen Teil der Bevölkerung gegenüber zeigt hier einen typischen und immer wiederkehrenden Ablauf. Zuerst gibt es 'wilde Aktionen' der NS-Organisationen, dann folgen Richtlinien und Erlasse und schließlich gesetzliche Maßnahmen, die einen schon längst bestehenden Tatbestand festschreiben und legitimieren.

Der nächste antijüdische Vorfall ereignete sich auf dem Krammarkt, der am 24.

Hessische Volkswacht vom 27.3.1933.

Oberhessische Zeitung vom 25.3.1933.

März 1933 in Marburg stattfand. Artikel in der *Oberhessischen Zeitung* und in der *Hessischen Volkswacht* berichten über die Ereignisse widersprüchlich. Eine Übereinstimmung besteht nur darin, daß Verkaufsstände jüdischer Händler geschlossen worden seien. Laut *OZ* sind die Verkaufsstände von acht jüdischen Händlern *"auf Veranlassung der SA"* geschlossen worden, nach der *HV* sämtliche Stände auf Verlangen der Marktbesucher. Als Grund für die Schließung werden in der *OZ* die ablehnenden Äußerungen eines jüdischen Händlers gegenüber den deutschen Gesetzen, in der *HV* der Verkauf von SA-Hosen und nationalsozialistischen Bildern angegeben.[8]

Wahrscheinlich ist, daß mit der Berichterstattung in der *OZ* dem Bürger deutlich gemacht werden sollte, daß alles mit rechten Dingen zugegangen sei: Der jüdische Händler hatte sich gegen die geltenden Gesetze ausgesprochen, weitere jüdische Händler hatten ihm beigepflichtet, und die Polizei mußte als selbstverständliche Maßnahme ihre Stände schließen.

Der Bericht in der *HV* war einem 'Kampfblatt' angemessen; die SA handelte als Ordnungsmacht: *"Wir sind aktiv, wir greifen durch, wir lassen es uns nicht bieten, daß die Juden unsere Ehre besudeln, indem sie unsere Uniformen und Bilder der Bewegung verkaufen."* Diese Schilderung des Vorfalls wäre für die Allgemeinheit weniger plausibel gewesen, aber für die Leser der *HV*, Nationalsozialisten der ersten Stunde, war dies eine Darstellung ihrer Stärke.

Wie sich der Zwischenfall wirklich abgespielt hat, ist nicht zu klären. Doch wird deutlich, daß auch in Marburg die Zeit der relativen Eintracht vorbei war und die Verdrängung der Juden aus dem deutschen Wirtschaftsleben begonnen hatte. Jeden Tag standen jetzt Berichte über 'Greuelpropaganda' des Auslands in der *OZ*. Am 28. März 1933 wurde in Marburg, wie auch in vielen anderen Städten in diesen Tagen, die erste - angeblich nicht angeordnete - Boykottaktion gegen jüdische Betriebe durchgeführt. Die SS klebte Plakate an Geschäfte und Büros. *"Die Plakate weisen darauf hin, daß es sich hier um jüdische Unternehmen handelt, bei dem ein Deutscher nichts mehr kaufen sollte."* SA-Posten wurden aufgestellt, die meisten jüdischen Besitzer schlossen ihre Betriebe.[9]

Der 1. April 1933

Es war die Generalprobe für die schon reichsweit beschlossenen Boykottaktionen am 1. April. Julius Streicher, Gauleiter von Franken und Herausgeber des antisemitischen Hetzblattes *Der Stürmer*, war mit der Schaffung und Leitung des *Zentral-Komitees zur Abwehr der jüdischen Greuel- und Boykotthetze* beauftragt worden. In den Zeitungen - in Marburg der *Oberhessischen Zeitung* und dem noch erscheinenden *Hessischen Tageblatt (HT)* - wurden die Boykottaufrufe, die Anord-

Gegenmaßnahmen

Anläßlich der Deutschfeindlichen Auslandspropaganda ist man, wie allerorts, auch in unserer Stadt zu Gegenmaßnahmen geschritten. Im Laufe des gestrigen Nachmittags durchfuhren Autos mit SS.-Leuten die Straßen der Stadt und klebten an die Schaufenster der jüdischen Geschäfte Plakate, auch die Büros der jüdischen Rechtsanwälte und die Häuser der jüdischen Viehhändler und Gütermakler wurden mit solchen Plakaten versehen. Die Plakate weisen darauf hin, daß es sich hier um jüdische Unternehmen handelt, bei dem ein Deutscher nichts mehr kauf solle. Die meisten jüdischen Geschäftsinhaber schlossen darauf ihre Läden. In den Straßen der Stadt herrschte bis in die Abendstunden starker Verkehr; zu Zwischenfällen ist es nicht gekommen. Vor den Häusern hatten SA-Posten Aufstellung genommen, die dafür Sorge trugen, daß die Plakate nicht entfernt wurden.

Wie die NSDAP. dazu mitteilt, sind diese Maßnahmen noch nicht angeordnet, sondern wohl aus der Erregung heraus geboren, die durch die Verbreitung der Greuelmeldungen im Auslande in der Bevölkerung Deutschlands entstanden ist. Die NSDAP. werde zunächst abwarten, welche Wirkung ihre Ankündigung haben wird, daß alle jüdischen Unternehmen in Deutschland und alle aus dem Ausland eingeführten Waren boykottiert werden, bis der jüdische Boykott gegen Deutschland aufgehoben ist. Aus diesem Grunde sind die in wenigen Orten vorgenommenen Einzelaktionen eingestellt worden. Man wird sich erst in einigen Tagen auf Grund der ausländischen Pressestimmen darüber schlüssig werden, ob es noch nötig ist, den Boykottaufruf herauszugeben und die bis ins kleinste fertige Boykottorganisation in Gang zu setzen.

Oberhessische Zeitung vom 29.3.1933.

nungen und das Elf-Punkte-Programm des genannten Komitees veröffentlicht: *"1. In jeder Ortsgruppe und Organisationsgliederung der NSDAP sind sofort Aktionskomitees zu bilden zur praktischen planmäßigen Durchführung des Boykotts jüdischer Geschäfte, jüdischer Ware, jüdischer Aerzte und jüdischer Rechtsanwälte...*

9. Die Aktionskomitees propagieren sofort in Zehntausenden von Massenversammlungen, die bis in das kleinste Dorf hineinzureichen haben, die Forderung nach Einführung einer relativen Zahl für die Beschäftigung von Juden in allen Berufen, entsprechend ihrer Beteiligung an der deutschen Volkszahl. Um die Stoßkraft der Aktion zu erhöhen, ist diese Forderung zunächst auf drei Gebiete zu beschränken:

a.) auf den Besuch an den deutschen Mittel- und Hochschulen.

b.) für den Beruf der Aerzte.

c.) für den Beruf der Rechtsanwälte." [10]

Die Boykottanordnungen geben erste Aufschlüsse über die Zielrichtung der Aktionen:

"1. ... Als Leiter des Gaukomitees empfiehlt es sich, die Gauführer des Kampfbundes des gewerblichen Mittelstandes zu ernennen, da diese NS-Organisation gemäß ihrer Eigenart über die notwendigen Unterlagen und Erfahrungen für den Aufbau der Abwehrbewegung verfügt ...

2. Die Aktionskomitees ... stellen sofort fest, welche Geschäfte sich in Judenhänden befinden.

3. Es handelt sich bei dieser Feststellung selbstverständlich um Geschäfte, die sich in den Händen von Angehörigen der jüdischen Rasse befinden. Die Religion spielt keine Rolle. Katholisch oder protestantisch getaufte Geschäftsleute oder Dissidenten jüdischer Rasse sind im Sinne dieser Anordnung ebenfalls Juden ...

6. Einheitspreisgeschäfte, Warenhäuser, Großfilialbetriebe, die sich in deutschen Händen befinden, fallen nicht unter diese Boykottaktion. Ebenso fallen nicht darunter die "Woolworth"=Einheitspreisgeschäfte. Diese Firma ist amerikanisch und außerdem nicht jüdisch. Die sogen. "Wohlwert"= Einheitspreisgeschäfte dagegen sind jüdisch und daher zu boykottieren.

7. Die Aktionskomitees übergeben das Verzeichnis der festgestellten jüdischen Geschäfte der SA und SS, damit diese am Sonnabend,

Erklärung!

Die Mitglieder der Jüdischen Gemeinde Marburgs haben mit Abscheu davon Kenntnis genommen, daß im Auslande Greuelnachrichten über Mißhandlung Deutscher Juden verbreitet und zum Boykott Deutscher Waren aufgefordert wird.

Wir rücken sämtlich weit ab von all diesen durchsichtigen Lügen.

Wahrheitsgemäß und aus innerem Bedürfnis heraus erklären wir, daß bis zum heutigen Tage keinem Juden in Marburg auch nur ein Haar gekrümmt wurde und bitten von dieser Erklärung den zu ihrer Verbreitung erforderlichen Gebrauch zu machen.

In Krieg und Frieden haben sich die Marburger Juden als Deutsche und Marburger gefühlt. An seinem Sports- und Vereinsleben haben sie bis zum heutigen Tage tätigen Anteil genommen.

Eine große Anzahl der Marburger Juden hat an der Front für Deutschlands Größe gekämpft und geblutet. Die Größe und das neue Erstarken Deutschlands liegt auch ihnen am Herzen.

Wir wissen, daß die nationale Regierung jedem Anständigen Gerechtigkeit widerfahren läßt und protestieren mit ihr gegen jegliche Aechtung und Verkleinerung Deutschlands.

Marburg a. d. Lahn, den 30. März 1933

Der Vorstand der israel. Gemeinde Marburgs.

Oberhessische Zeitung vom 30.3.1933.

den 1. April 1933, vormittags punkt 10 Uhr die Wachen abstellen können ...

11. Die Aktionskomitees veranstalten am Freitag, den 31. März 1933, abends, in allen Orten im Einvernehmen mit den politischen Leitungen grosse Massenkundgebungen und Demonstrationsszüge. Dabei sind Transparente zu tragen folgender Aufschrift:

a) 'Zur Abwehr der jüdischen Greuel= und Boykotthetze'.

b) 'Boykottiert ab morgen vormittag 10 Uhr alle jüdischen Geschäfte'

12. Am Samstag vormittag sind spätestens 10 Uhr die Plakate mit dem Boykottaufruf an allen Anschlagstellen in Städten und Dörfern anzubringen. Zu gleicher Zeit sind auch Lastautos oder noch besser an Möbelwagen folgende Transparente in hier angegebener Reihenfolge durch die Straßen zu fahren:

'Zur Abwehr der jüdischen Greuel= und Boykotthetze.'

'Kauft nicht in jüdischen Warenhäusern.'

'Geht nicht zu jüdischen Rechtsanwälte.'

'Meidet jüdische Aerzte.'

13. Zur Finanzierung der Abwehrbewegung organisieren die Komitees Sammlungen bei den deutschen Geschäftsleuten." [11]

Bemerkenswert ist hier der Hinweis, daß

Warenhäuser und Einheitspreisgeschäfte, die sich in 'deutschen Händen' befanden, nicht boykottiert werden sollten; diese Betriebsform galt per se als jüdisch, und man stellte ihr ansonsten den 'traditionellen deutschen Handel' gegenüber.[12] Mit dem *Kampfbund des gewerblichen Mittelstandes* wurden den 'boykotterfahrensten Nationalsozialisten'[13] die maßgebliche Rolle zugewiesen. Sie besaßen die Verzeichnisse der jüdischen Konkurrenz, die an SA und SS weiterzugeben waren, damit diese lückenlos alle jüdischen Betriebe plakatieren und Posten aufstellen konnten.

Sicher ist, daß die Boykottaktionen die Zielsetzung hatten, den Mittelstand auf Kosten der jüdischen Geschäfte zu stärken. Daraus ergibt sich folgerichtig, daß die Boykottmaßnahmen von den 'deutschen' Geschäftsleuten bezahlt werden sollten.[14]

Am 30. März 1933 erschienen im *Hessischen Tageblatt* und in der *Oberhessischen Zeitung* gleichlautende Erklärungen der jüdischen Gemeinde, in denen sie sich gegen die 'Greuelnachrichten' wandte und sie als Lügen bezeichnete. In Marburg sei noch keinem Juden ein Haar gekrümmt worden - was sicher der Wahrheit entsprach -, aber man hatte noch den Boykott zwei Tage zuvor in Erinnerung, man wußte von den Ausschreitungen im gesamten Reich. Angst bestimmte diese Erklärung und die Hoffnung, daß sich die Bürger Marburgs erinnern würden an das gemeinsame Leben in der Stadt und an die jüdischen Soldaten, die im Ersten Weltkrieg mitgekämpft hatten: *"Im Krieg und Frieden haben sich die Marburger Juden als Deutsche und Marburger gefühlt."*[15] Erklärungen und Telegramme gegen die 'Greuelhetze' wurden von verschiedenen jüdischen und nichtjüdischen Institutionen, Organisationen und Personen abgegeben.[16] Waren sie ein Teil der Inszenie-

Oberhessische Zeitung vom 31.3.1933.

rung oder entsprangen sie der Besorgnis über die Situation der Juden in Deutschland? Dawidowicz meint, daß derartige Verlautbarungen unter Zwang abgegeben worden seien.[17] Am 30. März 1933 lud der 'Kampfbund' zu einer Kundgebung in den 'großen Stadtsaal' ein. Auf ihr sprach Dr. Adolf

Wagner - Fraktionsvorsitzender der NSDAP im Kreistag, Kreisleiter des 'Kampfbundes' und Chefideologe[18] - zum Thema *"Die nationalsozialistische Erziehung des deutschen Käufers"*.[19]

Über den Verlauf des 1. April liegen keine detaillierten Informationen vor. In der Presseberichterstattung wird nur von einem Ablauf in *"strengster Disziplin und ohne jede Störung"* berichtet. Von der abendlichen Kundgebung *"Gegen die Greuelpropaganda des Weltjudentums"* auf dem Marktplatz, auf der Adolf Wagner und der Gerichtsreferendar Hanns-Joachim Stoevesandt sprachen, wird zitiert: *"Kein deutscher Mann und keine deutsche Frau dürften mehr in jüdischen Geschäften kaufen. Man könne keinen Zweifel darüber lassen, daß diejenigen Deutschen, die trotzdem ihre Pfennige zum Juden bringen, den Terror verspüren würden. Die Nationalsozialistische Partei wolle dem deutschen Mittelstand helfen, sie erwarte aber auch, daß sie in jeder Weise unterstützt werde..."* [20]
Bemerkenswert ist die Mischung von Drohung gegenüber dem Käufer in jüdischen Geschäften mit der Anbiederung an den Mittelstand, dem durch die Boykottmaßnahmen eine Verbesserung seiner Lage in Aussicht gestellt wurde.
Zur gleichen Veranstaltung berichtet die *Hessische Volkswacht*:
"Die Stadt Marburg stand am Sonnabend im Zeichen der Massenkundgebung gegen die jüdische Greuelhetze im Ausland. Tausende waren auf den Beinen und eine dichtgedrängte Menschenmenge füllte den weiten Marktplatz. In dieser machtvollen Kundgebung sprachen PG [Parteigenosse] Dr. Wagner und Stövesandt und erklärten den unerbittlichen Kampf gegen das Judentum, gegen diese Weltgefahr und ebenso gegen den kleinen Handelsjuden, dann aber auch gegen diejenigen Christen, die sich der Boykottbewegung gegen das internationale Judentum enthalten. Es wird gehandelt ob gut oder schlecht, aber für das Volk. ... Das deutsche Volk aber wird heute den unerbittlichen Kampf gegen das der ganzen Menschheit feindliche Judentum mit unerhörter Härte ohne aber Tätlichkeiten gegen die asiatischen Blutsauger zu gehen, durchzuführen und der Welt den Weg zeigen, der für jedes Volk notwendig ist, wenn es sich nie selbst völkisch aufgeben will. - Die Bewohner der Stadt Marburg aber haben durch ihre große Beteiligung an der machtvollen Kundgebung gezeigt, daß sie den Geist der neuen Zeit aufgenommen haben, und den rücksichtslosen Kampf gegen die Volksverderber fordern und unterstützen. Die Marburger Bevölkerung verwehrt sich aber auch gleichzeitig gegen die Unersetzlichkeit der Richter und der Universitätsprofessoren." [21]
Gegenüber der Berichterstattung in der *Oberhessischen Zeitung* hat man den Eindruck, daß von zwei ganz verschiedenen Veranstaltungen die Rede ist. Wahrscheinlich war für die *HV* das lokale Ereignis nur der Rahmen, um ihre Positionen darzustellen. Deutlich wird das auch bei der Erwähnung von Richtern in der Stadt; es gab in Marburg keinen einzigen.
Wenige Informationen liegen über die Reaktionen des nichtjüdischen Teils der Marburger Bevölkerung vor. Man erinnert sich an judenfeindliche Plakate an den Schaufenstern; ein Marburger Zeitzeuge weiß noch, daß an praktisch alle jüdischen Geschäfte mit weißer Farbe *"Juda verrecke"* und *"Kauft nicht bei Juden"* geschmiert waren.[22] Auch von SA-Posten, die vor den Geschäften standen, ist die Rede. Frau L. z.B., die bei Ellenzweig und Heineberg einkaufte, berichtet, daß der SA-Posten, der vor einem jüdischen Geschäft stand, sie ansprach, als sie aus dem Laden kam: *"Wissen Sie, wo Sie eingekauft haben?"* Sie antwortete: *"Vielleicht haben Sie mehr Geld, ich kaufe ein, weil es billig ist!"* [23]
Ein jüdischer Zeitzeuge gibt detailliertere Informationen: *"Da haben die Nazis große Schilder an jüdische Geschäfte geklebt. Auch*

an unseres [Textilgeschäft Rosa Erlanger, Inhaber Julius Adler]. Und da hat man gesagt: 'Dafür sind Sie verantwortlich, daß die Schilder dranbleiben, nicht runtergerissen werden.'" [24]

An ähnliche Vorfälle erinnert sich eine andere jüdische Zeitzeugin: "Und in Marburg hat man am 1. April große Schilder an die Haustüren gemacht. Bei uns [Getreide- und Futtermittelgroßhandlung Bachrach] hat man geschrieben: 'Der Jude soll nicht Getreide verkaufen, der soll koscher verkaufen.' Also jedes jüdische Geschäft hat so ein großes Ding draußen gehabt. Und der Theo ist damals zurückgekommen, da hat er das runtergerissen. Da ist die SA gekommen und die sind rauf in den zweiten Stock gerannt und haben beim Onkel Samuel [Samuel Bachrach, einer der Inhaber der Firma und Vater von Theo] die Wohnungstür eingehauen. 'Wo ist der Theo?' - Ich meine, Sie müssen nicht vergessen, jeder hat jeden mehr oder weniger gekannt - 'Wo ist der Theo,' hat man geschrien. Hat jemand unten gesagt: 'Der Theo hat's abgerissen!' Die haben genau gewußt, wer und was. 'Frau Bachrach, wo ist der Theo?' Die wollten den durchhauen. Da hat meine Tante noch vor ihm gestanden." [25]

Angriffe auch gegen Nichtjuden

Der Boykott gegen die Juden hatte auch Auswirkungen auf andere. Mit Erschrecken mußten auch einige 'Arier' feststellen, daß mit dem Gerücht, sie seien Juden oder arbeiteten mit jüdischem Geld, ihre Betriebe in höchstem Maße gefährdet waren.

Dies belegen u.a. recht merkwürdige Zeitungsanzeigen. So erschien am 3. April 1933 in der *Oberhessischen Zeitung* und später in der *Hessischen Volkswacht* eine Anzeige der Gebrüder Zeisse, in der sie erkärten, daß ihr Geschäft ein rein christliches Unternehmen sei.

Oberhessische Zeitung vom 3.4.1933.

Am 8. April schrieb Hermann Bauer, der Herausgeber des *Hessischen Tageblattes*, in seiner Zeitung unter dem Titel "Boykott - Eine Bitte zur Bekämpfung unlauterer Machenschaften", in eigener Sache von einem "viel schlimmeren Boykott ... der noch nicht eingestellt worden ist", nämlich der gegen seine Zeitung. Man warf ihm vor, mit jüdischem Geld zu arbeiten und setzte Geschäftsleute, die bei ihm Anzeigen veröffentlichten, unter Druck. Der Aufruf schließt: "Ich bitte jeden gerecht und aufrichtig Denkenden, mich in meinem Kampf gegen die Unwahrheit und Gemeinheit zu unterstützen. Der Wahrheit die Ehre!" [26]

Zum Hintergrund: Das *Hessische Tageblatt* war eine liberal-demokratische Zeitung, die auch nach der Machtergreifung sehr kritisch die Marburger Tagespolitik kommentierte.[27] Dies hatte natürlich zur Folge, daß man alles versuchte, diese unabhängige Zeitung auszuschalten. Nachdem schon verschiedentlich Druck ausgeübt worden war, wurde am 13. März 1933 die Redaktion durch die SA besetzt und ein Erscheinungsverbot bis zum 17. März 1933 ausgesprochen.[28] Die Boykottdrohung gegen die Geschäftsleute, die im *Hessischen Tageblatt* inserierten, ist also im Zusammenhang mit dem Vorgehen der Nationalsozialisten zu sehen.

Oberhessische Zeitung vom 1.4.1933.

Am 29. April 1933 mußte die Zeitung, *"dem geistigen und wirtschaftlichen Druck"* weichend, ihr Erscheinen endgültig einstellen.[29]

Trotz seiner nicht sehr nachdrücklichen Haltung gegenüber dem Boykott jüdischer Geschäfte stand Hermann Bauer zu keinem Zeitpunkt in dem Verdacht, judenfeindliche Positionen zu vertreten.

Aber dieser Fall macht deutlich, wie wenig sich auch demokratisch Gesinnte darüber im klaren waren, daß der Boykott im April 1933 nur den Anfang der Judenverfolgung darstellte.

Um die Richtigstellung von Gerüchten geht es in einer Anzeige, die im Sommer 1933 in der *Hessischen Volkswacht* erschien: *"Falsche Gerüchte. In der Stadt gehen Gerüchte um, daß Herr Piskator am Hirschberg Jude sei. Wir werden gebeten, darauf hinzuweisen, daß Herr Piskator kein Jude ist."* [30] Dabei war in einer relativ kleinen Stadt wie Marburg allgemein bekannt, daß Paul Piskator seit Mai 1933 Mitglied der NSDAP und der SA war, und daß in dem Geschäft der Familie SA- und Stahlhelm-Uniformen verkauft wurden.[31] Er war einer der nach dem Krieg rechtskräftig verurteilten Synagogenbrandstifter in Marburg.[32] Wenn auch über die Hintergründe der Anzeige nichts Näheres bekannt ist, so sei doch erwähnt, daß sein Bruder der Regisseur und Theaterleiter Erwin Piskator war. Dieser bedeutende Künstler, nach dem die Stadthalle Marburg benannt ist, war kämpferischer Linker, der für ein proletarisches Theater eintrat.

Im August 1933 trat der Gastwirt Schott Gerüchten entgegen, daß sein Lokal für SS, SA und sonstige Formationen verboten sei.[33] Auch hier zeigt sich die Angst, wenn nicht als Jude oder Judenfreund angesehen zu werden, dann doch, als dem Regime feindlich gegenüberstehend, Geschäftseinbußen, vielleicht sogar Überfällen ausgesetzt zu sein.

Wer streute die Gerüchte? Die Partei gegen unliebsame, noch nicht 'gleichgeschaltete' Bürger, die Konkurrenz, die die Möglichkeit sah, durch Denunziation zu schaden? Es mögen private oder von der Partei lancierte Gründe gewesen sein; die gegenseitige Überwachung, die Angst und die Spitzelei hatte jedenfalls begonnen.

Aus heutiger Sicht, mit dem Wissen über den Holocaust an den Juden, muß die zurückhaltende Einstellung vieler - auch die von Juden - naiv erscheinen, erklärbar vielleicht nur damit, daß man glaubte, die NSDAP würde sich nicht lange halten können. *"Ich weiß nur, daß man geglaubt hat in '33, das wird nicht lange dauern, das kann nicht lange dauern,"* kommentiert eine jüdische Zeitzeugin.[34]

Oberhessische Zeitung vom 5.4.1933.

Hessische Volkswacht vom 19./20.8.1933.

Das Berufsbeamtengesetz

Mit der Verabschiedung des 'Berufsbeamtengesetzes' am 7. April 1933 wurden - mit einigen Ausnahmen - die 'nichtarischen' und politisch mißliebigen Beamten aus dem Dienst entlassen. Ausnahmen gab es dann, wenn ein Jude schon vor dem 1. August 1914 Beamter oder wenn er im Ersten Weltkrieg Frontsoldat gewesen war. Das Gesetz wurde auch dann nicht angewandt, wenn Vater oder Sohn im Ersten Weltkrieg gefallen waren.[35]
Für die Marburger Rechtsanwälte jüdischen Glaubens bedeutete dieses Gesetz - und die Erlasse und Verordnungen, die ihm folgten - das Ende ihrer Berufstätigkeit als freie Rechtsanwälte und Notare. Es wurde bekanntgegeben, daß von den bisher vier am Land- und Amtsgericht Tätigen nur noch einer auftreten dürfe.

Dessen Name wird von der Presse zunächst mit Dr. Willi Wertheim angegeben - dieser war bereits Anfang 1933 emigriert - und später zu Dr. Fritz Krämer korrigiert. Die notarielle Tätigkeit war nicht mehr erlaubt. Ein Teil der jüdischen Referendare an den Marburger Gerichten wurde 'beurlaubt'.[36]
Den jüdischen Rechtsanwalt Dr. Ludwig Bachrach versuchte man zu kriminalisieren: Am 6. Juni 1933 sandten drei Marburger Rechtsanwälte ein Schreiben an den Landsgerichtspräsidenten, in dem Bachrach der Falschbeurkundung im Jahre 1925 beschuldigt wurde.[37] Er wurde daraufhin in Untersuchungshaft genommen: *"Jüdischer Anwalt verhaftet. Festgenommen wurde der jüdische Rechtsanwalt Bachrach, als er die Synagoge verließ. Er soll sich Unregelmäßigkeiten zu Schulden haben kommen lassen. Bachrach hat einen Nervenzusammenbruch erlitten und mußte der Medizinischen Klinik zugeführt werden..."* [38]
Das Büro von Ludwig Bachrach, der Keller, die Wohnung der Familie sowie die Wohnungen weiterer Familienmitglieder wurden durchsucht. Der 'arische' Rechtsanwalt Dr. Sch., der in der Praxis arbeitete, bemühte sich nach Kräften, Beweismaterial für die Anschuldigung

DieBrauneMesseinMarburg in den Stadtsälen vom 1.-9. Juli

Volkstümliche Eintrittspreise!

Kämpft für Handel, Handwerk und Gewerbe;
Bringt den Beweis: Höchste Leistungsfähigkeit des deutschen Mittelstandes;
Bringt den Beweis: Wir brauchen keine Warenhäuser und Einheitspreisgeschäfte!
Veranstaltet vom Kampfbund des gewerblichen Mittelstandes Gau Hessen-Nassau-Nord

Oberhessische Zeitung vom 14.6.1933.

herbeizuschaffen. So wurde die Anklage um den Verdacht der Beiseiteschaffung von Urkunden erweitert.[39]

Trotz aller Versuche, die Anklage zu untermauern, wurde im September 1933 das Verfahren niedergeschlagen, Bachrach aber ohne Haftentschädigung entlassen. *"Gemäß §2 Abs. 2 des Gesetzes betr. die Entschädigung für unschuldig erlittene Untersuchungshaft kann der Anspruch ausgeschlossen werden, wenn die zur Untersuchung gezogene Tat des Verhafteten eine grobe Unredlichkeit oder Unsittlichkeit in sich geschlossen hat."* [40]

Noch im Herbst 1933 floh die Familie nach Frankreich. Ludwig Bachrach starb dort, seine beiden Söhne wurden in Auschwitz ermordet, nur Bertha Bachrach, die Ehefrau von Ludwig, überlebte. Dr. Sch. 'übernahm' die Rechtsanwaltspraxis. Nach dem Krieg war er Staatsanwalt in Marburg.[41]

Wie lange noch Dr. Fritz Krämer als Rechtsanwalt arbeiten konnte, ist unbekannt. Auch über sein weiteres Schicksal liegen bisher keine Informationen vor. Sicher ist nur, daß er im Adreßbuch 1932/33 noch eingetragen ist, in dem folgenden für 1934/35 nicht mehr.

Dr. Hermann Reis hat wohl *"mit der Abfassung von Gutachten und Gerichtsunterlagen ... für (die) hauptsächlich jüdische Kundschaft außerhalb der Gerichtsäle ..."* eine minimale Berufsausübung gefunden.[42] Er stand bis zur letzten Deportation aus Marburg der sich immer mehr

verkleinernden und immer bedrängteren jüdischen Gemeinde in Marburg und den jüdischen Landgemeinden zur Seite. Es finden sich in den Archivbeständen des Marburger Staatsarchivs eine Vielzahl von Schreiben, die von seiner Vermittlertätigkeit zwischen Juden und Behörden Kenntnis geben; er half bei Verkäufen, finanziellen Angelegenheiten, Auswanderung etc. Am 8.September 1942 wurde er mit seiner Frau Selma und der Tochter Marion nach Theresienstadt deportiert, von dort weiter in das KZ Auschwitz. Sie wurden dort ermordet.[43]

Willi Wertheim, der mit Hermann Reis eine Gemeinschaftspraxis führte, ging 1933 nach Frankreich. Im gleichen Jahr holte er seine Familie - seine Frau Cäcilie und die Kinder Carola und Martin - nach Paris nach. Es gibt Informationen, daß sich die Familie 1936 in Straßburg aufgehalten hat. Sein letzter angegebener Wohnsitz war Taurize/Aude in Südfrankreich. Willi Wertheim wurde nach Lublin/Majdanek verschleppt und ist dort ermordet worden. Seine Frau und die Kinder haben die Zeit des Nationalsozialismus überlebt.[44]

Die 'Braune Messe' in Marburg

Der organisierte Kampf gegen den jüdischen Handel gipfelte 1933 in der sogenannten *Braunen Messe*, die von der Presse propagandistisch vorbereitet wurde: *"Während der Jude in öffentlichen Ämtern, als Arzt und als Rechtsanwalt nach den geltenden Bestimmungen nur noch entsprechend dem Prozentsatz des Judentums an der Gesamtbevölkerung wirken darf, hat er noch einen unverhältnismäßig großen Einfluß im Wirtschaftsleben ... Der deutsche Käufer, der beim Juden oder im Warenhaus kauft, sollte sich darüber klar sein, daß er unnötig einen Volksgenossen schädigt und volksfremden Elementen Nutzen und Einfluß verschafft."*[45] So begann ein Zeitungsartikel, der darauf hinwies, daß auch in Marburg wie 'allenthalben im Reich' vom 1. bis 9. Juli eine *Braune Messe*[46] unter dem Motto *"Dem deutschen Käufer deutsche Waren in deutschen Geschäften"* stattfinden sollte. Veranstalter war der *Kampfbund für den gewerblichen Mittelstand* oder, wie er ab Mai hieß, der *Nationalsozialistische Wirtschaftsbund*.[47]

Um die Zeitungsleser von der Dringlichkeit der 'Braunen Messe' zu überzeugen, wurden die allgemein für das Reich verfaßten Artikel über das jüdische Geschäftsleben übernommen, obwohl es in Marburg kein Warenhaus im Großstadtstil gab und wohl jeder in der Stadt wußte, daß die Juden reelle Geschäftsleute waren:

"Der Jude beutet eben sein christliches Personal meistens ungeheuerlich aus, außerdem versteht er es, aus der Not deutscher Geschäftsunternehmungen, die bankrott machen oder die keinen Absatz finden, in der übelsten Weise Kapital zu schlagen, um so zu billigen Schaufensterartikeln zu kommen. Und solche, nach unserer Auffassung unehrlich erworbenen Schleuderwaren ziehen heute noch viele Volksgenossen in das jüdische Geschäft. Sie denken nicht an die Not der ausgebeuteten Warenangestellten, sie denken nicht an das Elend des deutschen Lieferanten, der seine Ware um jeden Preis an den Juden absetzen muß, sie sehen nur, daß unter vielen teuren und schlechten Waren

auch einmal ein ungewöhnlich billiger Lockartikel zu finden ist. Und sie gehen zum Juden und verraten ihren Volksgenossen, der nebenan im kleinen Lädchen seine Ware vergeblich anbietet." [48]

Wie glaubwürdig solche Berichte für die Marburger Bevölkerung waren, sei dahingestellt. Fest steht aber, daß die Messe in den Stadtsälen mit großer Beteiligung Marburger Betriebe stattfand.[49] Umrahmt wurde die Verkaufsausstellung mit verschiedenen Veranstaltungen anderer Art. So am 7. Juli 1933 mit einem geselligen Abend, auf dem Adolf Wagner mit Stolz darauf hinweisen konnte, daß Marburg eine der ersten Städte sei, in der die 'Braune Messe' stattfinde.[50] Der Protektor, Oberpräsident Prinz Philipp von Hessen, besuchte die Ausstellung und verabschiedete sich mit den Worten: *"Daß Sie mir ja jedes Jahr eine Braune Messe machen. Ich werde sie jedesmal besuchen."* [51] Insgesamt besuchten 12000 Personen die Veranstaltungen.[52]

Verdrängung auch im ambulanten Handel

Auch gegen die Beteiligung jüdischer Händler auf Vieh- und Krammärkten wurde Druck ausgeübt. Am 2. Mai berichtete die *Oberhessische Zeitung*:

"Der heutige Krammarkt, der sog. Walpurgismarkt, ist nicht so stark besucht, wie das bei diesem Markt üblich ist. Die jüdischen Händler haben sich vollkommen ferngehalten. Bis zur Mittagsstunde war der Verkehr schwach, doch rechnet man für die Nachmittagsstunden mit einem starken Besuch der Landbevölkerung." [53]

Es ist wahrscheinlich, daß es zwischen dem Fernbleiben der jüdischen Händler und dem schwachen Besuch der Bauern einen ursächlichen Zusammenhang gab. Man handelte weiter mit den jüdischen

Händlern, zwar nicht mehr offen auf den Märkten, aber die alten Geschäftsbeziehungen standen noch. Darauf deutet ein Artikel am 1. September 1933 in der *Oberhessischen Zeitung* hin:

"Schwarzes Brett - Bekanntmachung! Es besteht die dringende Veranlassung, auf Folgendes hinzuweisen. Trotzdem Absatzmöglichkeiten durch Genossenschaften, deutsche Händler, Müller usw. vorhanden sind, hält es ein großer Teil unserer Bauern immer noch für angebracht, Vieh und Getreide an die Juden zu verkaufen. ... Rücksichtslos wird in Zukunft jeder unter Nennung des Namens in der Zeitung angeprangert, der diesen Grundsätzen zuwider handelt. Für jeden Nationalsozialisten müßte es eigentlich eine Selbstverständlichkeit sein. Der agrarpolitische Apparat der NSDAP. gez. Elmsheuser, L.K.F. [wahrscheinlich 'Landwirtschaftlicher Fachberater']" [54] Konrad Elmsheuser war auch 'Kreisbauernführer'.

In der *Oberhessischen Zeitung* wurde diese Drohung offenbar nicht wahrgemacht, aber in der *Kurhessischen Landeszeitung* erschienen unter der Rubrik *An den Pranger* immer wieder die Namen der Landwirte, die noch mit Juden Geschäfte abwickelten - z.B. am 15., 20., 28. und 29. September 1933.

Die Bekanntmachung des ersten 'judenfreien' Viehmarktes in Marburg im September 1933 in der *Oberhessischen Zeitung* enthielt erneut die Aufforderung, nicht mehr mit Juden zu handeln:

"Es ist die Pflicht eines jeden Bauern, sein verkäufliches Vieh dort zum Verkauf anzubieten bzw. seine Ankäufe bei dieser Gelegenheit ohne den Juden zu tätigen. Kein Bauer darf den Besuch dieser Veranstaltungen versäumen." [55] Und fast gleichlautend die KLZ am 7. September 1933:

"Deutsche Landwirte! Besucht den ersten judenfreien Viehmarkt Marburgs. Zeigt, daß ihr keine Juden als Zwischenhändler braucht!"

Dieser Markt soll sehr erfolgreich gewe-

Kurhessische Landeszeitung vom 7.9.1933.

sen sein: *"Der Besuch ist so stark, daß man von einem der größten Viehmärkte der letzten Jahre sprechen kann."* [56]

Am 23. September 1933 wurde in der *OZ* bekanntgegeben, daß der Magistrat beschlossen habe, den jüdischen Handel, wie schon von den hiesigen Viehmärkten, so auch von den Krammärkten auszuschließen. Damit wurden insbesondere die kleinen ambulanten Händler getroffen. [57]

Die geschäftlichen Einbußen durch Marktverbot und Anprangerung der Kunden waren beträchtlich.

Die Kunden kehren zurück

Trotz der Kundgebungen, Aufmärsche und Boykottaktionen 'normalisierte' sich im Sommer 1933 nach und nach das Leben der jüdischen Bürger; auch das Geschäftsleben lief wieder etwas ungestörter. [58] Hierzu trugen zu diesem Zeitpunkt auch nichtjüdische Geschäftsleute bei, die befürchteten, daß, wenn die jüdischen Geschäfte, die in manchen Branchen führend waren, nicht mehr in größerem Umfang am Geschäftsleben betei-

60

ligt waren, die Kunden nicht mehr in Marburg einkaufen würden.

"Gab auch 'ne Zeit, da haben einige christliche Geschäftsleute der Partei Vorstellungen gemacht, haben gesagt: 'Also, wenn die Leute nicht ihre Sachen in Marburg kaufen können - jedenfalls, was unsere Waren anbetraf [Freunds hatten ein Juwelier- und Uhrengeschäft] oder so - gehen sie nach Frankfurt. Dann kaufen sie aber nicht nur das, sondern dann kaufen sie auch ihre Kleidung oder Schuhe oder was es auch war, dort ein, und wir verlieren den Umsatz der Leute. ...In verhältnismäßig schneller Zeit wurde der Umsatz wieder besser. Unser Bücherrevisor, der war nachher Direktor des Finanzamtes, hat uns auf großer Vertrauensbasis erklärt, daß wir wieder [1933] den größten Umsatz von den Juweliergeschäften in der Stadt tätigen würden." [59]

So schnell waren die Kunden nicht bereit, auf Einkäufe in jüdischen Geschäften zu verzichten. Galten sie doch allgemein als reell geführt, mit guten Preisen und auch bereit, in stärkerem Maße Ratenkäufe oder Anschreiben zu akzeptieren als die Konkurrenz.[60]

Die *Hessische Volkswacht* mußte konstatieren, daß in Marburg die Trennung der 'Volksgenossen' von Juden noch nicht überall erfolgreich war; sie drohte mit Denunziation: *"Weiter wurden uns Fälle gemeldet, daß es in Marburg deutsche Mädels gibt, die sich noch heute mit Juden einlassen und daß gedankenlose Spießer, die 'so national sind' lustig in bester Harmonie mit Juden im Lokal Skat spielen. Diesem Zustand wird jetzt ein Ende bereitet. 'Am Pranger' werden wir alle die namentlich veröffentlichen, die noch nicht begriffen haben, daß in Deutschland der Nationalsozialismus regiert."* [61]

Auch die Landbevölkerung wurde aufgefordert, jüdische Geschäfte zu meiden: *"Jeden Mittwoch und Samstag kommen unsere Landfrauen nach Marburg. Auf dem Markt werden die Erzeugnisse der Landwirtschaft umgesetzt. Deutsche Arbeiterfrauen*

kaufen dort. Dann kauft die Landfrau ein. Doch nicht etwa in deutschen Geschäften, sondern mit Vorliebe in jüdischen Geschäften. So sieht man sie gedankenlos zu den Juden Ellenzweig, Heineberg und Fink [Schuhhaus Spinat] rennen. Adolf Hitler will ein gesundes Bauerntum. Der ganze Kampf der nationalsozialistischen Regierung geht darum, der furchtbaren Not der Landwirtschaft zu steuern. Wo bleibt die Mitarbeit des deutschen Bauern? Ist die Idee unseres großen Führers immer noch nicht erfaßt worden? Die Groschen, die du, deutsche Bauernfrau, von deutschen Arbeitern und deutschen Mittelständlern erhalten hast, trägst du zu den Feinden deines Führers! Vielfach ist es Gedankenlosigkeit und Dummheit. Deutscher Bauer, denkst du noch daran, wie du von Juden belogen und betrogen wurdest? Darum, deutsche Bauernfrau, denk bei deinen Einkäufen in der Stadt stets daran: Unterstützt den gewerblichen Mittelstand, meidet die Juden!" [62]

Betrügereien gegen Juden

Es gab noch andere Begleitumstände der beginnenden Verdrängung des jüdischen Gewerbes aus dem Wirtschaftsleben. Berichtet wird von mangelnder Zahlungsmoral der Kunden, vom Drücken der Preise, von Betrug etc.[63]

Einer dieser Fälle, der für Marburg belegt ist, handelt von einer Hausangestellten, die eine jüdische Geschäftsfrau - wahrscheinlich die 79jährige Franziska Rosenbusch, die ein *Etagengeschäft für Betten, Federn und Wäsche* besaß - betrog. Diese bot an, Damenwäsche an die Schwestern eines Kinderheims, in dem sie ihr Kind untergebracht hatte, zu verkaufen. *"Als die Boykottbewegungen gegen die Judengeschäfte einsetzten und sich Hildegard erbot, als Geschäftsreisende aufzutreten, war dies der Jüdin natürlich sehr recht."* Insgesamt nahm sie Wäsche im Gegenwert von 300 RM mit. Erst als sie nicht zurückkehrte, stellte Frau Rosenbusch fest, daß die Bestellungen fingiert waren und aus der Kasse 90 RM Bargeld fehlten. Die Hausangestellte konnte in Koblenz verhaftet werden, nachdem sie dort als 'Konsulstochter' drei Wochen in einem Hotel gelebt hatte und, ohne die Rechnung zu bezahlen, die Stadt verlassen wollte.[64]

Man muß annehmen, daß dieser Betrug zur Geschäftsschließung noch im gleichen Jahr geführt hat; nicht geklärt, aber unwahrscheinlich ist es, ob Frau Rosenbusch ihre Ware und das Geld wiederbekommen hat.

Druck auf 'arische' Kunden

Im September verstärkt sich wieder der der Druck auf Käufer in jüdischen Geschäften. Es waren diesmal nicht größere reichsweite Aktionen der Grund, sondern wahrscheinlich die 'Normalisierung' des Geschäftslebens auf lokaler Ebene, die es den örtlichen Parteiorganisationen unabdingbar erscheinen ließ, klar zu machen, daß der 'Kampf gegen die Juden' weiterging. So erschien am 8. September 1933 in der *Kurhessischen Landeszeitung* eine Antwort auf einen - möglicherweise fiktiven - Leserbrief:

"Wetter. Lieber Leser K.W! Auf Ihr Schreiben teilen wir Ihnen mit, daß Sie nicht vollkommen recht haben, die Marburger Firmen Ellenzweig, Leyser, Freund und Fink [Schuhhaus Spinat] sind jüdisch, dagegen befinden sich die Firmen Piskator, Metzger Nachf. in deutschen Händen. Die Firma Schade & Füllgrabe dagegen ist ein jüdischer Großfilialbetrieb. Da Sie stets in deutschen Geschäften kaufen wollen, ist es am besten, wenn Sie zu Firmen gehen, die in der "Kurhessischen Landeszeitung" inserieren." [65]

Aus dem Gerichtssaal

Die „Konsulstochter" auf Reisen.

Aus der Untersuchungshaft wurde heute dem Amtsgericht die 31jährige Hildegard J. aus Viersen (Rheinl.) vorgeführt. Hildegard kam zu Anfang April d. J. zu der Inhaberin eines hiesigen jüdischen Augengeschäfts in Stellung. Sehr bald verstand sie es, durch Arbeitswilligkeit und zuvorkommendes Wesen das volle Vertrauen der Geschäftsinhaberin zu gewinnen. Als die Boykottbewegung gegen die Judengeschäfte einsetzte und sich Hildegard erbot, als Geschäftsreisende aufzutreten, war dies der Jüdin natürlich sehr recht. Hildegard besaß nämlich Beziehungen zu den Schwestern eines hiesigen Kinderheims, wo sie ihr uneheliches Kind in Pflege hatte. Alsbald brachte sie zur Freude der Geschäftsinhaberin auch große Aufträge für Damenwäschestücke aller Art mit. Insgesamt waren es für 300 RM. Sachen, welche in der Jüdin gehörige Koffer gepackt wurden. Hildegard verschwand mit den Koffern, um angeblich die Sachen zu überbringen. Als sie nach mehreren Stunden noch nicht zurückgekehrt war, schöpfte die Jüdin Verdacht und mußte zu ihrem Erstaunen feststellen, daß nicht nur die Bestellungen fingiert, sondern auch etwa 90 Mark Bargeld aus ihrer Kasse verschwunden waren. Hildegard war, wie sie heute angab, aufs Geratewohl mit ihrer Beute nach Andernach am Rhein gefahren und hatte sich dort unter dem feudalen Namen „Betty v. Hoje" aus Berlin-Lichterfelde im Hotel „Rheinkrone" einlogiert. Etwa drei Wochen lang führte sie dort ein herrliches Leben; auf Befragen erklärte sie dem Hotelier, daß ihr Vater gegenwärtig Konsul in Aachen sei, mit seinem „Wagen" demnächst nach Andernach kommen und das Kostgeld begleichen werde.

Als Hildegard fühlte, daß ihr der Boden unter den Füßen zu heiß wurde, konnte sie der Hotelier gerade noch beim Ausreißen schnappen und als Pfand die Wäschekoffer zurückbehalten. Mittel- und ratlos stellte sie sich in Marburg der Polizei und sitzt nun seit zwei Monaten in Untersuchungshaft. Ohne Umschweife gab sie dem Richter ihre Verfehlungen zu und nahm auch sofort die 6 Monate Gefängnis an, welche ihr wegen Betrugs, Diebstahls und Unterschlagung zuerkannt wurden. Sie war bereits einmal in Frankfurt a. M. wegen Diebstahls vorbestraft, aber amnestiert worden. Diesmal blieb sie in Haft.

Kurhessische Landeszeitung vom 15.9.1933.

Ob es den Leserbrief, auf den sich der Schreiber bezieht, wirklich gegeben hat, ist ungeklärt. Wahrscheinlich ist, daß

Hessische Volkswacht vom 13./14.5.1933.

sich diese 'Klarstellung' an die Landbevölkerung richtete, die weniger vertraut mit den Verhältnissen war und nicht immer wußte, um welch ein Geschäft es sich handelte. Sicher ist, daß es um diesen Zeitpunkt keine Kennzeichnung an den Geschäften gab, denn dann wäre eine solche Erläuterung nicht notwendig gewesen.

Am 16./17. September 1933 wird in der *KLZ* eine spezielle Warnung vor dem Einkauf bei *Schade & Füllgrabe* veröffentlicht. Bemerkenswert dabei ist, daß sich erst jetzt das Interesse auf *Schade & Füllgrabe* richtete, während in den Boykott-Tagen, die sich ja gerade gegen Warenhäuser und Filialbetriebe richteten, der Name nicht genannt wurde. Fehlten die Kenntnisse? War damals auf lokaler Ebene noch nicht klar, daß es sich um einen jüdischen Betrieb handelte?[66]

Die Anprangerung jüdischer Geschäfte und ihrer Kunden in der *Kurhessischen Landeszeitung* setzte sich fort. Am 18. September 1933 traf es Julius Goldschmidt und seine Kunden:

"Die verjudeten 6 Bäckerlein. Es ist kaum zu glauben, doch es ist so, daß es noch heute in Marburg sechs (!) Bäckermeister gibt, die ihre Kohle, Briketts und ihr Holz ausgerechnet bei dem jüdischen Kohlenhändler Julius Goldschmidt kaufen müssen. Wissen diese Bäckermeister nicht, daß deutsche Arbeiter und deutsche Bürger ihre Waren kaufen? Scheinbar ist es ihnen nicht bekannt, daß es in Marburg auch deutsche Kohlenhändler gibt. Wir erwarten von den sechs Bäckermeistern eine schriftliche Erklärung, daß sie in Zukunft ihre sämtlichen Bedarfsartikel bei deutschen Gewerbetreibenden einkaufen werden, sonst werden alle sechs namentlich am Pranger der "Kurhessischen Landeszeitung" aufmarschieren!" [67]

Unklar ist, womit Julius Goldschmidt die Aufmerksamkeit der NSDAP auf sich zog. Offensichtlich hatte er kein großes Geschäft: Frau Goldschmidt führte im Wohnzimmer die Buchhaltung, Herr

Aus der Stadt Marburg

Angenehme Zeitgenossen

Die Lehre des Nationalsozialismus hat die Schäden des jüdischen Einflusses auf den Kleinhandel durch die Propaganda der letzten Zeit doch wirklich genug gekennzeichnet, so daß kaum ein Staatsbürger, der Volksgenosse des neuen Deutschland sein will, daran vorbeigegangen sein könnte. Und dennoch muß man immer noch eine starke Inanspruchnahme der jüdischen Massenfilialgeschäfte, wie z. B. die hier am Ort befindlichen der Firma Schade & Füllgrabe, durch das Lebensmittel einkaufende Publikum beobachten.

Dieser Teil des Publikums, den man in volks- und wirtschaftsgestaltendem Sinne als äußerst kurzsichtig bezeichnen muß, läßt sich tatsächlich heute noch von der marktschreierischen Reklame dieser Häuser gefangen halten und erkennt z. B. nicht, daß dauernde Preisunterbietungen einen Qualitätsschwund nach sich ziehen müssen. Diese „Staatsbürger" werden wohl auch noch sehr lange Zeit benötigen, bis ihnen in annähernd ausreichendem Umfang die Notwendigkeit der Verwerfung und beschleunigten Beseitigung aller dieser jüdischen Geschäfts- und Gewinnsuchtmethoden als berechtigt einleuchtet; auch wollen sie nicht erfassen, daß diese zu ihrer eigenen Gesundung führende Umgestaltung ihnen selbst ausgehen muß, indem sie von sich aus dem Judentum den Kampf ansagen durch Meidung aller jüdischen Einrichtungen.

Alle wahren Volksgenossen werden aber nicht die Geduld nehmen können, bis ein gewisser Teil von Bürgern des Staates glücklich auch noch in das nationalsozialistische Fahrwasser eingerudert ist, und es wird daher nichts anderes übrig bleiben, als daß man diesen nur langsam reagierenden Bürgern aus verflossener Zeit den Geist von Nürnberg einflößt.

Vorbereitende Maßnahmen hierzu werden getroffen. Jede Rücksicht wird dabei fallen, und die namentliche Bekanntgabe der Betreffenden erfolgt als erste Notwendigkeit in unserer Zeitung.

Kurhessische Landeszeitung vom 16./17.9.1933.

Goldschmidt übernahm den Außendienst, es gab wohl keine festangestellten Fuhrleute. Das Geschäft vertrieb nicht nur Brennmaterial, sondern auch Bäckereimaschinen.[68]

Jedenfalls ging die Kampagne gegen ihn weiter. Am 29. September 1933 konnte man lesen:

"Von Juden, Bäckern, Spediteuren. Ei, ei, das haben wir noch gar nicht gewußt, daß aus verjudeten sechs Bäckerlein zehn geworden sind. Von diesen zehn Herren haben bis jetzt fünf die Erklärung abgegeben, nicht mehr mit Juden zu handeln. Die restlichen fünf Bäckerlein wollen ganz schlau sein, sind aber in Wirklichkeit grenzenlos naiv. Erstens glauben diese Herrschaften, daß wir nichts gegen sie unternehmen würden. Da sind sie aber schief gewickelt! Sodann hat ein Teil von ihnen einen fabelhaften Ausweg gefunden. Sie können nun einmal nicht von ihrem lieben Freund Goldschmidt lassen, wollen aber trotzdem ihre Backartikel an deutsche Volksgenossen verkaufen. Und siehe, Not macht erfinderisch. Da gibt es nun in dem schönen Marburg Fuhrunternehmer, die den Mittelsmann zwischen Juden und Bäcker spielen. So fahren harmlose Wagen vor und laden Kohlen ab. Doch gemach, ihr findigen Seelen, die 'Kurhessische Landeszeitung' erfährt alles! Wir stellen Euch jetzt eine letzte Frist bis zum 1. Oktober. Euer Verhalten verdient keine Schonung. Wir werden der ehrlichen Marburger Bevölkerung die Augen öffnen. Der spießbürgerliche liberalistische Geist solcher Handwerker hat in unserm nationalsozialistischen Staat zu verschwinden. Darum frisch auf, ihr judenfreundlichen Bäckermeister, wir warten nicht länger!" [69]

Ob das Ausbleiben der namentlichen Nennung der Bäckermeister bedeutet, daß alle 'zu Kreuze gekrochen' sind, ist unbekannt. Nach Aussage der Tochter, Hanna Goldschmidt, wurde jedenfalls ein Bäcker, der bei der Firma Goldschmidt kaufte, namentlich im 'Stürmerkasten' am Hauptbahnhof genannt. Unklar ist aber, wann dies geschehen ist. Wenn das Geschäft offiziell auch erst 1936 aufgegeben wurde, ist doch anzunehmen, daß mit diesen Angriffen das vorläufige Ende für das Geschäft eingeleitet war.

Antijüdische Werbewochen in Marburg

Im Oktober und November 1933 gab es in Marburg zwei Werbewochen, die von antijüdischer Propaganda begleitet waren.

Vom 15. Oktober an stand Marburg im Zeichen des Handwerks; die *Deutsche Handwerkswoche* bildete mit Kundgebungen, Festzug, Ausstellungen und vielen Reden den Auftakt. Im Grußwort der *Kurhessischen Landeszeitung* heißt es: *"Das Handwerk hat stets, da es den 'Segen' marxistisch-jüdischer Herrschaft am eigenen Leib verspürte, treu in den Reihen der Streiter für das Dritte Reich unseres Führers Adolf Hitler gekämpft."* [70] Aus der Rede des Stadtrats und Malermeisters Stühler zitiert die Zeitung: *"Das marxistische System habe das Handwerk zerstört und zugrunde gerichtet."* Und der Syndikus der Handwerkskammer in Kassel, Dr. Hartmann, kommt folgendermaßen zu Wort: *"Der Ruf 'Deine Hand dem Handwerk' sei an alle gerichtet... Nicht bei Tietz und in andern Warenhäusern zu kaufen sei ihre [der Hausfrau] Aufgabe, die Handwerker warten auf ihre Aufträge."* [71]

Zwischen dem 11. und 19. November wurde von der *Nationalsozialistischen Handels-, Handwerks- und Gewerbeorganisation* (NS-Hago, einer Nachfolgeorganisation des 'Kampfbundes') eine Werbewoche für den Facheinzelhandel in Marburg veranstaltet. In der Presse heißt es: *"Die Werbung der Arbeitsgemeinschaft deutscher Kaufleute wird das deutsche Erzeugnis, die deutsche Qualitätsware in den Vordergrund rücken."* [72] Bemerkenswert in dieser Phase ist eine Wandlung in der Wahl der Parolen. Statt *"Kauft nicht bei Juden"*, *"Meidet Juden"* heißt es jetzt in den Anzeigenteilen: *"Kauft im Fachgeschäft"*. Nichtjüdische Geschäfte waren - bis auf wenige Ausnahmen - im Facheinzelhandelsverband organisiert; Fachgeschäft war damit gleichbedeutend mit nicht-

Werbewoche des Einzelhandels

vom 11. bis 19. November 1933.

In der Woche vor der großen Kundgebung des deutschen Handels in Braunschweig veranstaltet die „Arbeitsgemeinschaft deutscher Einzelhändler" im Bezirk unseres Verbandes eine Werbewoche für den Einzelhandel. Sie steht unter dem Motto:

Kauft im Fachgeschäft! — Ihr gebt Arbeit und Brot!

Für Marburg (Lahn) sind folgende Veranstaltungen vorgesehen:

1. **Schaufenster-Wettbewerb.** Alles Nähere ist aus den Fragebogen, welche unentgeltlich ab Freitag, den 10. November, in allen beteiligten Geschäften zu haben sind, ersichtlich. — Folgende Preise sind ausgesetzt: 1. Preis 50 RM., 2. Preis 40 RM., 3. Preis 30 RM., 4. Preis 20 RM., 5. Preis 10 RM., sowie 20 Preise zu je 5 RM.

2. **Sonnabend, den 11. November, von 16—17 Uhr: Platzkonzert auf dem Markt,** ausgeführt von dem Musikzug der SA.-Standarte J 11 unter persönlicher Leitung von Musikzugführer Herguth.

3. **Montag, den 13. November, abends 20.30 Uhr: Große Kundgebung in den Stadtsälen.** Für ein abwechslungsreiches, buntes Programm, wie Tanzvorführungen, Vorträge usw. ist gesorgt. Als Mitwirkende haben sich in liebenswürdiger Weise in den Dienst der Sache gestellt Frau Dr. Frohwein, Ebsdorf, und Frl. Elly Koll, Marburg. Im Mittelpunkt des Programms steht ein Vortrag von Frau Steinbrück, Kassel, Gauleiterin der NS.-Frauenschaft. — Eintrittspreis 20 Pf. Im Saal wird Kaffee Haag verabfolgt. Preis pro Tasse einschließlich Gebäck 20 Pf.

4. **Mittwoch, den 15. November, von 17—18 Uhr: Platzkonzert auf dem Markt,** ausgeführt von dem Musikkorps des Ausbildungs-Bataillons unter Leitung des Korpsführers Oberfeldwebel Lange.

Wir bitten das Publikum von Marburg und Umgegend, sich an allen Veranstaltungen sowie durch regen Einkauf in der Werbewoche zu beteiligen. **Kartenvorverkauf** für die Kundgebung in den Stadtsälen ab Sonnabend, den 11. November, in folgenden Geschäften: Wilh. Balz, Hauptgeschäft und Filialen; August Braun, Augustinergasse; Elwertsche Universitäts-Buchhandlung, Reitgasse; H. Komp, Wettergasse; Max Naumann, Steinweg; Kurt Ulmer, Frankfurter Straße; Walter Uhlig, Weidenhausen; Geschw. Weber, Barfüßerstraße.

Arbeitsgemeinschaft deutscher Einzelhändler im Kreisverein Marburg.

Kurhessische Landeszeitung vom 10.11.1933.

jüdischem Geschäft. Dies machte die antijüdische Werbung unverfänglicher.

Ende des Jahres 1933 wurde auch festgeschrieben, was sicherlich schon einige Zeit vorher Praxis war, nämlich daß in jüdischen Geschäften in Marburg keine Bezugsscheine des Wohlfahrtsamtes und Bedarfsdeckungsscheine des Finanzamtes für Kleidung, Wäsche und Hausgeräte eingelöst werden konnten. An vier Tagen im Dezember erschienen in der Presse die Listen derjenigen Geschäfte, in denen für die Scheine Waren bezogen werden durften.[73]

Der reichsweit propagierte Weihnachtsboykott jüdischer Geschäfte durch die *NS-Hago* [74] ist für Marburg nicht nachzuweisen. Eine Beeinträchtigung bestand jedenfalls darin, daß kein jüdisches Geschäft in der *Oberhessischen Zeitung* oder der *Kurhessischen Landeszeitung* Werbeanzeigen für den Weihnachtseinkauf aufgeben konnte; seit Beginn der Machtübernahme durch die Nationalsozialisten erschienen keine Anzeigen jüdischer Geschäfte mehr in der *OZ*.

Arisierungen und Liquidationen 1933

Im Zusammenhang mit der Verdrängung der Juden aus dem Gewerbe werden in dieser Arbeit die Begriffe 'Arisierung' und 'Liquidation' gebraucht, die in der Literatur eingeführt sind:[75] Der Begriff 'Arisierung' wird verwendet, wenn an einen Nichtjuden - normalerweise weit unter dem realen Wert - verkauft wurde; der neue Besitzer führte das Geschäft mit gleichem Sortiment, aber unter seinem Namen weiter. 'Liquidation' bezeichnet die Schließung des jüdischen Geschäfts; die Räume wurden anderweitig vermietet und das Warenlager - meist an nicht-

Oberhessische Zeitung vom 30.6.1934.

jüdische Geschäftsleute und für einen Bruchteil des eigentlichen Werts - veräußert.

Über die bisher aufgeführten Geschäftsschließungen hinaus wurden 1933 noch folgende Geschäftsbetriebe liquidiert, beziehungsweise 'arisiert':

Nach Eintragung in das Gewerberegister stellte das *Schuhhaus Mercedes*, Inhaber Ernst Blumenfeld, am 28. Januar 1933 seinen Geschäftsbetrieb ein; es war 1924 im Haus Steinweg 30 eröffnet worden. Nicht geklärt ist der Grund für die Schließung. Waren es äußere Schwierigkeiten oder eine Krankheit - Ernst Blumenfeld starb 1935 im Alter von 46 Jahren -, die zu dieser frühen Geschäftsschließung führten? Die Eintragung der Schließung erfolgte erst im Januar 1935, wobei die Unterschrift von Frau Blumenfeld geleistet wurde; auch dies könnte ein Anzeichen dafür sein, daß der Geschäftsinhaber nicht mehr zu einer Ab-

*Der Steinweg in den zwanziger Jahren. Vorne rechts das Herrengarderobegeschäft Blumenfeld &
Henrichs.*
Foto: Bildarchiv Foto Marburg.

wicklung in der Lage war. Die Versteigerung des Warenlagers wurde erst sechs Monate nach der Geschäftsschließung durchgeführt.[76]

Am 31. März 1933 schloß Salomon Katz seine koschere Metzgerei in der Untergasse 17. Ab 1909 in Marburg ansässig, führte er die Metzgerei zuerst Am Grün und ab 1913 in der Untergasse. Es läßt sich vermuten, daß der Terror in diesen Wochen, die Berichterstattungen in der Zeitung, vielleicht auch persönliche Angriffe auf Salomon Katz und seine Familie als Belastung für den schwer Asthmakranken zuviel waren.[77] Dazu kam noch das Schächtverbot, das zwar reichsweit erst am 21. April verhängt wurde, aber in Hessen schon früher bestand und zu fast unüberwindbaren Schwierigkeiten bei der Beschaffung von koscherem Fleisch führte. So berichtet Kurt-Jakob Ball-Kaduri, daß für Frankfurt und die umliegenden jüdischen Gemeinden Fleisch aus Dänemark importiert wurde.[78] Wie dieses Problem in Marburg gelöst wurde, ist bisher ungeklärt.[79]

Dina Lucas, eine Dentistin, hatte ihre zahnärztliche Praxis und ein zahntechnisches Labor in der Bahnhofstraße 10. Wie lange die Praxis bestand, ist nicht genau zu klären. Da aber das Labor noch im Adreßbuch 1938/39 genannt, aber nicht mehr in der Liste der zu schließenden Geschäfte im November 1938 aufgeführt wurde, ist davon auszugehen, daß jeglicher Praxisbetrieb im Laufe des Sommers 1938 eingestellt wurde. Sicher ist aber, daß ab 1933 nur noch ein eingeschränkter Betrieb bestand. So war ab 22. April 1933 keine Behandlung von 'arischen' Kassenpatienten mehr möglich. Auch das Alter von Dina Lucas - sie war 1933 67 Jahre alt - spricht dafür, daß sie unter den extrem belastenden Bedingungen nur noch wenige Patienten - vielleicht die jüdischen - behandeln konnte. Dina Lucas mußte im April 1942 in ein Ghet-

Oberhessische Zeitung vom 29.3.1933.

tohaus ziehen. Am 6. September 1942 wurde sie in das Ghetto Theresienstadt deportiert, von dort am 29. September 1942 in das KZ Maly Trostinec. Sie wurde ermordet.[80]

Am 1. Mai 1933 wurden die *KAMERA-Lichtspiele* in der Gutenbergstraße 19, damals Hermann-Göring-Straße, 'arisiert'. 1931 als offene Handelsgesellschaft von Christine Häussler, Richard Goldstaub und Ludwig Loevinger - alle aus Frankfurt - eröffnet, wurde das Kino am 1. Mai 1933 von Wilhelm Mauß und Alfred Schleier 'übernommen'.[81] Doch dauerte es einige Zeit, bis es sich auch in den Parteikreisen herumgesprochen hatte, daß man in dieses Kino wieder gehen konnte. Nachdrücklich wurde in der *Kurhessische Landeszeitung* am 12. Mai 1933 auf den Wechsel der Betriebsinhaber hingewiesen.[82] Noch im Herbst 1933 verbot die *NSBO (Nationalsozialistische Betriebszellenorganisaton)* des Kreises Marburg ihren Mitgliedern den Besuch des Kinos: *"Wir verbieten hiermit den Angehörigen der gesamten nationalsozialistischen Jugendbewegung in Marburg den Besuch des Lichtspielhauses 'Kamera'. Ebenso ist selbstverständlich der Besuch jedes Films jüdischer Herkunft verboten."* [83] Einen Tag später

69

folgte dann aber die Richtigstellung:
"Der gestern in unserer Zeitung veröffentlichte Befehl der HJ betr. Besuch der 'Kamera', unterschrieben von Oberbannführer Haardt, war nicht durch die Zensur des Kreisleiters gegangen und wird hiermit für ungültig erklärt, da die HJ nicht berechtigt ist, sich Rechte anzumaßen, die der Kreisleitung zustehen. Die Kreisleitung Marburg empfiehlt im Einvernehmen mit sämtlichen Dienststellen der Partei in Marburg den Besuch des Lichtspieltheaters 'Kamera', das von dem nationalen Vorkämpfer Wilhelm Mauß geleitet wird." [84]

Am 1. Juni 1933 wurde die Buch- und Papierhandlung von Arthur Katz, Lahntor 5, 'arisiert'; die neue Besitzerin wurde Käthe Keuscher. Wesentlich zu diesem frühen Verkauf hatte wohl die SA-Aktion im März 1933 beigetragen; die namentliche Nennung in der Zeitung, das Verbot der SA, weiterhin Gesangbücher und Bibeln zu verkaufen, muß den Geschäftsumsatz sehr stark reduziert haben. Noch fast ein Jahr versuchte Arthur Katz, mit dem Vertrieb von Zeitungen in seiner Wohnung seinen Lebensunterhalt zu sichern, doch brachte es wohl so wenig ein, daß er ihn am 1. April 1934 einstellte. Arthur Katz lebte mit seiner Schwester Selma Katz zusammen. Da sie gelernte Schneiderin war, liegt der Schluß nahe, daß sie als Hausschneiderin bei jüdischen Familien bis zu ihrer Auswanderung 1936 arbeitete.[85]

Am 1. August 1933 mußte die Seifenfabrik Samuel Sonneborn ihren Betrieb einstellen. Die Familie, Samuel, seine Frau Rösel und die Kinder Kurt Ludwig und Lotte Berta, emigrierten nach Luxemburg und von dort 1938 in die USA. Unklar ist der Grund für diese frühe Auswanderung. Erleichtert wurde dieser Schritt durch die guten finanziellen Verhältnisse der Familie und die verwandtschaftlichen und geschäftlichen Verbindungen zum Ausland.[86]

Am 14. Oktober 1933 zeigte Käthe Wer-

Deutsche Filme in der deutschen Kamera

-h- Marburg. Wie wir bereits mitteilten, befindet sich die Kamera, Hermann-Göringstraße, in deutschem Besitz. Es ist den Herren Mauß und Schleier gelungen, nach langen Verhandlungen die Leitung zu übernehmen. Schon ein Blick in das Theater, mit einem großen Hitlerbild an der Wand, zeigt, daß dort kein Jude mehr was zu suchen hat. Ein Besuch der Kamera-Lichtspiele kann nur empfohlen werden, da in der nächsten Zeit große Spitzenfilme deutscher Produktion zur Aufführung gelangen.

Hessische Volkswacht vom 13./14.5.1933.

ner die Geschäftsarisierung des Kurz-Weiß- und Wollwarengeschäfts Rothschild in der Bahnhofstraße 13 an.[87] Seit 1926 hatten die beiden Schwestern Johanna und Minna Rothschild den Laden geführt. Nach dem Verkauf meldete Minna Rothschild in ihrer Wohnung, Bahnhofstraße 24, eine *Vertretung in Papierwaren u. Bastband* an; Anfang 1934 kam noch die Vertretung der *Basler Lebensversicherung* dazu, im September die Vertretung für Modezeitungen der Firma Schmitt/Frankfurt. Im August 1938 wurde die Papierwaren- und Versicherungsvertretung abgemeldet. Johanna Rothschild gelang 1937 die Emigration, Minna Rothschild blieb wohl wegen ihrer Mutter in Marburg; nach deren Tod 1941 war es für eine Auswanderung zu spät. Minna Rothschild wurde nach Riga deportiert und ist umgekommen.[88]

Nach den zugänglichen Quellen bestanden am 1. Januar 1933 64 jüdische Betriebe unterschiedlichsten Umfangs in Marburg. Davon mußten in diesem Jahr elf Betriebe schließen. Vier dieser Betriebe wurden 'arisiert'. In zwei Fällen ist zu belegen, daß ein Kleinhandel in der Wohnung noch einige Zeit bestand. Bei Dina Lucas ist es wahrscheinlich, daß sie noch einige Patienten versorgte.

3.3 Ein Jahr der relativen Ruhe - 1934

Die NS-Organisationen halten sich zurück

Wenn auch die Arisierungen und Liquidationen 1934 unvermindert weitergingen, so hat es doch den Anschein, als sei das Jahr für die jüdische Bevölkerung relativ ruhig verlaufen; antijüdische Ausschreitungen und administrative Repressionen zur weiteren Einschränkung der wirtschaftlichen Tätigkeit jüdischer Geschäftsleute gab es in diesem Jahr kaum.[89]

Der Röhm-Putsch im Sommer 1934 hatte wohl auch zur Folge, daß die SA, die bisher hauptsächlich die Durchführung der gegen die Juden gerichteten Aktionen übernommen hatte, zurückhaltender agierte und zunächst - bis zur endgültigen Klärung der Lage und der neuen Gewaltenteilung - auf spektakuläre Inszenierungen verzichtete.

Gegen eine allzu selbstbewußte Politik der mittelständischen Verbände und der Parteiorganisationen richtete sich ein Rundschreiben des Innenministers Frick vom 14. Januar 1934, in dem dieser ausdrücklich darauf hinwies, daß die 'Ariergesetzgebung' nicht auf die freie Wirtschaft angewandt werden sollte.[90]

Auch der Erlaß des Reichswirtschaftsministers Schacht gegen den Weihnachtsboykott 1934 geht in die gleiche Richtung: *"... es geht aber nicht an, daß einzelne Organisationen und Verbände versuchen, einen Druck auf die Geschäftswelt auszuüben, um die Weihnachtswerbung zu unterbinden... Es soll sowohl der unbeeinträchtigte Verkauf von Weihnachtsgeschenken und Christbaumschmuck als auch eine ungehinderte Werbung in den Formen und in dem Rahmen, wie sie auch für Waren- und Kaufhäuser, Einheitspreis- und Filialgeschäfte sowie für nichtarische Betriebe für den Weihnachtsverkauf seit langem üblich sind ... sichergestellt werden."* [91]

Plausibel werden diese Positionen durch die Notwendigkeit, die Regierungsautorität wieder herzustellen, sowie mit der Rücksichtnahme auf das Ausland und mit der zu diesem Zeitpunkt noch unverzichtbaren jüdischen Beteiligung am Wirtschaftsleben.

Allgemein kann davon ausgegangen werden, daß es weniger Angriffe auf jüdische Geschäftsleute gab und daß die durchgeführten weniger publiziert wurden als noch im Jahr davor; weder in der *Oberhessischen Zeitung* noch in der *Kurhessischen Landeszeitung* finden sich Hinweise auf Aktionen gegen den jüdischen Bevölkerungsteil.

Auch in den Lageberichten des Oberbürgermeisters an den Regierungspräsidenten in Kassel wird in der Berichterstattung über Juden für das ganze Jahr 'Fehlanzeige' gemeldet. Einzige Ausnahme ist eine kurze Meldung über das ruhige Verhalten der jüdischen Vereine.[92]

Vom 9. bis zum 18. Juni 1934 fand in Marburg in den Stadtsälen die zweite *Braune Messe* statt. Sie stand unter dem Motto *"Für deutsche Arbeit - für deutsche Kultur"*. Die Besucherzahl war etwa ebenso hoch wie im davorliegenden Jahr. Doch war das Presseecho längst nicht so stark wie 1933; auch die Anzeigen der beteiligten Firmen hatten einen geringeren Umfang.[93]

In ihrem Bericht von der *Braunen Messe* wies die *KLZ* darauf hin, daß diese Veranstaltung *"vor allem alle deutsche Volksgenossen an ihre deutsche Pflicht erinnern (sollte) zu jeder Zeit und in allen Bedarfsfällen grundsätzlich deutsch zu kaufen,*

Oberhessische Zeitung vom 3.3.1934.

dagegen art- und landfremde Geschäfte zu meiden ".[94]

Arisierungen und Liquidationen 1934

Im Januar 1934 wurde das Drogeriegeschäft von Jakob Stern 'arisiert'; die neue Inhaberin war Betty Stoll.[95] Jakob Stern hatte im Haus Hirschberg 18 einen Laden für *Parfümeriewaren, Waschmittel, Seifen, Öle und Fette* besessen. Bis zur Auswanderung 1936 nach New York versuchte er, sich und seine Familie mit einem Kleinhandel für Öle und Fette in der Wohnung Hermann-Göring-Straße 13, heute Gutenbergstraße, zu ernähren.[96]

Am 1. März 1934 mußte Elias Goldschmidt sein *Frankfurter Schuhlager* aufgeben. Neuer Inhaber wurde Ernst Weber, der am 3. März 1934 die 'Arisierung' des Schuhgeschäfts unter dem Titel *"Sensa-*

tion am Steinweg!" den Kunden bekanntgab.[97] Elias Goldschmidt ging noch im März nach Frankfurt zu seinem Sohn Karl. Da der Verkauf des Hauses Steinweg 3 1/2 1939 erfolgte, ist es wahrscheinlich, daß Elias Goldschmidt zu diesem Zeitpunkt noch in Deutschland war. Ob es ihm gelang, vor den Deportationen das Land zu verlassen, ist nicht bekannt.[98]

Im März 1934 mußte auch das Textilkaufhaus Ellenzweig, Steinweg 4, seinen Geschäftsbetrieb einstellen. Inhaber waren die Brüder Julius und Moritz Ellenzweig. Julius Ellenzweig wanderte schon 1933 in die USA aus. Moritz Ellenzweig leitete den Ausverkauf des Geschäfts ein. Am Freitag, dem 9. März 1934, gegen Mittag, rief Moritz Ellenzweig bei der Ortspolizei an und teilte mit, daß vor dem Geschäft ein Mann auf und ab gehe, der die *"Kauflustige(n)"* zu überreden versuchte, nicht bei ihm zu kaufen. Dadurch würde sein Geschäft geschädigt; er bitte deshalb um Unterstützung. Ein diensthabender Kriminalbeamter stellte

72

fest, daß Ellenzweig die Wahrheit gesagt hatte. Die Befragung der Person ergab, daß sie auf Weisung einer höheren Dienststelle, die er nicht nennen wollte, handelte. Nachmittags unternahm die Polizei den Versuch, die zuständige Dienststelle festzustellen, doch erklärten die Kreisleitungen von SS und SA, nichts mit dem Mann zu tun zu haben.

Da - wie das Protokoll vermerkt - die Dienststelle nicht festzustellen, die öffentliche Ruhe und Sicherheit nicht gefährdet und außerdem fast Geschäftsschluß sei, verzichtete man darauf, weitere Schritte zu unternehmen.

Ellenzweig wandte sich daraufhin an den Amtsrichter Heintzmann wegen einer einstweiligen Verfügung, an den Assessor Hütteroth und an das Regierungspräsidium in Kassel. Daraufhin sah sich wohl die Polizei veranlaßt, der Sache weiter nachzugehen. Es wurde festgestellt, daß der Mann auf Veranlassung der 'Standarte' dort stand, und man setzte durch, daß der Posten abgezogen wurde.[99]

Am 24. Juli 1934 wurde das Konkursverfahren gegen die Firma Ellenzweig eröffnet; Konkursverwalter war der Bücherrevisor Willy Mengel,[100] der auch ab dem 2. August den Konkursmasseverkauf übernahm.[101] Der Familie Moritz Ellenzweig gelang 1935 die Emigration in die USA.

Im Mai 1934 mußte das seit den achtziger Jahren des 19. Jahrhunderts bestehende Geschäft E. (Esther) Baum, Inhaber Markus und Julius Leyser, aufgegeben werden. Seit den zwanziger Jahren hatte sich das Geschäft für *Damen-Konfektion und Putz* zu einem der größten Modehäuser der Stadt entwickelt, doch führten die Repressalien der Nationalsozialisten in kürzester Zeit zum Ruin des Geschäfts.[102] Am 22. Mai 1934 wurde der Betrieb 'arisiert'; das Modehaus Blach & Co. 'übernahm' die Firma.[103] Markus

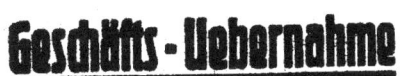

Oberhessische Zeitung vom 1.8.1934.

Kurhessische Landeszeitung vom 22.5.1934.

Leyser und die Familie Julius und Anna Leyser gingen nach Köln. Dort starben Anna und Markus Leyser. Die Ehefrau von Markus war schon 1925 in Marburg gestorben. Julius Leyser und seine Söhne Ernst und Hans wurden im KZ Sobibor ermordet.

1931 eröffneten Minna und Erwin Wohl in der Wettergasse 25 ein Speisehaus mit Mittags- und Abendtisch. Es war ein koscheres Lokal, das einzige, das nach der Schließung des Lokales Blumenfeld in Marburg bestand. Erwin Wohl betrieb ab Juli 1933 einen Handel mit Mineralwasser im Stadtgebiet und hatte zusätzlich noch eine Vertretung in Frankfurt. Wahrscheinlich sind das Speisehaus und der Mineralwasserhandel Ende 1933 oder Anfang 1934 eingestellt worden. Die Familie, Minna und Erwin Wohl und die beiden in Marburg geborenen Söhne, konnten 1934 nach Palästina emigrieren.[104]

Moritz Moses Gabrilowitz, ein Ostjude aus Polen, betrieb in Marburg eine Schuhmacherei und den Handel mit Seife und Seifenpulver. Er heiratete Frieda Bornstein, die aus einer in Marburg ansässigen ostjüdischen Familie stammte. Frieda Bornstein war Wirtschafterin; wo sie gearbeitet hat, ist nicht bekannt. Wahrscheinlich ist, daß Moritz Moses Gabrilowitz bis zur Auswanderung der Familie im April 1934 nach Palästina seine Schuhmacherei in geringem Umfang weitergeführt hat.[105]

Im November 1934 zog das Ehepaar Karl und Emmy Haas, das in Marburg seine geschäftlichen Aktivitäten aufgegeben hatte, nach Frankfurt: Nachdem das Privatbankhaus Karl Haas Konkurs anmelden mußte, war auf den Namen von Emmy Haas 1931 in der Privatwohnung, Haspelstraße 25, eine Handelsvertretung für *Papier- und Schreibwaren, Reklameartikel, technische Öle und Fette* eröffnet worden, die aber 1934 aufgegeben werden mußte.
Karl Haas wurde deportiert und ist umgekommen. Ob Emmy Haas das gleiche Schicksal erlitt, ist unbekannt. Die Tochter Alice war schon 1932 nach England ausgewandert.[106]

Von den Anfang 1934 noch vorhandenen 53 jüdischen Betrieben hörten sieben auf zu bestehen. Drei Geschäfte wurden 'arisiert'. In einem Fall - Jakob Stern - ist nachzuweisen, daß er nach der 'Arisierung' noch einen Kleinhandel in seiner Wohnung betrieben hat.

3.4 Das Jahr 1935 - die Nürnberger Gesetze

Das Jahr 1935 war, was Ausschreitungen und Aktionen gegen jüdische Bürger und ihre Geschäfte betrifft, unruhiger als 1934. Insbesondere im Juli und August, als 'Vorbereitung' des Reichsparteitages, häuften sich die Anprangerungen von Juden und 'Judenknechten'. Als im Juni die NSDAP Marburg ihr zehnjähriges - Gründung der NSDAP-Marburg -, bzw. zwölfjähriges Bestehen - es gab die ersten zwölf Nationalsozialisten in Marburg - feierte, war dies Anlaß, an die lange Tradition des Antisemitismus in Oberhessen zu erinnern.
Das ganze Jahr über erschienen Berichte in der *Oberhessischen Zeitung* über Einzel-

handelsgeschäfte und Viehhandel. Beide Bereiche der Wirtschaft hatten sich noch nicht so entwickelt, wie die Machthaber erhofft und Geschäftsleute, Händler und Kunden erwartet hatten. Geklagt wurde insbesondere von den Kleingewerbetreibenden über die Belastung der Zugehörigkeit zu verschiedenen Organisationen. *"Es gibt hier im Bezirk [Hessen-Kassel] kleine Landwirte, die zugleich Metzger und Gastwirte sind und daher Beiträge für den Reichsnährstand, die Innung, NS-Hago, Gastwirtevertretung und Handwerkskammer zu zahlen haben."* [107] Die Kunden beschwerten sich über erhöhte Preise, insbesondere bei den Lebensmitteln, die Bauern darüber, daß sie nicht mehr bei Juden kaufen sollten, obwohl die Viehverwertungsgenossenschaften weder die Garantie gaben, alles Vieh abzunehmen, noch die Preise zahlten, die sie von den jüdischen Viehhändlern bekamen.[108]

'Deutsche Geschäfte - jüdische Geschäfte'

Die Presse unterrichtete über die neuesten Bestimmungen für die Zulassung zum Einzelhandelsberuf. Ausschlaggebend war nicht mehr in erster Linie der Bedarf nach einem bestimmten Geschäft, sondern die 'fachliche Eignung' und die 'persönliche Zuverlässigkeit'. Obwohl jüdische Geschäftsleute nicht ausdrücklich erwähnt werden, ist doch sicher, daß man sie im Rahmen der neuen Bestimmungen ohne Schwierigkeit ablehnen konnte. Der Berufsstand sollte 'zusammenwachsen' und in erster Linie nicht an 'persönliche Bereicherung', sondern an das 'Wohl des ganzen Volkes' denken. Ausgeschlossen werden sollten alle die Geschäftsleute, die sich nicht an diese Richtlinien hielten. Wer damit gemeint war, geht aus einem Zeitungsbericht von

1935 hervor: *"Mancher ordentliche Kaufmann, dessen in harter sachlicher und charakterlicher Schule anerzogene Leistungsfähigkeit und Anständigkeit überrannt zu werden drohte von den unerlaubten und geschäftstüchtigen Methoden von Auchkaufleuten, habe ich in den vergangenen Jahren seufzen und verzweifelnd sagen hören: 'Es ist aus mit dem ehrlichen Handelsgewerbe; Geldbeutel und Gerissenheit triumphieren, man muß sich für die sogenannten 'Kollegen' schämen, die keinerlei Verpflichtung als die sich selbst gegenüber kennen.'"* [109]

Man wies die Einzelhandelgeschäfte darauf hin, daß *"ein ehrbarer, berufstüchtiger Kaufmann und besonders ein solcher arischer Abstammung ... seinen Namen sichtbar und deutlich am Eingang seines Ladens anbringen [sollte], damit kaufende Volksgenossen, ohne zu zögern, diesen betreten können"*. Die Gewerbeordnung für das Deutsche Reich §15 Absatz 1 verfügte, daß Familienname und ein ausgeschriebener Vorname deutlich sichtbar anzubringen seien. Diese Bestimmung würde häufig gerade von 'nichtarischen Geschäftsleuten' mißachtet.[110] Hier wird deutlich, daß eine Kennzeichnung der Geschäfte offenbar nur noch in geringem Umfang bestand. Mit der deutlichen Anbringung des ausgeschriebenen Namens erhoffte man zu erreichen, daß auch ortsunkundige Käufer die jüdischen Geschäfte meiden würden.

Die Kennzeichnung der Geschäfte wurde zum Gegenstand öffentlicher Debatten. Man wies darauf hin, daß nur die Bezeichnung 'Deutsches Geschäft' der richtige Gegensatz zu einem jüdischen sei; der Begriff 'christliches Geschäft' könne auch das Geschäft eines getauften Juden bezeichnen. *".. keine Vermantschung der Begriffe, reinliche Scheidung, und nur noch 'Deutsches Geschäft'!"* Denn nicht der Glaube trenne die Juden von den Deutschen, sondern die Rasse.[111]

Probleme mit den Viehverwertungs-genossenschaften

Die 1935 mit großem publizistischen Aufwand betriebene Propaganda für die Viehverwertungsgenossenschaften, die auf den schädlichen Einfluß der jüdischen Viehhändler hinwies, konnte nicht verhindern, daß nach wie vor in Oberhessen die meisten Viehgeschäfte über Juden abgewickelt wurden.

Im September erschien hierzu ein Artikel von Konrad Hermann, Geschäftsführer der *Viehverwertungs-Genossenschaft e.G.m.b.H. Marburg*, unter dem Titel *"Grundlegendes über genossenschaftliche Viehverwertung"* in der *Oberhessischen Zeitung*. Dem Autor erschien es wichtig, die 'Sache' deutlich darzustellen, damit sie nicht in vollkommener Verknebelung [sicher gemeint *Vernebelung*] untergeht, denn dies würde die Juden freuen. In Hessen sei die genossenschaftliche Viehverwertung nicht von der Judenfrage zu trennen, denn bisher lag der Viehhandel fast ausschließlich in *"jüdischen Händen"*. *"Ohne restlose Ausschaltung des Juden aus dem Viehhandel ist eine Verbesserung unserer Landestierzucht unmöglich."* Denn erst die genossenschaftliche Viehverwertung sei treuhänderisch, beraterisch und vermittelnd für den Bauern tätig.[112]

Auch der Tierarzt Dr.Bruno Wand aus Cölbe stellte sich 'in den Dienst der Sache'. Er hob die bessere ärztliche Kontrolle bei der Einschaltung der Genossenschaft hervor. *"Trotz aller gesetzlicher Vorschriften und Maßnahmen war die tierärztliche Tätigkeit immer durch hemmungslosen und wenig kontrollierbaren jüdischen Handel behindert."*[113]

Die Ausgabe von Schlachtscheinen im Oktober 1935 reglementierte die Zahl der zu schlachtenden Tiere und legte die Ankaufstellen für Schlachtvieh fest. Dies war eine weitere Möglichkeit, die Verbindungen von Bauern und jüdischen Händlern zu erschweren.[114] Der Lagebericht der Staatspolizei im Dezember 1935 konnte endlich erste 'Erfolge' melden: *"Die jüdischen Viehhändler sind z.T. bereits vom Handel ausgeschaltet, wenngleich es auch hier noch mancher weiterer Aufklärungarbeit bedarf. Den Viehverwertungsgenossenschaften mangelt oft noch die Beweglichkeit, die der Bauer beim Juden in solch hohem Maße vorfand und die ihm gefiel. Weiterhin macht sich hin und wieder noch ein Mangel an geeigneten arischen Viehhändlern stark bemerkbar."*[115]

Trotz aller Angriffe auf jüdische Viehhändler, die schon beim Handel mit den Bauern in den Dörfern Schwierigkeiten hatten, belegt ein Zwischenfall beim Schweinemarkt auf der Bürgerwiese am 10. September 1935, daß noch immer die jüdischen Viehhändler auch auf den Märkten zu finden waren:

"Auf dem Schweinemarkt versuchte ein auswärtiger Sturmführer der SS, die hiesigen SS-Männer telephonisch zu alarmieren, um die auf dem Schweinemarkt erschienenen Juden von dem Markte auszuschließen. Der anwesende Kriminalbeamte schritt sofort ein, weil es sich um eine Einzelaktion gegen Juden handelte. Auch hatte die hiesige SS-Dienststelle die Entsendung von SS-Männern abgelehnt, weil es eine Einzelaktion darstellte. Der auswärtige Sturmführer sah dieses sofort ein und ließ dann von seinem Vorhaben ab."[116]

Ab Sommer 1935 durften jüdische Viehhändler in Marburg den Schlachthof nicht mehr betreten. Aus der eidesstattlichen Versicherung in der Entschädigungsakte von Seligmann Bachenheimer: *"Ich betrieb ein Viehhandelsgeschäft in Rauschenberg und war spezialisiert auf den Ein- und Verkauf von Schlachtvieh, das ich jede Woche nach Marburg a./Lahn in das Schlachthaus brachte und an meine Kunden, die Marburger Metzgermeister, ablieferte. Am 30. Juli 1935 wurde ein grosses Schild am Schlachthof angebracht, dass Juden der*

Zutritt zum Schlachthaus verboten sei. Da-
mit war mein Geschäft zum Stillstand ge-
bracht und ruiniert." [117]

Das Ende des Schuhhauses Spinat

Am 9. April 1935 ereignete sich eine der
schwersten Ausschreitungen gegen jüdische Bürger in Marburg. An diesem Tag
war Ausverkauf im jüdischen Geschäft
Josef Spinat in der Wettergasse 25. Aus
den erhalten gebliebenen Akten der Sicherheitspolizei ergibt sich folgendes
Bild:
Josef Spinat wollte sein Geschäft schließen, da der Umsatz immer geringer geworden war. Er hatte aber nicht vor,
einen Ausverkauf durchzuführen - sicher
auch in Kenntnis der in Marburg und
anderen Orten immer wieder festzustel-
lenden Boykottaktionen - und bot stattdessen der Schuhmacher-Innung - der
auch die Inhaber von Schuhgeschäften
angehörten - den Verkauf seines Warenlagers an. Da diese ihm aber nur vierzig
Prozent des realen Wertes geben wollte,
entschloß er sich dann doch, einen Ausverkauf anzumelden. Dieser sollte den
gesamten April über stattfinden. Schon
ab dem ersten Tag standen Mitglieder
der Schuhmacher-Innung und SA-Männer vor dem Geschäft und hinderten die
Kunden daran, das Schuhhaus zu betreten. Josef Spinat wandte sich deshalb
wiederholt an die Polizei. Ob nun, wie in
den Akten zu lesen ist, wirklich die SA-
Posten abgezogen wurden, ist aufgrund
von Informationen über parallel gelager-
te Fälle mehr als unwahrscheinlich. Jedenfalls wurde das Gerücht verbreitet,
daß Spinat noch neue Schuhe dazuge-
kauft hätte, um den Räumungsverkauf
zu verlängern. *"Das ganze Geschäftsge-*
bahren und die Verschleuderung der Ware
durch den Juden hatte in der Bevölkerung,

insbesondere in den Kreisen des gewerblichen
Mittelstandes, grosse Unruhe hervorgeru-
fen." [118] Bei den späteren Ermittlungen
stellte sich heraus, daß die Schuhe in der
eingereichten und genehmigten Ver-
kaufsliste aufgeführt waren. Wahrscheinlich ist, daß Mitglieder der Innung bei
Zusammenkünften von SA-Stürmen sich
empört über die *"Frechheit des Juden"*
beschwert hatten und beschlossen wurde, *"es dem Juden mal zu zeigen"*; drei
Haupttatverdächtige gaben später bei der
Verhandlung an, Sturmführer beziehungsweise Obersturmführer verschiede-
ner SA-Stürme zu sein.

Am 9.April gegen 14 Uhr wurde jedenfalls eine Gruppe von zehn bis fünfzehn
Studenten - von denen einige gleichzeitig
SA-Männer waren - *"aktiv"*; später sollen
es noch mehr gewesen sein - der Lagebe-
richt des Gestapo nennt zwanzig bis
dreißig.[119] *Unter den Rufen "Judas verrek-*
ke!", "Wir arbeiten nicht für Volksverräter",
"Wo ist der Jude Spinat?", "Tod dem Juden,
Tod dem Spinat", "Wo ist er, schlagt ihn
nieder", "Wir wollen ihn töten" stürmte die
Gruppe das Geschäft. Beide Schaufenster
wurden zertrümmert, die Seitentür zum
Laden eingetreten, die gesamte Innen-
einrichtung durcheinandergeworfen, die
Regale und Stühle zerschlagen, die fünf
Lampen zerstört. Die Schuhe wurden im
Laden durcheinander geworfen und
flogen durch die zerstörten Scheiben auf
die Straße. Die Kasse wurde auf den
Fußboden geschleudert, das Geld - es
soll ein Betrag von über 200 RM gewesen
sein - teilweise in die Menge geworfen
oder mit dem Ruf *"Das ist fürs Winter-*
hilfswerk" von den Tätern eingesteckt.
Einen geringen Geldbetrag fand man
später noch auf dem Ladenboden verteilt. Josef Spinat, seine Frau Helene und
das Lehrmädchen E. P. flüchteten in To-
desangst in ein kleines Zimmer im ersten
Stock, wo sie, wie Josef Spinat in seiner
Vernehmung mit Erstaunen feststellte,

Der Oberbürgermeister
als Ortspolizeibehörde

1.II.

Abschrift

Verhandelt Marburg, den 9. April 193 5.

" S u e v i a - S t r a s s b u r g "

Auf Vorladung vorgeführt — erſcheint der cand. pharm.

~~XXXXXXXV~~

und ſagt, mit dem Gegenſtand der Verhandlung bekannt gemacht und zur Wahrheit ermahnt, aus:

Zu- und Vorname: S , K____, Gustav, Alexander, Max, Ulrich

Geburtstag und Ort: 2. April 1908 zu Oberhausen,

Kreis:................................., Landgerichtsbezirk:

Gegenwärtige Wohnung: Marburg-~ahn, Frankfurterstrasse 54

Religion: evgl.

Verheiratet ſeit: ledig mit: /

Eltern: Vater P S , Stand: Hüttendirektor +

Mutter Klara geb. Schönfeſſl.

Kinder: / im Alter von / bis / Jahren

Erwerbstätigkeit: Studium

Beſitzt Wandergewerbeſchein: nein

„ Führerſchein: nein

" Jagdſchein: nein

Einkommen: jährl. keins, werde von der Mutter erhalten.
(bei Ehefrauen Einkommen des Ehemannes)

Vermögen: Barvermögen,

Vorſtrafe: Wegen Widerstands und Beamtenbeleidigung vorbestraft

Führung:

Gehöre der S.A. Sturm 41 J.11 als Sturmführer an.

§ 5. Ich bestreite, mich an der Zertrümmerung der Spiegel=
scheiben

StAM, RP Kassel 165 Nr. 3982, Bd. 14, S. 269.

nicht gefunden wurden. Die als Aushilfe für den Ausverkauf angestellte Frau A.Z. floh in die Wohnung des Hausbesitzers Schaaf. Wo sich die ebenfalls als Aushilfe eingestellte Friseuse E. H. versteckte, geht aus dem Vernehmungsprotokoll nicht hervor. Frau Spinat erlitt einen Nervenzusammenbruch ["Nervenanfall"]. Die Wettergasse von der Engen Gasse (Treppenstieg zum Pilgrimstein) bis zur Wasserscheide war voll von neugierigen Menschen; die Polizeibeamten schätzten, daß sich ca. 200 Personen dort aufhielten, die teilweise auch Schuhe wegtrugen und das hinausgeworfene Geld aufsammelten. Nach der Zerstörung des Ladens hielt man Ausschau nach neuen Objekten: *"Aus dem ganzen Verhalten der Studenten, an dessen Spitze sich der Student K. befand, war zu erkennen, dass sie beabsichtigten, gegen Spinat vorzugehen und in seiner Privatwohnung Wettergasse Nr. 31 die Fensterscheiben einzuwerfen... Um die öffentliche Ruhe, Sicherheit und Ordnung auf der Strasse wieder herzustellen, wurde zur Sistierung des Studenten K. zur Wache geschritten."* [120] Erst danach löste sich der Trupp auf und die Menschenansammlung verlief sich. Im Laden wurden die Rolläden heruntergelassen, die Seitentür vernagelt, Schuhe und kleine Geldbeträge von der Straße aufgelesen.

Schon am nächsten Tag floh die Familie Spinat nach Wiesbaden; sie kehrte nicht mehr nach Marburg zurück. Josef Spinat bezifferte den entstandenen Schaden auf 11.954,70 RM. Das Amtsgericht Marburg, das nur den zerstörten Laden zur Grundlage seiner Berechnungen machte, kam auf den Betrag von 834 RM. Obwohl Josef Spinat als polnischer Staatsbürger das Konsulat in Frankfurt einschaltete, das ihm einen Rechtsanwalt stellte, war die Stadt noch nicht einmal bereit, ihm im April vorerst 1000 RM zu überweisen, damit er fällige Wechsel und sonstige offene Verpflichtungen bezahlen konnte. Aus dem Schriftwechsel wird deutlich,

daß Spinat keinerlei Entschädigung erhielt. Das Warenlager wurde an eine Berliner Firma verkauft.

Obwohl sich das polnische Konsulat auch bei der Frage der Täterbestrafung für Spinat einsetzte, wurde das ganze Verfahren - der Tatbestand lautete *grober Unfug* - niedergeschlagen.

Man ging sogar noch einen Schritt weiter und stellte Spinat als den eigentlichen Störer der öffentlichen Sicherheit und Ordnung hin: *"Da die Erregung in der Oeffentlichkeit, die zu den Vorfällen geführt hat, durch sein Geschäftsgebahren bei dem Ausverkauf entstanden ist, kann man ihn selbst als unmittelbaren Störer der öffentlichen Ordnung ansehen. Der Störer kann jedoch niemals Schadenersatzansprüche auf Grund nach pflichtgemässigem Ermessen erforderlichen Maßnahmen der Polizei geltend machen, die gegen ihn gerichtet sind, um die von ihm verursachte Störung zu beseitigen."* [121]

Die Familie Spinat wanderte im gleichen Jahr nach Palästina aus.

Hausbesitzer und Mieter - der Terror gegen die Geschwister Stern

Im darauffolgenden Monat kam es zu einem weiteren aktenkundig gewordenen Fall des Terrors gegen jüdische Bürger.

Die Ausschreitungen richteten sich gegen die Geschwister Sally und Betty Stern, die in der Heusigerstraße 3 den Verkauf von *Ölen, Farben und Fetten* betrieben. Ausgangspunkt der Vorfälle waren Streitigkeiten, die die Sterns - als Hausbesitzer - mit ihren 'arischen' Mietern hatten; es ging um Schwierigkeiten, die die Geschwister den Mietern bei der Benutzung von Waschküche und Boden gemacht haben sollen, Betty soll einen - von der *Oberhessischen Presse* zum Hitler-Jugend-Führer aufgewerteten - Zwölfjährigen als

"*Gauner, verdammter Bengel*" beschimpft haben, und anderes mehr.[122] Nach einem Pressebericht im Mai 1935, der diese "*jüdischen Anmaßungen*" anprangerte, kam es zu Ausschreitungen: 'Steckbriefe' in Plakatform wurden in der Stadt angebracht,[123] und am Abend versammelte sich Marburger 'Jungvolk' vor dem Haus der Sterns. Diese hatten jedoch bereits davor die Stadt verlassen. Die Polizei begab sich in die Wohnung von Sally Stern, um ihn "*zu seiner eigenen Sicherheit in Polizeigewahrsam zu nehmen*".[124] Das 'Jungvolk' vor dem Haus rief: "Wo ist der Jude Sally Stern?" Als das Gerücht aufkam, daß Herr Stern am Hauptbahnhof sei, um Marburg zu verlassen, lief man zum Bahnhof und kam anschließend in die Heusingerstraße zurück. Inzwischen war die Wohnungstür der Sterns eingedrückt, und Jungvolkführer und ein Polizist drangen in die Wohnung. Die Zimmertüren, die zu diesem Zeitpunkt noch verschlossen gewesen sein sollen, wurden vom Schlossermeister W., der vom Jungvolk geholt worden war, geöffnet. Doch auch in den Zimmern wurde Herr Stern - er hatte Marburg ja verlassen - nicht gefunden.

Am nächsten Abend rief der jüdische Geschäftsmann Meier Wolf, Universitätsstraße 20, die Polizei an, weil eine Gruppe Hitlerjungen vor seinem Haus die Herausgabe von Sally Stern forderte. Als ihnen Herr Wolf erklärte, daß Herr Stern nicht bei ihm sei, ging es wieder in die Heusingerstraße 3. Dort hatte in der Zwischenzeit eine Mieterin die Polizei angefordert, da die Hitlerjugend Gegenstände vom Hause gewaltsam abgerissen und in die Lahn geworfen hatten. Weiter gab sie an, daß sie gegen Fenster und Türen geschlagen und auf das Dach des Lagers - Sally Stern hatte hinter dem Haus sein Verkaufslager für Öle, Farben und Fette - geklettert wären. Die Polizei konnte die HJ bewegen, die Heusingerstraße zu verlassen.

Jüdische Anmaßung

Heute morgen waren an einigen Stellen der Stadt Plakate angebracht, die darauf hinwiesen, daß sich der mit Oelen und Fetten handelnde Jude St. in der Heusinger-straße Beleidigungen von Hitler-Jugend-Füh-rern, Schikanen von Hausbewohnern und deren Personal hat zuschulden kommen lassen. Wie man uns dazu mitteilt, stellt es St. bewußt darauf an, den Hausbewohnern bei der Benutzung der Waschküche, des Trocken-bodens und dergl. Schwierigkeiten zu machen. Seine Schwester hat sich gegen einen dort wohnenden Führer in der Hitler-Jugend Aus-brüche wie „Gauner, verdammter Bengel" usw. erlaubt. Einer in demselben Hause be-diensteten Hausgehülfin hat die Jüdin neben dauernden Schikanen beleidigende Ausbrüche wie „Freches Gesicht, dreckiges Ding" und dergl. ins Gesicht gesagt. Daneben wird sie von dem Juden dauernd bedroht, daß sie kaum noch wagen kann, allein durch das Haus zu gehen.

Dieses, gelinde gesagt, anmaßende Beneh-men ist in dem heutigen nationalsozialistischen Staat nicht am Platze, denn dieser Staat ge-währt nicht nur Juden das Gastrecht, son-dern gibt ihnen sogar die Möglichkeit, ange-hört ihrem Verdienst nachzugehen, oft zum Nachteil des deutschen Geschäftsmannes.

Zu diesem Kapitel gehört es auch, daß heute vormittag ein jüdischer Kraftwagen-besitzer in aller Ruhe trotz des starken Mitt-wochsverkehrs in der Wettergasse an einer engen Stelle parkte und sich daran machte, einen Reifen auszuwechseln. Dabei hielt er es nicht für nötig, die Türen zu schließen. Die Polizei hat die notwendigen Feststellun-gen getroffen.

Oberhessische Zeitung vom 15.5.1935.

Am 17. Mai 1935 waren es dann nicht nur Hitler-Jungen, sondern auch BDM-Mädchen, die mit Steinwürfen Fenster und Türen beschädigten. Außerdem hatten sie eine große Kanne Öl über die Rampe des Lagerhauses gegossen. Den Angestellten der *Akademischen Wasch-anstalt* - die Wäscherei befand sich auf dem an die Lagerhalle angrenzenden Grundstück - erklärten die Jugendlichen, "*sie hätten von ihrer Führung die Erlaubnis, sich an dem Juden Stern zu rächen*". Beim

SA-Aufmarsch in den dreißiger Jahren.
Foto: Archiv Geschichtswerkstatt Marburg.

eine ungewöhnliche Verhaltensweise, da normalerweise solche Terroraktionen zur Geschäftsschließung und - wie im Fall der Familie Spinat - zum fluchtartigen Verlassen des Heimatortes führten.

Die Marburger Polizei bekam nach diesem Vorfall einen Verweis, da sie sich bei der Durchsuchung des Hauses des Jungvolks bedient hatte.[128]

Die Ausschreitungen gegen Juden häuften sich reichsweit so stark, daß sich die Ministerien, insbesondere aus außen- und wirtschaftspolitischen Gründen, veranlaßt sahen, gegen die Kampagnen der Parteigliederungen vorzugehen. Innenminister Frick verkündete am 20. August 1935, *"daß Einzelaktionen gegen Juden von Mitgliedern der NSDAP, ihrer Gliederungen und der angeschlossenen Verbände unbedingt zu unterbleiben haben. Wer hiernach noch an Einzelaktionen gegen Juden teilnimmt oder dazu anstiftet, muß in Zukunft als Provokateur, Rebell und Staatsfeind betrachtet werden."* [129]

Die NSDAP Marburg feiert

Eintreffen der Polizei um 16 Uhr war von den Beteiligten keiner mehr anzutreffen.[125]

Sally und Betty Stern kehrten erst am 20. Juni 1935 nach Marburg zurück. Die Staatspolizeistelle für den Regierungsbezirk Kassel teilte dem Regierungspräsidenten am 4. Juli 1935 mit, daß Stern, *"um weiteren Schwierigkeiten mit seinen Mietern künftig aus dem Wege zu gehen ... die Verwaltung seines Hauses dem Marburger Grund- und Hausbesitzerverein übertragen"* wolle.[126]

Der Bericht des Oberbürgermeisters an den Regierungspräsidenten in Kassel merkt an, daß Stern seinen Geschäftsbetrieb weiter betreiben will.[127] Dies war

Am 15. und 16. Juni 1935 feierte die NSDAP Marburg ihr 10jähriges Bestehen in der Stadt. Aus diesem Anlaß wurde die Schulstraße in Otto-Böckel-Straße umbenannt. In einem zweiseitigen Artikel am 15. Juni 1935 in der *Oberhessischen Zeitung* wurde insbesondere die Tradition des Antisemitismus in Oberhessen, der seinen Ausgangspunkt in dem Wirken von Otto Böckel hatte, hingewiesen. Der Artikel schließt: *"Böckels wissenschaftliche Leistungen auf dem Gebiet der Volkskunde und seine politische Tätigkeit, der zwar ein dauernder Erfolg versagt blieb, die aber doch eine wertvolle Vorarbeit für den Nationalsozialismus bedeutete, rechtfertigen es, wenn wir heute des alten Kämpfers in*

Der erste Stürmerkasten in Marburg

Gestern abend wurde von Sturm 4/J. 11 der erste „Stürmerkasten" angebracht. Im Anschluß an einen Propagandamarsch durch die Stadt — mit dem Stürmerkasten voran — marschierte der Sturm zur Bahnhofstraße-Ecke Auto-Umgehungsstraße. Hier hatten sich schon Menschen versammelt, die Zeuge werden wollten des Augenblicks, wo die schärfste Kampfzeitung gegen den Juden von unserem ältesten Sturm ausgehängt wird. Nachdem der schmucke Kasten an seinem Bestimmungsort befestigt ist, tritt Sturmmann Völter zu einer kurzen Ansprache vor die Reihen.

„Kameraden! Volksgenossen! Wenn wir heute hinausziehen mit unserer heiligen, alten Fahne, so ist das ein Zeichen dafür, daß die Sturmabteilungen Adolf Hitlers entschlossen sind, den Kampf gegen alle Feinde der Bewegung, d. h. des deutschen Volkes mit aller Energie und Disziplin durchzuführen. Einer der Todfeinde des deutschen Volkes ist der Jude. Für uns SA.-Männer gibt es in diesem Punkte ebensowenig Kompromisse wie in irgendeinem andern Punkt des Programms. Obwohl der Nationalsozialismus dem Juden kein Haar gekrümmt hatte, erhob dieser in der gesamten Weltpresse ein ungeheuerliches Geschrei über die gräßlichen Judenverfolgungen in Deutschland. Warum? Weil das deutsche Volk den Juden erkannt hat, weil es seine Waffen, die bolschewistische Welt zerschlagen hat und das jüdische Weltkapital ausschaltet, weil Deutschland in der Welt Achtung und Ehre erlangt.

Die SA. geht immer auf die Straße, um den Willen des Führers restlos durchzuführen. Wir werden dafür sorgen, daß das gesamte deutsche Volk begreift, daß der Jude unser Todfeind ist. Die Judenfrage ist eine Rassenfrage: denn die jüdische Rasse ist in Allem der direkte Gegensatz zum deutschen Menschen: Der Arier liebt die Wahrheit. Der Jude ist die „personifizierte Lüge". Der Deutsche liebt Ehre und Freiheit. Der Jude ist ehrlos, ihm ist jedes Mittel zur Verknechtung der anderen Völker recht. Der Deutsche liebt Arbeit und Pflicht. Dem Juden ist Arbeit eine Strafe. Er läßt andere für sich arbeiten. Dem Deutschen bedeuten Familie und Sitte höchstes Glück. Was der Jude schon an Schmutz und Unmoral in die Welt geschüttet hat, ist unermeßlich. Wir werden nie vergessen, was der Jude dem deutschen Volk getan hat, und wir werden unsere Kinder und Kindeskinder in unserem Geiste aufziehen.

Des Führers Worte sind seiner SA. Befehl und dem deutschen Volk müssen sie seine Ehre bedeuten."

Dann übergibt Sturmführer Bersch den Kasten seiner Bestimmung. „Die Sturmabteilungen Adolf Hitlers werden getreu ihrer Aufgabe aufklären und kämpfen, bis des Führers Wille vollbrachte Tat ist." Mit einem dreifachen Sieg-Heil auf Führer und Bewegung, den Stabschef Lutze und den Frankenführer Streicher wird die Kundgebung beendet.

Oberhessische Zeitung vom 26.6.1935.

Dankbarkeit gedenken. Wir erkennen aber auch, wie schwer und langwierig der Kampf gegen das übermäßige Judentum gewesen ist, wie oft Rückschläge eintraten, bis endlich die überragende Persönlichkeit Adolf Hitlers diesen Kampf siegreich beendet hat. Wir dürfen aber nicht vergessen, daß das Judentum der ganzen Welt, das mit dem Judentum in Deutschland eine Einheit bildet, die Hoffnung auf seinen Endsieg noch nicht aufgegeben hat. Wir alle spüren, welche ungeheuren Schwierigkeiten uns der jüdische Boykott im Ausland bereitet. Wir können nur dann in diesem Kampfe endgültig siegen, wenn alle deutschen Volksgenossen, Männer und Frauen, die Bedeutung der Judenfrage für unser Volk immer klarer erkennen und danach handeln." [130]

In einer von vielen Jubiläumsreden bezeichnete Oberbürgermeister Dr. Scheller die Umbenennung der Schulstraße als *"eine späte, aber wohlverdiente Ehrung dieses Vorkämpfers, der seine Stellung und sein Glück im Kampfe für einen freien, wirtschaftlich gesunden Bauernstand geopfert hat"*, und der Kreisleiter Krawielitzki appellierte an die 'Volksgenossen': *"Nicht nur Dr. Böckel, der durch seinen Kampf*

SA-Aufmarsch in den dreißiger Jahren. Im Hintergrund rechts ist das Geschäft Rosa Erlanger, Inhaber Julius Adler, zu sehen.
Foto: Archiv Geschichtswerkstatt Marburg.

gegen das Judentum mit der Stadt und dem Kreis Marburg eng verbunden ist, soll damit geehrt werden, sondern es soll jedem Volksgenossen täglich ins Gedächtnis zurückgerufen werden, daß der Kampf gegen das Judentum niemals einschlafen darf." [131]

Die ersten 'Stürmer'-Kästen

Unter dem Titel "Unterredung mit Gauleiter Streicher" erschien Mitte 1935 ein Zeitungsartikel, der die Strategie der NSDAP gegenüber den Juden in dieser Phase deutlich macht: "Zunächst muß in der Bevölkerung das Bewußtsein vom Vorhandensein einer Judenfrage geweckt sein,

damit die Gesetze, die einmal kommen müssen, auch im Bewußtsein des Volkes wurzeln. Erst wenn jeder weiß, daß es um den rassischen Bestand des ganzen deutschen Volkes geht, ist der Boden für weitere ernste Arbeit bereitet. Zwangsläufig müssen dann in absehbarer Zeit die Gesetze kommen, die das Judentum in die Schranken zurückweisen, in die es gehört." Streicher führt als Beispiel Nürnberg an, wo es ein 'Judenbad', ein 'eigenes Kaffee' und ein Schule gibt. "'Alles das geschieht bei uns im Interesse der Juden, weil wir eben anständige Menschen sind', fügt Gauleiter Streicher mit einem Lächeln hinzu." [132]

Um ein solches Bewußtsein zu vertiefen, wurde am 25. Juni 1935 der erste 'Stürmer-Kasten' in Marburg, Ecke Bahnhofstraße/Auto-Umgehungsstraße (heute

Krummbogen) aufgehängt.[133] *Der Stürmer* war eine antisemitische Wochenzeitschrift, die vom Gauleiter Frankens, Julius Streicher, in Nürnberg herausgegeben wurde. In den Stürmer-Kästen wurde dieses Hetzblatt, das auch Denunziationen enthielt, ausgehängt. Darüberhinaus gab es in den Kästen auch örtliche Listen jüdischer Bürger oder Käufer in jüdischen Geschäften.

Mit solchen Anprangerungen fand sich die Marburger Bevölkerung nicht ab; mit Erfolg wurde dagegen protestiert. *"In diesen Kästen waren Verzeichnisse ausgehängt worden der hier befindlichen jüdischen Geschäfte. Die Inhaber dieser Geschäfte führten Beschwerde bei dem Einzelhandelsverband, der sie an die Regierung in Kassel weitergab und von da der Ortspolizeibehörde Marburg a.d.Lahn übersandt wurde [!]. Die Ortspolizeibehörde setzte sich mit der Kreisleitung und Standarte hier in Verbindung, worauf die Listen entfernt wurden. Mitte August erschienen die Listen erneut in den Stürmerkästen, wurden aber auf Veranlassung der Ortspolizeibehörde alsbald wieder entfernt... Ferner war in den Stürmerkästen eine Liste von solchen Personen ausgehängt, die in jüdischen Geschäften gekauft hatten. Hierüber entstand unter einem größeren Teil der Stadtbevölkerung eine gewisse Unruhe. Nachdem sich verschiedene der auf der Liste stehenden Personen beschwert hatten, wurde sie auf diesseitige Veranlassung auch entfernt."* [134]

Der Erfolg des Protestes bedeutete nicht, daß auch die Stürmer-Kästen verschwanden. Man verzichtete aber auf persönliche Anprangerungen.

"Die Aufhängung der Stürmerkästen und die damit verbundenen Aushänge des "Stürmers" werden ebenfalls vom Publikum begrüßt. Die ausgehängten Nummern des "Stürmers" werden vom Publikum gern gelesen, weil sich jeder Volksgenosse ständig über den Stand der Judenfrage auf dem laufenden halten kann. In dem Monat September d.J. wurden allerdings einige Seiten der Stürmernummern 34, 35 und 36 ausgehängt, die in der Öffentlichkeit zum Teil eine Mißbilligung gefunden haben. Es handelt sich um Artikel, die für die Schuljugend nicht geeignet erschienen. Auf Anordnung der Staatspolizeistelle in Kassel mußten die fraglichen Seiten dieser Nummern entfernt werden. Es ist bekannt, daß die Schuljugend sich lebhaft für den "Stürmer" interessiert und daß die darin befindlichen Zeitungen gelesen werden. Um in Zukunft die Schuljugend vor etwa für sie nicht geeignetem Lesestoff schützen zu können, sind mit der zuständigen SA-Standarte J 11 Vereinbarungen getroffen, daß jede zum Aushang gelangte Nummer des "Stürmers" erst der hiesigen Polizeibehörde vorgelegt wird."* [135]

Am 12. Juli wurde vom Sturm 1 der Res. Jägerstandarte 11 an der Dienststelle des Sturmbannes Ecke Pilgrimstein/Biegenstraße ein weiterer Kasten aufgestellt.[136] Es gab in Marburg schließlich vier Stürmerkästen,[137] so z.B. auch einen in der Otto-Böckel-Straße. Auch für den Landkreis gibt es für diesen Zeitraum zahlreiche Hinweise in der *Oberhessischen Zeitung* über die Aufstellung von Stürmer-Kästen in den verschiedenen Orten.[138]

Daß sich die Aufstellungen gerade zu diesem Zeitpunkt häuften, ist sicher kein Zufall: Die Stimmung in der Bevölkerung sollte sich in Vorbereitung des Reichsparteitages in Nürnberg verstärkt gegen die jüdischen Bürger richten.

Propagandafahrten der SA

In die gleiche Zielrichtung gingen die Propagandafahrten der SA, die im Rahmen der Reichswettkämpfe im August und September 1935 stattfanden und ein umfangreiches Presseecho erhielten.

Am 4. August fand die erste Propagandafahrt des ältesten Marburger SA-Sturmes, 'Sturm 1/RJ 11', statt:

"Der Himmel sendet uns seinen schönsten Sonnenschein, als wir uns zu unserer Propagandafahrt ... rüsten... Mit allen Kräften wurde an der Vorbereitung der Propagandafahrt, dem schönsten Teil der Reichswettkämpfe gearbeitet und endlich ist der seit langem ersehnte Tag da... Am Rudolphsplatz fahren die Lastwagen der einzelnen Trupps vor ... Der vordere Wagen trägt in großer Aufschrift als Symbol die Worte: 'Die Straße frei!' An den Seiten sind lange Transparente angebracht mit den Aufschriften: 'Staatsfeind Nr. 1' 'Der Jude' oder 'Die SA ist noch da'... Freudig winken uns die Wehrdaer Bürger zu, bei manchen sieht man ein verschmitztes Lächeln, und schon spritzen wir vom Wagen runter, packen mit Männerfäusten die Ketten, Stangen und Wagen der uns die Straße versperrenden Hindernisse [bei den Propagandafahrten mußte immer wieder unter Beweis gestellt werden, daß die SA-Trupps in kürzester Zeit in der Lage waren, Straßensperren aus dem Weg zu räumen], *sodaß binnen zwei Minuten wieder alles auf dem fahrenden Wagen sitzt, der uns mit einem neuen Lied hinausbringt in die freie Gottesnatur...* [durch Goßfelden, Sarnau und Göttingen geht es nach Cölbe] *Das Hinweisschild vor dem Ortseingang von Cölbe: 'Juden sind hier nicht erwünscht' bekräftigt uns umso mehr zu dem Kampfruf: 'Wer beim Juden kauft, ist ein Volksverräter!' Mit revolutionärem Geist, der die SA schon früher gegen Tod und Teufel vorwärtsstürmen ließ, muß an der Revolutionierung des Inneren des deutschen Menschen gearbeitet werden."* [139]

Am 18. August wurde von den kurhessischen SA-Stürmen eine Sternfahrt nach Kassel durchgeführt. Etwa 10000 Männer versammelten sich auf dem Friedrichsplatz. *"Ein imposantes Bild boten die 200 Lastwagen, die, mit dem Symbol des Nationalsozialismus geschmückt und mit Kampfsprüchen gegen Juda und Reaktion versehen, Erinnerungen an die Kampfzeit wachriefen."* [140]

Am gleichen Tag fand auch die regionale Propagandafahrt des Sturmes '4/Jäger 11' statt. Ziel war es, durch *"wirkungsvolle Propaganda den Feinden und Volksverrätern den Kampf anzusagen und die lauen Volksgenossen aufzuklären über das volkstumzerstörende Judentum und die religiös getarnte Arbeit der schwarzen Reaktion.* In der Otto-Böckel-Straße, auf der Ketzerbach und an der Alten Post [Lokal am Steinweg] mußten Straßensperren beseitigt werden, dann fuhren die Wagen den Steinweg hinauf zum Marktplatz, *"... wobei unsere Kampflieder erschallen und Trompetensignale die Volksgenossen herbeirufen. Auf dem Markt ein kurzes Halt! Sprechchöre klingen auf, die die Volksgenossen auffordern zum Kampf für Deutschland und seinen Führer, gegen Judentum und Volksverräter, die noch bei Juden kaufen."* [141] Auch am folgenden Wochenende führte der Marburger Sturm '16/J 11' eine Propagandafahrt durch, desgleichen Stürme aus Cölbe, Frankenberg und Gladenbach. [142]

Im September führte nochmals eine Propagandafahrt durch die Stadt; es war die Tour des Nachrichtensturmes der Jägerstandarte 11. Die Fahrt ging von der Universitätsstraße durch die Frankfurter Straße, Gisselberger Straße nach Ockershausen, von dort zurück ins Südviertel in die Jägerstraße, nach Weidenhausen, zur Bahnhofstraße, in die Ketzerbach, über die Deutschhaus- und Biegenstraße zurück zur Universitätsstraße. *"Und stand auch keine Kommune mit gespannter Pistole gegenüber, ballten sich auch nirgendwo Fäuste uns entgegen - den Feind spürte man doch, herab vom Wagen konnte man so manche Beobachtung machen ... Ich glaube, es wäre in manchen Gegenden Deutschlands gut, wenn wir alle 14 Tage so eine Propagandafahrt machten. Unter der Parole: 'Deutschland, bleibe wach!'"* [143] Wenn man dem Bericht des Oberbürgermeisters vom 29. August 1935 an die Geheime Staatspolizei Glauben schenken

kann, dann erreichten die Propagandafahrten ihr Ziel: *"Im übrigen ist hier die
Judenfrage gleichfalls akut geworden und
wird besonders durch die Propagandafahrten
der SA aufrechterhalten und weitergetra-
gen."* [144]

Die Nürnberger Gesetze

Trotz der den ganzen Sommer über an-
haltenden Terroraktionen gegen den
jüdischen Teil der Bevölkerung deutete
noch zu Beginn des Nürnberger Parteitages nichts darauf hin, daß auf dieser
Veranstaltung Gesetze gegen die Juden
verabschiedet würden. Doch gedrängt
von den Parteigliederungen, unzufrieden
mit dem zögernden Verhalten der Mini-
sterialbürokratie, forderte Hitler Entwür-
fe für ein Rassengesetz. Tag und Nacht
mußten eilends herbeigerufene Beamte
das Gesetz erarbeiten.[145] Am 15. September 1935 wurden auf dem Reichsparteit-
tag die sogenannten Nürnberger Gesetze
beschlossen. Den zentralen Punkt bildete
§2 Absatz 1 des *Reichsbürgergesetzes:*
*"Reichsbürger ist nur der Staatsbürger deut-
schen oder artverwandten Blutes..."*
Damit waren Juden nicht mehr Angehörige des deutschen Volkes; die Angriffe
gegen sie hatten nunmehr eine gesetzliche Grundlage. *"Bis zur endgültigen Vertreibung und Vernichtung der Juden lieferten
diese Gesetze und die darauf basierenden
Verordnungen die 'gesetzlichen' Grundlagen
für die völlige Liquidierung ihrer wirtschaftlichen Existenz und die Plünderung ihrer
Vermögen."* [146]
Weitere Gesetze des Nürnberger Reichsparteitages bildeten gewissermaßen die
Ausführungsbestimmungen zur Entrech-
tung der Juden. So das *Gesetz zum
Schutze des deutschen Blutes und der deutschen Ehre:* *"§1: Eheschließungen zwischen
Juden und Staatsangehörigen deutschen oder*

*artverwandten Blutes sind verboten. Trotz-
dem geschlossene Ehen sind nichtig, auch
wenn sie zur Umgehung dieses Gesetzes im
Ausland geschlossen sind. §2: Außerehelicher
Verkehr zwischen Juden und Staatsangehörigen deutschen oder artverwandten Blutes
ist verboten. §3: Juden dürfen weibliche
Staatsangehörige deutschen oder artverwandten Blutes unter 45 Jahren nicht mehr in
ihrem Haushalt beschäftigen."* [147]
Fast grotesk mutet die Detailfreude des
Gesetzeswerkes an: Ist schon der außer-
eheliche Verkehr mit Juden nunmehr ein
Verbrechen, so darf jetzt zu aller Sicherheit eine 'weibliche Staatsangehörige
deutschen oder artverwandten Blutes
unter 45 Jahren' noch nicht einmal mehr
Hausangestellte bei Juden sein.
Hier folgt - ein Charakteristikum nationalsozialistischer Strategie - die Gesetz-
gebung dem Faktischen; die 'Rassen-
schande' war schon lange vorher aufs
Entwürdigenste verfolgt worden - so
z.B. in Marburg im August 1933, als ein
jüdischer Student mit dem Schild *"Ich
habe ein Christenmädchen geschändet"*
durch die Straßen der Stadt getrieben
wurde.[148]
Nach einem Bericht des Marburger Oberbürgermeisters sind die Nürnberger
Gesetze *"von der hiesigen Bevölkerung
freudig aufgenommen"* worden.[149]
Durch die Presse wurden die Details des
'Blutgesetzes' bis ins einzelne bekanntgegeben. So stellte ein Bericht in der
Oberhessischen Zeitung vom 12. Dezember
1935 fest, daß diejenigen jüdischen Haus-
halte vom Gesetz betroffen waren, in denen ein jüdischer Mann über sechzehn
Jahren der Haushaltsvorstand war oder
der Hausgemeinschaft angehörte. Wenn
der Haushalt nur aus Frauen und Kindern bestand, fiel er nicht unter das Gesetz.[150]
Daß es nicht einfach war, auf die teilweise schon jahrelang in den jüdischen Familien arbeitenden Hausangestellten zu
verzichten, macht eine kurze Notiz in

Konkurs-Masse-Verkauf

Zwecks gemeinschaftl. Befriedigung aller Konkursgläubiger bringe ich ab Mittwoch, den 23. Oktober 1935 täglich von 9—13 und 15—18 Uhr die nachfolgenden Bestände der Konkursmasse Heineberg & Co. Marburg Steinweg 2½ zum Verkauf:

Baumwollene und wollene Kleiderstoffe, Baumwollwaren, Gardinen, Bettvorlagen, Läuferstoffe, Tüllbettdecken

Tisch- und Kaffeedecken, Bett- und Tischwäsche, Handtücher

Damen- u. Kinderwäsche, Babywäsche, seid. Damenwäsche, Frottéwäsche, Badeanzüge, Bademützen und -Schuhe

Schlafanzüge für Herren, Damen u. Kinder, Damen- u. Kinderschürzen, Berufskittel

Handarbeiten, Handschuhe, Strümpfe, Unterzeuge gewebt und gewirkt

Strickwesten, Sweater, Strickanzüge, Strickmützen für Herren, Damen u. Kinder

Herrenwäsche, wie Oberhemden, Shals, Socken, Krawatten usw.

Kurzwaren und Strickgarne

Damen- und Mädchen-Konfektion - Hüte und Mützen

Haus- u. Küchengeräte in Glas, Porzellan, Emaille, Blech und Holz

Der Verkauf der Spielwaren beginnt am 15. November

Der Konkursverwalter Willy Mengel, Bücherrevisor
Marburg, Gisselbergerstraße 10

5834

Oberhessische Zeitung vom 22.10.1935.

den Lageberichten der allgemeinen Verwaltungs- und Polizeibehörden deutlich: *"Große Sorge bereitet den Juden das Verbot der Beschäftigung arischer Hausangestellter."* [151]
Eine jüdische Zeitzeugin berichtet über den Abschied von dem Hausmädchen, das bei ihren Eltern tätig war:
"Und mit der Zeit kam es, daß man kein christliches Mädchen mehr behalten durfte. Und unser gutes jahrelanges Trinchen, die bei uns war ... meine Eltern haben immer die Mädels, die bei uns waren und neben der Küche ihr kleines Zimmer hatten, so lange behalten, bis sie geheiratet haben. Und das Trinchen hatte nur einen Bräutigam und war nicht verheiratet .. sie mußte sich von meinen Eltern trennen, durfte nicht mehr bei uns bleiben, wie man sagte. Und hat furchtbar geweint. Immer haben die Mädels bei meinen Eltern zum Weihnachtsgeschenk Wäsche bekommen. Aussteuer war eigentlich von meinen Eltern bezahlt worden. [152]
Einigen waren die gesetzlichen Bestimmungen immer noch zu lasch. So äußer-

ten sich Angehörige der Hitlerjugend besorgt darüber, daß sich in der *Jüdischen Rundschau* immer mehr junge Männer als Dienstboten anböten. In einem Artikel mit der Überschrift *"Junge Deutsche - Lakaien der Juden?"* bekräftigten sie, daß sie darüber wachen wollten, Schäden von der deutschen Jugend fernzuhalten. *"Dort, wo das deutsche Mädchen gesetzlich davor bewahrt wird, im jüdischen Haushalt an Leib und Seele zu verderben, dort wollen wir in Zukunft auch nicht das entsetzliche Bild des jungen deutschen Mannes als Schuhputzer für die Angehörigen einer fremden Rasse sehen."* [153]

Arisierungen und Liquidationen 1935

Die antijüdische Repression, die in den Nürnberger Gesetzen ersten Höhepunkt erreichte, verschlechterte die Situation der jüdischen Geschäfte in Marburg extrem. *"In den letzten Monaten haben eine Anzahl Juden Pässe nach dem Ausland beantragt. Etliche Juden sind ausgewandert, während andere zunächst nur besuchsweise ins Ausland wollen, um später die Auswanderung in Erwägung zu ziehen. Weitere jüdische Geschäfte wurden aufgegeben, weil sie nicht mehr existieren konnten. Die noch vorhandenen Geschäfte gehen weiter zurück, sie dürften ebenfalls aufgegeben werden."* [154]

Außer dem Schuhhaus Spinat schlossen 1935 weitere sieben jüdische Geschäfte. Am 1. April 1935 gab Helene Stern ihren Damenschneidereibetrieb im Haus Am Grün 44 auf. Zusammen mit ihrer Mutter Emma Stern ging sie nach Battenberg, möglicherweise zu Verwandten. Emma Stern starb dort im Mai 1935. Über das weitere Schicksal von Helene Stern ist bisher nichts bekannt. [155]
Am 23. August 1935 meldete Simon Ziegelstein sein Immobilienbüro ab. Zu-

sammen mit seiner Frau Emilie zog er nach Frankfurt. Von dort wanderte das Ehepaar in die USA aus. Ob es allen fünf Kindern gelang, rechtzeitig Deutschland zu verlassen, ist ungeklärt.[156]

Am 1. September 1935 wurde die Metzgerei Hermann Nassauer in der Barfüßerstraße 9 abgemeldet. Vom 1. April 1936 an arbeitete Hermann Nassauer im Schlachthof. Die Eintragung im Gewerberegister lautet: *"Schlachtung von Rindvieh und Abgabe von Viertel an Wiederverkäufer."* Hermann Nassauer und seiner Frau Frieda gelang im Juni 1938 die Flucht in die USA.[157]

Berthold Fürst, der eine *En-Gros-Handlung für Schokolade und Süßwaren* in der Biegenstraße 29 betrieb, mußte 1935 ebenfalls aufgeben. Seine Firma wurde 'arisiert'. Nach einer Eintragung im Gewerberegister ging am 21. Oktober 1935 der Betrieb an eine Zuckerwaren-Großhandlung über. Der Familie gelang die Auswanderung nach Argentinien.[158]

Am 1. Oktober 1935 mußte Selmar Frank, der Inhaber des Warenhauses *Heineberg & Co.*, Steinweg 2 1/2, ein geschätztes und bekanntes jüdisches Geschäft mit einem reichhaltigen Sortiment, Konkurs anmelden. Am 22. Oktober und am 6. November 1935 wurde die Konkursmasse in der *Oberhessischen Zeitung* zum Verkauf angeboten. Selmar Frank versuchte in der Folgezeit, als Vertreter zu arbeiten. Nach dem Tod von Frau Frank gaben Selmar Frank und sein Sohn Werner Josef auch die Wohnung am Steinweg auf. Im Sommer 1936 wurde der 'Freihand-Verkauf' der Wohnungseinrichtung durch den Auktionator und Taxator Karl Schott in der *OZ* bekanntgegeben. 1937 mußten Selmar und Werner Josef Frank in das Ghettohaus Strauß in der Wettergasse 2 umziehen. Die einst wohlhabende Familie war von da an auf die Unterstützung der jüdischen Wohlfahrtspflege angewiesen. Nach Kriegsbeginn gelang ihr die Emigration in die USA. Die Reise-

Oberhessische Zeitung vom 23.7.1936.

kosten übernahmen Verwandte in den USA.[159]

Am 24. Dezember 1935 wurde das Korsetthaus Aron, Wettergasse 17, 'arisiert'. Das Geschäft ging an die Geschwister F. über. Laura Aron wurde von Gießen aus am 4. September 1942 in das Ghetto Theresienstadt deportiert. Sie wurde ermordet.[160]

Hirsch Brender wanderte mit seiner Familie Ende 1935 nach Palästina aus. Er hatte ein Etagengeschäft für Wäsche und Textilien, ab 1934 auch für Bestecke, in seiner Wohnung Liebigstraße 21, bzw. Wettergasse 31 betrieben, das spätestens zum Zeitpunkt der Auswanderung eingestellt war.[161]

Die bereits 1889 von Levy Stern eröffnete Maklerfirma für Grundstücke und Im-

Die Zahl der Juden in Marburg

Taufe ändert nicht die Rasse — Anteil der Rasse- und Halbjuden über 2%

Deutschlands größter Dichter Goethe schrieb damals über die Juden folgendes: „Das israelitische Volk hat niemals viel getaugt; es besitzt wenig Tugenden und die meisten Fehler anderer Völker". Daß das zutraf, haben wir ja alle in den letzten Jahrzehnten selber miterlebt. Für Deutschland hatten die Juden anscheinend eine besondere Vorliebe. Während bis zum Ausbruch des Weltkrieges der jüdische Wanderungszustrom in mäßigen Grenzen gehalten werden konnte, versagte in der Nachkriegszeit hier jede gesetzgeberische Maßnahme. In großen Scharen kamen die Juden aus dem Ausland nach Deutschland und bevölkerten namentlich die Großstädte. Bezeichnend für das Judentum ist es, daß die Juden unter dem Deckmantel des Protestantismus und Katholizismus immer mehr Eingang in die beherrschenden Stellungen der Politik, der Wissenschaft, der Kunst, der Wirtschaft und des Beamtentums fanden und zwar fast immer in die höheren und maßgebenden Stellungen.

Mit dem Tage der nationalsozialistischen Revolution wurde die Vorherrschaft der Juden in Deutschland gebrochen. Die Bekleidung der öffentlichen Aemter und vieler anderer Stellen wurde den Juden nicht mehr gestattet, oder nur zu einem gewissen Prozentsatz zur anderen Bevölkerung.

Wenn jetzt, im dritten Jahr des Dritten Reiches von seiten der Reichsregierung energische Maßnahmen getroffen werden, um das „Sich-wieder-breit-machen" der Juden zu verhindern, so liegt das darin begründet, daß das Judentum nach den Worten Goethes eben „nichts taugt". Das scheinen aber auch heute viele Zeitgenossen noch nicht begriffen zu haben. Es erscheint uns von Interesse zu untersuchen, wieviel Juden heute

in Marburg

leben. Aufgrund der statistischen Erhebungen läßt sich mit Genauigkeit nur die Zahl der Glaubensjuden feststellen. Sie beträgt auf Grund der letzten Erhebungen 193 im Stadtgebiet Marburg. Bedauerlicherweise geht aus den bisher angestellten Erhebungen über die konfessionelle Gliederung der deutschen Bevölkerung nicht hervor, wieviele Juden sich haben „taufen" lassen und somit „als Protestanten oder Katholiken getarnt" bei der Zählung erfaßt wurden. Die Taufe eines Juden verwischt jedoch nicht seine artfremden Eigenschaften und auch bei den sogenannten Mischehen von Juden mit Ariern behält nachweislich das jüdische Blut immer die Ueberhand

und sorgt damit für die systematische Verjudung des betreffenden Ariers in seinen Nachkommen.

In Wirklichkeit ist jedoch die Zahl der Angehörigen der jüdischen Rasse wesentlich höher. Wenn man das Zahlenverhältnis für das Reich zugrundelegt, das nach Schätzungen von Staatsrat Dr. Conti für Glaubensjuden 500 000, für Volljuden, die aus der Religionsgemeinschaft ausgetreten sind 300 000 und für Mischlinge 750 000 beträgt, so erhält man für unsere Stadt zu den 193 Volljuden noch etwa 116 Juden, die nicht mehr der Religionsgemeinschaft angehören und 290 Mischlinge. Das wären zusammen etwa 600 blutsmäßig jüdisch bestimmte Einwohner. Das sind über 2 vom Hundert!

Wenn man sich überlegt, welches Unheil dieses „Ferment der Dekomposition", wie Mommsen sagt, durch wirtschaftliche, geistige sittliche und rassische Zersetzung bereits angerichtet hat und noch anzurichten in der Lage wäre, wenn der Nationalsozialismus nicht einen Riegel vorgeschoben hätte, muß man der Vorsehung danken, daß sie uns im Führer Adolf Hitler den Mann gegeben hat, der unser Volk immer wieder über die drohenden Gefahren aufgeklärt hat und daß heute von Partei und Staat Schritte unternommen werden, diese Gefahren zu bannen.

Oberhessische Zeitung vom 15.8.1935.

mobilien in der Wörthstraße 20 - heute Liebigstraße - erlosch ebenfalls 1935. Da Levy Stern zu diesem Zeitpunkt aber bereits achtzig Jahre alt war, ist davon auszugehen, daß er seine Berufstätigkeit schon längere Zeit nicht mehr ausübte.[162] Schließlich wurde 1935 Karl Baum, der in der Werderstraße 4 ein Handelsge-

schäft für *Vieh und Manufakturwaren* betrieb, der Gewerbeschein entzogen.[163]

Somit wurden 1935 in Marburg von den noch 46 noch existierenden jüdischen Betrieben acht geschlossen. Zwei davon wurden von 'arischen' Geschäftsleuten übernommen.

3.5 Im Schatten der Olympischen Spiele - das Jahr 1936

Zurückhaltung im Jahr der Spiele

Die politisch herausragenden Ereignisse des Jahres 1936 waren die Besetzung der - seit der Weimarer Zeit entmilitarisierten - Rheinland-Zone durch deutsche Truppen und vor allem die Olympischen Spiele. Dieses Großereignis, das für die Nationalsozialisten besondere Bedeutung hatte, fand vom 6. bis 16. Februar in Garmisch-Partenkirchen (Winterspiele) und vom 1. bis 16. August in Berlin (Sommerspiele) statt.[164] Um Wohlwollen und Anerkennung des Auslandes zu erlangen, waren schon 1935 allzu spektakuläre Ausschreitungen gegen Juden eingeschränkt worden; so war z.B. eine 'Einstellung der Einzelaktionen' verfügt worden.[165] Entfernt werden sollten auch gegen Juden gerichtete Schilder, die auf die *"Möglichkeit strafbarer Handlungen gegen Juden hinweisen"*, z.B. Schilder mit dem Inhalt *"Juden betreten den Ort auf eigene Gefahr"*; genehmigt dagegen waren Schilder mit der Aufschrift *"Juden sind hier unerwünscht"*. Dabei wies man darauf hin, daß Ausländer zwar die Maßnahmen gegen die Juden begrüßten, aber 'geschmacklose' Schilder ablehnen würden.[166]
Der Marburger Oberbürgermeister Dr.

Scheller meldete in diesem Zusammenhang noch im Dezember 1935 nach Kassel, daß *"die Anbringung von Schildern: "Juden sind hier unerwünscht" usw. ... im Gebiet des Stadtkreises nicht erfolgt [ist], weil alle Stellen, die zunächst darauf drangen, sofort darüber aufgeklärt wurden, daß mit solchen Mitteln ein wirksamer Kampf gegen das Judentum nicht geführt werden kann".*[167]

Am 4. Februar 1936 wurde der Landesgruppenleiter der NSDAP in der Schweiz, Wilhelm Gustloff, von dem jüdischen Studenten David Frankfurter ermordet.[168] Doch diese Tat führte nicht zu Ausschreitungen gegen die jüdische Bevölkerung. Die Presse berichtete über das Attentat, über das Staatsbegräbnis, das Gustloff in seiner Heimatstadt Schwerin erhielt, und wandte sich wieder den Olympischen Spielen zu, die die große internationale Anerkennung bringen sollten. Die jüdischen Kulturbünde bekamen lediglich - *"um Zwischenfällen vorzubeugen"* - bis auf weiteres keine Erlaubnis, Veranstaltungen durchzuführen.[169]
Schon am 14. Februar 1936 stellte der Reichsstatthalter Wagner auf einer Großkundgebung in Marburg fest, *"daß wenige Tage nach der Ermordung des Landesgrup-*

penleiters Gustloff die Weltpresse diese gemeine Tat anscheinend bereits vergessen habe."[170]

Für Marburg meldete der Oberbürgermeister in der Berichterstattung für die Monate Januar und Februar 1936 am 21. Februar 1936: *"Einzelaktionen gegen jüdische Geschäfte und Personen sind in den letzten Monaten nicht erfolgt."* [171]
Das Gleiche konnte er für die Monate März und April melden, er fügte aber hinzu: *"Von den noch hier befindlichen jüdischen Geschäften kann gesagt werden, daß sie in der Betriebstätigkeit weiter zurückgegangen sind."* [172]

Im Februar 1936 meldete die *Oberhessische Zeitung*, daß die Judengasse in Schloßsteig umbenannt worden war:
"Mit der Umbenennung der 'Judengasse' in 'Schloßsteig' verschwand aus unserer Stadt ein Straßenname, der besonders von den Anwohnern der ehemaligen Judengasse als unangenehm empfunden wurde. Da heute in dieser Straße keine Juden mehr wohnen, der nationalsozialistische Staat auch zu anständig und menschlich ist, der Aufforderung Dingelstedts Folge zu leisten, der gesagt hat: 'Geht, sperrt sie wieder in die alten Gassen, eh sie euch in die Christenviertel sperren', war es an der Zeit, daß dieser Name der Vergangenheit angehört." [173]

Im Fastnachtsumzug 1936, der unter dem Motto *"Die Jungmühle des Frohsinns"* stand,[174] fuhr ein Wagen mit der Aufschrift *"Auf nach Palästina"*, auf dem Männer mit Bärten und dunkler Kleidung auf ihrem Hausrat saßen. Die Transparente, die an dem Wagen angebracht waren, kamen auf makabre Weise der Realität sehr nahe:
"Devisen werden auf der Bürgerwiese abgenommen" und:
"Nur RM 10,50 für Vergnügungssteuer sind baldmöglichst an die Stadthauptkasse zu zahlen." [175]

'Rotfront lebt doch' - Schmierereien im Schülerpark

Im September 1936 kam es wegen antinazistischer Schmierereien im Schülerpark zu einem Gerichtsverfahren. Seit April waren immer wieder Anschriften am Toilettenhäuschen wie *"Rotfront lebt doch"*, *"Adolf Hitler 77-facher Mörder"* und *"Nazi verrecke - Heil Moskau"* entdeckt worden. Vernommen wurden u.a. die Arbeiter, die im Schülerpark beschäftigt waren, darunter auch der jüdische Pflichtarbeiter Sally Blumenfeld. Er bestritt aber ganz entschieden, etwas mit den Parolen zu tun zu haben: *"Wie ich dazu kommen sollte, wüßte ich nicht, noch dazu, wo ich meine Arbeit zu meinem notwendigen Lebensunterhalt dort verrichten darf."* Man versuchte, Sally Blumenfeld als Schuldigen zu überführen: *"Der Täter hat sich einwandfrei feststellen lassen... Als einzigste erscheinen die Schriftzeichen des Pflichtarbeiters Blumenfeld mit denen auf dem Lichtbild befindlichen identisch. [Es sind ziemliche Krakeln!] Blumenfeld ist Jude. Wenn auch sonst gegen ihn nichts bekannt geworden ist, so ist es doch nicht ausgeschlossen, daß er sich in seiner jüdischen Gehässigkeit gegen das deutsche Vaterland zu der Tat hat hinreißen lassen."*[176]
Doch sein Vorarbeiter entlastete Blumenfeld. Er gab an, daß der Beschuldigte immer als erster dagewesen sei und den Abort kontrolliert habe. Bei dem Vorfall am 14. September 1936 seien die Arbeiter von der Stadtgärtnerei gekommen und hätten sich gerade zum Frühstück hingesetzt. Sally Blumenfeld sei zum Abort gegangen, jedoch sofort zurückgekommen, um den Vorfall zu melden.
Anscheinend ohne Ergebnis wurde die Angelegenheit im November 1936 zu den Akten gelegt. Ob dieser Vorfall weitere Folgen für Sally Blumenfeld gehabt hat, ist nicht bekannt.[177]

Die Wettergasse vor dem Ersten Weltkrieg. Mitte links erkennt man die Lederhandlung Strauß.
Foto: Privatbesitz Marianne Eckart.

Arisierungen und Liquidationen 1936

Sally Blumenfelds Geschäft für *landwirtschaftliche Maschinen, Zubehör, technische Öle, Landesprodukte, Manufakturwaren, Felle und Flachs* muß spätestens im April 1936 - von da an arbeitete er als Pflichtarbeiter - geschlossen gewesen sein; gleichwohl findet sich ein Vermerk über die Geschäftsschließung im August 1938. Blumenfeld war 1914 von Kirchhain nach Marburg gekommen; seine Firma befand sich zuerst im Haus Wehrdaer Weg 2, dann in der Rosenstraße 7 und zuletzt in der Universitätstraße 16. 1939 mußte die Familie ins Ghettohaus Schwanallee 15 umziehen. Sally, Hanny und die Tochter Käthe wurden am 8. Dezember 1941 in das Ghetto Riga deportiert. Sie gelten als 'in Riga verschollen'.[178]

Am 1. Januar 1936 mußte die Lederhandlung Koppel Strauß in der Bahnhofstraße 24 - die Firma war in den siebziger Jahren des 19. Jahrhunderts in der Wettergasse 2 gegründet worden - den Betrieb einstellen; seit 1915 befand sich der Hauptsitz der Firma in Frankfurt. Ab 1923 führten die Mitgesellschafter Alfred Wertheim und Julius Weichsel die Filiale in Marburg.[179]

Über die Geschäftsschließung berichtet der Oberbürgermeister in seinem Lagebericht am 21. Februar 1936 nach Kassel: *"Eine jüdische Lederhandlung ist am 1. Januar 1936 eingegangen. Der bisherige Besitzer will Marburg verlassen, weil er hier eine weitere Lebensmöglichkeit nicht hat. Die Pässe des Besitzers und Mitinhabers wurden eingezogen, weil sie bei zwei Banken noch Schulden haben; ihre Auswanderung soll* vorerst auf diese Weise verhindert werden." [180] Am 25. April wurden die Restbestände der Lederhandlung, Polstererartikel sowie Teile der Einrichtung, im Rahmen einer Versteigerung angeboten.[181] Es gelang den Besitzern, die Schulden zu bezahlen. Am 20. Juli 1936 verließ Alfred Wertheim mit seiner Frau Trude Adler - sie hatten noch am 16. April 1936 in Marburg geheiratet - Deutschland. Sie emigrierten in die USA. Auch der Familie Weichsel - Julius, seiner Frau Selma und dem Sohn Ernst aus erster Ehe - gelang 1936 die Emigration in die USA.[182]

Im Februar 1936 wurde die Firma *Moritz Stern, Kohle und Landesprodukte*, in der Neuen Kasseler Straße 3 3/4, geschlossen. Im letzten Drittel des 19. Jahrhunderts gegründet, entwickelte sich das Geschäft zu einem Unternehmen mittlerer Größe. Alfred Stern, der Sohn von Moritz, nahm in den zwanziger Jahren Karl Bär als Teilhaber in die Firma auf. Nach dem Tod von Alfred Stern 1926 trat sein Sohn Moritz in die Firma ein. Ob alle Kinder von Alfred und Pauline Stern frühzeitig genug Deutschland verlassen konnten, ist unklar. Pauline Stern wurde am 5. September 1942 nach Theresienstadt deportiert. Sie starb dort am 12. September 1942. Hugo Bär, der Sohn von Karl und Frieda Bär, wanderte 1935 nach Brasilien aus, im Sommer 1939 konnten die Eltern ihm folgen.[183]

Hermann Goldschmidt betrieb in der Cappeler Straße 15 eine Pferdehandlung, ursprünglich zusammen mit Alfred Stern in Wetter. 1928 machte er sich selbständig. Spätestens mit dem Tod von Hermann Goldschmidt im August 1936 hört das Geschäft auf zu bestehen. Über das Schicksal der Familie ist bisher nichts bekannt.[184]
Am 1. September 1936 eröffnete das *Fachgeschäft für Damenmoden, Inhaber Ehlers & Kley*, in der Elisabethstraße 15.

Das Haus Elisabethstraße 15, in dem sich das Geschäft Rosa Erlanger befunden hatte. Die Aufnahme entstand ca. 1937 nach dem Verkauf des Geschäfts. Links am Haus Julius Adler.
Foto: Privatbesitz Hans Adler.

* Besitzwechsel. Ein ehemals jüdisches Geschäft in der Elisabethstraße ist seit dem 1. September in arische Hände übergegangen und wird als Fachgeschäft für Damenmoden von der Firma Ehlers & Kley weitergeführt.

Oberhessische Zeitung vom 4.9.1936.

Damit hatte das traditionsreiche Geschäft Erlanger, gegründet in der ersten Hälfte des 19. Jahrhunderts, aufgehört zu bestehen. Bekannt unter dem Namen *Rosa Erlanger*, hatte es ab 1905 Julius Adler besessen. 1936 wanderten seine Kinder aus. Er selbst war Witwer und fühlte sich zu alt für einen Neuanfang. Bis 1942 konnte er noch in der Elisabethstraße 15 wohnen bleiben, dann mußte er in das

Ghettohaus Wettergasse 2 umziehen. Am 6. September 1942 wurde er in das Ghetto Theresienstadt deportiert. Er starb dort am 30. Oktober 1942.[185]

Das Geschäft von Julius Goldschmidt wurde am 16.12.1936 'arisiert'. 1905 war er von Herborn nach Marburg gezogen und hatte ein *Handelsgeschäft für Mühlenfabrikate und Brennmaterialien* in der Biegenstraße 23 eröffnet. 1936 zog das Ehepaar Goldschmidt zu der Schwiegermutter Rosalie Baum. Ihr gehörte das Haus Heusingerstraße 1. Den Kindern, die emigrieren konnten, gelang es nicht, die Eltern nach Uruguay nachkommen zu lassen. Berta und Julius Goldschmidt wurden im Dezember 1941 nach Riga deportiert. Sie wurden ermordet.[186]

Für 1936 verzeichnet das Gewerberegister auch die Einstellung der Metzgerei Levi, Rübenstein 12. 1928 eröffnet, belieferte sie jüdische und christliche Kundschaft und hatte außerdem einen Mittagstisch, an dem auch städtische Bedienstete - z.B. die Polizisten vom Rudolphsplatz - und Studenten aßen. Es gelang der gesamten Familie Levi, nach Südamerika auszuwandern.[187]

Von 1933 bis 1936 führte Eva Kugelmann in der Wohnung der Familie in der Schulstraße 16 einen privaten Mittagstisch.[188]

1936 wurde die Ladenkette der Lebensmittelgeschäfte *Schade & Füllgrabe* 'arisiert'. Damit waren auch die beiden in Marburg bestehenden Filialen nicht mehr in jüdischem Besitz. Neuer Inhaber wurde die Firma Wilhelm Werhahn.[189]

Trotz des relativ 'ruhig' verlaufenden Jahres 1936 waren die allgemeinen Behinderungen der jüdischen Geschäftsleute in der Zwischenzeit so groß geworden, daß in diesem Jahr neun Betriebe von noch bestehenden 36 schließen mußten. Zwei davon wurden 'arisiert'.

3.6 Der administrative Druck wächst wieder - das Jahr 1937

Mit dem Ende der Olympischen Spiele entfielen für die Regierung die außenpolitischen Rücksichten. Darüber hinaus ermöglichte eine verbesserte wirtschaftliche Lage die raschere Einschränkung der jüdischen Wirtschaftätigkeit, ohne daß Engpässe zu befürchten waren. Demgemäß gab es 1937 eine ganze Reihe administrativer Maßnahmen, die die wirtschaftliche Betätigung der jüdischen Bevölkerungsgruppe weiter einschränkte. Hier sind u.a. zu nennen: Juden durften keine notariellen Tätigkeiten mehr ausüben - bis dahin ein Bereich, in dem jüdische Rechtsanwälte noch arbeiten konnten; Juden durften nicht mehr promovieren; jüdische Ärzte waren nicht mehr als Krankenkassenärzte zugelassen; jüdisch 'versippte' Richter durften nur noch in Verwaltungsangelegenheiten beschäftigt werden; jüdische Apotheker durften überhaupt nicht mehr arbeiten.[190] Die rassenpolitischen Maßnahmen wurden ab 1937 auch auf 'jüdische Mischlinge' ausgedehnt.[191]

Nach außen hin war die Lage in diesem Jahr relativ ruhig. Nicht nur in Marburg, auch reichsweit gab es im Jahr nach den Olympischen Spielen nur wenige spektakuläre Übergriffe gegen die jüdische Bevölkerung.

Oberhessische Zeitung vom 19.6.1936.

Der Antisemit Otto Böckel wird gefeiert

Im Juni feierte man in Marburg den 50. Jahrestag der Wahl Otto Böckels zum ersten antisemitischen Abgeordneten im Reichstag. Fast eine ganze Woche lang erschienen in der *Oberhessischen Zeitung* täglich Berichte über das Leben und Wirken Böckels und Aufrufe zur Teilnahme an den Veranstaltungen.

"Da entstand Mitte der 80er Jahre eine neue antisemitische Bewegung in Oberhessen, vor allem unter dem Landvolk. Der hessische Bauer wurde von zahllosen jüdischen Viehhändlern und Wucherern schamlos ausgebeutet. Hunderte von Bauern hatten schon als Opfer der jüdischen Güterschlächter Haus und Hof verlassen müssen. Da trat als Führer Dr. Böckel auf. ... [Böckel forderte] die Aufhebung der Judenemanzipation, d.h. die Aufhebung bürgerlicher Gleichstellung der Juden und Schaffen von Fremdenrechten für diese... Heute hat der Nationalsozialismus durch seine Nürnberger Gesetze die damals erhobenen Forderungen durchgeführt." [192]

Die Nationalsozialisten sahen Böckel als direkten Vorkämpfer für ihre Sache an, und als solchen ehrten sie ihn überschwenglich in Marburg, um Stadt und Umgebung an die sie 'verpflichtenden Traditionen' zu erinnern.

"[Der] Versuch [sollte] gemacht werden, der heutigen Generation die Bedeutung dieser Reichstagswahl von 1887 in Marburg klarzumachen, und begründet werden, warum am 20. Juni die NSDAP eine Großkundgebung für Dr. Böckel veranstaltet. Wir gedenken dabei dankbar der großen Verdienste, die sich Dr. Böckel, der erste Antisemit im Reichstag, der glänzende Volksredner, der glühende Vaterlandsfreund im Kampfe gegen das Judentum um unser Volk erworben hat. Er hat sich damit für alle Zeiten als Vorkämpfer des Nationalsozialismus ein ehrenvolles Andenken gesichert." [193]

Die Ehrung begann am 19. Juni mit einem 'Kameradschaftstreffen der alten Mitkämpfer Otto Böckels' in der Gastwirtschaft *Zur Ketzerbach*, zu dem u.a. Kreisleiter Krawielitzki, Ferdinand Werner - Mitkämpfer Böckels und ehemals besonders im Raum Butzbach aktiver Antisemit - und die Tochter Böckels erschienen. [194]

Die Buchhandlung *Elwert* gestaltete ein ganzes Schaufenster zur Böckel-Ehrung und wies mit Stolz darauf hin, daß es sich *"... nicht etwa um eine später aufgelegte Sammlung [handele], sondern alle jetzt gezeigten Stücke waren seiner Zeit jeweils im Fenster und in Schaukästen der Buchhandlung zur Propaganda für die nationale Sache ausgehängt."* [195]

Den Abschluß bildete eine Großkundgebung am Sonntag, dem 20. Juni, mit einem Demonstrationszug durch Marburg: *"Am Sonntag, dem 20. Juni 1937, 14 Uhr ziehen die Gliederungen der Partei mit Musik und Fahnen von drei Stellen der Stadt aus, vom Fronhof durch die Oberstadt, vom Rudolphsplatz durch die Biegenstraße, vom Bahnhof durch die Bahnhofstraße zum Kurhaus Marbach. Volksgenossen schließt Euch Alle an und marschiert mit zur Otto-Böckel-Grosskundgebung."*

Doch blieb trotz aufgebotener Prominenz die Marburger Beteiligung gering: *"Die Beteiligung aus Marburg selbst war leider außerordentlich schlecht, was bei der Bedeutung dieser Kundgebung kaum zu verstehen war."* [196] Vielleicht hatten die 20 Pfennig Eintritt für eine Propagandaveranstaltung viele doch bewogen, lieber einen sonntäglichen Kaffee zu trinken.

'Deutsche Woche' -
'Schaffendes Marburg'

Das nächste Großereignis in Marburg mit entsprechendem Presse-Echo war die Leistungsschau *'Deutsche Woche'* unter dem Titel *'Schaffendes Marburg'* vom 2. bis 11. Juli 1937. Über die Zielsetzung dieser Ausstellung heißt es: *"Nach dem glücklichen Abschluß des ersten Vierjahresplanes ist es für einen jeden höchste Pflicht, auch dem neuen zweiten Vierjahresplan zum Erfolg zu verhelfen... Nicht allein als Heerschauen deutschen Fleißes und deutscher Schaffenskraft stellen sie [die Ausstellungen] sich den Besuchern vor, sondern sie erhalten ihren Wert und ihre Bedeutung durch die Darstellung der weltanschaulichen Idee."* [197] Größer als die früher in Marburg stattfindenden *'Braunen Messen'* sollte sie einen Überblick über alle Berufs- und Geschäftszweige in Oberhessen geben. Die Kultur- und Lehrschau wurde von den verschiedenen NS-Organisationen durchgeführt. Als Räumlichkeiten waren nicht nur die Stadtsäle angemietet, sondern auch das Freigelände des Stadtgartens [Anlage an den Stadtsälen] und die Turnhalle des gegenüberliegenden Gymnasiums Philippinum. Man versprach sich von der gesamten Veranstaltung eine *"beträchtliche Anregung"* des Geschäftslebens der Stadt.[198] Die Kultur- und Lehrschau setzte als ersten thematischen Schwerpunkt die

5000 Besucher
auf der Deutschen Woche — Leistungsschau schaffendes Marburg.

Gestern um die Mittagszeit wurde der 5000. Besucher der gegenwärtig in den Stadtsälen und der Turnhalle des Gymnasiums durchgeführten Ausstellung festgestellt. Das Glück traf Frl. Margarete Scheufler aus Halsdorf. Ihr wurde ein von dem städtischen Elektrizitätswerk gestiftetes elektrisches Bügeleisen überreicht, das ihr selbstverständlich große Freude bereitete.

Da der Besuch der Ausstellung von Tag zu Tag anwächst — auch viele Fremde, die in unserer Stadt zu Gast weilen, besichtigen die Schau — steht zu erwarten, daß morgen oder Sonntag auch noch der 10 000. Besucher gezählt werden kann, der ebenfalls mit einem Geschenk bedacht werden wird. Besonders am morgigen Markttag und ebenso am kommenden Sonntag, wo das Bachfest viel Fremde in unsere Stadt bringen wird, dürfte der Besuch alles bisher Dagewesene übertreffen.

Oberhessische Zeitung vom 9.7.1937.

"Kampfzeit in Marburg". Das Wirken Bökkels wurde gezeigt, die erste antisemitische Fahne des *Mitteldeutschen Bauernvereins* ausgehängt und Kampfschriften ausgestellt. Die Leistungsschau machte deutlich, daß *"die Ausstellungen ... heute nicht mehr Tummelplatz zweifelhafter Geschäftemacher [sind], sie dienen vielmehr dazu, das Volk über alle Zweige der Wirtschaft wahrheitsgetreu zu unterrichten."* [199] *"Die Bezeichnung 'Deutsche Woche' sei gewählt worden"* - so die *Oberhessische Presse* - *"um jeden Besucher zu veranlassen, in deutschen Geschäften deutsche Waren zu kaufen."* [200] Ob die Veranstaltung ein so großer Erfolg war, wie die tägliche Berichterstattung kundtat, ist nicht zu klären. Die Besucherzahlen sollen eine Höhe von 12.734 Personen erreicht haben, also ungefähr die Zahl der Besucher, die auch die *'Braunen Messen'* angezogen hatten.

Der einzige bekanntgewordene Übergriff gegen Marburger Juden in diesem Jahr war ein Vorfall am 13. August 1937 vor der Bäckerei Blumenfeld am Hauptbahnhof. Der Bericht des Kriminalsekretärs H. schildert ihn folgendermaßen:

Um 23 Uhr stellte H. fest, daß vor der Bäckerei in die Löcher der Fahnenmasten vor dem Geschäft zwei Stangen mit Schildern eingesteckt waren, die die Aufschriften trugen: *"Kauft nicht bei Juden"*. Unter den Schildern waren Pfeile angebracht, die auf das Geschäft Blumenfeld zeigten. Auf Anordnung des Polizeimeisters B. wurden die Schilder entfernt. Vertraulich wurde H. mitgeteilt, daß der Wagen der Kreisleitung vor dem Geschäft Blumenfeld gehalten habe. Zwei Personen aus dem Auto - darunter Ortsgruppenleiter Wolf - hätten die Schilder aufgestellt. Wolf konnte nicht vernommen werden, da er an einer Reserveoffiziersübung teilnahm; mit seiner Rückkehr wurde erst am 20. September 1937 gerechnet. Die zweite Person war bisher nicht zu ermitteln; sie mußte aber Wolf bekannt gewesen sein.

Die im Archivmaterial enthaltene Mitteilung an den Regierungspräsidenten schließt mit dem Hinweis, daß diese Aktion einen Verstoß gegen die Verfügung des Reichs- und preußischen Ministers des Inneren, betreffs Einzelaktionen gegen Juden darstellte.

Da jedoch kein weiterer Aktenvorgang erhalten ist, kann davon ausgegangen werden, daß diese Schilderaufstellung für Wolf und seinen Helfer höchstens einen Verweis nach sich gezogen hat; die vorgesetzte Behörde muß wohl Verständnis für Wolfs Aktion gehabt haben.[202]

Die Familie Höchster, die 1902 aus Allendorf/Lumda nach Marburg gezogen war, betrieb einen Viehhandel. Zunächst betrieb Ferdinand Höchster den Handel, dann übernahm sein Sohn Sally das Geschäft. Ab 1920 wurde der Handel vom eigenen Haus aus in der Haspelstraße 29 abgewickelt. Unklar ist die letzte Eintragung im Gewerberegister: Sally Höchster hatte sich um die Neuanmeldung für einen Handel mit Zuchtvieh bemüht; er schrieb dazu: *"Mitteilung des Viehwirtschaftsverbandes Kurhessen in Kassel vom 28.1.1937 C.A. 06/37 wonach Genehmigung nicht erforderlich ist."* Doch wurde die Eintragung am 13. Februar 1937 aufgehoben: *"gestrichen, da kein stehendes Gewerbe in Frage kommt. Wandergewerbeschein beantragt."* [203] Es ist sehr unwahrscheinlich, daß er einen solchen erhalten hat; man muß davon ausgehen, daß das Geschäft aufgehört hatte zu bestehen. Im August 1937 wurde das Haus verkauft; der Familie Sally Höchster gelang die Flucht in die USA. Der Vater Ferdinand Höchster ging nach Frankfurt, wahrscheinlich in ein jüdisches Altersheim. Sein weiteres Schicksal ist unbekannt.[204]

Isidor Weinberg hatte sein Geschäft in der Universitätsstraße 1. Er betrieb den An- und Verkauf von Schafwolle, vermittelte Grundstücke und verkaufte Manufaktur- und Kurzwaren. Da im März 1937 die Familie in die Frankfurter Straße 27 zog und in den Geschäftsräumen in der Universitätsstraße 1 eine Bürobedarfshandlung und Buchbinderei eröffnete, ist es wahrscheinlich, daß mit diesem Datum die Geschäftätigkeit der Familie Weinberg aufgehört hat. Es ist denkbar, daß der Versuch gemacht wurde, im kleinsten Umfang noch etwas zu verdienen. Käthe Weinberg, die Frau von

Das Ehepaar Beck mit den Töchtern und Freunden. Die Aufnahme entstand 1928 an der 'Mooseiche' in Marburg.
Foto: Privatbesitz.

Isidor, starb 1937. Die Tochter Ruth ging nach Straßburg. Isidor Weinberg und seinem Sohn Herbert gelang im März 1939 die Emigration in die USA.[205]

Rosa Eichelberg, die Witwe des Bankiers Hugo Eichelberg, führte ab 1927 ein kleines Etagengeschäft für Tee, Kaffee und feine Handarbeiten. Sie schloß ihr Geschäft, das sich zuletzt in der Wettergasse 2 befand, nach einer Eintragung im Gewerberegister am 1. Juni 1937. Zwei Wochen später zog sie nach Hamburg. Offensichtlich war ihre Lage so aussichts-los, daß sie im Alter von 70 Jahren am 30. Dezember 1941 Selbstmord beging. Das Schicksal ihres Sohnes Heinrich ist bisher nicht bekannt; ihrem Sohn Karl gelang die Flucht ins damalige Palästina.[206]

Schon im Januar 1936 mußte Ludwig Beck sein *Rechts- und Inkassobüro* schließen. Die Auskunftei konnte er noch bis August 1937 weiterbetreiben. Wovon die Familie lebte, ist ungekärt. Ludwig Beck, seine Frau Irma und die Tochter Saedy mit ihrem Kind fielen dem Holocaust zum Opfer. Die Töchter Rosa und Milli überlebten dank ihrer nichtjüdischen Ehemänner, die zu ihnen standen.[207]

Nach dem Zusammenbruch des Bankhauses Karl Haas eröffnete Johanna Herz, Ehefrau des Mitgesellschafters Albert Herz, 1932 eine Weinvertretung in der Frankfurter Straße 44, dem Haus, das den Familien Haas und Herz bis 1931 auch gehört hatte. Albert und Johanna Herz meldeten sich im Oktober 1937 nach Köln ab; spätestens zu diesem Datum - es gibt keine Registereintragung - muß die Weinvertretung eingestellt worden sein. Über das weitere Schicksal der Familie ist nichts bekannt.[208]

Die Familie Bachrach führte in der Bahnhofstraße 36 ein großes und angesehenes Großhandelsgeschäft für *Mehl, Getreide, Kolonialwaren, Futtermittel und Sämereien*. Wohl durch Größe und exponierte Lage bedingt, zog es den besonderen Haß der Nationalsozialisten auf sich. Immer wieder wurden Boykottplakate angeklebt, standen SA-Posten vor der Türe. 1934 wurde das Haus verkauft, und 1936 mußten Bachrachs in die Bahnhofstraße 24 umziehen. Obwohl in diesen Jahren wahrscheinlich kaum noch ein nennenswerter Geschäftsumsatz zu erzielen war, wurde die Firma offiziell erst am 31. Dezember 1937 eingestellt. Betrieben wurde danach noch ein Kleinhandel mit *Landesprodukten* (Mehl, Futtermittel etc.) *und Kolonialwaren*. Im März 1938 mußte die Familie in das Ghettohaus Barfüßertor 15b ziehen. Die Eröffnung einer *Weinverkaufsstelle für Nichtarier* wurde vom Kreiswirtschaftsberater abgelehnt; der Kleinhandel mußte nach dem Pogrom

1938 aufgegeben werden. Der Familie gelang die Auswanderung nach Palästina.[209]

Siegmund Lilienstein war Prokurist im Bankhaus Haas. Nach dem Konkurs betrieb er von August 1933 an in seiner Wohnung im Marbacher Weg 18 eine Wäschevertretung. Am 31.12.1937 stellte Siegmund Lilienstein wegen bevorstehender Auswanderung das Geschäft ein. Der Familie gelang im Februar 1938 die Auswanderung in die USA.[210]

Walter Katz, der Sohn des Metzgers Salomon Katz, eröffnete 1929 einen Handel mit Selterswasser, Därmen und Blasen, d.h. Metzgereibedarf, in der Untergasse 17. Die Eröffnung eines Rechtsbüros 1932 und die eines Textilversandgeschäftes 1935 scheiterten. 1937 emigrierte er mit seiner Frau Irma und dem Sohn Martin nach Holland. Die gesamte Familie wurde ermordet. Salomon Katz, der Vater von Walter und Mathilde, war 1936 gestorben. Seine Frau Hilda und die Tochter aus erster Ehe, Mathilde, wurden deportiert und sind ermordet worden.[211]

1937 schlossen sieben der noch bestehenden 27 jüdischen Betriebe in der Stadt; von den bereits am 1. Januar 1933 bestehenden sind es sechs, da Siegmund Lilienstein erst im August 1933 eröffnet hatte. Nach den vorliegenden Informationen wurde von diesen Geschäften kein einziges 'arisiert'. Von den Betroffenen versuchten zwei weiterzumachen: Samuel Bachrach betrieb nach der Schließung des Großhandels einen Kleinhandel, und Sally Höchster beantragte einen Wandergewerbeschein, doch ist davon auszugehen, daß er ihn nicht erhalten hat.

3.7 Die Situation spitzt sich zu - das Jahr 1938 bis November

Die Monate bis zum Novemberpogrom 1938 waren gekennzeichnet durch die Fülle neuer administrativer Maßnahmen gegen die Juden; ihre wirtschaftliche Tätigkeit wurde weiter eingeschränkt, ihre Ausgrenzung weiter vorangetrieben.[212]

Über die konkrete Situation der Marburger Juden ist kaum etwas bekannt. Nur mittelbar gewinnt man darüber eine Vorstellung, wenn man sich vergegenwärtigt, welche Auswirkungen die Gesetze und Verordnungen in Marburg für sie hatten, wie die verschiedenen Veranstaltungen in Marburg auf sie wirken mußten und wie die Berichterstattung in den Zeitungen ihnen deutlich machte, in was für einer Lage sie sich befanden.

Judenfeindliche Maßnahmen im Ausland

Auffallend ist in dieser Zeit die umfangreiche Berichterstattung der Presse über judenfeindliche Maßnahmen des Auslands. In der *Oberhessischen Zeitung* wurde insbesondere über Italien, Ungarn und Rumänien berichtet. Welche Zielsetzung hatten diese Berichte? Wollte man der nichtjüdischen Bevölkerung klarmachen, daß sich die deutschen Maßnahmen in einen gesamteuropäischen Rahmen einordnen ließen, daß auch andere Länder sich gezwungen sahen, gegen die 'Feinde des Volkes' vorzugehen? Wurde hier ein Stück Selbstverständlichkeit suggeriert, nach dem Motto: "Was alle tun, kann nicht falsch sein"?

Unter der Überschrift *"Rasseschutz in Rumänien"* wurde berichtet, daß es Juden verboten sei, christliche Bedienstete unter vierzig Jahren zu beschäftigen.[213] Eine Anzahl jüdischer Zeitungen seien verboten und ein Sonderkommissar für stark jüdisch besiedelte Gebiete eingesetzt. 600 ausländische Juden seien ausgewiesen, jüdische Kassenärzte waren nicht mehr zugelassen.[214]

In Ungarn durften Juden nur noch zwanzig Prozent der Beschäftigten bei der Presse, beim Theaters und beim Films stellen. Die gleiche Regelung sei für Rechtsanwälte, Ingenieure und Ärzte eingeführt worden. Ihr Verdienst dürfe nur zwanzig Prozent der Bezüge der übrigen Angestellten betragen.[215]

In Italien sei es jüdischen Ausländern verboten, einen festen Wohnsitz zu nehmen.[216] Ehen zwischen Italienern und 'Angehörigen nichtarischer Rasse' seien verboten. Die Möglichkeit für Juden, Betriebe zu leiten und Land zu besitzen, sei eingeschränkt.[217] Das Schächten sei verboten, die Zulassung zur Hochschule aufgehoben.[218] Jüdische Kinder dürften nur noch an jüdischen Schulen unterrichtet werden, jüdische Lehrer nur noch an diesen arbeiten. Jüdische Ausländer müßten mit wenigen Ausnahmen Italien verlassen.[219]

'Blut und Rasse' - ein Vortrag

Am 26. Januar 1938 fand in den Stadtsälen in Marburg eine Großkundgebung der NSDAP statt. Zum versammelten Parteivolk sprach Staatsminister a.D. Spangemacher; die *Oberhessische Zeitung* druckte den Wortlaut der Rede:

"Jeder von uns schwimmt in dem großen deutschen Blutstrom ... Solange unser Blut sauber bleibt,ist unser 100-Millionenwerk ewig. Aus diesem Grundgedanken ersteht die nationalsozialistische Idee ... In der Geschich-

te haben wir unzählige Beweise für diese Gesetze von Blut und Rasse. Heute haben diese Gesetze zwei Gegner. Das ist der Jude, der selbst die Gesetze erkannt (Benjamin Disraeli bekannte dies mit dem Ausspruch: "Die Rassenfrage ist der Schlüssel der Weltgeschichte."), der aber weiß, daß er durch rassische Zersetzung andere Völker vernichten kann. Zum anderen werden diese Gesetze von den Vertretern der kirchlichen Dogmen bekämpft... Der Mensch deutschen Blutes hat von dem Schöpfer besondere Aufgaben zugewiesen erhalten, die nur er zu erfüllen vermag. Jede religiöse Ueberzeugung, die diese ewigen Lebensgesetze bejaht, ist gut, jede, die sie verneint, ist falsch und unmoralisch, weil sie Einrichtungen des Schöpfers mit Füßen tritt ... Wer nicht an seinen Herrgott glaubt, ist kein Nationalsozialist...
Durch seine blutbedingte Eigenart unterscheidet sich der deutsche Mensch von den anderen... Wenn man einem Neger den Auftrag gibt, einen gotischen Dom zu bauen, wird bestimmt ein Kaffernkral daraus. Diese gotischen Dome mit ihren klaren, zur Höhe strebenden Linien sind ebenso Ausdruck der deutschen Seele wie die Bauten des Führers... Das ist überhaupt das Große an dem Führer, daß er das Höchste und Tiefste so einfach darzustellen versteht, daß es jeder begreift. Den 'demokratischen', den alternden Völkern ist Deutschland ein Dorn im Auge, weil es jung geworden ist und neues Leben gebiert. Während sie für ihre Bewaffnung nicht mehr genügend Menschen haben, so daß sie fremde Rassen herbeiholen müssen, ist unser Raum zu eng... Die deutsche Schicksalsfrage ist der Kampf um Lebensraum... Um die Zukunft zu meistern, brauchen wir drei Dinge: den unerschütterlichen Glauben an den Herrgott, das felsenfeste Vertrauen zum Führer, das unbeirrbare Wissen um die Ewigkeit des deutschen Blutes. Daraus wird das ewige Reich der Deutschen entstehen."
Der Artikel schließt mit dem Satz: "Die von tiefer, mitreißender Gläubigkeit erfüllte Rede fand bei den Zuhörern begeisterten Beifall." [220]

So etwas wurde gerne gehört. Es bestätigte die eigene Überlegenheit, noch gesteigert durch den Rahmen, in dem der Vortrag stattfand: Uniformen, Fahnen, Marschmusik, das Gemeinschaftsgefühl beim Absingen der Lieder der nationalsozialistischen Bewegung, der tosende Beifall, das Hohngelächter gegen die Feinde.

'Wir künden deutsche Leistung'

Vom 13. bis zum 20. Februar wurde auch in Marburg der Schaufenster-Wettbewerb "Wir künden deutsche Leistung" durchgeführt. "Die Teilnehmer an diesem Wettkampf sollen der Welt zeigen, daß der deutsche Kaufmann tüchtig, fleißig und gewillt ist, sich eine Stellung zu schaffen, die ihm auf Grund seiner Leistungen zukommt... Eine Altersgrenze ist nicht festgelegt und Voraussetzung dafür ist die arische Abstammung." [221] Zu diesem Zeitpunkt darauf hinzuweisen, daß Juden an dem Wettbewerb nicht teilnehmen durften, machte kaum noch Sinn. Welcher jüdische Kaufmann dachte noch an Werbung? Geschäfte gab es nur noch wenige, kaum ein nichtjüdischer Kunde traute sich noch, ein jüdischen Geschäft zu betreten. Es gab nur noch geringe Umsätze, und die Geschäfte, die de jure noch bestanden, befanden sich in der Phase der Auflösung.

Zu Ehren Raiffeisens

Im März wurde an zwei Gedenktagen Friedrich-Wilhelm Raiffeisen, der "Mann, der den Dorfjuden entthronte", geehrt. Er hatte - nach NS-Ideologie - nicht nur auf dem Gebiet der Genossenschaftsbewegung als 'Reformator' gewirkt, "*sondern auch mit seiner Schöpfung als wertvolle Folgeerscheinung die Ausmerzung schädlicher Fremdkörper aus der ländlichen Bevölkerung unseres Vaterlandes bewirkt.*"[222]

Am 11. Oktober 1938 wurde in Marburg die erste kurhessische Raiffeisen-Schule eingeweiht: "*Dann ergriff Direktor Göbel, der Schulleiter, das Wort zu längeren Ausführungen über die Grundbegriffe der Raiffeisenarbeit und gab eine umfassende Darlegung über das frühere wirschaftliche Abhängigkeitsverhältnis vieler hessischer Bauern gegenüber dem jüdischen Wuchertum. Erst durch die von Raiffeisen geforderte solidarische, unbeschränkte Haftpflicht, die weniger eine wirtschaftliche Frage gewesen sei, als vielmehr eine solche der Haltung, der Weltanschauung, durch das in den Genossenschaften herrschende und gezüchtete Gemeinschaftsgefühl, sei die Möglichkeit einer Zerstörung, des auf die Dauer unendlich schädlichen Zustandes beseitigt worden.*"[223]

Neue administrative Maßnahmen gegen Juden

Am 28. März verloren die jüdischen Gemeinden ihren Status als Körperschaften des öffentlichen Rechts. Sie galten jetzt als Verein und mußten sich ins Vereinsregister eintragen lassen. Diese Änderung des Rechtsstatus hatte auch zur Folge, daß sie von nun an eine ganze Anzahl von Steuern, von denen sie bisher befreit waren, zahlen mußten. In der finanziell schwierigen Situation - immer mehr Gemeindemitglieder verarmten - beschleunigte dies die Auflösung von Kleingemeinden, insbesondere in ländlichen Regionen.[224]

Im April 1938 wurde in der *OZ* unter der Überschrift "*Zuchthaus für Tarnung*" bekanntgemacht, daß "*ein deutscher Staatsangehöriger, der aus eigennützigen*

Oberhessische Zeitung vom 16.6.1938.

Beweggründen dabei mitwirkt, den jüdischen Charakter eines Gewerbebetriebes zur Irreführung der Bevölkerung oder der Behörden bewußt zu verschleiern, ... mit Zuchthaus, in weniger schweren Fällen mit Gefängnis, jedoch nicht unter einem Jahr, und mit Geldstrafe bestraft [wird]. Ebenso wird bestraft, wer für einen Juden ein Rechtsgeschäft schließt und dabei unter Irreführung des anderen Teils, die Tatsache, daß er für einen Juden tätig ist, verschweigt."[225]

Zwei Tage später folgte die Bekanntmachung, daß jüdisches Vermögen über 5.000 Reichsmark anzumelden sei. "*Der Beauftragte des Vierjahresplanes wird ermächtigt, ... die Maßnahmen zu treffen, die notwendig sind, um den Gebrauch des anmeldepflichtigen Vermögens mit den Bedürfnissen der deutschen Wirtschaft in Einklang zu bringen.*" Anmeldepflichtig wurden Rechtsgeschäfte mit Juden und die Neueröffnung eines Gewerbebetriebes bzw. einer Zweigniederlassung.[226] Die für die Anmeldung des Vermögens notwendigen Formulare wurden ab Juni im Kilian - dem Gebäude, in dem auch die Gestapo untergebracht war - ausgegeben.[227] Für die Marburger Juden war dies sicherlich ein bedrückender Gang, ganz abgesehen davon, daß ihnen spätestens jetzt klar sein mußte, daß der endgültige Zugriff auf ihr Vermögen damit eröffnet war.

Im Mai wurde gemeldet, daß in Kurhessen alle jüdischen Viehhändler ihre Tätigkeit eingestellt hatten. Waren es Ende 1933 noch 435 'arische' und 360 jüdische Viehhändler, so erlosch im Februar 1938 jegliche jüdische Beteiligung am Viehhandel.[228]

Im Juni wurde die dritten Verordnung zum Reichsbürgergesetz veröffentlicht, die festlegte, welche Betriebe als jüdisch zu gelten hatten, und wie ihre Registrierung geschehen sollte. *"Die jüdischen Gewerbebetriebe werden in Listen zusammengefaßt und diese zur Einsichtnahme für jedermann offen ausgelegt... Der Artikel III bestimmt, daß diejenigen jüdischen Geschäfte, die sich nicht arisieren, in absehbarer Zeit ein besonderes Kennzeichen führen müssen."* [229]

Die sogenannte Asozialen-Aktion

Am 20. Juni 1938 meldete die Oberhessische Zeitung lapidar: *"Asoziale Elemente festgenommen. In den letzten Tagen wurden hier drei arbeitsscheue bzw. vorbestrafte Personen in vorbeugende Polizeihaft genommen."* [230]

Dem vorausgegangen war am 1. Juni 1938 ein streng vertrauliches Schreiben des Reichskriminalpolizeiamtes Berlin, das reichsweit an alle Polizeileitstellen ging und die Verhaftung von über 10000 Personen zur Folge hatte.[231]

In dieser sogenannten Asozialenaktion sollten 'arbeitsfähige männliche Personen' festgenommen werden: *"Die straffe Durchführung des Vierjahresplanes erfordert den Einsatz alle arbeitsfähigen Kräfte und läßt es nicht zu, daß asoziale Menschen sich der Arbeit entziehen und somit den Vierjahresplan sabotieren."* [232] Im Bereich der Kriminalpolizeistelle Kassel sollten 200 männliche Personen festgenommen werden, außer den sogenannten Asozialen, zu denen man Zigeuner, Zuhälter und Bettler zählte, alle Juden, die irgendwann in ihrem Leben eine Gefängnisstafe von mindestens einem Monat erhalten hatten. Die Verhafteten aus dem Regierungsbezirk Kassel wurden in das KZ Buchenwald eingeliefert.[233]

* Asoziale Elemente festgenommen. In den letzten Tagen wurden hier drei arbeitsscheue bzw. vorbestrafte Personen in vorbeugende Polizeihaft genommen.

Oberhessische Zeitung vom 20.6.1938.

Für diesen Regierungsbezirk sind Listen mit 180 Namen erhalten geblieben. Zwei Juden konnten so identifiziert werden. Es sind dies David Kaiser, geboren am 17. Oktober 1893 in Mardorf, wohnhaft in Mardorf, und Ludwig Beck, geboren am 9. Februar 1879 in Mainz, wohnhaft in Marburg. Ludwig Beck wurde am 18. Juni 1938 in Marburg verhaftet. Der Grund für seine frühere Gefängnisstrafe ist bisher ungeklärt, doch es kann sich nur um ein kleineres Delikt gehandelt haben, da er bis 1936 ein Rechts- und Inkassobüro betreiben konnte. Ludwig Beck wurde nicht wieder freigelassen; das Datum seines Todes im KZ Buchenwald wird mit dem 8. Februar 1940 angegeben.[234]

Ludwig Beck kurz vor seinem Tod 1940 im KZ Buchenwald.
Foto: Privatbesitz.

Repressionen in allen Bereichen

Unter der Überschrift "*Juden von sechs Gewerbearten ausgeschlossen*" gab die *Oberhessische Zeitung* im Juli 1938 bekannt, daß Juden nicht mehr im Bewachungsgewerbe, im Auskunfteigewerbe, im Grundstückshandel, in Vermittlungsagenturen für Immobilienverträge und Darlehen der Hausverwaltung, in der Heiratsvermittlung und im Fremdenführergewerbe tätig sein durften. Auch die Gewerbeausübung mit einem Wandergewerbeschein oder Stadthausiererschein wurde verboten. Die Verbote traten zu verschiedenen Terminen, jedoch spätestens zum 31. Dezember 1938 in Kraft.[235] Besonders das damit ausgesprochene Verbot, ein ambulantes Gewerbe auszuüben, hatte weitreichende Folgen, da viele Juden nach der erzwungenen Aufgabe ihrer Geschäfte versuchten, in diesem Bereich ihr Auskommen zu finden.[236]

Im Juli 1938 wurde die Kennkartenpflicht für Juden bekanntgegeben; ab 1.Januar 1939 mußten die neuen, mit einem "J" gekennzeichneten Ausweise beantragt werden.[237]

Der Runderlaß des Reichsinnenministeriums vom 27. Juli 1938, nach dem die Straßen, die nach Juden oder 'Mischlingen ersten Grades' benannt waren, jetzt umbenannt werden sollten, hatte für Marburg keine Auswirkungen, da es hier keine Straßen gab, die einen solchen Namen trugen. Die Judengasse war schon 1936 in Schloßsteig, den Namen, den sie heute noch trägt, umbenannt worden.

Am 30. September 'erloschen' die Bestallungen der jüdischen Ärzte. "*In Deutschland wird von nun an kein jüdischer Arzt mehr einen deutschblütigen Menschen behandeln dürfen. Der jüdische Arzt, dessen Approbation erloschen ist, darf auch nicht mehr durch Aufnahme einer Tätigkeit als Heilpraktiker versuchen, das Gesetz zu umgehen.*"[239] Von den damals praktizierenden 3152 jüdischen Ärzten im Reich durften nur noch 709 als jüdische 'Krankenbehandler' weiterhin tätig sein.[240]

In Marburg gab es, soweit bekannt ist, zu diesem Zeitpunkt keine freipraktizierenden jüdischen Ärzte. Wie die Versorgung des jüdischen Teils der Bevölkerung aufrechterhalten wurde, ist unklar. Bekannt ist für Marburg in einigen Einzelfällen, daß die Krankenhäuser - dies läßt sich bis Ende 1938 belegen - noch jüdische Patienten behandelten und auch stationär aufnahmen.[241] So berichtete ein jüdischer Zeitzeuge über den Kliniksaufenthalt seines Vaters: "*Unser Vater hatte im Sommer '38 einen vollkommen Nervernzusammenbruch. War oben in der psychiatrischen Klinik bei Professor Kretschmer. Und dann, als Vater entlassen wurde, ließ Professor Kretschmer Mutter und meinen Bruder und mich rauf zur Klinik kommen und hat uns gesagt, daß Vater, trotzdem er entlassen werden konnte, noch ein recht kranker Mann sei, und wir sollten keinerlei Diskussionen über den Verkauf des Geschäftes führen oder Nachrichten im Radio hören, da wurde immer gegen Juden gehetzt, so daß er eben keine Aufregung hätte.*"[242]

Unter der Überschrift "*Juden erhalten jüdische Namen*" meldete die Presse im August 1938 die künftige Pflicht der Juden, die Zwangsvornamen *Sara*, bzw. *Israel* zu führen.[243] Diese Namen mußten ab. 1. Januar 1939 dem Vornamen beigefügt werden. Das Verschweigen dieses Zwangsvornamens wurde bestraft. So findet sich auch für Marburg eine ganze Anzahl von Geldstrafen, die für die Nichtangabe des Zwangsvornamens ausgesprochen wurden.[244]

In der fünften Verordnung des Reichsbürgergesetzes wurde die Streichung der Zulassung aller jüdischen Rechtsanwälte ab 30. November 1938 verfügt. Eine wei-

Juden erhalten jüdische Namen

Reichsinnenministerium erläßt Gesetz über die Regelung der jüdischen Vornamen

Im Reichsgesetzblatt Nr. 130 ist die zweite Verordnung zur Durchführung des Gesetzes über die Aenderung von Familiennamen und Vornamen erschienen, die die Führung von Vornamen durch Juden regelt. Sie bestimmt, daß den Juden, die deutsche Staatsangehörige oder staatenlos sind, in Zukunft nur solche Vornamen beigelegt werden dürfen, die den vom Reichsminister des Innern herausgegebenen Richtlinien entsprechen.

Diese Richtlinien sind in dem Runderlaß vom 23. August 1938 bekanntgegeben, der im Reichsministerialblatt für die innere Verwaltung veröffentlicht ist. Wie die Zusammenstellung ergibt, sind darin nur solche Vornamen enthalten, die im deutschen Volke als typisch jüdisch angesehen werden. Juden, die eine fremde Staatsangehörigkeit besitzen, werden von der Vorschrift nicht betroffen. Soweit die Juden zur Zeit Vornamen führen, die nicht in den Richtlinien verzeichnet sind, müssen sie vom 1. Januar 1939 ab zusätzlich einen weiteren Vornamen annehmen, und zwar männliche Personen den Vornamen Israel, weibliche Personen den Vornamen Sarah. Sie müssen hiervon bis zum 31. Januar 1939 den Standesbeamten, die ihre Geburt und ihre Heirat beurkundet haben, sowie der für ihren Wohnsitz oder gewöhnlichen Aufenthalt zuständigen Ortspolizeibehörde schriftliche Anzeige erstatten. Bei geschäftsunfähigen oder in der Geschäftsfähigkeit beschränkten Personen trifft die Verpflichtung zur Anzeige den gesetzlichen Vertreter. Sofern es sich Rechts nach [...] oder Sarah verpflichtet, so haben sie auch diesen Vornamen zu führen. Bei Zuwiderhandlungen gegen diese Vorschriften sind Gefängnis- oder Geldstrafen angedroht.

Als jüdische Vornamen sind in dem Runderlaß des Reichsministers des Innern bekanntgegeben:

a) männliche Vornamen:

Abel, Abieser, Abimelech, Abner, Absalom, Ahab, Ahasja, Ahusver, Akiba, Aman, Amschel, Aron, Asahel, Asaria, Ascher, Asriel, Assur, Athalja, Awigdor, Awrom; Bachja, Baral, Baruch, Benaja, Beer, Berl, Boas, Bud; Chaggai, Chai, Chaim, Chamor, Chananja, Chanoch, Chaskel, Chawa, Chiel; Dan, Demy; Efim, Efraim, Ehub, Eisig, Eli, Elias, Elihu, Eliser, Eljakim, Elkan, Enoch, Esau, Esra, Ezechiel; Faleg, Faibisch, Feitel, Feitel, Feiwel, Feleg; Gab, Gdales, Gedalja, Gerson, Gideon; Habakuk, Hagai, Hemor, Henoch, Heweliel, Hillel, Hiob, Hosea; Isaak, Isai, Isachor, Ischoseth,

Isidor, Ismael, Israel, Itzig; Jachiel, Jaff, Jakar, Jakusiel, Jecheskel, Jechiel, Jehu, Jehuda, Jehusiel, Jeremia, Jerobeam, Jesaja, Jethro, Jiftach, Jizchak, Joab, Jochanan, Joel, Jomteb, Jona, Jonatha, Josea, Juda; Kainan, Kaiphas, Kaleb, Korach, Laban, Lazarus, Leew, Leiser, Levi, Lewek, Loi, Lupu; Machol, Maim, Malchisua, Meleachl, Manasse, Mardochai, Mechel, Menachem, Moab, Mochain, Mordechai, Mosche, Moses; Nachschon, Nachum, Naphtali, Nathan, Naum, Nazary, Nebab, Nehemia, Nissim, Noah, Nochem; Obadja, Orew, Oscher, Osias; Pellag, Pinkus, Pinkus; Rachmiel, Ruben, Sabbatai, Sacher, Sallum, Sallu, Sals, Salomon, Salusch, Samaja, Saul, Samuel, Sandel, Sarah, Sarni; Schalom, Schaul, Schinul, Schmul, Schneur, Schoachana, Scholem, Sebulon, Semi, Sered, Sichem, Sirach, Simon; Tett, Tewele; Uri, Urias, Uriel; Jadel, Zeberla, Zephania, Zerusa, Zewi.

b) weibliche Vornamen:

Abigail; Baschewa, Beile, Bela, Bescha, Bihri, Bilba, Breine, Briewe, Brocha; Chana, Chawa, Cheiche, Cheile, Cheinke; Deiche, Dewara, Driesel; Egele, Faugel, Feigle, Feile, Fradchen, Frabel, Frommet; Geilchen, Gelea, Ginendel, Gittel, Gole; Hadasse, Hale, Hannocha, Hitzel; Jachet, Jachewed, Jedidja, Jente, Jecabel, Judis, Jutte, Jyttel, Keile, Kreindel; Laue, Leie, Libsche, Libe, Limwie; Machle, Mathel, Milzele, Mindel; Nacha, Rachme; Peirche, Pechchen, Pesse, Pessel, Pirle; Rachel, Raufe, Rebolla, Rechel, Reha, Reishel, Reitel, Reitze, Reihsche, Riwti; Sarah, Scharni, Scheindel, Scheine, Schewa, Schäumche, Semche, Simche, Slowe, Sprinze; Tana, Telce, Tirze, Treibel, Zerel, Zilla, Zimle, Zine, Zipora, Zirele, Zorthel.

Abgesehen von diesen Grundvorschriften über die Vornamen der Juden sollen nach dem sonstigen Inhalt des Runderlasses Kinder deutscher Staatsangehörigen in Zukunft grundsätzlich nur deutsche Vornamen erhalten. Namen ursprünglich ausländischer Herkunft, die seit Jahrhunderten in Deutschland als Vornamen verwendet werden und völlig eingedeutscht sind, wie Hans, Joachim, Peter, Julius, Elisabeth, Maria, Sofie, Charlotte — gelten als deutsche Vornamen. Nichtdeutsche Vornamen sollen nur dann zugelassen werden, wenn ein besonderer Grund diese rechtfertigt, so zum Beispiel Zugehörigkeit zu einem nichtdeutschen Volkstum. Familienüberlieferung und verwandtschaftliche Beziehungen.

Oberhessische Zeitung vom 24.8.1938.

tere Tätigkeit war nur noch für wenige als 'jüdischer Konsulent' möglich.[245] Für Marburg und den Landkreis übte diese Tätigkeit der Rechtsanwalt Dr. Hermann Reis bis zur letzten Deportation im September 1942 in das Ghetto Theresienstadt aus. Auch Hermann Reis, seine Frau Selma und die Tochter Marion wurden deportiert. Sie sind in Auschwitz ermordet worden.[246]

Die Abschiebung polnischer Juden

Obwohl in Marburg einige Juden polnischer Staatsangehörigkeit lebten, ist bisher nicht nachweisbar, daß sie von der Deportation im Oktober 1938 betroffen waren. Vielleicht ist auch in Marburg die Verhaftung und Deportation so plötzlich erfolgt wie in Kassel, wo die Abmeldungen nicht in den Einwohnermeldeverzeichnissen vermerkt werden konnten.[247] Den einzigen Hinweis darauf, daß es auch in der Region Marburg zu Deportationen gekommen ist, gibt es für Neustadt. Dort wurde am 28. Oktober 1938 Salemanca Strohbinger ausgewiesen. Diese am 22.November 1894 in Tarnow / Polen geborene polnische Jüdin arbeitete in Neustadt als Haushälterin bei dem jüdischen Ehepaar Rosenthal in der Bogenstraße 9.[248] Über das weitere Schicksal von Frau Strohbinger ist nichts bekannt.

Hintergrund dieser Deportation von ca. 15000 polnischen Juden in das Niemandsland zwischen Polen und Deutschland war die polnische Verordnung, die die Überprüfung der Pässe der Auslandspolen vorsah. Alle im Ausland ausgestellten Pässe sollten ihre Gültigkeit nur behalten und den Besitzer zur Einreise nach Polen ermächtigen, wenn es einen besonderen Überprüfungsvermerk des polnischen Konsulats darin gab.

Dieser Vermerk war zu verweigern, *"wenn der betreffende Staatsbürger für eine Ausbürgerung in Betracht kam".[249]* Dies bedeutete, daß eine große Zahl polnischer Juden am 30. Oktober 1938 staatenlos wurde und die deutsche Regierung keine Möglichkeit mehr gehabt hätte, die Juden nach Polen abzuschieben. Nachdem Verhandlungen mit der polnischen Regierung gescheitert waren, wurde die Gestapo damit beauftragt, die polnischen Juden sofort zu verhaften und nach Polen abzuschieben.[250]

Am 27. Oktober 1938 wies der Regierungspräsident in Kassel die ihm unterstehenden Dienststellen an, *"sofort in großem Umfang gegen Juden polnischer Staatsangehörigkeit Aufenthaltsverbote für das Reichsgebiet zu erlassen und Verbotsverfügungen sofort auszusprechen. Die Betroffenen sind darauf aufmerksam zu machen, daß sie bis zu diesem Zeitpunkt das Reichsgebiet verlassen müssen. Es sind alle Vorkehrungen zu treffen, ggf. sind andere Aufgaben zurückzustellen. Schriftliche Bestätigung folgt."* [251]

Die Juden wurden im hiesigen Regierungsbezirk in den Ortspolizeibezirken gesammelt und nach Kassel gebracht. Von dort ging der Transport an die polnische Grenze. Erst nach Tagen und unter elenden Bedingungen konnten die Kinder, Frauen und Männer nach Deutschland zurückkehren.[252] Unter den deportierten Familien war auch die von Herschel Grynszpan, dem Attentäter des Legationsrates vom Rath.

Arisierungen und Liquidationen

Nach der Flucht von Hans Isenberg nach Frankreich 1933 führte sein Vater Gerson das Kommissions- und Agenturgeschäft im Steinweg 12 fort. Im Mai 1935 kamen nach einer Eintragung in das Gewerbere-

Das Haus Steinweg 12 in den zwanziger Jahren.
Foto: Bildarchiv Foto Marburg.

gister die *"Vermittlungsvertretung in Waren"* und der Handel mit Därmen und Metzgereiartikeln dazu. Ein Zusatz bei der Eintragung: *"Ausnahmegenehmigung nicht erforderlich. Es handelt sich um Fortführung des Geschäfts seines Sohnes."* Es ist denkbar, daß Gerson Isenberg in dieser Zeit einen Kleinhandel - mehr kann es nicht gewesen sein, da er über keine Geschäftsräume mehr verfügte - weiterbetrieb. Am 1. April 1938 meldete er dann den Handel mit Därmen und Metzgereiartikeln ab. Nach einer anderen Quelle wurde das Geschäft 'arisiert'.[253] In der Liste der letzten in Marburg existierenden jüdischen Geschäfte wird Gerson Isenberg mit einem *"Ausschank alkoholfreier Getränke"* geführt.[254]

Im Mai 1938 wurde die Bäckerei Blumenfeld am Hauptbahnhof 'arisiert': *"In arische Hände ist mit dem heutigen Tage die bisher jüdische Bäckerei Bahnhofstraße 27 übergegangen. Bäckermeister Häfner hat in diesem Hause in Gemeinschaft mit dem Hausbesitzer einen modern eingerichteten Betrieb geschaffen."* [255] Schon am 12. Mai hatte Häfner auf die Arisierung mit einer Geschäftsanzeige hingewiesen: *"Flotte Bedienung erwartet Sie!"* Doch hatte Häfner Schwierigkeiten mit der Kundschaft. Noch über einen Monat später mußte er darauf hinweisen, daß ein 'Arier' den Laden übernommen hatte: *"Auch Sie sollten es schon wissen. Die Bäckerei, Konditorei u. das Kaffee Bahnhofstraße 27 ist heute ein deutsches Untenehmen."* [256]
Es ist wahrscheinlich, daß es der gesamten Familie Blumenfeld gelang, Deutschland rechtzeitig zu verlassen.[257]

Im Laufe des Frühsommers 1938 wurde das Geschäft von Ernst Michel 'liquidiert'. Die Familie Michel war erst im Sommer 1935 nach Marburg gekommen. Sie war - wie einige andere Familien auch - vor dem Terror und den Ausschreitungen gegen die Juden in Gladenbach geflohen.[258] Ernst Michel betrieb einen Fell- Därme- und Häutehandel im Haus Schwanallee 32. Im Juli 1938 gelang der Familie Michel die Emigration in die USA.[259]

Am 23. August 1938 meldete die Oberhessische Zeitung die 'Arisierung' des Hausbesitzes der Familie Bergenstein: "*In deutschen Besitz übergegangen sind die beiden Häuser Barfüßerstraße 9 und Kugelgasse 20 [Vorder- und Hinterhaus]. Die beiden Gebäude, die bisher jüdisches Eigentum waren, sind zur Freude der dort wohnenden Mieter von dem Weißbindermeister Becker in Allna durch Kauf erworben worden.*" Zu diesem Zeitpunkt bestand das kleine Lebensmittel-Etagengeschäft von Selma Bergenstein noch.[260]

Die Familie Haas war 1866 mit einer *Fell- und Lumpenhandlung* in das erste Handelsregister eingetragen worden. Sally Haas war bis 1930 Papierfabrikant gewesen. Wahrscheinlich ging sein Fabrikationsbetrieb im Zusammenhang mit der Weltwirtschaftskrise zugrunde. 1932 eröffnete er eine Versicherungsvertretung; so war er Generalvertreter für die *Basler Versicherung* in Marburg. Am 20. September 1938 meldete die OZ die Löschung des Geschäfts im Handelsregister. Sally Haas und seiner Frau Therese gelang noch 1939 die Emigration nach Argentinien.[261]
Am 1. November 1938 ging das bekannte und große jüdische Juwelier- und Uhrengeschäft Sigmund Freund in der Wettergasse 36 in 'arischen' Besitz über. "*Entjudetes Geschäft. Das bisher in jüdischen Händen befindliche Uhren- und Goldwarenge-*

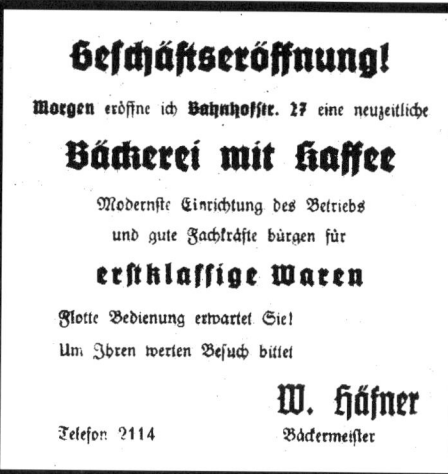

Oberhessische Zeitung vom 13.5.1938.

Oberhessische Zeitung vom 12.5.1938.

schäft Wettergasse 36 ist in arischen Besitz übergegangen und wird von Uhrmachermeister Ernst Spalthoff weitergeführt."[262]
Sigmund Freund war zu diesem Zeitpunkt schon schwer krank. Von der Verhaftungswelle nach dem Novemberpogrom 1938 blieb er verschont, aber beide Söhne wurden verhaftet. 1939 gelang den Söhnen die Emigration nach England; die Eltern konnten in die Schweiz entkommen. 1940 starb Sigmund Freund dort. Die Sorgen, die ständigen Aufregungen und die erzwungene Flucht aus Marburg führten dazu, daß er schon kurz nach der Erreichung des Exils seinem Herzleiden erlag.[263]
Die Familie Lion war im letzten Drittel des 19. Jahrhunderts von Nordeck nach Marburg gekommen. Zadock Lion war

108

Inhaber eines Großhandels mit Spirituosen, später eröffnete er auch eine Likörfabrikation. Wahrscheinlich ist, daß diese Geschäftszweige in den 20er Jahren nicht mehr bestanden und der Sohn Karl nur noch ein Maklergeschäft hatte. Da das Geschäft nicht mehr auf der letzten Liste Marburger jüdischer Geschäfte aufgeführt wird, darüber hinaus im Juli die Änderung der Gewerbeordnung auch das Maklergewerbe betraf, kann es als sicher gelten, daß spätestens im Sommer 1938 das Geschäft aufhörte zu bestehen. Zadock Lion starb 1919, seine Frau Fanny 1942. Der Sohn Karl und dessen Frau Franziska wurden deportiert, sie sind beide ermordet worden.[254]

In der Zeit bis zum Pogrom im November 1938 schlossen in Marburg damit nochmals fünf Geschäfte von denen, die schon 1933 bestanden hatten, d.h. es bestanden im Herbst 1938 noch fünfzehn. Zwei Betriebe wurden 'arisiert'; wenn man die Darmhandlung Isenberg dazurechnet, drei. Gerson Isenberg betrieb bis zu seiner Verhaftung im November 1938 einen Ausschank alkoholfreier Getränke in seiner Wohnung. Von den anderen Geschäftsleuten ist keine weitere Berufstätigkeit bekannt.

Im Mai 1938 erschien in der *Oberhessischen Zeitung* ein großer Artikel mit dem Titel *"Marburger Sommer"*, in dem die Marburger Geschäftswelt als Idylle erscheint: *"Wer Marburg näher besieht, wird sicher neben den landschaftlichen und architektonischen Schönheiten auch dem Gewerbefleiß seiner Bewohner Beachtung schenken. Schon die Bahnhofstraße ... empfängt und leitet ihn über die mit bunten Fahnen geschmückte Lahnbrücke zu modern und geschmackvoll eingerichteten Läden... In welcher Fülle sich hier [in der Oberstadt] die einzelnen Branchen zusammendrängen! Feinkostgeschäfte, die auch den verwöhntesten Gaumen neue Leckerbissen finden lassen, wechseln mit uralten Weinhandlungen in behäbigen Patrizierhäusern ab, deren kühle Keller köstliche alte Weine in wundervoll geschnitzten Fässern bergen. Dort eine Buchhandlung, deren Verlag die hessische Kunst im Reich bekannt gemacht hat, hier eine Töpferei mit den bekannten 'Marburger Dippchen', bunt und lustig, wie die hessischen Trachten, kunstgewerbliche Erzeugnisse der Schmuckindustrie wechseln in bunter Reihenfolge. Man könnte meinen, daß die enge Straße eine gewisse Starre und Unbeweglichkeit in die Geschäftswelt bringen müsse. Dem ist aber nicht so. Gewiß verpflichtet Ueberlieferung. Aber der Marburger Geschäftsmann weiß so gut wie jeder andere, daß Stillstand Rückgang bedeutet."* [265]
Die Ereignisse des Jahres 1938 sollten noch nachdrücklich zeigen, daß davon wirklich keine Rede sein konnte.

3.8 Der Novemberpogrom 1938 und das Ende jüdischen Geschäftslebens

Der Pogrom

Am 7. November schoß der siebzehnjährige Jude polnischer Abstammung Herschel Grynszpan in Paris auf den Legationsrat Ernst vom Rath, einen Angehörigen der deutschen Botschaft in Paris, und verletzte ihn schwer. Ernst vom Rath starb am Nachmittag des 9. November. Herschel Grynszpan wollte mit diesem Attentat auf die Situation seiner Familie und aller anderen deportierten polnischen Juden aufmerksam machen.

Das Attentat wurde Anlaß für schwere Ausschreitungen gegen die jüdische Bevölkerung. Auch in Marburg wurden die Synagoge angezündet und jüdische Geschäfte zerstört. Man verhaftete 31 jüdische Männer und verschleppte sie ins KZ Buchenwald. Schon am 8. November um 7 Uhr morgens stellte der jüdische Kaufmann Samuel Bachrach Beschädigungen an der Synagoge durch Brandsätze und Steinwürfe fest. Er meldete dies der Polizei, die jedoch keine Sicherung des Gebäudes vornahm.[266] Am 9. November stellte der jüdische Lehrer Salomon Pfifferling, der den Schulunterricht seit 1933 in der Synagoge abhalten mußte, Brandgeruch in dem Gebäude fest.[267] In der Nacht vom 9. zum 10. November wurde dann die Synagoge in Marburg endgültig in Brand gesteckt. Der Prozeß, der nach dem Kriege gegen die Brandstifter geführt wurde, machte deutlich, daß es nicht der vielbeschworene Volkszorn war, der zur Zerstörung führte, sondern eine Aktion der SA in Marburg, die im *Fronhof*, einem Gebäude, das der Synagoge gegenüberlag, den Brand in allen Einzelheiten plante und in den frühen Morgenstunden in die Tat umsetzte.[268]

Auch Geschäftszerstörungen lassen sich für Marburg belegen. So eine Zeitzeugin: *"Ja, am anderen Morgen, nachdem die zugehämmert hatten [Nachbarn hatten bei der Familie Bergenstein die Tür zur Kugelgasse zugenagelt, weil sie nicht mehr mit Juden unter einem Dach wohnen wollten], wollte ich zur Polizei gehen. Ich hab zwar gewußt, die Synagoge hat gebrannt und das, was alles war. Aber ich habe gedacht, es gibt doch noch eine Gerechtigkeit, daß man uns hilft. Und wie ich dann runtergekommen bin und bin die Barfüßerstraße raufgegangen, da begegnete ich der Frau Rosenberg und die sagte: 'Ilse, wo willste denn hin?' Sag ich: 'Zur Polizei.' Und erzähl die Geschichte. Hat sie gesagt: 'Du brauchst zu keiner Polizei, du brauchst nichts mehr. Weißt du nicht, was heute Nacht war? Die haben uns das Geschäft [Menke Eichelbergs Nachf. Inhaber: Meyer und Rosenberg, Geschäft für Stoffe- und Konfektionsware, Barfüßerstraße 50] eingeschlagen, und es ist alles auf die Straße geworfen worden. Es gibt keine Hilfe, es kann dir niemand mehr helfen, geh nach Hause.'*
Ich war beim Zahnarzt bestellt ein paar Tage später. Da hab ich gesehen, daß die jüdischen Geschäfte kaputtgeschlagen worden waren. Wie ich beim Zahnarzt war, da hat er zu mir gesagt: 'Geh nicht mehr durch die Stadt nach Hause, du sollst dir das nicht ansehen, geh über's Schloß nach Hause.'
Ob der Ellenzweig [Kaufhaus Ellenzweig, Steinweg 4, mußte bereits 1934 Konkurs anmelden] jetzt geplündert worden ist? Daß Blumenfeld [Firma Blumenfeld & Co, Inhaber Moritz Katz, Wettergasse 4, Geschäft für Kurz- Weiß- und Wollwaren], das hab ich immer so im Gedächtnis." [269]

Nach Angaben eines anderen Zeitzeugen ist ein Marburger Jude in der Pogromnacht mißhandelt worden. Es war dies der Lehrer Wilhelm Simon, der an dem jüdischen Heilerziehungsheim, Schulstraße 7, tätig gewesen ist. Simon versuchte, noch während des Brandes in die Synagoge zu gelangen, in der Hoffnung, noch etwas aus den Flammen retten zu können. Er wurde daran gehindert und mißhandelt.[270]

In Schutzhaft. Im Interesse ihrer eigenen Sicherheit wurden gestern eine Anzahl männlicher Juden in Schutzhaft genommen. Heute vormittag wurden sie nach auswärts befördert.

Oberhessische Zeitung vom 11.11.1938.

Die Verhaftungen

Am 10. November 1938 wurden in Marburg 31 jüdische Männer verhaftet.[271] Die Anweisung hierzu kam als Funkspruch der Staatspolizei in Kassel am 10. November 1938 um 5.03 Uhr: *"Im dortigen Bezirk sind soviel Juden festzunehmen, als Haftraum zur Verfügung steht. Mißhandlungen dürfen auf keinen Fall vorkommen. Festzunehmen sind nur gesunde männliche und arbeitsfähige Juden, jedoch keine Ausländer, da Lagerüberführung von hier geplant ist. Nach Möglichkeit ist darauf zu achten, dass begüterte Juden festgesetzt werden."* [272]
Am gleichen Tag um 21 Uhr ging ein weiterer Funkspruch ein: *"Unter Bezugnahme auf die fernmündlich mitgeteilte Rundverfügung von heute morgen wird um Überstellung sämtlicher festgenommener männlicher Juden sowohl deutscher Staatsangehörigkeit als auch staatenloser nach Kassel, Kaserne, Hohenzollernsstraße 106, bis spätestens 11.11.38, 13 Uhr, ersucht."* [273]

Bisher wurde keine Quelle den Namen aller verhafteten jüdischen Männer aus Marburg gefunden. Für die folgenden achtzehn Juden ist sicher nachzuweisen, daß sie am 10. November verhaftet wurden: *Salomon Pfifferling, Moses Walldorf, Leopold Lion, Robert und Paul Freund, Moritz Katz, Isidor Weinberg, Meier Wolf, Jakob Lanzewizki, Hugo Kugelmann, Sally Goldschmidt, Arthur Rosenberg, Julius Stern, Kurt Peritz, Jakob Rothschild, Albert Jacob, Isidor Michel und Gerson Isenberg.*[273a]

Die jüdischen Männer wurden eine Nacht im 'Wohlfahrtshaus' in der Mainzergasse 31 festgehalten und am nächsten Tag mit dem Bus nach Kassel und von dort ins KZ Buchenwald gebracht.
In der *Oberhessischen Zeitung* heißt es zu diesen Vorfällen lapidar: *"In Schutzhaft. Im Interesse ihrer eigenen Sicherheit wurden gestern eine Anzahl männlicher Juden in Schutzhaft genommen. Heute vormittag wurden sie nach auswärts gebracht."* [274]

Zu der Verhaftungsaktion gibt es einen Bericht des jüdischen Zeitzeugen Robert Freund. Zum Hintergrund dieses Berichts: Herr Freund, der Vater von Paul und Robert, war schwer krank. Paul, der älteste der Brüder, hatte die Pflegschaft für den Vater. Man versuchte, alle Aufregung von Herrn Freund fernzuhalten. Z.B. hatte die Familie vom Brand der Synagoge noch nichts erfahren. *"So hatten wir von nix eine Ahnung bis morgens um sieben die Gestapo von Kassel bei uns anschellte. 'Wer hat die Pflegschaft für Herrn Freund?' Und da hat meine Mutter gesagt: 'Mein ältester Sohn.' - 'Und da sagen Sie dem jüngeren, er soll sich fertigmachen und mitkommen.' Und Mutter, glaub ich, fragte: 'Warum denn?' - 'Das werden Sie schon erfahren.' Hat sie noch gesagt: 'Er hat aber noch nicht gefrühstückt.' Da haben sie mir noch erlaubt, daß ich, glaub ich, 'ne Scheibe Brot esse und ein Glas Milch trinke. Und dann kam ich runter in den Wagen, den sie stehn hatten, um die Leute zusammenzuholen. Wir waren, glaub ich, eine Nacht in Marburg, oben im Arbeitsamt [Wohlfahrts-*

haus], am oberen Markt, oberhalb der Oberhessischen Zeitung. Da war ein Gebäude, wo Leute übernachten konnten. Mein Bruder war ausgeschlossen für einige Stunden, dann kam er auch weg... Ich bin drei Monate in Buchenwald gewesen, bis 7. Februar '39. Und mein Bruder einen Monat... Mein Bruder kam raus, glaub ich, da waren Beiträge für die Steuererklärung oder irgendwelche Sachen zu regeln... Ich bin freigekommen durch eine fingierte Geschichte. Da gab es ein Büro Frankfurt, Einwanderung nach Uruguay, Zahlung so und soviel, die haben dann ein Visum ausgestellt. Aber das war nicht etwas, was ich benutzen konnte. Ich bin nie nach Uruguay gegangen." [275]

Robert Freund hat sich die Geschehnisse von seiner Verhaftung bis zu seiner Flucht aus Deutschland auf einem winzigen Zettel notiert:

"Verhaftet in Mbg. am Morgen des 10. Nov. 38 von der Gestapo Kassel. 11. Nov. mittags vom Marktplatz Mbg. per Bus zur Gestapo Kaserne in Kassel. Bei Nacht per Zug nach Weimar unter SS Bewachung u. per Bus nach Buchenwald. Ankunft mitten in der Nacht. Vom Dunkeln in den grell beleuchteten Appellplatz gejagt. Peitschenhiebe durch die SS Mitglieder. Am grossen Tor stand links "suum cuique" [Jedem das Seine] und rechts "Ehre, Freiheit, Vaterland".
Aufhängen eines Gefangenen am Galgen am 23. Dez. 1938 um 9 Uhr abends bei "Reich 300" [?]. Gerichtsverhandlung und Urteilsverkündung der Richter endete am 23. Dez. Galgen wurde schon 2 oder 3 Tage vorher errichtet. Entlassung am 7. Februar 1939 über Kassel nach Mbg. Termin 1. April '39 gegeben zur Auswanderung übermittelt durch Kriminalpolizist Heier.
Tatsächliche Auswanderung 20. Apr. 12 Uhr mittags von Cuxhaven. 21 Schuss Salut - Hitler's 50zigster Geburtstag." [275a]

Gerson Isenberg überlebte die KZ-Haft nicht. Am 14. November 1938 starb er "infolge eines Herzschlages" im KZ Buchenwald.[276]

Die Wettergasse von der Wasserscheide aus gesehen. Links, am Haus Wettergasse 36 erkennt man die Aufschrift 'S. Freund Uhrmacher'.
Foto: Privatbesitz Marianne Eckardt.

Die anderen Verhafteten wurden freigelassen, wenn ihre Auswanderung in die Wege geleitet war oder ihre Anwesenheit bei der 'Arisierung' des Betriebes oder des Hauses notwendig erschien.

"Juden, welche im Besitz der erforderlichen Ausreisepapiere sind und in den nächsten 3 Wochen auswandern können, sind, sofern nicht besondere politische oder wirtschaftliche Gründe dem entgegenstehen, so rechtzeitig zu entlassen, daß sie ihren Auswanderungstermin einhalten können.
Weiter können Juden, die zur Durchführung der Arisierung ihres Betriebes oder Geschäftes unbedingt benötigt werden, kurzfristig aus der Schutzhaft beurlaubt werden." [277]

Robert Freund war unter den letzten der Gefangenen aus Marburg, als er am 7. Februar 1939 freigelassen wurde.

Schuldig am Pogrom - die Juden

Schon wenige Tage nach den Zerstörungen, Mißhandlungen und Verhaftungen erfolgten die angedrohten gesetzlichen Vergeltungsmaßnahmen gegen die Juden, die sogenannten Juden-Verordnungen:

"Den Juden deutscher Staatsangehörigkeit in ihrer Gesamtheit wird die Zahlung einer Kontribution von 1.000.000.000 RM an das Deutsche Reich auferlegt...

Alle Schäden, welche durch die Empörung des Volkes über die Hetze des internationalen Judentums gegen das nationalsozialistische Deutschland am 8., 9. und 10. November 1938 an jüdischen Gewerbebetrieben und Wohnungen entstanden sind, sind von den jüdischen Inhabern oder jüdischen Gewerbetreibenden sofort zu beseitigen.

Die Kosten der Wiederherstellung trägt der Inhaber der betreffenden jüdischen Gewerbebetriebe und Wohnungen.

Versicherungsansprüche von Juden deutscher Staatsangehörigkeit werden zu Gunsten des Reiches beschlagnahmt ...

Juden ist vom 1. Januar 1939 ab der Betrieb von Einzelhandelsverkaufsstellen, Versandgeschäften oder Bestellkontoren sowie der selbständige Betrieb eines Handwerks untersagt.

Ferner ist ihnen mit Wirkung vom gleichen Tage verboten auf Märkten aller Art, Messen oder Ausstellungen Waren oder gewerbliche Leistungen anzubieten, dafür zu werben oder Bestellungen darauf anzunehmen ...

Ein Jude kann vom 1. Januar 1939 ab nicht mehr Betriebsführer ... sein. Ist ein Jude als leitender Angestellter in einem Wirtschaftsunternehmen tätig, so kann ihm mit einer Frist von sechs Wochen gekündigt werden. Mit Ablauf der Kündigungsfrist erlöschen

alle Ansprüche des Dienstverpflichteten aus dem gekündigten Vertrage, insbesondere auch Ansprüche auf Versorgungsbezüge und Abfindungen." [278]

Schon am 12. November 1938 wurde unter der Überschrift *"Deutsche Gesetze antworten jüdischem Mord"* in der *Oberhessischen Zeitung* die Verordnung vom 11. November 1938 veröffentlicht, die den Juden den Besitz und Erwerb von Schußwaffen, Munition, Hieb- und Stichwaffen verbot. Waffen und Munition mußten ohne Entschädigung bei der Ortspolizei abgegeben werden. Dies schloß - wie für den Landkreis nachweisbar - auch die Degen der Soldaten des 1. Weltkrieges ein. Frau Löwenstein aus Fronhausen mußte die Schlacht- und Schächtmesser, sowie zwei Viehbetäubungsapparate mit Munition aus dem Besitz ihres verstorbenen Mannes, der Metzger gewesen war, abliefern.[279]

Darüber hinaus wurde angeordnet, daß Juden der Besuch von Theatern, Kinos, Konzerten, Ausstellungen usw. ab sofort verboten war.[280]

Dazu Reichspropagandaminister Goebbels in einem Gespräche mit dem englischen Reuter-Korrespondenten Gordon Young: *"Wir wollen die Juden nicht kulturell vernichten, sie sollen ihre eigene Kultur pflegen. Es gibt in Deutschland einen Jüdischen Kulturbund, der in Berlin Theater, Varietes usw. betreibt und über Konzertsaal und eigene Orchester verfügt. Er war vor drei Tagen geschlossen worden. Ich habe ihn wieder geöffnet."* [281]

Am gleichen Tag wurde bekanntgegeben, daß die jüdischen Schüler nur noch auf jüdischen Schulen unterrichtet werden durften.[282]

Die *"Entjudung der deutschen Wirtschaft"* war nunmehr fast abgeschlossen:

"Die bisher getroffenen Vorbereitungen ermöglichen es nunmehr, in einiger Zeit die Juden aus dem deutschen Wirtschaftsleben restlos auszuschalten und den noch vorhandenen jüdischen Besitz gegen Abfindung in

Rentenwerten in deutsche Hände zu überführen. [Die] wichtigen und wertvollen Wa-
renvorräte [sollen] ohne Wert- und Sub-
stanzverminderung dem Verbrauch des deutschen Volkes sach- und zweckgemäß zugeführt werden. ...Zwei Drittel der bestehenden
jüdischen Einzelhandelsgeschäfte verschwinden; ungefähr ein Drittel wird weitergeführt.
Die Abwicklung der Geschäfte muß der
einzelne Jude selbst erledigen ... Im übrigen
trägt er auch die Verantwortung dafür, daß
bis zum 1. Januar die Löhne und Gehälter an
Arbeiter und Angestellte, die in jüdischen
Geschäften beschäftigt waren, gezahlt werden
... Bis zum Januar darf das jüdische Geschäft
aber keineswegs fortgeführt werden, sondern
es handelt sich nur um einen internen Ab-
wicklungsvorgang." [283]
Am 23. November 1938 wurde eine Anordnung des Gauleiters für Hessen-Nassau, Weinrich, zum Ankauf von jüdischem Besitz durch Nichtjuden veröffentlicht. "Seit der Ermordung des Gesandt-
schaftsrates Pg. vom Rath, haben wilde Käufe
von jüdischem Eigentum eingesetzt, die sich
mit der nationalsozialistischen Einstellung
nicht vereinbaren lassen. Ich ordne an, daß
weitere Käufe nicht stattzufinden haben und
bereits getätigte Käufe, auch wenn sie nota-
riell beglaubigt, sofort rückgängig zu machen
sind. Der Erwerb jüdischen Eigentums darf
erst erfolgen, wenn der Beauftragte des Vierjahresplanes dahingehende Bestimmungen
erlassen hat." [284]
Am gleichen Tag wurden die Durchfüh-
rungsbestimmungen der Judenkontribu-
tion publiziert: Die Abgabe betrug zwanzig Prozent des Vermögens, sie mußte in
vier Teilbeträgen von jeweils fünf Prozent am 15. Dezember 1938, am 15. Februar 1939, am 15. Mai 1939 und am 15.
August 1939 ohne nochmalige Aufforderung an das zuständige Finanzamt gezahlt werden. [285]
Am 28. November erging eine Polizeiver-
ordnung, die die Bewegungsfreiheit der
Juden einschränkte. Es wurde verfügt,
"räumliche und zeitliche Beschränkungen des

Inhalts aufzuerlegen, daß sie bestimmte Be-
zirke nicht betreten oder sich zu bestimmten
Zeiten in der Oeffentlichkeit nicht zeigen
dürfen". [286] Am "Tag der nationalen Solidari-
tät" wurde auch in Marburg den Juden
verboten, in der Zeit zwischen 12 Uhr
und 22 Uhr ihre Wohnungen zu verlassen. [287]
In Berlin hatte die Verordnung zur Folge,
daß sämtliche Theater, öffentliche Veranstaltungen, Museen, das Reichssport-
feld, Freibäder und das Regierungsviertel
von Juden nicht mehr besucht werden
durften. Eine zeitliche Beschränkung
wurde für den Kurfürstendamm und die
Tauentzienstraße ausgesprochen. Juden,
die dort wohnten, sollten ihre Wohnungen räumen und Wohnbezirke mit einem
starken Anteil jüdischer Bewohner zugewiesen bekommen. Demnächst sollte
auch das Verbot des Besuchs von nicht
'rein jüdischen' Gaststätten folgen. [288] Die
Ghettoisierung hatte begonnen.
Am gleichen Tag veröffentlichte die
Oberhessische Zeitung die Verfügung, daß
Juden ihre Führerscheine abgeben sollten. Himmler begründete diese Maßnahme folgendermaßen: "Der deutsche
Mensch hat es schon lange als eine Provoka-
tion und als eine Gefährdung des öffentlichen
Lebens empfunden, wenn Juden sich am
Steuer eines Kraftwagens im deutschen Stra-
ßenbild bewegten, oder gar Nutznießer der
von deutschen Arbeiterfäusten geschaffenen
Straßen Adolf Hitlers waren." [289]

Die Ausplünderung

Am 3. Dezember folgte die Verordnung
über den Einsatz des jüdischen Vermögens, der Zwangsveräußerung jüdischer
Betriebe, von Grundeigentum, Wertpa-
pieren, Juwelen, Schmuck und Kunstgegenständen. [290]
"Stockungen im Arisierungsprozeß gab es
vornehmlich in Oesterreich und im Sudeten-
gau, aber auch in einigen Fällen im Alt-

Zollfahndungszweigstelle   Kassel, 15. April 1939 ..... 193...
   K a s s e l

r   ??? /

Betrifft: Auswanderergut des - der -

.....Sally. H a a s, Marburg (Lahn).
.....Deutschhausstrasse 36 ....

Schreiben vom ....

Anlagen:

¹ *Bescheinigung*
Beleg

          Gegen die Freigabe des Umzugsgutes bestehen keine
     Bedenken.

          Eine Degoabgabe ist nicht zu zahlen.

          sofern der Antragsteller für die im Hinblick auf die
     Auswanderung gemachten Neuanschaffungen eine Dego - Abgabe
     in Höhe von ....
     entrichtet.

          Die von mir sichergestellten Schmucksachen und Sil-
     bergegenstände habe ich dem Landesleihhaus in Kassel zu -
     führen lassen. Der Erlös beträgt laut beiliegender Beschei-
     nigung des Landesleihhauses

               ℳ ....

     Der Betrag wird auf die Dego - Abgabe in Anrechnung zu
     bringen sein. Die Gegenstände sind in der Liste zux sind zu
     streichen.

          6 Mokkalöffelchen,   ⎫
          1 Zuckerzange   ⎬   Silber
          6 Kaffeelöffelchen   ⎪
          1 Zuckerzange   ⎪
          5 Kuchenbestecke.   ⎭

                         In Vertretung

                         [signature]

Herrn Oberfinanzpräsidenten
    - Devisenstelle -
       K a s s e l .
    ===================

HStAWI, Abt. 519/D, Devisenakte Sally Haas.

reich... aus dieser Situation heraus ist die Zwangsarisierung gekommen, d.h. bei weiterer Weigerung werden Treuhänder, mit allen Rechten und Vollmachten ausgestattet, die [die] Betriebe fortführen, arisieren oder abwickeln... Gleichzeitig erfolgt die Ausbootung aller Juden aus dem Besitz an Grundstücken, an land- und forstwirtschaftlichem Eigentum... Es ist ferner vorgesehen, daß der gesamte kapitalsmäßige Einfluß der Juden auf irgendwelche Betriebe verschwindet... Wichtig ist der Depotzwang für Wertpapiere. [Sie haben] die Verpflichtung, ihre Wertpapiere einer Devisenbank zuzuleiten... Sie gelangen lediglich in den Genuß der Zinsen und Renten, können aber auf Antrag Wertpapiere zum Verkauf frei bekommen, wenn sie Steuern zahlen oder vor allem den auf sie entfallenden Anteil an der Milliardenbuße ableisten müssen ... Um eine volkswirtschaftlich unerwünschte Verwertung von Juwelen, Schmuck- und Kunstgegenständen aus jüdischem Besitz zu verhindern, wird den Juden verboten, derartige Gegenstände zu erwerben oder freihändig zu veräußern. Für sie gibt es amtliche Ankaufstellen, die diesen Besitz auffangen." [291]

Die Juden in Marburg mußten Juwelen, Schmuck und Kunstgegenstände im Städtischen Leihhaus in Kassel 'verkaufen'. Dazu berichtet ein jüdischer Zeitzeuge: "Wir hatten zu Hause einige Zeit, nachdem das Geschäft [Juweliergeschäft] verkauft war, eine Haussuchung von der Zollfahndung, die geglaubt haben, wir hätten das halbe Warenlager mit nach Hause genommen oder was. Und die haben genaue Listen gemacht, was die Gegenstände waren, was das wiegt, wie groß die Steine waren und so weiter und sofort, den Wert angegeben ... Dann mußten wir Schließfächer mieten auf der Bank. Und die Sachen wurden alle da eingeschlossen. Nachher, als das Gesetz rauskam, da fuhr Mutter mit meinem Bruder nach Kassel mit Koffern voll Zeug." [292]

Wie akribisch auch die kleinsten Dinge erfaßt wurden, die in Kassel abgegeben werden mußten, illustriert eine Bescheinigung über die Abgabe von Mokkalöffelchen, einer Zuckerzange, Kuchenbestecke und einer Zierzange aus Silber.[293]

Das Ende des jüdischen Wirtschaftslebens in Marburg

Anfang Dezember 1938 veröffentlichte die *Oberhessische Zeitung* letzte Einzelheiten über die 'Abwicklung' der jüdischen Geschäfte. Es sollten in Kurhessen nur in Einzelfällen Einzelhandelsverkaufsstellen, Versandgeschäfte oder Bestellkontore in nichtjüdischen Besitz übergehen. In der Regel sollten sie aufgelöst und abgewickelt werden: "Bei der Abwicklung darf ein Verkauf oder die Versteigerung von Waren an letzte Verbraucher nicht stattfinden. Alle Waren sind vielmehr der Wirtschaftsgruppe Einzelhandel, Bezirksgruppe Kurhessen, Kassel, Bismarckstraße 2, anzubieten, die für die Unterbringung der Waren im Einzelhandel Sorge trägt. Das Warenverzeichnis muß dort in dreifacher Ausfertigung eingereicht werden. Die Uebernahme der Waren erfolgt auf Grund einer Bewertung von Sachverständigen, die von dem Präsidenten der Industrie- und Handelskammer bestellt werden... In den Fällen, wo die Gefahr besteht, daß die Verbindlichkeiten nicht restlos erfüllt ... werden, kann der zuständige Oberbürgermeister bzw. Landrat Abwickler bestellen." [294]

Auf derselben Seite der Zeitung teilte eine amtliche Bekanntmachung des Oberbürgermeisters mit, daß das Verzeichnis der jüdischen Gewerbebetriebe in der Stadt im Steueramt, Hofstatt 22, Zimmer 8, "zu jedermanns Einsicht" auslege. Die Liste zählt zwanzig Geschäfte auf. Fünfzehn davon bestanden am 1. Januar 1933; die fünf weiteren sind Geschäftsverlegungen - Isidor Michel und

Moses Walldorf waren erst 1935, bzw. 1936 nach Marburg gekommen - oder kleinere Nachfolgeunternehmungen bereits geschlossener Geschäfte - Selmar Frank, Samuel Bachrach und Gerson Isenberg:[295]

Amtliche Bekanntmachungen der Stadt Marburg

Das Verzeichnis der jüdischen Gewerbebetriebe im Stadtbezirk Marburg/Lahn liegt gemäß § 15 der Dritten Verordnung zum Reichsbürgergesetz vom 14. Juni 1938 im Steueramt, Hofstadt 22, Zimmer 8 zu jedermanns Einsicht auf.

Marburg, den 30. November 1938.
Der Oberbürgermeister.
J. B. Voß.

Oberhessische Zeitung vom 6.12.1938.

Bachrach, Samuel
    Kleinhandel mit Landesprodukten und Kolonialwaren.
    Barfüßertor 15b
Bergenstein, Selma
    Kolonialwaren-Etagengeschäft.
    Barfüßertor 9
Blumenfeld & Co, Inh. Moritz Katz
    Weiß- und Wollwaren,
    Ladengeschäft, 2 Angestellte.
    Wettergasse 4
Bornstein, Leni
    Milchhandlung.
    Untergasse 18
Drucker, Meier
    Fell- und Viehhandel,
    Fahrräder und Haushaltsartikel.
    Ockershäuser Straße 82
Eichelberg, M. Nachf.
Inh. S. Meyer u. A. Rosenberg
    Stoffe und Damenkleidung
    Ladengeschäft, 1 Angestellte.
    Barfüßerstr. 50
Frank, Selmar
    Prov. Vermittlung und Vertretung
    Wettergasse 2
Fürst, Julius
    Handel mit Frucht (Getreide),
    Mehl, Landesprodukten und Tabak.
    Rosenstraße 2
Goldschmidt, Sally
    Handelsvertreter.
    Neue Kasseler Straße 13
Isenberg, Gerson
    Ausschank alkoholfreier Getränke
    Steinweg 16
Kugelmann, Hugo
    Handelsvertreter und Schuhwarenverkauf, Etagengeschäft.
    Otto-Böckel-Straße 16
    (heute Schulstraße)

Lanzewizki, Jakob
    Schneiderei, Handwerker.
    Universitätsstraße 20
Michel, Isidor
    Manufakturwarenhandel
    Barfüßertor 12
Moses, Ludwig und Siegfried
    Händler.
    Barfüßertor 15
Reis, Dr. Hermann
    Devisenberater.
    Friedrichstr. 2
Stern, Julius
    Manufakturwarenhandlung,
    Ladengeschäft, 2 Angestellte.
    Barfüßerstr. 26
Stern, Rudolf
    Viehhändler.
    Stiftstraße 36
Stern, Sally
    Öl-, Fett- und Farbenhandlung
    Heusingerstraße 3
Walldorf, Moses
    Manufakturwarenhandel.
    Haspelstraße 17
Wolf, Meier
    Manufakturhandlung,
    Ladengeschäft ohne Angestellte.
    Universitätsstraße 2

Zwischen dem 10. und 15. Dezember bekamen alle Geschäftsinhaber ein Schreiben des Oberbürgermeisters *"betreffs der Abwicklung jüdischer Geschäftsbetriebe"* persönlich von einem Polizeibeamten zugestellt. Da der Empfang unterschriftlich zu bestätigen war, liegt in den Fällen, in denen die Ehefrauen bzw. Verwandte unterschrieben, der Schluß nahe, daß die Männer noch im KZ Buchenwald inhaftiert waren. Es waren dies *Meier Wolf, Isidor Michel, Moses Walldorf, Jakob Lanzewizki, Hugo Kugelmann, Sally Goldschmidt, Arthur Rosenberg, Julius Stern und Moritz Katz.*[296]

Auch Frau Selma Isenberg sollte für ihren im KZ umgebrachten Mann unterschreiben; sie weigerte sich, und der zustellende Polizeibeamte notierte: *"Unterschrift wurde verweigert, da Frau Isenberg mir angab, daß am 10. 12. 38 für sie Sonntag wäre und keine Unterschrift leisten würde."* [297]

Die Liste könnte den Eindruck erwecken, daß doch trotz aller Repressalien noch eine ganze Anzahl jüdischer Geschäfte bestanden hätte. Sieht man sich aber die Situation genauer an, so wird deutlich, daß nur in wenigen Fällen von einem regelrechten Geschäftsbetrieb die Rede sein konnte.

Die Familie Bachrach hatte seit März 1938 in dem späteren Ghettohaus der Brüder Moses, Barfüßertor 15, leben müssen. Der in der Liste angegebene Kleinhandel kann nur in minimalem Umfang - wenn überhaupt - bestanden haben.[298]

Das Etagengeschäft für Kolonialwaren, das von Selma Bergenstein geführt wurde, war nie bedeutend gewesen. Hier kauften vor allem die jüdischen Kunden insbesondere zu Pessach ihre koscheren Lebensmittel.[299]

Welche Größe das Geschäft Blumenfeld

Das Ehepaar Selma und Julius Bergenstein. Die Aufnahme entstand 1912 oder 1913. Foto: Privatbesitz Ilse Feibel, geborene Bergenstein.

& Co., Inhaber Moritz Katz, Wettergasse 4, zum Zeitpunkt seiner Schließung noch hatte, ist nicht bekannt. Die beiden auf der Liste angegebenen Angestellten sind nicht unbedingt ein Indiz dafür, daß noch ein nennenswerter Umsatz zu erzielen war. Eher mag die Angst mitgespielt haben, als jüdischer Geschäftsinhaber noch mehr Schwierigkeiten zu bekommen, wenn die vielleicht 'arischen' Angestellten entlassen worden wären.[300]

Laja (Lea) Bronstein, die mit ihrer Familie 1911 aus Polen nach Marburg gekommen war, hatte ein kleines Milchgeschäft in der Untergasse. In welchem Umfang das Geschäft nach 1933 weiterbetrieben werden konnte, ist unklar. Hielten ihr

Nachbarn in der Untergasse die Treue, kamen sie trotz der Repressalien zu ihr? Nominell gehörte ihr Geschäft zu den letzten jüdischen, die es in Marburg gab.[301]

Meier Drucker und seine Familie hatten in der Ockershäuser Straße 82 ein Geschäft für Eisenwaren, Fahrräder, Haushaltsartikel, landwirtschaftliche Geräte und Felle. Sie betrieben darüber hinaus Viehhandel und etwas Landwirtschaft. Am 1. April 1938 war Meier Drucker die Zulassung zum Viehhandel entzogen worden, jetzt auch die Betriebserlaubnis für sein Geschäft.[302]

Alfred Rosenberg und seine Frau Estella führten zusammen mit Elise und Samuel Meyer das Stoff- und Konfektionsgeschäft *M. Eichelberg's Nachf.* in der Barfüßerstraße 50. Das Geschäft wurde im Zusammenhang mit dem Pogrom zerstört. Unbekannt ist, wie die Geschäftssituation in den Jahren davor war. Eine der 'arischen' Angestellten hielt jedenfalls bis in das Jahr 1939 der Familie die Treue.[303]

Selmar Frank hatte sein Warenhaus *I.Heineberg & Co.* schon 1935 schließen müssen. In den Jahren danach versuchte er, als Vertreter zu arbeiten. Obwohl er nach seinen eigenen Angaben ab 1. Oktober 1938 arbeitslos war, ist er auf der Liste vom November 1938 als Handelsvertreter aufgeführt.[304]

Julius Fürst betrieb einen Handel mit Frucht (Getreide), Mehl, Landesprodukten und Tabak in seinem Haus in der Rosenstraße 2. Nach dem Pogrom wurde das Geschäft liquidiert. Das Ehepaar Fürst mußte in das Ghettohaus Schwanallee 15 ziehen.[305]

Sally Goldschmidt arbeitete nach seinem Zuzug nach Marburg 1933 als Handels-

vertreter für Textilwaren. Auf das Rundschreiben vom 10.12.1938 antwortete er: *"Teile ganz ergebenst mit, daß [ich] keinen Gewerbebetrieb besitze u. ich nur lediglich als Handelsvertreter in Textilwaren tätig war."* [306] Auch diese Geschäftätigkeit mußte nach dem Pogrom eingestellt werden.

Auch der *Ausschank alkoholfreier Getränke* von Gerson Isenberg stand noch auf der Liste. Gerson Isenberg war zu diesem Zeitpunkt schon einen halben Monat tot.

Hugo Kugelmann arbeitete als Handelsvertreter für Schuhe. Die Familie hatte ein kleines Etagengeschäft in ihrer Wohnung in der Schulstraße 16. Hugo Kugelmann konnte schon am 13. Dezember 1938 aus dem KZ Buchenwald nach Marburg zurückkehren, da das Geschäft bereits aufgelöst war und die Auswanderung der Familie kurz bevorstand.[307]

Jakob Lanzewizki war Ostjude aus Slonim in Weißrußland. 1916 kam er nach Marburg und eröffnete eine Damen- und Herrenschneiderei. Nach seiner Rückkehr aus dem KZ versuchte er im Frühjahr 1939 eine Ausnahmegenehmigung für den Weiterbetrieb seiner Schneiderei zu bekommen. Sie wurde ihm verweigert.[308] *"Im Anschluß an meinen Bescheid ... teile ich ihnen mit, daß auch der Reichsminister ... es abgelehnt hat, Ihnen einen Ausnahme von der Schließung jüdischer Gewerbebetriebe nach der Verordnung zur Ausschaltung der Juden aus dem deutschen Wirtschaftsleben vom 12.11.1938 zu erteilen."* [309] Jakob Lanzewizki arbeitete bis 1945 als Angestellter in 'arischen' Schneidereibetrieben.

Die Familie Isidor Michel war die zweite Familie aus Gladenbach, die 1935 vor dem Terror in dieser Kleinstadt nach Marburg geflohen war. Isidor Michel führte hier seinen Manufakturwarenhan-

Die Familie Lanzewizki. Vorne Betty, Dieter und Jakob, dahinter Karl, der Halbbruder von Dieter. Karl wurde 1922 geboren; er fiel als deutscher Soldat 1943 in Rußland. Die Aufnahme entstand 1940/41. Foto: Privatbesitz Dieter Lanzewizki.

del wahrscheinlich im kleinsten Umfang und mehr als ambulanten Handel weiter. Auch dieser Handel war von der Schließung jüdischer Geschäfte im November 1938 betroffen.[310]

Die Brüder Ludwig und Siegfried Moses hatten eine kleine Handelsvertretung (Stadthausierhandel) für Schuhcreme, Seifen, Seifenpulver und Farben und verkauften auch hin und wieder Wäsche, die der Bruder Arthur Moses in seiner Wäschefabrik *Progress* in Köln herstellte. Der Handel war so gering, daß sie auf die finanzielle Unterstützung von Arthur Moses angewiesen waren. Auch diese geringe Möglichkeit, etwas dazu zu verdienen, wurde ihnen im November 1938 genommen.[311]

Hermann Reis war einer der vier 1933 in Marburg tätigen Rechtsanwälte. Die Aufnahme als *Devisenberater* in die Liste der zu schließenden Geschäfte kann nur auf Unkenntnis oder Manipulation der Behörden zurückzuführen sein, denn Dr. Reis übte seine Tätigkeit bis zur letzten Deportation aus Marburg am 6.9.1942 aus.[312]

Die Familie Else und Julius Stern hatte in der Barfüßerstraße 26 ein Geschäft für Trachten, Stoffe und Herrenbekleidung und in der Barfüßerstraße 10 ein Bettengeschäft. Spätestens 1935 mußte der Filialbetrieb aufgeben werden. 1936 wurde noch ein Gewinn von 3.107 RM angegeben, für 1937 kein Gewinn und für 1938 ein Verlust von 3.181 RM.[313] Schon im August 1938 begann der Ausverkauf des Ladens, den man bis spätestens Ende des Jahres schließen wollte. Nach der Schließungsliste waren noch zwei Angestellte bei Sterns beschäftigt.[314]

Rudolf Stern, der in der Stiftstraße 36 in Ockershausen wohnte, war von Beruf Viehhändler. Die Familie hatte auch einen kleinen landwirtschaftlichen Betrieb. Auch er fand sich auf der Liste, obwohl schon seit 1937 von Viehhandel keine Rede mehr sein konnte.[315]

Sally Stern betrieb in der Heusingerstraße 3 einen Handel mit technischen Ölen und Fetten. Schon am 7. Oktober 1938 wurde das Geschäft im Handelsregister als abgemeldet eingetragen - und stand dennoch auf der Schließungsliste.[316]

Thekla und Moses Walldorf hatten ein gutgehendes Geschäft für Hausartikel, Manufakturwaren, Fahrräder, Zentrifugen etc. in Ebsdorf betrieben. 1936 mußten sie den Ort verlassen. Sie zogen zuerst zu Verwandten in die Haspelstraße 17. Von dort wurden sie in das Ghettohaus Schwanallee 15 eingewiesen. Von einem regelrechten Geschäft in der Zeit in Marburg kann nicht mehr gesprochen werden. Moses Walldorf hatte einiges, insbesondere Textilien, also Dinge, die einfach zu transportieren waren, mitnehmen können, die er nun an jüdische Privatpersonen und Geschäfte (z.B. Meier Wolf) verkaufte.[317]

Käthe und Meier Wolf hatten in der Universitätsstraße 20 ein Wäsche- und Bekleidungsgeschäft. Bei der Vermögenserklärung im April 1938 gab Meier Wolf an, Geschäftsaußenstände von 66.749 RM zu haben, eine enorme Summe, die deutlich macht, daß das Geschäft schon aufgehört hatte zu bestehen.[318] Nach der Schließungsverfügung im Anschluß an den Pogrom war die Geschäftsabwicklung im März 1939 abgeschlossen.[319] Es ist erstaunlich, wie ungenau hier die

nationalsozialistische Bürokratie das jüdische Geschäftsleben Marburgs überschaut; nur sehr wenige der zwanzig angeführten Geschäfte waren noch als solche anzusprechen. Man kann davon ausgehen, daß nur diejenigen Geschäfte, die einen staatlich bestellten 'Abwickler' zugewiesen bekamen, noch de facto bestanden - wenn auch tief verschuldet. Es waren dies die Betriebe, bei denen trotz allen Niedergangs noch etwas zu holen war, z.B. das Warenlager oder die Einrichtung. Keines der Geschäfte wurde arisiert, alle wurde liquidiert: Es gab in Marburg genügend Manufakturwarengeschäfte, es gab ein Trachtengeschäft etc.; neue Konkurrenz - auch 'arische' - war nicht unbedingt das Ziel der 'Abwickler'.

Die 'Abwicklung'

Folgende vier Geschäfte wurden durch einen 'Abwickler' aufgelöst: *Blumenfeld & Co.*, Inhaber Moritz Katz, *Julius Stern*, *M. Eichelberg Nachf.*, Inhaber Samuel Meyer und Alfred Rosenberg und *Meier Wolf*.[320]

Die Geschäfte bekamen im Dezember 1938 ein gleichlautendes Schreiben des Oberbürgermeisters zugestellt:
"Ich habe auf Grund des §3 der Verordnung zur Durchführung der Verordnung zur Ausschaltung der Juden aus dem deutschen Wirtschaftsleben vom 23.11.1938 den Bücherrevisor ... zum Abwickler der nach §2 der gleichen Verordnung von mir bereits angeordneten Abwicklung Ihres Geschäftsbetriebs bestellt. Der Abwickler wird seine Tätigkeit am Mittwoch, dem 28. Dezember 1938 beginnen. Ich ersuche Sie, die Tätigkeit des Abwicklers mit allen Ihnen zu Gebote stehenden Mitteln zu unterstützen und zu fördern." [321]
Es folgten für die Betroffenen die letzten demütigenden Tage als jüdische Ge-

R. R.....t, Bücherrevisor und Steuerberater, Marburg a. d. Lahn

An den
Herrn Oberbürgermeister

M a r b u r g

Marburg a. d. Lahn
Bahnhofstraße 26, Fernruf 2767

Postscheckkonto: 58541 Frankfurt am Main
Bankkonto: Sparkasse der Stadt Marburg

Steuerberatung - Buchführung - Revisionen

Dö./K.

Marburg, den 25. März, 1939.

Betrifft: Ausschaltung der Juden aus dem deutschen Wirtschaftsleben.

Ich melde hiermit, dass die Abwicklung der jüdischen Firma
Julius S t e r n , Marburg, Barfüsserstr., erfolgt ist.
Das Warenlager der Firma Stern habe ich am 28. Dezember 1938 be-
sichtigt und mit der von Stern eingereichten Lagerliste als über-
einstimmend gefunden. Der Gesamtwert belief sich nach der Berechnung
von Stern, der zu Einkaufpreisen erfolgte, auf ca. RM. 12.000.-.
Da man schon bei einer oberflächlichen Besichtigung des Lagers feststellen konnte, dass sich sehr viele unkurante und fast unverkäufliche
Waren darunter befanden, habe ich den Wert auf etwa 70 % geschätzt.
Nach Hinzuziehung des als Sachverständigen beauftragten Herrn
musste die Bewertung auf insgesamt RM. 4.159 zurück-
gesetzt werden, wozu noch RM. 400.- für Inventar kamen. Der grosse
Abschlag erklärt sich daraus, dass Stern seit August ausverkaufte,
da er mit dem 31.Dezember sein Geschäft schliessen wollte. Von vielen
Qualitäten waren die besten Farben und Muster verkauft und nur die
weniger gängigen Muster blieben zurück.Von dem Sachverständigen
wurde auch nachgewiesen, dass eine ganze Reihe Artikel zu teuer eingekauft waren. Soweit es sich um die vielgefragten Baumwollwaren
handelte, wurden die Preise vollwertig angesetzt, dagegen mussten
Besätze bei Trachtenartikel als ganz wertlos bezeichnet werden, da
sich die Stücke teilweise schon seit vielen Jahren auf Lager befanden
und keinen Absatz fanden.
Anbei empfangen Sie die Aufstellung, an welche Geschäfte das Lager
abgegeben wurde.

H e i l   H i t l e r !

StAM, 330C Mbg, Acc. 1973/1 Nr. 367.

Betrifft: Abwicklung Julius Israel S t e r n.

Einnahmen für Waren u. Inventar:

K P	RM.	277.70
" "	"	42.60
H. T	"	87.20
I. B	"	1.200.87
K H	"	1.200.87
P B	"	1.350.87
H. T	"	91.-
P B	"	33.-
Schuhmacher S	"	20.-
F H	"	255.-
	RM.	4.559.11

Hiervon waren RM. 400.- für Inventar
RM. 4.159.11 für Waren.

Hiervon gehen ab:

2 % Umsatzsteuer an Finanzamt	91,20	
Gebühren für den Sachverständigen	50,-	
Auslagen für 91 Schreiben an Lieferanten, Telefongebühren etc	15,-	
Vergütung für den Abwickler laut Absprache vom 22/12.38. nach Gebührentarif der Konkursordnung 10 % =	456,-	. 612.20
		RM. 3.946.91
an Finanzamt überwiesen	1.550,-	
an Dresdner Bank Sperrkonto	2.396,91	

StAM, 330C Mbg, Acc. 1973/1 Nr. 367.

Die Barfüßerstraße in den zwanziger Jahren. In der Mitte rechts ist das Schild 'Hessische Landestrachten - Julius Stern' (Barfüßerstraße 26) zu erkennen.
Foto: Bildarchiv Foto Marburg.

schäftsbesitzer. Sie mußten Inventur machen, jeden - auch den kleinsten - Artikel mit seinem Wert auf die vorgeschriebenen Listen setzen, und darauf warten, daß der 'Abwickler' mit seiner Arbeit begann.

Im Falle Julius Stern wurde der Wert des Warenlagers auf ein Drittel des von ihm angegebenen Betrages angesetzt. Haupterwerber des Sternschen Warenlagers war der 'Sachverständige', der sich zuvor nach Kräften bemüht hatte, die Preise zu senken. Doch auch von dem letztlich erzielten Betrag erhielt die Familie Stern nichts. Nach Abzug von zwei Prozent Umsatzsteuer, den Gebühren für den 'Sachverständigen', Auslagen für 91 Schreiben an Lieferanten, Telephonegebühren etc., sowie der Vergütung für den 'Abwickler' wurden an das Marburger Finanzamt 1.550 RM überwiesen und 2.396,91 RM auf ein Sperrkonto bei der Dresdner Bank.[322]

Das gleiche Bild zeigen die erhalten gebliebenen 'Abwicklungsschreiben' bei der Firma Meier Wolf:
"Bei den Manufakturwaren handelte es sich fast durchweg um kurrante Artikel, aber Wolf hatte vielfach zu teuer eingekauft, da er in letzter Zeit meistens durch zweite Hand beziehen musste. Unter der Berücksichtigung, dass die Abnehmer auch die kleinen Abschnitte (Reste) und die durch die Lagerung verschmutzen Stücke mit übernehmen mussten, erfolgte auf den Gesamtwert ein Abschlag von etwa 30%. Für die Herrenbekleidung, die fast durchweg aus unkurranten Grössen bestand, wurde ein Pauschalpreis von RM 400,- angesetzt und auch erzielt." [323]
Auch hier waren die 'Sachverständigen' für Textilwaren bzw. Herrenkonfektion die Konkurrenten und einer von ihnen auch Haupterwerber des Warenlagers.
Der gesamte erzielte Erlös des Verkaufs ging an das Marburger Finanzamt:
"Das gesamte Warenlager war von Seiten des hiesigen Finanzamtes für rückständige Steuer gepfändet worden. Nach der mir [des 'Abwicklers'] vorliegenden Pfändungverfügung betrug die Forderung des Finanzamtes ca. RM 28.000,-." [324]
Im Januar 1939 wurde auf Kosten von Meier Wolf in einer Anzeige bekanntgegeben, daß er zu einer Geldstrafe von 19.577 RM verurteilt worden war wegen Hinterziehung der Umsatzsteuer, der Einkommenssteuer und Gewerbeertragssteuer im Zeitraum 1930 bis 1938.[325]

Bekanntmachung.

Durch Unterwerfungsverhandlung vom 20. Dezember 1938 hat das Finanzamt Marburg (Lahn) gegen den früheren Manufakturwarenhändler und Grundstücksmakler

Israel Meier Wolf

in Marburg (Lahn), Universitätsstraße 20 folgende Geldstrafen verhängt:

a) wegen fortgesetzter Hinterziehung von Umsatzsteuer 1930 bis 1938 eine Geldstrafe in Höhe von

4367.— RM.

b) wegen fortgesetzter Hinterziehung von Einkommensteuer 1930 bis 1937 eine Geldstrafe in Höhe von

11210.— RM.

c) wegen fortgesetzter Hinterziehung von Gewerbeertragssteuer 1931 bis 1938 eine Geldstrafe in Höhe von

4000.— RM.

Außerdem wurde auf Veröffentlichung der Bestrafung auf Kosten des Beschuldigten erkannt. (555)

Marburg (Lahn), 27. Januar 1938.

Das Finanzamt.

Oberhessische Zeitung vom 28.1.1939.

Es gibt keine weiteren Informationen zu diesem Fall, aber alle bisherigen Erkenntnisse über diese Zeit machen es außerordentlich unwahrscheinlich, daß die Forderungen des Finanzamtes zu Recht bestanden.
Die Liste der Erwerber der Warenlager der jüdischen Geschäfte enthält bis auf wenige Ausnahmen die Namen von bekannten, noch heute bestehenden Marburger Geschäften.

Den Juden blieb die Möglichkeit, soweit sie überhaupt noch Gelder auf Sperrkonten hatten, ihre Existenz von festgesetzten geringen monatlichen Zuweisungen von 'ihren' Konten zu fristen. Die Beträge waren so gering, daß bei jeder außergewöhnlichen Belastung, z.B. einer ärztlichen Behandlung, Bittschreiben mit ausführlicher Erklärung an die Devisenstelle beim Oberfinanzpräsidium in Kassel geschickt werden mußten, um einen höheren Monatsbetrag zu erhalten.

Aus dem Schreiben, das Dr. Hermann Reis im Auftrag von Julius Stern am 30. März 1939 nach Kassel sandte:

"Laut Genehmigungsbescheid vom 10. Maerz 1939 ist dem Juden Julius Israel Stern in Marburg/Lahn (Kennummer A 00084, Marburg) gestattet worden, monatlich RM 300.- von seinen eingehenden Aussenstaenden für seinen Unterhalt zu verwenden. Im Monat Maerz sind nun aber die Aussenstaende in der Hauptsache auf das gesicherte Konto bei der Dresdner Bank in Marburg eingezahlt worden. Nur rund RM 90.- sind bei dem Antragsteller selbst eingegangen. Ich bitte deshalb zu genehmigen, dass der Antragsteller von seinem gesicherten Konto bei der Dresdner Bank in Marburg den Betrag von RM 200.- fuer seinen Lebensunterhalt abheben kann. Der Antragsteller will in Zukunft alle eingehenden Eingaenge bei der Dresdner Bank einzahlen. Er haelt dieses Verfahren fuer uebersichtlicher. Ich bitte deshalb zu genehmigen, dass er ab April 1939 monatlich RM 300.- fuer seinen Unterhalt (er muss jetzt auch Miete bezahlen) von seinem gesicherten Konto bei der Dresdner Bank entnehmen kann. Ich ueberreiche anliegend eine Schreinerrechnung ueber RM 362.54. Ich bitte zu genehmigen, dass Julius Israel Stern zu Lasten seines gesicherten Kontos bei der Dresdner Bank in Marburg den Betrag von RM 362.54 an Schreinermeister Heinrich Textor in Marburg/Lahn, Woerthstr., ueberweisen kann." [326]

Jüdischen Familien, die noch nicht einmal über ein Sperrkonto verfügten, blieb nur noch die Unterstützung durch die jüdischen Wohlfahrtseinrichtungen.[327]

'Arbeitseinsatz'

Schon am 20. Dezember 1938 wurde in einem geheimen Erlaß der Einsatz arbeitsloser Juden, abgesondert von der 'Gefolgschaft', bei privaten oder öffentlichen Unternehmen festgelegt. Die jüdischen Arbeiter wurden zu besonders schweren und schmutzigen Arbeiten herangezogen. Dieser Arbeitseinsatz sollte es ermöglichen, daß 'arische' Arbeitskräfte für dringlichere Arbeiten freigestellt werden konnten. Zwar bestand zu diesem Zeitpunkt noch kein Arbeitszwang, später aber, mit der totalen Erfassung jüdischer Arbeitskräfte, die im Februar bzw. März 1941 durchgeführt wurde, umfaßte die Zwangsarbeit alle arbeitsfähigen Juden.[328]

Auch für Marburg finden sich in verschiedenen Quellen Informationen über den Arbeitseinsatz von Juden.

Für die Anlage des 'Heldenfriedhofes' wurde im Winter 1941 eine Gruppe von jüdischen Zwangsarbeitern eingesetzt.

Aus dem Schreiben des Bürgermeisters an das Arbeitsamt vom 3. November 1941: *"Ich bitte, dem Stadtbauamt möglichst vor Eintritt des Frostwetters 15 Arbeitskräfte ggf. Juden zur Verfügung zu stellen, damit in der Fortsetzung des Bestattungswesens keine Unterbrechung entsteht."* [329]

Daß auch in anderen städtischen Bereichen Juden arbeiten mußten, macht der folgende Ausschnitt aus eine Entschädigungsakte deutlich:

"Von 1940 bis 1941 arbeitete ich bei den Staedtischen Gaswerken in Marburg, wo ich Gasrohre legen musste... Nachdem wir nach Fronhausen evakuiert worden waren [die Familie lebte vorher in Neustadt], ... arbeitete

ſtadtwerke Marburg a. d. Lahn

und	Gas-, Waſſer- und Eiswerk Schülerſtraße 9 Fernſpr. 3362	Verwaltung und Kaſſe Pilgrimſtein 36 Fernſprecher 3144	Bank-Konten Städt. Sparkaſſe, Marburg Reichsb. Giro-Konto 425/81	Poſtſcheckkonto: Frankfurt a. M. 80470 Poſtſach 94

An das

ſtadtbauamt

Marburg/Lahn

Ihre Zeichen :   Marburg-Lahn, den   8.11.1941

Betr.:

Unter Bezugnahme auf die am 6.ds.Mts. bei Herrn Bürgermeister Vo̶
gehabte Besprechung nennen wir Ihnen nachstehend die Arbeitskrä̶
te der Firma Schneider, welche wir abtreten können. Wir bemerke̶
noch, daß in der Zahl von 27 auch die Vorarbeiter und die arischen Arbeiter eingeschlossen sind, von denen bereits 2 Mann be̶
der Stadt arbeiten. Die nachstehend genannten Kräfte stehen in
etwa 8-10 Tagen zur Verfügung:

```
        1. Vorarbeiter Fischer
        2. Karl      Israel Stern
        3. Emanuel       "   Kanter
        4. Hans          "   Lilienstein
        5. Isaak         "   Katzstifel
        6.               "   Simon I
        7.               "   Simon II
        8. Alfred        "   Rosenberg
        9. Feußner   (Arier)
```

Die bereits beim Bauamt bzw. Stadtgärtnerei beschäftigten sind
Brock (Arier) und Katten (Jude).

Stadtwerke Marburg/Lahn

Stadbauamt, Akten Magistrat, Friedhofserweiterung und Ehrenhain für die im Krieg 1939-1945 Gefallenen. Hauptabt. 17D, Unterabt. 2.

ich zusammen mit meinem Onkel und mit meinem Bruder Moritz Kanter im städt. Gaswerk." [330]

Für den Arbeitseinsatz im Straßenbau bei privaten Firmen gibt es zwei Zeitzeugen. Frau S., die bei *M. Eichelberg's Nachf.* gearbeitet hatte, sah eines Tages - wahrscheinlich im Sommer 1941 - ihren ehemaligen Chef, Alfred Rosenberg, bei Straßenarbeiten: *"Und dann zuletzt wohnte ich in der Kasseler Straße, da mußten sie die Straße lang aufbrechen und da war er dabei ... Ich hab ihm immer was besorgt zum Essen. Und er hat dann abends bei mir - da haben wir uns dann ein bißchen abseits gestellt - das hab ich ihm dann mitgegeben."* [331]

Auch in dem anderen Fall war es ein ehemaliger Angestellter, der seinen Chef, Moses Walldorf, bei Straßenbauarbeiten sah. *"Hab ich ihn einmal getroffen in Marburg, da war er bei der Baufirma ... Die ganzen Juden in der Kasseler Straße ... Ich hab mit ihm gesprochen. Ich bin an ihm vorbeigegangen, damit es nicht auffiel, es konnte ja niemand mit ihnen sprechen, und hab mit ihm gesprochen. Der stand im Graben, im guten Anzug, er hatte ja keinen Arbeitsanzug, der hatte ja nur gute Sachen gehabt, und da mußte er hacken."* [332]

Die Juden, die jetzt noch in Deutschland lebten, wurden, mit ganz wenigen Ausnahmen, deportiert. Sie mußten bis fast zum letzten Tag des festgesetzten Termins arbeiten. Dann gab man ihnen frei, damit sie ihr Deportationsgepäck packen und die Listen über Wohnungseinrichtung, Wäsche, Eingemachtes etc. erstellen konnten. Diese Listen mußten dem zuständigen Gestapobeamten ausgehändigt werden, die Wohnungsschlüssel in einem mit Namen und Adresse versehenen Umschlag am Bahnhof in Marburg abgegeben werden.[333]

Am 6. September 1942 wurden die letzten in Marburg lebenden Juden in das Ghetto Theresienstadt deportiert.

Ghetto Theresienstadt.

3.9 Marburg - ein Sonderfall?

Die vielen Details, die in diesem und im folgenden Kapitel ausgebreitet sind, fügen sich in ein Gesamtbild nationalsozialistischer Repression und Menschenverachtung, das seinerseits eine ganze Reihe von Fragen aufwirft. Welches System lag der antijüdischen Wirtschaftspolitik zugrunde? Ging es in erster Linie gegen Juden, oder sollten vor allem nichtjüdische, 'arische' Geschäftsleute durch Vorteilsbeschaffung an die Sache des Nationalsozialismus gebunden werden? Inwieweit läßt sich auch die 'Entjudung' der deutschen Wirtschaft in die Theorie der Neuordnung und wirtschaftlichen Modernisierung einordnen? [334]

Ist Marburg typisch für die Art und Weise der vollständigen Verdrängung der Juden aus dem Wirtschaftsleben oder ist es ein Sonderfall?

Auffällig ist zunächst, daß von den 64 jüdischen Geschäften, die am 1. Januar 1933 in Marburg bestanden, nur vierzehn 'arisiert' wurden, und es handelt sich nicht unbedingt um die größten und profitabelsten Betriebe: Weder die Großhandlung Bachrach, noch die Kaufhäuser Heineberg und Ellenzweig wurden 'arisiert'. Die meisten Geschäfte wurden aufgelöst, 'liquidiert'.

Die Gründe, die Genschel für eine Vielzahl von Geschäftsliquidationen sieht, könnten auch für Marburg zutreffen: "Wichtigstes wirtschaftspolitisches Nebenziel war offiziell die Stärkung des Mittelstandes, und zwar auf die primitivste Weise, die es gab: durch Ausschaltung lästiger Konkurrenten." [335]

Der zeitliche Ablauf der Verdrängung jüdischer Geschäfte in Marburg läßt eine unerbittliche Konsequenz erkennen. Im Jahre 1933 mußten - sieht man von 1938 ab - die meisten Geschäfte schließen, nämlich elf. Aber auch in den Jahren danach hielten die Liquidationen und

'Arisierungen' an. 1934 waren es sieben, 1935 zehn, 1936 neun und 1937 - dem Jahr, in dem es zu einschneidenden gesetzlichen Maßnahmen gegen die Wirtschaftstätigkeit von Juden kam - sieben. Bis zum November 1938 schlossen weitere fünf jüdische Geschäfte.

In Marburg existierten also im Herbst 1938 nur noch ein Viertel der jüdischen Geschäfte, die es vor der Zeit des Nationalsozialismus gegeben hatte. Bis zum 31. Dezember 1938 wurden dann auch noch die letzten liquidiert.

In der Literatur zum Nationalsozialismus finden sich hierzu anderslautende Feststellungen, wie z.B. die von Richarz: "Am 1. April [1938] waren ein Viertel aller jüdischen Unternehmen und Geschäfte zwangsweise verkauft oder liquidiert worden, wobei die Auflösungen überwiegen." [336] Für Marburg liegt die Zahl um ein Vielfaches höher, wobei allerdings festgestellt werden muß, daß es in der Stadt keine größeren Konzerne und Industrieunternehmen gab, die reichsweit in ihrer Mehrzahl erst relativ spät liquidiert oder 'arisiert' wurden. [337] Das Überwiegen der Geschäftsauflösungen trifft dagegen auch auf Marburg zu.

Eine andere Einschätzung des Verlaufs jüdischer Verdrängung gibt Plum: "Der Rückgang jüdischer Betriebe um rund 60 Prozent bis April 1938 erfolgte vor allem zwischen 1933 und 1935. Überwiegend handelt es sich dabei um kleine und kleinste Betriebe, die unter dem Druck von Krise und Boykott aufgegeben wurden. ... Während die mittleren und großen Industriebetriebe, die zwar auch mit zahlreichen Unzuträglichkeiten zu kämpfen hatten, aufs ganze gesehen bis 1938 wenig behelligt wurden, standen die mittleren und großen jüdischen Firmen des Einzelhandels unter stärkstem Druck." [338]

Diese Feststellungen sind für Marburg nur teilweise zutreffend: Auch in den Jahren 1936 und 1937 hielt hier der Prozeß der Arisierungen und Liquidationen in fast unverminderter Stärke an.

Barkai untersucht die Verhältnisse in Kleinstädten und Dörfern: "[Es] waren ... bis Mitte 1935 bereits 20 bis 25% aller jüdischen Betriebe entweder liquidiert oder in 'arische' Hände übergegangen. Es waren allem Anschein nach vornehmlich Geschäfte in Dörfern und Kleinstädten, wo die Juden der Boykotthetze viel stärker ausgesetzt und wirtschaftlich weniger widerstandsfähig waren als die, die in der Großstadt lebten." [339]

Auch die hier angeführten Zahlen sind für Marburg zu niedrig, ebenso wie die in einer Untersuchung zur Stadt Heidelberg, nach der dort im Herbst 1938 noch ein Drittel der jüdischen Betriebe bestanden.[340]

Was die Ausschaltung der Juden aus dem Wirtschaftsleben in der Zeit des Nationalsozialismus anbetrifft, scheint also Marburg einen traurigen Rekord zu halten. Hierbei muß allerdings betont werden, daß Untersuchungen wie die angeführten und die hier vorliegende noch nicht allzu zahlreich sind; vielleicht werden weitere lokale und regionale Studien dieser Art dazu führen, daß das Bild von diesem düsteren Kapitel deutscher Geschichte revidiert werden muß.

Die soziale Situation der aus dem Geschäftsleben verdrängten Juden in der Zeit von 1933 bis 1938 beschreibt Barkai als einen Umschichtungsprozeß: "Die jüdische Berufsstruktur durchlief in diesen Jahren [1933-1938] einen Umschichtungsprozeß. ... Neben der von jüdischen Selbsthilfeverbänden organisierten vollzog sich auch einen spontane und eher rückläufige Berufsumschichtung, in der der alte Hausiererberuf, der seit dem 19. Jahrhundert fast völlig aus der jüdischen Berufsstatistik verschwunden war, wie-

der 'zu Ehren' kam. ... Da auch diese Tätigkeit den Besitz eines Gewerbe- oder Wandergewerbescheins voraussetzte, erschien sie in den Statistiken der Behörden als 'Neueröffnung' jüdischer Betriebe, ebenso wie die Überführung eines Ladengeschäfts in die eigene Wohnung. ... Die Schrumpfung des Geschäftsumfangs erforderte auch eine Umorganisierung der Betriebsform, um Kosten zu sparen. Der Familienbetrieb war dazu am besten geeignet, da Frauen und schulentlassene Kinder ohnehin wenig Aussicht auf Anstellung hatten. Die Verlegung des Handels- oder Handwerksbetriebs in die Wohnung erleichterte diesen Übergang." [341]

Für Marburg läßt sich eine Reihe von Beispielen hierfür anführen. Einige seien hier genannt:[342]

Samuel Bachrach mußte im Dezember 1937 sein Großhandelsunternehmen einstellen; er meldete später einen Kleinhandel an, den er offenbar von der Wohnung der Familie aus betrieb. Eine Genehmigung zur Eröffnung einer Weinverkaufsstelle für 'Nichtarier', die er im Frühjahr 1938 beantragt hatte, wurde nicht erteilt.

Das Kaufhaus Heineberg mußte im Oktober 1935 Konkurs anmelden. Der Besitzer Selmar Frank arbeitete bis zum Oktober 1938 als Handelsvertreter.

Nach der 'Arisierung' der Buchhandlung Katz führte deren ehemaliger Inhaber Artur Katz bis zum 1. Januar 1934 einen Zeitungsvertrieb in seiner Wohnung.

Es sei dahingestellt, ob das Elend der verfolgten Juden mit Begriffen wie *Umschichtungsprozeß* zu fassen ist. Unstrittig ist, daß die Beschäftigung mit den Verfolgten mehr bedeutet, als Materialbasen für sozioökonomische Untersuchungen zu schaffen. Sie ist eine Verpflichtung den Opfern gegenüber, der bislang viel zu wenig nachgekommen wurde.

1. Oberhessische Zeitung [OZ] vom 7.7.1933.

2. Prinz, Wolfgang: Die Judenverfolgung in Kassel, in: Volksgemeinschaft - Volksfeinde, Kassel 1933-1945, Bd. 2, Sonderdruck, Fuldabrück 1987, S. 169. 'Die Synagogen brennen ...!' Die Zerstörung Frankfurts als jüdische Lebenswelt, Kleine Schriften des Historischen Museums, Band 41, Frankfurt 1988, S. 59.

3. OZ vom 7.3.1933.

4. Hessische Volkswacht [HV] vom 23.3.1933.

5. Dickinson, John K.: German and Jew. The life and death of Sigmund Stein [Dr. Hermann Reis], Chicago 1967, S. 99.

6. OZ vom 26.8.1933.

7. Genschel, Helmut: Die Verdrängung der Juden aus der Wirtschaft im Dritten Reich, Göttingen 1966, S. 88. Uhlig, Heinrich: Die Warenhäuser im Dritten Reich, Köln/-Opladen 19561, S. 133.

8. OZ vom 25.3.1933. HV vom 27.3.1933.

9. OZ vom 29.3.1933.

10. Ebenda.

11. Hessisches Tageblatt [HT] vom 31.3.1933.

12. Plum, Günther: Wirtschaft und Erwerbsleben, S. 268-313, in: Benz, Wolfgang (Hrsg.): Die Juden in Deutschland 1933-1945. Leben unter nationalsozialistischer Herrschaft, München 1988, S. 276.

13. Uhlig a.a.O., S. 79-80.

14. Barkai, Avraham: Vom Boykott zur 'Entjudung'. Der wirtschaftliche Existenzkampf der Juden im Dritten Reich 1933-1943, Frankfurt 1988, S. 27-28.

15. HT vom 30.3.1933. OZ vom 30.3.1933. Siehe auch Rehme, Günther; Haase, Konstantin: "... mit Rumpf und Stumpf ausrotten ...". Zur Geschichte der Juden in Marburg und Umgebung nach 1933. Marburger Stadtschriften zur Geschichte und Kultur 6, Marburg 1982, S. 13.

16. Benz, Wolfgang: Vorbemerkung, S. 10-11; Benz, Wolfgang: Prolog, S. 25-27; Plum a.a.O., S. 276, alle in Benz a.a.O..

17. Dawidowizc, Lucy S.: Der Krieg gegen die Juden 1933-1945, München 1979, S. 60-61.

18. OZ vom 10.7.1933. Willertz, John R.: Marburg unter dem Nationalsozialismus (1933-1945), S. 593-653, in: Dettmering, Erhard; Grenz, Rudolf (Hrsg.) Marburger Geschichte, Marburg 1982[2], S. 599.

19. OZ vom 30.3.1933.

20. OZ vom 3.4.1933.

21. HV vom 4.4.1933.

22. Gespräch mit W.K. am 16.7.1989.

23. Gespräch mit K.L. am 21.5.1987.

24. Gespräch mit Hans Adler am 17.8.1987.

25. Gespräch mit Judith Bachrach am 29.8.1989.

26. HT vom 8.4.1933.

27. Willertz a.a.O., S. 605.

28. Kessler, Wilhelm: Geschichte der Universitätsstadt Marburg in Daten und Stichworten, Marburg 1984, S. 132.

29. Ebenda, S. 133. Willertz a.a.O., S. 608.

30. HV vom 17.7.1933. OZ vom 16.6.1933.

31. OZ vom 5.7.1933.

32. Fülberth, Susanne u.a.(Hrsg.): Strafsache 2KLs 42/47. Protokoll der Hauptverhandlung gegen die Synagogen-Brandstifter November 1947 in Marburg, Schriften der Geschichtswerkstatt Marburg Nr. 3, Marburg 1988, S. 22. Bauer, Hermann: Zuchthaus für die Synagogen-Brandstifter, Sonderdruck aus: Marburger Presse vom 17.11.1947 und 24.11.1947.

33. HV vom 31.8.1933.

34. Gespräch mit Ilse Feibel, geb. Bergenstein am 24.11.1988.

35. Comité des Délégations Juives (Hrsg.), Die Lage der Juden in Deutschland 1933. Das Schwarzbuch - Tatsachen und Dokumente, Paris 1934, Neuauflage Frankfurt/Berlin/Wien 1983, S. 121-122.

36. OZ vom 5.4.1933.

37. STAM, Bestand 274 Marburg, Acc. 1981/57, Nr. 388.

38. HV vom 18.8.1933.

39. STAM, Bestand 274 Marburg, Acc. 1981/57, Nr. 388.

40. Ebenda.

41. Vgl. *Bachrach, Ludwig Dr.* im vierten Teil des Buches.

42. Barkai a.a.O., S. 38. Siehe auch Dickinson a.a.O., S. 147. Und: Ball-Kaduri, Kurt--Jakob: Das Leben der Juden in Deutschland im Jahre 1933. Ein Zeitbericht, Frankfurt 1963, S. 180.

43. Vgl. *Reis, Hermann Dr.* im vierten Teil des Buches.

44. Vgl. *Wertheim, Willi Dr.* im vierten Teil des Buches.

45. OZ vom 10.6.1933.

46. Genschel a.a.O., S. 72.

47. Ebenda, S. 63.

48. OZ vom 10.6.1933.

49. OZ vom 1.7.1933.

50. OZ vom 8.7.1933.

51. OZ vom 10.7.1933.

52. Ebenda. Willertz a.a.O., S. 594.

53. OZ vom 2.5.1933.

54. OZ vom 1.9.1933. Zu Konrad Elmsheuser siehe: Willertz a.a.O., S. 598.

55. OZ vom 2.9.1933.

56. OZ vom 7.9.1933.

57. Vgl. zur Situation des ambulanten Handels : Plum, Günther a.a.O., S. 293-295.

58. Genschel a.a.O., S. 92-94.

59. Gespräch mit Robert Freund am 25.6.1987.

60. Gespräch mit L. S. am 19.5.1987 und Gespräch mit W.K. am 16.6.1989.

61. HV vom 25.8.1933.

62. HV vom 28.8.1933.

63. Falk, Georg-Dietrich: Vom alltäglichen Funktionieren der Justiz im Nationalsozialismus, S. 39-43, in: Betrifft Justiz Nr. 2, 1985, S. 39.

64. Kurhessische Landeszeitung [KLZ], neuer Name der Hessischen Volkswacht [HV], vom 15.9.1933.

65. KLZ vom 8.9.1933.

66. Vgl. Barkai a.a.O., S. 26.

67. KLZ vom 18.9.1933.

68. Vgl. 'Goldschmidt, Julius' im vierten Teil des Buches.

69. KLZ vom 29.9.1933.

70. KLZ vom 18.10.1933.

71. KLZ vom 19.10.1933.

72. KLZ vom 7.11.1933. "Die Synagogen brennen...!" a.a.O., S. 3: "Der antisemitische Rassismus der nationalsozialistischen Ideologie klang in der oberbürgermeisterlichen Zukunftsbestimmung Frankfurts als deutscher Stadt an, weil im nationalsozialistischen Wortgebrauch von 'deutsch'ein striktes 'nicht jüdisch' mitschwang."

73. Vgl. Barkai a.a.O., S. 45. Uhlig a.a.O., S. 123.

74. Vgl. Uhlig a.a.O., S. 127.

75. Zur Terminologie der Begriffe 'Arisierung'und 'Liquidation': Hilberg, Raul: Die Vernichtung der europäischen Juden. Die Gesamtgeschichte des Holocaust, 3 Bde., Frankfurt 1990, Bd. 1, S. 98: "Das Schicksal eines jüdischen Unternehmers konnte entweder Liquidation oder 'Arisierung' lauten. Ein liquidierter Betrieb hörte zu existieren auf, während der arisierte Betrieb von einer deutschen Firma aufgekauft wurde. Die Arisierungen verliefen in zwei Phasen: 1. die sogenannten freiwilligen

Arisierungen (Januar 1933 bis November 1938), die in Veräußerungen aufgrund 'freiwilliger' Verträge zwischen jüdischen Verkäufern und deutschen Käufern bestanden, und 2. die 'Zwangsarisierungen' (nach November 1938), d.h. Veräußerungen aufgrund staatlicher Verordnungen, mit denen die jüdischen Inhaber zum Verkauf ihres Eigentums gezwungen wurden." In Marburg gab es nach dem November 1938 keine 'Arisierungen'.

76. Vgl. *Schuhhaus Mercedes* im vierten Teil des Buches.

77. Vgl. *Katz, Salomon* im vierten Teil des Buches.

78. Ball-Kaduri a.a.O., S. 133-134.

79. Gespräch mit Herbert Roth am 3.6.1990. Er teilte mit, daß die Gemeinde Roth Fleisch aus Holland bekam.

80. Vgl. *Dentistische Praxis und zahntechnisches Labor Lucas* im vierten Teil des Buches.

81. Vgl. *KAMERA* im vierten Teil des Buches.

82. KLZ vom 12.5.1933.

83. KLZ vom 6.10.1933.

84. KLZ vom 7./8.10.1933.

85. Vgl. *Buchhandlung Katz* im vierten Teil des Buches.

86. Vgl. *Seifenfabrik Sonneborn* im vierten Teil des Buches.

87. OZ vom 14.10.1933.

88. Vgl. *Firma Z.S. Rothschild* im vierten Teil des Buches.

89. Zeittafel, in: Benz a.a.O., S. 741.

90. Adam, Uwe Dietrich: Judenpolitik im Dritten Reich, Düsseldorf 1972, S. 88. Genschel a.a.O., S. 88.

91. OZ vom 14.12.1934.

92. Klein, Thomas (Hrsg.): Der Regierungsbezirk Kassel 1933-1936. Die Berichte des Regierungspräsidenten und der Landräte. Quellen und Forschungen zur hessischen Geschichte 64, Darmstadt/Marburg 1985, S. 268.

93. OZ vom 11.6.1934, 13.6.1934 und 16.6.1934.

94. KLZ vom 9.6.1934.

95. OZ vom 23.1.1934. KLZ vom 24.1.1934.

96. Vgl. *Stern, Jakob* im vierten Teil des Buches.

97. OZ vom 3.3.1934.

98. Vgl. *Frankfurter Schuhlager* im vierten Teil des Buches.

99. STAM, RP Kassel Bestand 165, Nr. 3982, Bd. 13, S. 63.

100. OZ vom 26.7.1934.

101. OZ vom 1.8.1934.

102. Vgl. *Firma E. Baum, Wwe.* im vierten Teil des Buches.

103. KLZ vom 22.5.1934.

104. Vgl. *Wohl, Minna und Erwin* im vierten Teil des Buches.

105. Vgl. *Gabrilowitz, Moritz Moses* im vierten Teil des Buches.

106. Vgl. *Haas, Emmy* im vierten Teil des Buches.

107. Klein, Thomas (Hrsg.): Die Lageberichte der Geheimen Staatspolizei über die Provinz Hessen-Nassau 1933-1936, 2 Bde., Köln 1986, Bd. 1, S. 213.

108. Ebenda, S. 273.

109. OZ vom 7.1.1935.

110. OZ vom 6.6.1935.

111. OZ vom 15.10.1935.

112. OZ vom 7.9.1935.

113. OZ vom 12.10.1935.

114. OZ vom 15.10. und 16.10.1935.

115. Klein, Thomas (Hrsg.): Die Lageberichte a.a.O., Bd. 1, S. 366.

116. Klein, Thomas (Hrsg.): Der Regierungsbezirk a.a.O., S. 559.

117. RP Darmstadt, Entschädigungsbehörde in Wiesbaden, RP Kassel, Nr. 00003.

118. STAM, RP Kassel, Bestand 165, Nr. 3982, Bd. 14, S. 298.

119. Klein, Thomas (Hrsg.): Die Lageberichte a.a.O., Bd. 2, S. 819.

120. STAM, RP Kassel, Bestand 165, Nr. 3982, Bd. 14, S. 285a und S. 286.

121. Ebenda, S. 516. Siehe auch Klein, Thomas (Hrsg.): Der Regierungsbezirk a.a.O., S. 386. "Der Jude S [...], der hier in der Wettergasse ein Schuhgeschäft betreibt, begann am 1.4. d.J. mit einem genehmigten Räumungs- und Ausverkauf. Am gleichen Tag bekam er durch die Post Schuhpakete zugestellt. Diese Schuhe waren im Ausverkaufsverzeichnis nicht aufgeführt, bei der Lieferfirma aber bestellt, bevor das Verzeichnis der Industrie- und Handelskammer in Kassel eingereicht wurde. Unter der Bevölkerung hatte es sich herumgesprochen, daß S [...] bei seinem Ausverkauf Schuhwaren nachschiebe, und dies war die Ursache der Erbitterung, die jetzt gegen S [...] einsetzte. Am 9.4. d.J. kam es zu einer Demonstration, bei der die Schaufenster und die Ladeneinrichtung zertrümmert wurden. Das Geschäft wurde geschlossen, und S [...] ist mit seiner Familie nach Wiesbaden abgereist."

122. STAM, RP Kassel, Bestand 165, Nr. 3982, Bd. 14, S. 371a.

123. OZ vom 15.5.1935.

124. STAM, RP Kassel, Bestand 165, Nr. 3982, Bd. 14, S. 370a.

125. Ebenda.

126. Ebenda, S. 380.

127. Klein, Thomas (Hrsg.): Der Regierungsbezirk a.a.O., S. 434.

128. STAM, RP Kassel, Bestand 165, Nr. 3982, Bd. 14, S. 382.

129. Die jüdische Emigration aus Deutschland 1933-1941. Die Geschichte einer Vertreibung. Ausstellungskatalog, Sonderveröffentlichung der Deutschen Bibliothek 15, Frankfurt 1985, S. 68.

130. OZ vom 15.6.1935.

131. OZ vom 17.6.1935.

132. OZ vom 24.7.1935.

133. OZ vom 26.6.1935.

134. Klein, Thomas (Hrsg.): Der Regierungsbezirk a.a.O., S. 483.

135. Ebenda, S. 559.

136. OZ vom 11.7.1935.

137. Klein, Thomas (Hrsg.): Der Regierungsbezirk a.a.O., S. 483.

138. OZ vom 24.7.1935 (Wetter), OZ vom 2.8.1935 (Cölbe), OZ vom 4.9.1935 (Rauschenberg).

139. OZ vom 10.8.1935. Foto eines Lastwagens, der von den städtischen Elektrizitätswerken für die Propagandafahrt am 4.8.1935 zur Verfügung gestellt wurde, in: Rehme, Günther/Haase, Konstantin a.a.O., S. 25.

140. OZ vom 19.8.1935.

141. OZ vom 18.8.1935.

142. OZ vom 24.8.1935.

143. OZ vom 7.9.1935. *'Kommune' und geballte Fäuste:* Anspielung auf die 'Saalschlacht in Ockershausen' zwischen Nazigegnern und SA.

144. Klein, Thomas (Hrsg.): Der Regierungsbezirk a.a.O., S. 483.

145. Dawidowicz a.a.O., S. 71-72. Adam a.a.O., S. 125ff. Die jüdische Emigration a.a.O., S. 72-78.

146. Barkai a.a.O., S. 107-108.

147. OZ vom 16.9.1935.

148. Rehme/Haase a.a.O., S. 16.

149. Klein, Thomas (Hrsg.): Der Regierungsbezirk a.a.O., S. 559.

150. OZ vom 12.12.1935.

151. Klein, Thomas (Hrsg.): Die Lageberichte a.a.O., Bd. 1, S. 353.

152. Gespräch mit Margot Weil, geborene Pfifferling, am 11.8.1987.

153. OZ vom 16.11.1935.

154. Klein, Thomas (Hrsg.): Der Regierungsbezirk a.a.O., S. 648.

155. Vgl. *Stern, Helene* im vierten Teil des Buches.

156. Vgl. *Ziegelstein, Simon* im vierten Teil des Buches.

157. Vgl. *Metzgerei Bergenstein* im vierten Teil des Buches.

158. Vgl. *Fürst, Berthold* im vierten Teil des Buches.

159. Vgl. *Warenhaus Heineberg & Co* im vierten Teil des Buches.

160. Vgl. *Korsettgeschäft Aron* im vierten Teil des Buches.

161. Vgl. *Brender, Hirsch* im vierten Teil des Buches.

162. Vgl. *Stern, Levy* im vierten Teil des Buches.

163. Vgl. *Baum, Karl* im vierten Teil des Buches.

164. Genschel a.a.O., S. 120.

165. Ebenda, S. 115.

166. STAM, RP Kassel, Bestand 165, Nr. 3982, Bd. 16, S. 38. Rundschreiben des Stellvertreters des Führers, Heß, vom 29.1.1936.

167. Klein, Thomas (Hrsg.): Der Regierungsbezirk a.a.O., S. 641.

168. Ludwig, Emil/Chotjewitz, Peter O.: Der Mord in Davos. Texte zum Attentatsfall, Herbstein 1986.

169. OZ vom 6.2.1936.

170. OZ vom 15.2.1936.

171. Klein, Thomas (Hrsg.): Der Regierungsbezirk a.a.O., S. 733.

172. Ebenda, S. 825. Dies ist der letzte erhalten gebliebene Bericht über Marburg. Der größte Teil der Akten verbrannte bei den Bombenangriffen auf Kassel.

173. OZ vom 8.2.1936. Wahrscheinlich Franz Freiherr von Dingelstedt, geb. am 30.6.1814 in Halsdorf, gest. am 15.5.1881 in Wien, Schriftsteller und Theaterleiter.

174. OZ vom 24.2.1936.

175. Foto in: Rehme/Haase a.a.O., S. 45.

176. STAM, RP Kassel, Bestand 165, Nr. 3982, Bd. 16, S. 17-19 und S. 24.

177. Ebenda, S. 24 und S. 35.

178. Vgl. *Blumenfeld, Sally* im vierten Teil des Buches.

179. Vgl. *Lederhandlung Strauß* im vierten Teil des Buches.

180. Klein, Thomas (Hrsg.): Der Regierungsbezirk a.a.O., S. 733.

181. OZ vom 25.4.1936.

182. Vgl. *Lederhandlung Strauß* im vierten Teil des Buches.

183. Vgl. *Firma M. Stern* im vierten Teil des Buches.

184. Vgl. *Goldschmidt, Hermann* im vierten Teil des Buches.

185. Vgl. *Firma Rosa Erlanger* im vierten Teil des Buches.

186. Vgl. *Goldschmidt, Julius* im vierten Teil des Buches.

187. Vgl. *Metzgerei Levi* im vierten Teil des Buches.

188. Vgl. *Kugelmann, Eva* im vierten Teil des Buches.

189. Vgl. *Schade & Füllgrabe AG Frankfurt/Main* im vierten Teil des Buches.

190. Zeittafel, in: Benz a.a.O., .742.

191. Adam a.a.O., S. 167ff.

192. OZ vom 17.6.1937.

193. Ebenda.

194. OZ vom 21.6.1937.

195. OZ vom 17.6.1937.

196. OZ vom 19.6.1937.

197. OZ vom 29.6.1937.

198. OZ vom 2.7.1937.

199. Ebenda.

200. OZ vom 3.7.1937.

201. OZ vom 13.7.1937.

202. STAM, RP Kassel, Bestand 165, Nr. 3982, Bd. 16, S. 502.

203. Gewerberegister der Stadt Marburg, Gewerbean- und Ummeldungen 1926-16.6.1945, 1937, Nr. 14.

204. Vgl. *Höchster, Sally* im vierten Teil des Buches.

205. Vgl. *Weinberg, Isidor* im vierten Teil des Buches.

206. Vgl. *Eichelberg, Rosa* im vierten Teil des Buches.

207. Vgl. *Beck, Ludwig* im vierten Teil des Buches.

208. Vgl. *Herz, Johanna* im vierten Teil des Buches.

209. Vgl. *Firma A.S. Bachrach* im vierten Teil des Buches.

210. Vgl. *Lilienstein, Siegmund* im vierten Teil des Buches.

211. Vgl. *Katz, Walter* im vierten Teil des Buches.

212. Barkai a.a.O., S. 128ff.

213. OZ vom 5.1.1938.

214. OZ vom 11.1.1938.

215. Oz vom 9.4.1938.

216. OZ vom 2.9.1938.

217. OZ vom 7.10.1938.

218. OZ vom 20.10.1938.

219. OZ vom 11.11.1938.

220. OZ vom 27.1.1938.

221. OZ vom 22.1.1938.

222. OZ vom 2.3.1938.

223. OZ vom 12.10.1938.

224. Vgl. Barkai a.a.O., S. 128-129.

225. OZ vom 26.4.1938.

226. OZ vom 28.4.1938.

227. OZ vom 16.6.1938.

228. OZ vom 9.5.1938.

229. OZ vom 17.6.1938.

230. OZ vom 20.6.1938.

231. Ayaß, Wolfgang: 'Ein Gebot der nationalen Arbeitsdisziplin'. Die Aktion 'Arbeits-scheu Reich'1938, in: Feinderklärung und Prävention. Kriminalbiologie, Zigeunerfor-schung und Asozialenpolitik, Beiträge zur nationalsozialistischen Gesundheits- und Sozialpolitik 6, Berlin 1988, S. 60.

232. Ebenda, S. 54.

233. STAM, RP Kassel, Bestand 165, Nr. 3982, Bd. 16, S. 545. Ayaß gibt dagegen an, daß alle Verhafteten in das KZ Dachau eingeliefert wurden, S. 54.

234. Karte des Einwohnermeldeamtes: '† 8.2.40 in Weimar'. Vgl. *Beck, Ludwig* im vierten Teil des Buches.

235. OZ vom 11.7.1938.

236. Vgl. Barkai a.a.O., S. 133.

237. OZ vom 28.7.1938.

238. OZ vom 3.8.1938.

239. OZ vom 4.8.1938.

240. Barkai a.a.O., S. 134.

241. Gespräch mit Berta Levi de Garcia am 15.9.1988. Ihre Tochter Ruth wurde 1936 in der Kinderklinik behandelt, da sie als kleines Kind Keuchhusten gehabt hatte.

242. Gespräch mit Robert Freund am 25.6.1987.

243. OZ vom 24.8.1938.

244. STAM, Bestand 180 LA Marburg, Nr. 4941.

245. Zeittafel, in: Benz a.a.O., S. 746.

246. Dickinson a.a.O., S. 310ff. Vgl. auch: *Reis, Hermann Dr.* im vierten Teil dieses Buches.

247. Prinz a.a.O., S. 192.

248. STAM, Bestand 180 LA Marburg, Nr. 4173.

249. Adler, H.G.: Der verwaltete Mensch. Zit. nach Prinz a.a.O., S. 192, Anm. 396.

250. Benz, Wolfgang: Der Novemberpogrom 1938, in: Benz a.a.O., S. 500. Prinz a.a.O., S. 192.

251. Stadtarchiv Fulda, Bestand XXIV Nr. 54, zit. n. Prinz, Wolfgang a.a.O., S. 192, Anm. 398.

252. Prinz a.a.O., S. 192.

253. STAM, Bestand 327/1, NSDAP, Nr. 5592.

254. STAM, Bestand 330 C Marburg, Acc. 1973/1, Nr. 367.

255. OZ vom 13.5.1938.

256. OZ vom 25.6.1938.

257. Vgl. *Blumenfeld, Hermann* im vierten Teil des Buches.

258. Moritz, Klaus; Noam, Ernst: NS-Verbrechen vor Gericht 1945-1955, Justiz und Judenverfolgung Bd. 2, Kommission für die Geschichte der Juden in Hessen, Wiesbaden 1978, S. 76ff. Mika, Hans-Christian: Materialien zur Geschichte der Juden in Gladenbach, Arbeitshilfe für den Geschichte- und Sozialkundeunterricht, Gladenbach 1980, S. 55ff.

259. Vgl. *Michel, Ernst* im vierten Teil des Buches.

260. Vgl. *Metzgerei Bergenstein* im vierten Teil des Buches.

261. Vgl. *Haas, Sally* im vierten Teil des Buches.

262. OZ vom 1.11.1938.

263. Vgl. *Freund, Sigmund* im vierten Teil des Buches.

264. Vgl. *Likörfabrik und Immobiliengeschäft Lion* im vierten Teil des Buches.

265. OZ vom 14.5.1938.

266. STAM, Bestand 274 Marburg, Acc. 1984/19, Nr. 125, Blatt 30.

267. Gespräch mit Margot Weil, geborene Pfifferling, am 11.8.1987.

268. Vgl. alle weiteren Einzelheiten zum Synagogenbrand: Fülberth, Susanne u.a., a.a.O.

269. Gespräch mit Ilse Feibel, geborene Bergenstein, am 24.11.1988.

270. Fülberth u.a., a.a.O., S. 13.

271. STAM, Bestand 330 C Marburg, Nr. 5037, Stadtchronik 1933-1938.

272. STAM, Bestand 180 LA Marburg, Nr. 4827.

273. Ebenda.

273a. Eigene Recherchen.

274. OZ vom 11.11.1938. Dickinson a.a.O., S. 225.

275. Gespräch mit Robert Freund am 25.6.1987.

275a. Unterlagen Robert Freund.

276. STAM, Bestand 330 C Marburg, Nr. 5037.

277. Die jüdische Emigration a.a.O., S. 246. Fernschreiben vom 14.11.1938: "[Der] Chef der Sicherheitspolizei an alle Staatspolizei[leit]stellen, nachrichtlich an die Inspektion der Konzentrationslager und die Kommandanten der Konzentrationslager."

278. OZ vom 14.11.1938.

279. STAM, Bestand 180 LA Marburg, Nr. 3593.

280. Zeittafel, in: Benz a.a.O., S. 747.

281. OZ vom 15.11.1938.

282. Ebenda.

283. OZ vom 17.11.1938.

284. OZ vom 23.11.1938.

285. Ebenda.

286. OZ vom 2.12.1938.

287. OZ vom 30.11.1938.

288. OZ vom 5.12.1938.

289. Ebenda.

290. Zeittafel, in: Benz a.a.O., S. 747.

291. OZ vom 6.12.1938.

292. Gespräch mit Robert Freund am 25.6.1987.

293. HSTAWI, Abt. 519/D, Devisenakte Sally Haas.

294. OZ vom 6.12.1938.

295. STAM, Bestand 330 C Marburg, Acc. 1973/1, Nr. 367.

296. Ebenda.

297. Ebenda.

298. Vgl. *Firma A.S. Bachrach* im vierten Teil des Buches.

299. Vgl. *Metzgerei Bergenstein* im vierten Teil des Buches.

300. Vgl. *Firma Blumenfeld & Co* im vierten Teil des Buches.

301. Vgl. *Bornstein, Laja* im vierten Teil des Buches.

302. Vgl. *Drucker, Meier* im vierten Teil des Buches.

303. Vgl. *M. Eichelberg's Nachf.* im vierten Teil des Buches.

304. HSTAWI, Bestand 519/D, Devisenakte Selmar Frank.

305. Vgl. *Firma H. Fürst* im vierten Teil des Buches.

306. STAM, Bestand 330 C Marburg, Acc. 1973/1, Nr. 367.

307. Vgl. *Schuhgeschäft Kugelmann* im vierten Teil des Buches.

308. Vgl. *Damen- und Herrenschneiderei Lanzewizki* im vierten Teil des Buches.

309. STAM, Bestand 330 C Marburg, Acc. 1973/1, Nr. 367.

310. Vgl. *Michel, Isidor* im vierten Teil des Buches.

311. Vgl. *Moses, Ludwig und Siegfried* im vierten Teil des Buches.

312. Vgl. *Reis, Hermann Dr.* im vierten Teil des Buches.

313. HSTAWI, Abt. 519/D, Devisenakte Julius Stern.

314. Vgl. *Stern, Julius* im vierten Teil des Buches.

315. Vgl. *Stern, Rudolf* im vierten Teil des Buches.

316. Vgl. *Stern, Sally* im vierten Teil des Buches.

317. Vgl. *Walldorf, Moses* im vierten Teil des Buches.

318. HSTAWI, Abt. 519, Finanzamt Marburg, Liegenschaftsstelle, Nr. 61.

319. STAM, Bestand 330 C Marburg, Acc. 1973/1, Nr. 367.

320. Ebenda.

321. Ebenda.

322. Ebenda.

323. Ebenda.

324. Ebenda.

325. OZ vom 28.1939.

326. HSTAWI, Abt. 519/D, Devisenakte Julius Stern.

327. Barkai a.a.O., S. 170.

328. Vgl. Ebenda, S. 173. Genschel a.a.O., S. 216.

329. Stadtbauamt, Akten Magistrat Marburg, Friedhofserweiterung und Ehrenhain für die im Kriege 1939-1945 Gefallenen. Hauptabt.17 D, Unterabt.2, Nr. 2a, 1.Teil 1939-1949.

330. RP Darmstadt, Entschädigungsbehörde in Wiesbaden, RP Kassel Nr. 02254.

331. Gespräch mit Lotte Schobel, geborene Tietz am 4.6.1987.

332. Gespräch mit H.H. am 6.3.1990.

333. HSTAWI, Abt. 519, Finanzamt Marburg, Liegenschaftsstelle, Nr. 34.

334. Heim, Susanne / Aly, Götz: Die Ökonomie der 'Endlösung'. Menschenvernichtung und wirtschaftliche Neuordnung. In: Beiträge zur nationalsozialistischen Gesundheits- und Sozialpolitik, Bd. 5, Berlin 1987, S. 11-90.

335. Genschel a.a.O., S. 214.

336. Richarz, Monika (Hrsg.): Jüdisches Leben in Deutschland. Selbstzeugnisse zur Sozialgeschichte 1918-1945, New York 1982, S. 48. Auch: Genschel a.a.O. S.136.

337. Genschel a.a.O., S. 136.

338. Plum a.a.O., S. 305.

339. Barkai a.a.O., S. 80-81.

340. Weckbecker, Arno: Die Judenverfolgung in Heidelberg 1933-1945, Heidelberg 1985, S. 133.

341. Barkai a.a.O., S. 88-89.

342. Weitere sind nachzulesen im zweiten und dritten Kapitel dieses Buches.

4. Die jüdischen Geschäfte in Einzeldarstellungen

Das folgende Kapitel umfaßt die Einzeldarstellungen von siebzig jüdischen Geschäften, die es in Marburg während der Zeit des Nationalsozialismus oder unmittelbar davor gegeben hat. Beschrieben wird die Eröffnung der Betriebe in Marburg, die Geschäftsentwicklung, sowie die Umstände der 'Arisierung', bzw. Liquidation. Daran schließt sich der Versuch einer Rekonstruktion der Familiengeschichte an, der eine Aufzählung spezieller Quellenangaben folgt. Dieses Darstellungsschema ließ sich nicht durchgängig einhalten; wenn die Quellenlage zu lückenhaft war, fielen einzelne Teile sehr kurz aus oder mußten gar ganz wegfallen.

Bei den verwendeten Quellen handelt es sich fast ausschließlich um neu erschlossenes Material aus Archiven, Zeitungen, Interviews, Korrespondenz etc., die sicherlich neuartige Detailaspekte der Zeitgeschichte Marburgs, die bislang nur wenig erforscht ist, bieten; es ist der Versuch gemacht worden, alle heute noch zugänglichen Quellen in die Untersuchung einzubeziehen, wobei die einzige Quelle, die sich mit einiger Sicherheit noch verbreitern ließe, der Kontakt mit überlebenden Opfern und deren Nachkommen ist. Die Quellenlage ist aber dennoch immer noch so lückenhaft, daß z.B. über Geschäftsumfang, Marktanteil und Anzahl der beschäftigten Angestellten kaum Aussagen gemacht werden können.

Über die Darstellung der Geschäfte hinaus ist versucht worden, die Geschichte der Familien nachzuzeichnen, und zwar beginnend mit dem Zuzug nach Marburg bis zur erzwungenen Emigration oder der Deportation in die Ghettos von Riga, Lublin und Theresienstadt. Soweit es Unterlagen gibt, werden auch die letzten Informationen über die deportierten Menschen mitgeteilt. Von dem vorgestellten Personenkreis überlebte nur die Familie Lanzewizki die Zeit des Zweiten Weltkrieges - zeitweise versteckt - in Marburg. Alle übrigen konnten emigrieren oder wurden deportiert. Von den in Ghettos und schließlich in Konzentrationslager Verschleppten ist vielfach nicht einmal Ort und Zeit der Ermordung bekannt.

Die Darstellungen der Familiengeschichte bilden den problematischsten Teil des Kapitels. Soweit Kontakte zu überlebenden Familienangehörigen aufgenommen werden konnten, ergaben sich immer wieder Widersprüchlichkeiten zu den aus amtlichen Quellen gewonnenen Informationen: fehlerhafte Lebensdaten, unvollständige Familienangaben usw. Insbesondere über verheiratete Frauen und über Kinder sind die Kenntnisse lückenhaft, da in den amtlichen Quellen vielfach nur die 'Familienoberhäupter' erscheinen. Bei Lebensdaten ist immer wieder festzustellen, daß sich die amtlichen Quellen selbst widersprechen; offensichtlich arbeitete die nationalsozialistische Bürokratie in diesem Punkt sehr mangelhaft.

Sollten daher insbesondere die jüdischen Leserinnen und Leser bei der Lektüre fehlerhafte Familienangaben feststellen, so mögen sie dies nicht fehlender Sorgfalt der Verfasser zuschreiben; sie sind ganz herzlich aufgefordert, Korrekturen und Ergänzungen mitzuteilen. Es ist eines der Anliegen der Autoren, mit möglichst vielen ehemaligen Bürgerinnen und Bürgern Marburgs in Kontakt zu kommen und auf diese Weise die Kenntnisse über die Opfer des Nationalsozialismus zu vertiefen und eine Erinnerung an sie möglich zu machen.

Die einzelnen Darstellungen enden mit einer Zusammenstellung der wichtigsten Quellen, die es für das Geschäft und die Familie gab. Nicht mitaufgenommen in den Quellenanhang der Einzeldarstellungen wurden diejenigen Quellen, die für alle als Grundlage dienten; sie werden direkt vermerkt. Sie finden sich auch mit vollständigen bibliographischen Angaben im Literaturverzeichnis am Ende des Buches. Hier sind zuerst die Adreßbücher der Stadt Marburg zu nennen, die beginnend mit 1868 bis Mitte der fünfziger Jahre unseres Jahrhunderts zugänglich waren. Sie bilden eine reichhaltige Informationsquelle für die Geschäftsentwicklungen und wurden für verschiedenste Angaben herangezogen.

Eine wesentliche Grundlage für die Rekonstruktion der Geschichte der jüdischen Betriebe waren die Gewerberegisterbände der Stadt Marburg, die für den Zeitraum von 1893 bis 1945 benutzt werden konnten.

Eine wichtige Quelle zur Rekonstruktion der Familiengeschichte bildete das bereits erwähnte Verzeichnis der jüdischen Einwohner (*Einwohnermeldekarten*) im Marburger Einwohnermeldeamt. Dieser Datenbestand wurde ergänzt und erweitert durch Erkenntnisse aus eigenen Recherchen.

Aus dem vom Bundesarchiv Koblenz und dem Internationalen Suchdienst bearbeiteten *Gedenkbuch*, das die alten Bundesländer und Berlin umfaßt, stammen Angaben über die Deportation und Ermordung der jüdischen Bürger Marburgs.

In vielen Publikationen finden sich bei der Beschreibung jüdischer Schicksale Formulierungen wie *verschollen in Auschwitz* ... Das hier vorliegende Buch folgt einer Anregung des hessischen Landesrabbiners und spricht, wann immer es den Tatsachen entspricht, von *Ermordung*.

Korsettgeschäft Aron

Zweigniederlassung der Geschwister Aron, Gießen; Geschäftsführerin in Marburg war Laura Aron

Wettergasse 17

Corfettenhaus Geschw. Aron
Spezialhaus für Hüft- u. Büstenhalter aller Art
Wettergasse 17   Telefon 802 (2802)

Marburger Einwohnerbuch 1932/33, S.201.

Eröffnung und Entwicklung

1912 eröffnete Laura Aron in der Wettergasse 28 ein Korsettgeschäft. 1918 wurden die Geschäftsräume in die Wettergasse 38 verlegt. Anfang der zwanziger Jahre befand sich das Geschäft in der Neustadt 4 und ab Ende der zwanziger Jahre in der Wettergasse 17. 1930 wurde auf die Namen von Laura Aron und Jenny Wohlmuth, geb. Aron, aus Gießen, eine offene Handelsgesellschaft eingetragen. Im gleichen Jahr wurde auch ein Lagerraum an das Haus angebaut.

Laura Aron hatte ihre Wohnung anfangs im Wehrdaer Weg 2 und ab 1920/21 in der Kasernenstraße 8 (heute Gutenbergstraße).

Arisierung/Liquidation

Im Dezember 1935 übernahmen die Geschwister F. das Geschäft. Laut Mitteilung der Ortsgruppe der NSDAP waren F.s keine Parteimitglieder. Der Verkaufspreis betrug 6.500 RM.

Familie

Aron, Laura, geb. 8.1.1885 in Kassel.
Wohlmuth, Jenny, geborene Aron, geb. am 23.1.1858 in Schlawe/Pommern. Laura zog nach der Arisierung des Geschäfts nach Gießen. Dem Adreßbuch zufolge wohnte sie von 1936 bis 1937 wieder in Marburg und zwar im Haus Steinweg 16. Ab 1938 lebte sie wieder in Gießen, zeitweise auch bei Jenny Wohlmuth. Diese ging 1939 in ein Altersheim nach Mainz. Von dort wurde sie in das Ghetto Theresienstadt deportiert. Ihr To-

desdatum ist unbekannt. Laura Aron kam am 4.9.1942 in das Ghetto Theresienstadt. Unklar ist, ob sie dort verstorben ist oder weiter in ein KZ im Osten deportiert wurde.

Quellen

Handelsregister A Marburg, Bd. II, Nr. 384. StAM, Bestand 327/1, NSDAP, Nr. 5592. Knauß, Erwin: Die jüdische Bevölkerung Gießens 1933-1945; Schriften der Kommission für die Geschichte der Juden in Hessen, Wiesbaden 1987, S. 90ff. Arbeitsgruppe für Dokumentation: Die Stadt Marburg - Gesamtdokumentation; 2 Bde, Marburg 1976 u. 1981, Bd. 2, S. 269.

Im Handelsregister A Nr. 384 ist heute eingetragen worden, daß die Firma „Korsettenhaus Geschwister Aron" in Marburg erloschen ist.   yu

Marburg, den 6. Februar 1936.

Amtsgericht.

Oberhessische Zeitung vom 17.2.1936.

Firma A.S. Bachrach
Inhaber: Samuel und Cilly Bachrach, geborene Carlebach

Großhandlung für Mehl, Getreide, Kolonialwaren, Futtermittel, Sämereien

Bahnhofstraße 36

Eröffnung und Entwicklung
1905 siedelte Abraham Salomon Bachrach mit seiner Familie aus Neustadt nach Marburg über. Die Bachrachs waren seit mehreren Generationen in Neustadt beheimatet. Die über zwanzig jüdischen Familien in Neustadt zur Mitte des letzten Jahrhunderts lebten überwiegend vom Viehhandel; so auch die Familien Bachrach. Sie kauften in Marburg das Haus in der Bahnhofstraße 36; dort zogen sie im August 1905 ein. Ihr Geschäft - Landesprodukte, Getreide, Mehl etc. - eröffneten sie Ende Oktober desselben Jahres. Ab 1909 bzw. 1911 waren die Söhne Abraham Salomons, Samuel und Adolf, Mitinhaber der Firma. Der Betrieb wurde zügig ausgebaut. Bereits 1909 wurde die Firma als offene Handelsgesellschaft in das Marburger Handelsregister eingetragen. Der offizielle Firmenname lautete nun *Fa. A.S. Bachrach, Großhandlung für Mehl, Getreide, Kolonialwaren, Futtermittel, Sämereien*. Während des Krieges mußte Adolf Bachrach das Geschäft alleine führen, weil seine Brüder Samuel und Willy zum Militär eingezogen wurden. Ihr Vater war mit seinen weit über 70 Jahren zu alt, um noch im Geschäft mitzuarbeiten; er schied im Juni 1916 offiziell aus der Firma aus und verstarb im April 1918. Nach dem Tod von Adolf Bachrach im Jahre 1928, trat seine Frau Cilly als Teilhaberin in die Firma ein.
Das Geschäft hatte eine führende Position in der Region: "*Die Firma A.S. Bachrach war eine der größten Firmen der Getrei-*

A. S. BACHRACH

Getreide, Kolonialwaren, Heu, Stroh, Futterartikel, Sämereien

Marburg an der Lahn, Bahnhofstraße 36
Fernsprecher 131 u. 753 / Nachtanruf über Gießen: Marburg 131
Giro bei der Reichsbank / Postscheck-Konto 7034 Frankfurt a. M.

Adreßbuch der Stadt Marburg/Lahn 1925, Inseratenanhang S. 34.

de- und Produktenbranche im Regierungsbezirk Kassel. Sie war Mitglied der Börse in Frankfurt/Main und Kassel. Ihr Geschäftsbereich erstreckte sich auf den ganzen Regierungsbezirk Kassel. Ihre Kunden waren Mühlen, Getreidehändler, Genossenschaften und Bäckereien. Die Firma hatte Reichsbank-Girokonto und beschäftigte drei bis vier Reisende, die dauernd unterwegs waren. Die Firma wurde in ihrer Branche als Millionenbetrieb bezeichnet. Sie war einer der höchsten Steuerzahler in Marburg/Lahn." (aus: *Eidesstattl. Versicherung L.B. vom 14.1.1957, in: Entschädigungsakte Samuel Bachrach Nr. 00006*). Die Kunden hatten sogar die Möglichkeit, nachts per Telefon ihre Bestellungen aufzugeben, ein seltener Service zu dieser Zeit. Zur Lagerung der Vorräte wurde zunächst ein Haus in Weidenhausen (Nr.32) gekauft, welches nach dem Bau eines Schuppens in der Neuen Kasseler Straße 1910 an einen Fuhrunternehmer weiterverkauft wurde. Später, 1914, wurde der Schuppen zu einem Lagerhaus umgebaut; 1929 wurde es abgerissen und ein neues Lagerhaus errichtet, jetzt mit der Hausnummer 29a. Auch ein Wohn- und Lagerhaus in der Afföllerstraße 1a gehörte zum Besitz der Firma. Insgesamt arbeiteten in dem

146

5026

Der Kreiswirtschaftberater.   19.2.1958.

An den
Gauwirtschaftsberater der NSDAP,
Gau Kurhessen

K a s s e l

Betr.:   Antrag des Juden Samuel Bachrach, Marburg/L., Bahn=
         Hofstrasse 34 auf Genehmigung zur Neuerrichtung einer
         Verkaufsstelle für Wein und zwar nur für Nichtarier in
         Marburg/L., Barfüsserstrasse 15 b.

Der Antrag ist abzulehnen mit nachstehender Begründung:

1.)   Bachrach ist Getreide=, Futter= und Düngemittelhändler.
      Die notwendigen Fachkenntnisse für den Weiverkauf fehlen.

2.)   Wenn der Verkauf im Antrag auch nur für Nichtarier vorge=
      sehen ist, so besteht trotzdem die Gefahr, dass Arier mit
      Berechnung oder auch in Unkenntnis die Verkaufsstelle be=
      treten und sicherlich auch Ware erhalten.

3.)   In der Barfüsserstrasse sind Verkaufsstellen für Wein hin=
      reichend vorhanden.

Dem Oberbürgermeister der Stadt Marburg gab ich den Antrag zu=
rück und bemerkte, dass Ihre Stellungnahme in den ersten Tagen
eingeht.

                              Heil Hitler !

1 Anlage. (Brief des Oberbürgermeisters vom 15.2.38.)

StAM, Bestand 327/1, NSDAP, Nr. 5592.

147

*Samuel Bachrach, Kennkartenfoto.
Die Kennkarten wurden zum 1.1.1939 für die
jüdische Bevölkerung als Pflichtausweis einge-
führt, versehen mit einem großen 'J' und den
Zwangsvornamen Sara, bzw. Israel.
Foto: Staatsarchiv Marburg.*

Betrieb einschließlich der Familienangehörigen wohl zehn Personen. Für den
Außendienst war ein Fahrer angestellt.
Desweiteren beschäftigte die Familie
zwei Dienstmädchen und eine Pflegerin
für den alten Herrn Bachrach.

Arisierung/Liquidation

Nach 1933 verschlechterten sich die Wirtschaftsbedingungen der Firma zuse-
hends. Mehrfach wurde das Geschäft mit
Boykottplakaten beklebt. Die Marburger
Kunden wurden eingeschüchtert und die
Schuldner weigerten sich, ihre Rechnungen zu bezahlen. Schon 1933 mußte der
Fahrer entlassen werden. 1934 mußten
die Bachrachs Haus und Grundstücke
verkaufen. Das Haus übernahm ein Marburger Großhändler. Neben seinem Geschäft befanden sich noch ein Friseurge-
schäft und eine Obsthandlung in der
Bahnhofstraße 36. Die durch Wegzug
und Emigration verkleinerte Familie zog
im Oktober 1936 aus ihrer Wohnung im
zweiten Stock in die Bahnhofstraße 24.
Zum 31.12.1937 wurde der Großhandel
eingestellt; im Gewerbebuch wurde vermerkt: *"Kleinhandel mit Landesprodukten und Kolonialwaren wird weiterbetrieben,
angemeldet 31.12.1937".* Im März 1938 zog
Samuel Bachrach mit seiner Frau und
den Söhnen Berthold und Alfred in das
Barfüßertor 15b in das Haus der Brüder
Moses. Dort beantragte Samuel Bachrach
eine Genehmigung zur Eröffnung einer
Verkaufsstelle für Wein (und zwar nur
für 'Nichtarier'). Dies wurde vom Kreiswirtschaftsberater abgelehnt. Endgültig
eingestellt wurde der Kleinhandel mit
Landesprodukten nach dem Pogrom.
Samuel Bachrach blieb die Verschlep-
pung ins KZ Buchenwald am 10.11.1938
aufgrund seiner Zuckerkrankheit erspart.
Das Haus in der Bahnhofstraße 36 wurde
im Krieg durch Bombenangriffe zu 50
Prozent zerstört. 1958 wurde es endgültig abgerissen.

Familie

Abraham Salomon Bachrach,
geb. 11.4.1843 in Neustadt,
gest. 5.4.1918 in Marburg.
Henriette, geborene Birnbaum,
gest. 27.3.1887,
Ehefrau von Abraham.

Nachkommen von Abraham Salomon
und Henriette Bachrach
Kinder
Sara, verh. Kapp,
geb. 5.5.1875 in Neustadt.
Fanni, verh. Strauß,
geb. 1.12.1876 in Neustadt,
Ehefrau von David Strauß
in Kirchhain.
Samuel, geb. 9.2.1879 in Neustadt.
Adolf, geb. 18.7.1880 in Neustadt.
Willy, geb. 2.1.1882 in Neustadt.
Ludwig, geb. 20.7.1884 in Neustadt.
Rosa, verh. Gans.
Bella, verh. Sichel.
Henriette, verh. Vogel.
Schwiegerkinder und folgende Generation
Cilly, geborene Carlebach, geb. 22.8.1887
in Frankfurt/Main, Ehefrau von Adolf.
Hilde, verh. Stibbe,
geb. 21.2.1914 in Marburg,
Tochter von Adolf und Cilly.
Judith, geb. 3.1.1919 in Marburg,
Tochter von Adolf und Cilly.
Charlotte, geborene Eichelberg,
geb. 28.12.1885 in Marburg,
Ehefrau von Samuel (Tochter
des Bankiers Hermann Eichelberg).
Henny, verh. Cohn, geb. 7.12.1909
in Marburg, Tochter von Samuel
und Charlotte.
Max Theodor, geb. 21.12.1911
in Marburg, Sohn von Samuel
und Charlotte.
Margrith Margalit, verh. Heidecker,
geb. 3.3.1916 in Marburg,
Tochter von Samuel und Charlotte.
Alfred Abraham,
geb.20.8.1921 in Marburg,
Sohn von Samuel und Charlotte.
Berthold, geb. 14.12.1922 in Marburg,
Sohn von Samuel und Charlotte.
(Zur Familie von Ludwig Bachrach siehe
auch Rechtsanwalt Dr. Bachrach.)
Die meisten Mitglieder der Familie Bachrach aus Neustadt verzogen im Laufe der Zeit in größere Städte. Viele Töchter heirateten in den Frankfurter Raum. Nur

Abraham Salomon siedelte nach Marburg über. Adolf Bachrach heiratete 1912 Cilly Carlebach aus Frankfurt. Sie zogen im gleichen Jahr aus dem elterlichen Haus in eine eigene Wohnung in der Bahnhofstraße 19. Dort wurden auch ihre Töchter Hilde und Judith geboren. Hilde heiratete den holländischen Kaufmann Jost Stibbe. Beide wurden von Amsterdam in das Lager Westerbork deportiert und von dort in das Vernichtungslager Sobibor, in dem sie ermordet wurden. Judith konnte 1935 nach England emigrieren. Cilly Bachrach zog 1936/37 nach Frankfurt. Sie leitete dort das jüdische Altersheim in der Wöhlerstraße. Von Frankfurt aus wurde sie deportiert. Sie wurde ermordet.

Willy Bachrach ging nach seiner Rückkehr aus der Kriegsgefangenschaft nach Offenbach. Er heiratete Berta Camberg und trat als Teilhaber in die Getreidefirma des Schwiegervaters (*Camberg & Co., Offenbach*) ein. Über Willy und Berta Bachrachs Schicksal gibt es den Vermerk "für tot erklärt im Osten", was bedeutet, daß das Datum und der Ort ihrer Ermordung nicht bekannt sind.

Ab 1927, nach dem Tod seiner Frau Julie, wohnte auch der Schwiegervater von Samuel Bachrach, der Privatbankier Hermann Eichelberg, bis zu seinem Tod am 10.1.1932 im Haus der Bachrachs in der Bahnhofstraße 36. Hermann Eichelberg arbeitete in der Demokratischen Partei (DDP); er war auch langjähriges Mitglied im Marburger Turnverein. Innerhalb der jüdischen Gemeinde engagierten sich die Bachrachs stark: Samuel Bachrach war lange Jahre Gemeindeältester, seine Frau arbeitete im Vorstand des *Israelitischen Frauenvereins* und in der Gemeinde mit. Adolf Bachrach hatte bis zu seinem Tod am 6.1.1928 einen Sitz im Vorstand des *Israelitischen Männervereins* und war Beisitzer des *Vereins Israelitisches Schüler-und Lehrlingsheim*. Auch Cilly Bachrach arbeitete im Vorstand dieses Vereins. Die

Kinder Samuel Bachrachs waren in verschiedenen jüdischen und zionistischen Diskussionszirkeln aktiv. Vor dem Hintergrund der zunehmenden Repressalien gegen die jüdische Bevölkerung reifte dort bei einigen Kindern Samuels der Entschluß, nach Palästina zu emigrieren. Max Theodor, der mit einem Jurastudium begonnen hatte, wanderte bereits im Juni 1933 nach Holland und von dort 1934 nach Palästina aus. Seine Schwester Minna war bereits im Oktober 1933 dorthin emigriert. Die Schwester Henny - sie war Lehrerin - folgte 1935 ihren Geschwistern zusammen mit ihrem Ehemann Abraham Cohn, Sohn des Marburger Rabbiners Naphtali Cohn. Die jüngeren Brüder Alfred und Berthold blieben bei den Eltern.

Nach dem Pogrom bemühten sie sich mit großem Nachdruck um eine Auswanderungserlaubnis nach Palästina. Durch die internationale politische Krise im Mittelmeerraum zu dieser Zeit war eine Emigration nach Palästina sehr viel schwieriger geworden.

Doch Minna, Theo und Henny sorgten in Palästina für die erforderlichen Papiere, indem sie bei der britischen Mandatsmacht intervenierten. So konnten die beiden Brüder Alfred und Berthold im März 1939 emigrieren. Samuel und seiner Frau Charlotte gelang es im Dezember 1939, von Marburg wegzukommen. Sie gingen nach Italien, von wo aus sie im Sommer 1940 ihre neue Heimat Palästina erreichten.

Quellen

Gespräch mit Theo Bachrach am 7.8.1987 und mit Judith Bachrach am 29.8.1989. Handelsregister A Marburg, Bd. 1, Nr. 1-267, Nr. 223. StAM, 330C Mbg. Acc. 1973/1, Nr. 367, Verordnung zur Ausschaltung der Juden aus dem deutschen Wirtschaftsleben 1938/39. StAM, Bestand 327/1 NSDAP, Nr. 5592. StAM, Kataster II Marburg, Gebäudebücher 1910ff. HStAWI, Abt. 519, Rückerstattungsakten MRG 59, Nr. 25406. RP Darmstadt, Entschädigungsbehörde in Wiesbaden, RP Kassel Nr. 00006.

Bachrach, Ludwig, Dr.

Rechtsanwaltsbüro und Notariat

Bahnhofstraße 13

Eröffnung und Entwicklung
Im Jahre 1911 eröffnete Ludwig Bachrach ein Rechtsanwalts- und Notariatsbüro im Hause seines Vaters in der Bahnhofstraße 36. 1914 bezog er zusammen mit seiner Frau Bertha eine Mietwohnung in der Bahnhofstraße 18. 1921 verlegte er sein Büro in ein Geschäfts- und Bürohaus in der Bahnhofstraße 13, erste Etage. In diesem Haus, in dem es mehrere

Geschäfte und Arztpraxen gab, betrieb er seine Praxis. Das Büro war eines der größten seiner Art in Marburg und beschäftigte bis zu elf Kanzleiangestellte, sowie jeweils einen Assessor und einen Referendar. Im Laufe der Zeit gehörten zum Besitz von Ludwig Bachrach drei Mietshäuser und mehrere unbebaute Grundstücke.

Arisierung/Liquidation
Schon 1933 begann die Verfolgung Ludwig Bachrachs: Am 16.6.1933 wurde ihm die Tätigkeit als Notar und ab dem 27.9.1933 auch die als Rechtsanwalt verboten. Gleichzeitig leitete man gegen ihn Ermittlungen wegen Falschbeurkundung

und überhöhter Honorarforderungen ein. Er wurde verhaftet, wegen seines gesundheitlichen Zustands - er litt an Diabetes - aber in die medizinische Klinik gebracht. Man begründete die Verhaftung mit 'Verdunkelungsgefahr'. Im September 1933 wurde der Haftbefehl aufgehoben; die Anschuldigungen konnten nicht aufrechterhalten werden. Eine Entschädigung für die Untersuchungshaft wurde aber abgelehnt. *"Gemäß §2 Abs. 2 des Gesetzes betr. die Entschädigung für unschuldig erlittene Untersuchungshaft kann der Anspruch ausgeschlossen werden, wenn die zur Untersuchung gezogene Tat des Verhafteten eine grobe Unredlichkeit oder Unsittlichkeit in sich geschlossen hat. Dies trifft nach den oben angestellten Erörterungen bei der Tat des Angeschuldigten zu."* Ludwig Bachrach verließ noch im gleichen Jahr mit seiner Familie Deutschland und ließ sich in Frankreich nieder. Die Familie lebte zunächst in Straßburg, dann in Dijon. Im Oktober 1933 durchsuchte die Gestapo seine Marburger Wohnung, und 1934 fahndete man steckbrieflich nach ihm. Sein gesamtes Vermögen wurde beschlagnahmt.

Die Rechtsanwaltspraxis wurde 'arisiert'. Sein früherer Assessor - und unter dem Druck der Verhältnisse auch Teilhaber - Dr. Sch. übernahm das Büro. Die Praxis Dr. Sch. lief aber sehr schlecht. Er meldete sich zur Staatsanwaltschaft und wurde 'im Osten eingesetzt'. Nach dem Kriege arbeitete er als Staatsanwalt in Marburg. Die Häuser und Grundstücke blieben nach ihrer Einziehung 1934 in der Hand des Reichsfiskus. Neben der Universität, der Stadt und der SS-Fürsorgestelle interessierten sich auch Marburger Geschäftsleute, höhere Beamte, der Standortkommandeur der Wehrmacht sowie mehrere 'alte Kämpfer' für die Besitzungen. Zum Verkauf kam es aber nicht gen.

mehr, da ab März 1943 alle Liegenschaften dem Reichsfiskus überschrieben wurden.

Familie
Ludwig Bachrach,
geb. 20.7.1884 in Neustadt.
Bertha, geborene Bachrach,
geb. 18.2.1894 in Neustadt,
Ehefrau von Ludwig Bachrach.
Nachkommen von Ludwig und
Berta Bachrach
Kinder
Walter Helmut,
geb.9.6.1915 in Marburg.
Albrecht Artur,
geb.16.3.1922 in Marburg.
(zu *Eltern, Geschwister und anderen*
Verwandten siehe
Abraham Salomon Bachrach.)
Ludwig Bachrach verstarb am 8.3.1942 in Dijon. Seine Söhne wurden in Frankreich von der Gestapo ins KZ Drancy, und von dort aus nach Auschwitz deportiert. Sie sind beide ermordet worden. Nur Bertha Bachrach überlebte und kehrte zu Beginn der fünfziger Jahre nach Marburg zurück. Sie starb am 8.10.1980 in Marburg.

Quellen
StAM, Bestand 275 Mbg, Acc. 1974/5, Notariatsakten Bachrach. StAM, 274 Mbg Acc. 1981/57, Nr. 388 - Falschbeurkundung -. StAM, Kataster II Mbg, Gebäudebücher 1910ff. RP Darmstadt, Entschädigungsbehörde in Wiesbaden, RP Kassel Nr. 00445 und Nr. 09774. HStAWI, Abt. 519, Finanzamt Mbg, Liegenschaftsstelle, Nr. 71-77. HStAWI, Abt. 519, Vermögenskontrollakten, Nr. 44-48. HStAWI, Abt. 519, Rückerstattungsakten MR 59, Nr. 463, 499, 500, 521 u. 522. Grundbuchamtakten Mbg, Abt. I, Bd. 89, Bl. 3328, Fol. 19, Bl. 3655.

Firma E. Baum, Wwe.
Inhaber: Julius und Max Leyser

Kurz- und Modewaren,
Konfektionskleidung

Neustadt 27

Festzeitung: Philipps-Universität Marburg
1527-1927, Hrsg: Elster, Marburg o.J.

Eröffnung und Entwicklung

Die Witwe Esther Baum eröffnete Anfang der siebziger Jahre des 19. Jahrhunderts in der Barfüßerstraße 36 ein Geschäft für Kurzwaren und Lingerien (Wäsche). 1888 wurde der Betrieb in eine offene Handelsgesellschaft umgewandelt. 1889 übernahmen Lina und Markus Leyser das Geschäft. Ende der achtziger Jahre wurde das Geschäft in die Barfüßerstraße 48 verlegt und Anfang des 20. Jahrhunderts in die Neustadt 27. Es führte Tapisseriewaren - das ist Handarbeitsmaterial -, Lingeriewaren und Merceriewaren - das sind Kurzwaren - sowie Weißwaren. Später kam noch Konfektionskleidung dazu. Zum Leistungsangebot der Firma gehörte auch die Herrichtung von Bekleidungsartikeln nach den Wünschen der Kunden durch Putzmacherinnen.

1923 trat Julius Leyser, und einige Jahre später Max Leyser, in das Geschäft der Eltern ein. Ab 1928 war Anna Leyser, die Ehefrau von Julius, Teilhaberin des Geschäfts. (Der in den Adreßbüchern 1926/27 und 1928/29 als Geschäftsmitinhaber angeführte Martin Leyser konnte nicht identifiziert werden. Möglicherweise sind dort die Namen Max und Martin verwechselt worden.) Das Geschäft entwickelte sich zu einem der größeren Modewarenhäuser der Stadt.

Arisierung/Liquidation

Das Geschäft wurde am 21.5.1934 'arisiert'; Leo Blach und Meta Mildenberger übernahmen es und führten es als Firma Blach & Co. weiter. Im September 1934 zog die Familie Leyser nach Köln.

Familie

Esther Baum, geb. Rülf,
geb. 14.2.1839, gest. 12.6.1910.
Markus Leyser, geb. 14.9. 1859
in Anhalt.
Lina, geborene Baum, geb. 24.11.1861,
gest. 28.4.1925,
Tochter von Ester Baum,
Ehefrau von Markus Leyser.
Nachkommen von
Markus und Lina Leyser
Kinder
Ernst, geb. 11.8.1891 in Marburg,
gefallen 2.11.1918.
Max, geb. 13.1.1890 in Marburg.
Julius, geb. 2.6.1898 in Marburg.
Sophie, ihre Lebensdaten sind
unbekannt.
Schwiegerkinder und folgende Generation
Anna, geborene Kaufmann,
geb. 12.1.1901 in Paris, gest. 1.10.1935
in Köln, Ehefrau von Julius.
Ernst, geb. 7.2.1930 in Marburg,
Sohn von Julius und Anna.
Hans, geb. 18.6.1932 in Marburg,
Sohn von Julius und Anna.
Das genaue Sterbedatum von Markus Leyser ist unbekannt; er starb nach dem Umzug in Köln. Sein Sohn Max wurde am 5.12.1944 im KZ Natzweiler ermordet, Julius Leyser und seine Söhne Ernst und Max im Vernichtungslager Sobibor.

Quellen
StAM, Kataster II Marburg, Gebäude-bücher 1910ff. Handelsregister des kur-fürstlichen Justizamts I Marburg, Bd. 1, Pag. 1 bis 767, Nr. 216, Pag. 293.

Handelsregister A, Marburg, Bd. 1, 1-267, Nr. 105. Marburger Arbeitsgruppe für Dokumentation: Die Stadt Marburg - Gesamtdokumentation, 2 Bde., Marburg 1976 u. 1981, Bd. 2, S. 192.

Baum, Karl

Handel mit Vieh und Manufakturwaren

Werderstraße 4

Eröffnung und Entwicklung
Im Jahre 1929 zog Karl Baum mit seiner Familie von Wittelsberg nach Marburg um. Er erwarb hier das Haus Werder-straße 4. Den zum Haus gehörenden Pferdestall nutzte er als Geschäftsraum. Die Familie wohnte 1929-1931 im Teich-wiesenweg 1; wahrscheinlich wurde erst zu diesem Zeitpunkt eine Wohnung im Haus frei. Aus der Entschädigungsakte geht hervor, daß Karl Baum alleiniger Inhaber des Viehhandelsgeschäfts war. Ein Eintrag im Gewerberegister, der ihn als Vieh- und Manufakturwarenhändler ausweist, datiert vom 1.2.1933.

Arisierung/Liquidation
Karl Baum hat 1957 im Zusammenhang mit seinem Entschädigungsverfahren ei-desstattlich erklärt, daß er ab 1933 we-gen des Boykotts nicht mehr in der Lage gewesen sei, mit dem Geschäft seine Fa-milie zu ernähren; er habe von der Sub-stanz gelebt, wie er es ausdrückte. 1935 wurde ihm der Gewerbeschein entzogen. Vor der Auswanderung im September 1936 hatte er sein Haus an einen dort wohnenden Mieter verkauft.

Familie
Karl Baum, geb. 24.2.1898 in Wittelsberg.
Paula, geb. 22.11.1900 in Wächtersbach, Ehefrau von Karl Baum.
Kinder
Isidor (Theodor), geb. 20.8.1930
in Wächtersbach.
Ernst, geb. 12.8.1934 in Wächtersbach.
Die Familie wanderte am 25.9.1936 in die USA aus.

Quellen
RP Darmstadt, Entschädigungsbehörde in Wiesbaden, RP Kassel Nr. 05056. StAM, Kataster II Marburg, Gebäudebü-cher 1910ff.

Briefkopf des Geschäftspapiers von Ludwig Beck.
Privatbesitz.

Beck, Ludwig

Auskunftei, Rechts- und Inkassobüro

Alte Kasseler Straße 43

Eröffnung und Entwicklung
Ludwig Beck eröffnete 1911 eine Auskunftei mit einem Rechts- und Inkassobüro in dem Haus Markt 9. Ein Brief-
bogen - wahrscheinlich aus den zwanziger Jahren - gibt genaueren Aufschluß
über die Bereiche, in denen Ludwig Beck
arbeitete: *"Auslandsabteilungen: für Ver.
Staaten von Nordamerika, Südamerika, Ca-
nada, Australien, Bolivia, Mexico, Brasilien
u.s.w. Einziehung überseeischer Erbschaften,
Vermächtnissen und Forderungen. Testa-
mentsvollstreckungen, Nachlaßregulierungen,
Erbenermittlungen. Auskunftschaffung von
verschollenen Personen. Kauf und Beleihung
von ausländ. Erbansprüchen. Verbindung
mit führenden Banken des In- und Auslandes."* Seine Tochter gab an, daß er sich -
hochbegabt, wie er war - selbständig ju-

ristische Kenntnisse angeeignet hatte.
Hierzu hat sicherlich auch die Freundschaft mit Dr. Hermann Reis beigetragen.
Im April 1912 zog er in die Weidenhäuserstraße 31 um. Von 1915 bis 1918 war
er Soldat.
Ludwig Beck war Mitglied der SPD und
gehörte dem Reichsbanner an. Ob der
Eintrag im Gewerberegister *"5.8.20 aus
dem Durchgangslager in Gießen entl."* auf
politische Betätigungen in dieser revolu-
tionären Zeit schließen läßt, in ungeklärt.
Im Dezember 1932 zog er mit seiner Familie in die Schwanallee 48, und im Juli
1933 in die Alte Kasseler Straße 43, einem Haus der Familie Sonneborn; es ist
wahrscheinlich, daß Ludwig Beck die
Funktion eines Verwalters für die nach
Luxemburg ausgewanderte Familie übernommen hat. Im Erdgeschoß des Hauses
richtete er sein *Rechts- und Inkassobüro für
In- und Ausland* ein.

Arisierung/Liquidation
Ludwig Beck mußte sein Büro im August 1937 schließen.

154

Weidenhäuser Straße 31. In dem Haus war im Erdgeschoß die Wohnung und das Büro. Rechts am Haus ist das Firmenschild zu sehen. Links im Fenster Saedy und Irma Beck, rechts Ludwig Beck. Vor dem Haus links Rosa, rechts Milli Beck. Aufnahme aus den zwanziger Jahren. Privatbesitz.

Familie
Ludwig Beck, geb. 9.2.1879 in Mainz.
Irma, geborene Schuster,
geb. 20.5.1881 in Mannheim,
Ehefrau von Ludwig Beck.

Nachkommen von Ludwig und Irma Beck
Kinder
Saedy, verh. Sander,
geb. 1.8.1906 in Gießen.
Milli, verh. Mitscherlich,
geb. 11.5.1908 in Gießen.
Rosa, verh. Müller,
geb. 12.8.1909 in Gießen.
nachfolgende Generation
Doris Sander, geb. 23.6.1938,
Tochter von Max und Saedy Sander.
Ludwig Beck wurde im Rahmen der sog.

'Asozialen-Aktion' am 18.6.1938 ins KZ Buchenwald verschleppt. Wie es zu der Verhaftung kam, ist nicht geklärt. Festnahmen wurden mit dem Hinweis auf die Durchführung des 'Vierjahresplans' vorgenommen. Außer sogenannten asozialen Personen sollten dabei Juden verhaftet werden, *"die mit mindestens einer Gefängnisstrafe von mehr als einem Monat bestraft sind"*. Ob seine frühere politische Betätigung oder die Schwierigkeit, als Jude nach 1933 zu leben, ohne mit den NS-Gesetzen zu kollidieren, den Vorwand lieferten, ist ungeklärt.
Aus einem Vermerk auf seiner Einwohnermeldekarte geht hervor, daß er im KZ Buchenwald am 8.2.1940 ermordet worden ist.

Kassel, den 21. 6. 1938.

547

N A C H W E I S U N G

der auf Grund der Verfügung des Reichkriminal=
polizeiamtes vom 1. 6. 1938 - RKPA.6001/295.38 -
im Bezirk der Kriminalpolizeistelle Kassel in der
Zeit vom 13. bis 18. Juni 1938 in polizeiliche
Vorbeugungshaft genommenen asozialen Personen und
Juden.

———————

	Felix	geb.	7. 3.06.	Senftenberg	asozial
	Leopold	"	9. 11.91.	Niedenstein	Jude
	Felix	"	7. 1.90.	Zeitlofs (Unterfr)	Jude
	Willy	"	22. 4.86.	Berlin	asozial
	Reinhold	"	1. 5.05.	Sondershausen (Thür)	asozial
	Ferdinand	"	8. 1.89.	Bonn	asozial
	Rudi	"	2.10.10.	Großwoltersdorf	asozial
	Adam	"	31.12.17.	Erlangen	asozial
	Ludwig	"	9. 2.79.	Mainz	Jude
	,Milian	"	13.10.07.	Burghaun	Jude
	Gustav	"	2. 5.99.	Michenberg	asozial
	Georg	'	19. 8.79.	Waldgirmes	asozial
	Georg	"	1. 2.91.	Kassel	asozial
	Josef	"	21. 4.95.	Mühlheim/Main	asozial
	Ernst	"	22. 8.94.	Hanau	asozial
	Fritz	"	2o. 5.17.	Hanau	asozial
	Karl	"	28. 7.17.	Kassel	asozial
	Heinrich	"	5. 1.02.	Ermschwerdt	asozial
	Justus	"	1.11.99.	Niederkaufungen	asozial
	Jakob	"	24. 6.19.	Kloster-Lechfeld	asozial
	Wilhelm	"	29.11.18.	Dortmund	asozial
	Willi	"	9. 6.08.	Hofgeismar	asozial

*Liste der Ende Juni 1938 im Regierungsbezirk Kassel verhafteten Personen.
StAM, RP Kassel 165, Nr. 3982, Bd. 16, S. 547.*

Seine Frau Irma wurde am 8.12.1941 aus Marburg deportiert und gilt als 'in Riga verschollen'. Auch sie wurde ermordet.

Rosa heiratete am 2.8.1930 den nichtjüdischen Dentisten Karl Müller und entging der Verfolgung. Sie hatte zwei Töchter.

Saedy heiratete den jüdischen Kaufmann Max Sander aus Neuwied. Im März 1936 zog sie nach Wiesbaden. Sie wurde mit ihrer Tochter Doris am 30.4.1942 deportiert. Sie sind beide ermordet worden.

Max Sander konnte nach England emigrieren, da er dort Arbeit gefunden hatte. Die Pläne, seine Frau Saedy und die Tochter nachkommen zu lassen, wurden durch den Krieg zunichte gemacht.

Der Familie wurde auf dem jüdischen Friedhof in Marburg ein Gedenkstein gesetzt.

Quellen

Gespräche mit einem der Urenkel von Ludwig Beck am 29.5.1989 und am 27.11.1989, Dokumente von ihm. Gespräch mit Milli Mitscherlich am 13.11.1989. StAM, RP Kassel, Bestand 165, Nr. 3982, Bd. 16, S. 545ff. Wolfgang Ayaß, "Ein Gebot der nationalen Arbeitsdisziplin" - Die Aktion "Arbeitsscheu Reich" 1938, S. 43-74, in: Feinderklärung und Prävention. Kriminalbiologie, Zigeunerforschung und Asozialenpolitik, Beiträge zur Nationalsozialistischen Gesundheits- und Sozialpolitik 6, Berlin 1988.

Metzgerei Bergenstein
Inhaber: Hermann Nassauer

auch: Etagengeschäft für Kolonialwaren Selma Bergenstein

Barfüßerstraße 9

Eröffnung und Entwicklung
Die Brüder Sally und Julius Bergenstein eröffneten die koschere Metzgerei am 1.8.1912 in der Barfüßerstraße 9. Das Geschäft trug den Namen *Gebr. Bergenstein*. Die Brüder kauften das Vieh selbst ein, und Julius schlachtete im Marburger Schlachthof. Kurze Zeit später erwarb der Vater Seligmann Bergenstein das Haus. Er und seine Frau Jettchen lebten aber weiterhin in Roth. Nach dem Tod von Sally im November 1914 - er fiel als Soldat in Frankreich - half Vater Seligmann in der Metzgerei aus und zog vor-

Anzeige in der Oberhessischen Zeitung vom 26.8.1919.

übergehend nach Marburg. Ebenso zog der Bruder von Selma Bergenstein, Leopold Goldwein, 1916 für fünf Jahre in das Haus. Er war von Beruf Schlachter und wird in der Metzgerei mitgeholfen haben. Leopold Goldwein ging mit seiner Familie im August 1921 wieder an seinen Geburtsort Meimbressen zurück. Julius starb im Oktober 1918. Seine Witwe, Selma Bergenstein, war gerade 29, ihre Kinder ein, drei und fünf Jahre alt. Selma Bergenstein überschrieb die Metzgerei 1921 an Hermann Nassauer, der nebenher auch noch Viehhandel betrieb.

Selma Bergenstein eröffnete im März 1922 ein Etagengeschäft für Kolonialwarenhandel. Hier konnten die jüdischen Kunden auch die kosheren Lebensmittel für das Pessachfest kaufen. Das Geschäft in der Wohnung war eher Lager als Verkaufsraum. Nur wenige Kunden kauften direkt dort ein; meist wurden Bestellungen entgegengenommen und die Ware ausgeliefert.

Unklar ist, wie lange Selma Bergenstein ihr Geschäft weiterführen konnte; 1934 wird sie im Adreßbuch der Stadt als 'Privatiere' bezeichnet. Sicher ist, daß sie im Dezember 1938 keine Betriebserlaubnis mehr besaß.

Arisierung/Liquidation

Hermann Nassauer fuhr ab Anfang der dreißiger Jahre für die Firma A.S. Bachrach Lieferungen aus. Dieser Nebenerwerb läßt darauf schließen, daß die Einnahmen aus der Metzgerei nicht für den Lebensunterhalt der Familie ausreichten. Unter dem Druck der Verhältnisse schloß Hermann Nassauer am 1.9.1935 seine Metzgerei. Ein Friseur übernahm die Ladenräume. Hermann Nassauer arbeitete noch eine Zeitlang als Schlachter im Marburger Schlachthof. Die Angabe hierzu im Gewerberegister lautet: "Schlachtung von Rindvieh und Abgabe in Vierteln an Wiederverkäufer". Er und seine Frau wohnten bis zur Auswanderung nach New York, im Juni 1938, in der Neuen Kasseler Straße 3 3/4.

Oberhessische Zeitung vom 21.4.1931.

Familien

Familie Bergenstein
Seligmann Bergenstein, geb. 27.8.1855 in Roth.
Jettchen, geborene Buchheim, Ehefrau von Seligmann Bergenstein.
Nachkommen von Seligmann und Jettchen Bergenstein
Kinder
Sally, geb. 28.2.1887 in Roth, gefallen 12.11.1914.
Julius, geb. 13.2.1885 in Roth, gest. 13.10.1918 in Marburg.

Oberhessische Zeitung vom 23.8.1939.

Sally, Selma und Käthe Bergenstein 1940 in Rio de Janeiro/Brasilien.
Foto: Privatbesitz Ilse Feibel, geb. Bergenstein.

Schwiegerkinder und folgende Generation
Selma, geb. Goldwein, geb. 7.3.1889
in Meimbressen, Ehefrau von Julius.
Käthe, geb. 19.5.1913 in Marburg,
Tochter von Julius und Selma.
Sally, geb. 6.1.1915 in Marburg,
Sohn von Julius und Selma.
Ilse, verh. Feibel,
geb. 4.8.1917 in Marburg,
Tochter von Julius und Selma.
Der Sohn von Selma und Julius Bergen-
stein, Sally, absolvierte am Gymnasium
Philippinum das 'Einjährige' und arbeite-
te danach in Korbach. 1935 wanderte er
nach Brasilien aus.
Käthe besuchte zunächst das Lyzeum,
anschließend die höhere Handelsschule
und arbeitete dann in Frankfurt. Von
hier aus wanderte sie 1934 zunächst nach
Antwerpen und von dort 1935 ebenfalls

nach Brasilien aus.
Ilse mußte nach der Machtergreifung der
Nationalsozialisten ihre Schulausbildung
mit der Untertertia abbrechen. Sie lernte
Weißnähen und besuchte ab 1935 verschiedene Hachscharah-Lager (Vorbereitungslager für Palästina-Emigranten). Im
September 1938 heiratete sie in Marburg,
folgte nach dem Pogrom ihrem Mann
nach Dänemark, von wo aus die beiden
1939 nach Palästina auswanderten.
Selma Bergenstein gelang es 1939 zu
ihren Kindern nach Brasilien auszuwandern.

Familie Nassauer
Hermann Nassauer, geb. 9.3.1886
in Breithardt/Untertaunus.
Frieda, geborene Salomon, geb. 3.3.1900
in Beerfelden.

Quellen
Gespräch mit Ilse Feibel, geborene Bergenstein, am 24.11.1988. StAM, Bestand 327/1, NSDAP, Nr. 5592 und Nr. 5652. StAM, Kataster II Marburg, Gebäudebücher 1910ff. RP Darmstadt, Entschädigungsbehörde in Wiesbaden, RP Kassel Nr. 10106. Marburger Arbeitsgruppe für Dokumentation, Die Stadt Marburg - Gesamtdokumentation, 2 Bde., Marburg 1976 u. 1981, Bd. 2, S. 109.

Blumenfeld, Hermann

Café und Konditorei

Bahnhofstraße 27

Eröffnung und Entwicklung

1901 kam Hermann Blumenfeld aus Kirchhain nach Marburg. Er zog in die Wilhelmstraße 8. Dort eröffnete er am 10.9.1901 eine Bäckerei und Konditorei. Über die nächste Entwicklung bestehen einige Unklarheiten, weil Adreßbücher und Gewerberegister sich widersprechen. Am 15.12.1908 richtete er in der Bahnhofstraße 27 ebenfalls ein Café und eine Konditorei ein. Zur gleichen Zeit zog er aber bereits in die Kasernenstraße 12 (heute Gutenbergstraße); auch hier soll eine Bäckerei und Konditorei bestanden haben. Laut Gewerberegister wurde aber dort erst am 18.4.1911 eine Filiale des Geschäfts in der Bahnhofstraße 27 angemeldet und eröffnet. Kurze Zeit später erwarb Hermann Blumenfeld das Haus in der Kasernenstraße 12, zu dem auch ein Backhaus gehörte. Nach dem Verkauf dieses Hauses im Jahre 1921 zog die Familie Blumenfeld in die Bahnhofstraße. Im Verlauf der zwanziger Jahre wurde die Filiale in der Kasernenstraße geschlossen. Zwei von Hermanns Söhnen, Siegward und Max, wurden ebenfalls Konditoren und arbeiteten im väterlichen Geschäft mit.

Auch Sie sollten es schon wissen
Die Bäckerei, Konditorei u. das Kaffee
Bahnhofstraße 27
ist heute ein deutsches Unternehmen. Sein Inhaber liefert auch für Sie alle Backwaren, sowie Kaffee-, Wein- und Teegebäck. Bestellungen für alle festlichen Gelegenheiten werden prompt u. bestens ausgeführt
Wilhelm Häfner
Bahnhofstraße 27   Fernruf 2114

Oberhessische Zeitung vom 25.6.1938.

Arisierung/Liquidation

Nach 1933 wurde das Café zu einer der wenigen Möglichkeiten für die jüdischen Bürger Marburgs, sich außerhalb ihrer Wohnungen zu treffen. Ein jüdischer Zeitzeuge berichtete, daß bei Blumenfelds auch noch abends die Möglichkeit bestand, Kaffee zu trinken. Die verkehrsgünstige Lage am Bahnhof ließ das Geschäft noch längere Zeit zumindest einigermaßen überleben. Die Söhne wanderten allerdings bald aus, so daß nicht mehr so viele Personen von den Erträgen des Cafes leben mußten. Auch Hermann Blumenfeld und seine Frau bereiteten schließlich ab 1937 ihre Emigration vor. Die Beurteilung der Ortsgruppe der NSDAP, die von den Behörden zu diesem Zweck eingeholt wurde, beschreibt Blumenfelds Situation so: *"Fast seit dem*

160

Jahre 1933 sind sie mehr in das Blickfeld ... gerückt worden, da ihr 'Café' der Treffpunkt aller Juden wurde, was allerdings eine nur ganz selbstverständliche Folge aller übrigen Ereignisse war. Das Geschäft der Eheleute Blumenfeld war als jüdisches Geschäft nicht besonders kenntlich gemacht, was den Besuch durch viele Ortsfremde ... zur Folge hatte. Versuche, diesen Zustand zu ändern, führten zu keinem Erfolg, weil die gesetzlichen Bestimmungen das Anbringen von Hinweisen entsprechenden Inhalts durch Dritte nicht zuließen. Der Abzug der Juden Blumenfeld wird allgemein begrüßt." Für das Jahr 1937 ist eine Aktion gegen die Bäckerei bekannt. Wahrscheinlich von der Kreisleitung der NSDAP wurden zwei Schilder mit der Aufschrift *"Kauft nicht bei Juden"* mit Pfeilen, die auf das Geschäft wiesen, aufgestellt. Die Familie Blumenfeld mußte im Mai 1938 aus ihrer Wohnung ausziehen. Sie zog bis zur Abreise nach New York am 2.6.1938 in die Heusingerstraße 1. Dieses Datum wird im Gewerberegister als endgültiger Einstellungstermin für die Konditorei genannt. Am 13.5.1938 meldete die *Oberhessische Zeitung,* daß die Bäckerei von Bäckermeister Häfner übernommen worden sei. *"In arische Hände ist mit dem heutigen Tage die bisher jüdische Bäckerei Bahnhofstraße 27 übergegangen."*

Familie

Hermann Blumenfeld, geb. 26.3.1876 in Kirchhain.
Rickchen, geborene Lomnitz, geb. 6.1.1874 in Bischhausen, Ehefrau von Hermann Blumenfeld.
Franziska, geb. 12.6.1882 in Kirchhain, Schwester von Hermann Blumenfeld.
Nachkommen von Hermann und Rickchen Blumenfeld
Kinder
Gustav, geb. 3.1.1904 in Marburg.

Siegward, geb. 3.1.1904 in Marburg.
Max, geb. 23.12.1905 in Marburg.
Julius, geb. 27.10.1907 in Marburg.
Franziska Blumenfeld, die unverheiratete Schwester Hermanns, arbeitete als Haushälterin; wo, ist bisher nicht bekannt. Die Söhne besuchten die Oberrealschule in Marburg. Gustav wurde kaufmännischer Angestellter. Anfang der dreißiger Jahre hatte er eine 'Generalvertretung in Staubsaugerbürsten' ins Gewerbebuch eintragen lassen; aber 1932 bereits wurde diese Handelsvertretung wieder eingestellt.
Von Siegward ist bekannt, das er eine Lehre als Zahntechniker begonnen hatte, aber sein Beruf wird im Adreßbuch immer mit 'Konditor' angegeben. Er wanderte im August 1936 nach Südafrika aus.
Max, ebenfalls Konditor, war bereits im Oktober 1934 nach Wien gegangen. Sein weiteres Schicksal ist unbekannt.
Julius Blumenfeld wurde Kaufmann. Er war ab 1927 in Gießen tätig, ging 1929 nach Karlstadt/Main, meldete sich aber im Winter wieder zurück und befand sich laut Meldekarte des Einwohnermeldeamts ab dem 2.6.1933 auf Reisen. Vom 11.9.1935 bis zum 25.7.1936 war er im KZ Kislau/Dachau inhaftiert. Zwei Wochen nach seiner Entlassung emigrierte er zusammen mit seinem Bruder Siegward nach Südafrika.
Hermann, seine Frau Rickchen und seine Schwester Franziska wanderten am 2. Juni 1938 nach New York, USA, aus.

Quellen

StAM, Bestand 327/1, NSDAP, Nr. 5652. StAM, RP Kassel, Bestand 165, Nr. 3982, Bd. 16. StAM, Kataster II Marburg, Gebäudebücher 1910ff. Handschriftliche Schülerliste der Martin-Luther-Schule, erstellt von Dr. Helmut Krause.

Blumenfeld, Johanna

Pension und Mittagstisch

Kasernenstraße 8
(heute Gutenbergstraße)

Eröffnung und Entwicklung
Johanna Blumenfeld eröffnete 1912 in der Kasernenstraße 8 eine Pension. Zusätzlich bot sie einen Mittagstisch an. Ihre Eltern betrieben um die Jahrhundertwende ein Kommissionsgeschäft in der Kasernenstraße 16. Hauptsächliche Gäste der Pension waren die Schüler des Israelitischen Schüler- und Lehrlingsheims, das wegen des großen Andrangs nicht alle in dem der jüdischen Gemeinde gehörenden Haus unterbringen konnte. Der Mittagstisch wurde wohl auch von einigen Studenten der Philipps-Universität besucht. 1920 wurden sieben Vermietungen und zwanzig Mittagsgäste erwähnt.

Aufgrund der Umwandlung des Israelitischen Schüler- und Lehrlingsheims in ein Heim für 'schwererziehbare' Kinder und der damit verbundenen Reduzierung der Schülerzahl blieben der Pension Johanna Blumenfelds die Hauptkunden fern. Sie gab das Unternehmen auf und ging 1932 nach Frankenberg. 1937 war sie in Hersfeld gemeldet, kam etwas später nach Frankfurt und wurde von dort aus am 15.3.1942 nach Lodz deportiert. Sie wurde ermordet.

Familie
Meier A. Blumenfeld, geb. 12.12.1840, gest. 14.4.1903 in Marburg.
Sara, geb. Strauss, geb. 21.1.1844 in Amöneburg,
gest. 26.2.1912 in Marburg,
Ehefrau von Meier Blumenfeld.
Kinder
Johanna, geb. 22.12.1879 in Marburg.

Blumenfeld, Sally

Geschäft für landwirtschaftliche Maschinen und Zubehör

Obere Rosenstraße 7
(heute Rosenstraße)

Eröffnung und Entwicklung
Die Familie Blumenfeld war kurz vor dem Ersten Weltkrieg von Kirchhain nach Marburg gekommen. Sally Blumenfeld eröffnete sein Geschäft am 1.4.1914 im Wehrdaer Weg 2. Er vertrieb landwirtschaftliche Maschinen, Landesprodukte und Manufakturwaren. Von 1915 bis 1918 wurde er zum Kriegsdienst eingezogen.
Im Februar 1923 zog die Familie in die

Obere Rosenstraße 7. Gleichzeitig wurde der Betrieb erweitert: auch technische Öle, Felle und Flachs kamen ins Angebot. Im Herbst 1932 wurden Geschäft und Wohnsitz in die Universitätsstraße 16 verlegt. Ab März 1937 lebte die Familie in der Schwanallee 15, einem späteren Ghettohaus.

Arisierung/Liquidation
Bereits Anfang 1936 war Sally Blumenfeld Pflichtarbeiter der städtischen Gärtnerei. Man versuchte ihm gegen das Regime gerichtete 'Schmierereien' im Schülerpark anzulasten. Die Angelegenheit wurde aber ohne Ergebnis zu den Akten gelegt. Im August 1938 wurde das Geschäft im Gewerberegister gelöscht. Nachdem Sally Blumenfeld sein Geschäft

einstellen mußte, wurden die Räumlichkeiten in der Universitätsstraße von der Wirtschaftsgenossenschaft Marburger Hausbesitzer übernommen, die dort eine Geschäftsstelle einrichtete. In das Lager zog eine Tapezier- und Polstererwerkstatt ein.

Familie
Sally Blumenfeld, geb. 25.3.1878 in Kirchhain.
Hanny, geborene Wetterhahn, geb. 30.5.1879 in Hersfeld, Ehefrau von Sally Blumenfeld.
Nachkommen von Sally und Hanny Blumenfeld
Kinder
Siegfried, geb. 25.6.1907 in Kirchhain.
Käthe (Karoline), geb. 4.11.1910 in Kirchhain.
Siegfried erlernte den Beruf des kaufmännischen Angestellten und ging im September 1929 nach Frankfurt.
Sally Blumenfeld, seine Frau Hanny und ihre Tochter Käthe wurden am 8.12.1941 von der Schwanallee aus in das Ghetto Riga deportiert und gelten als 'in Riga verschollen'. Es ist ungeklärt, wann und unter welchen Umständen sie ermordet wurden.

Quellen
StAM, RP Kassel, Bestand 165, Nr. 3982 Bd. 16.

Sally Blumenfeld.
Kennkartenfoto, wahrscheinlich Anfang 1939.
Staatsarchiv Marburg.

Käthe Karoline Blumenfeld.
Kennkartenfoto, wahrscheinlich Anfang 1939.
Staatsarchiv Marburg.

Firma Blumenfeld & Co.
Inhaber: Moritz Katz

Kurz-, Weiß- und Wollwaren

Wettergasse 4

Eröffnung und Entwicklung

Im letzten Drittel des 19. Jahrhunderts kam der Kaufmann Moses Blumenfeld aus Momberg nach Marburg. Er war der Sohn von Abraham Blumenfeld, der mit einer der Töchter des Kaufmanns Hone Strauß aus Amöneburg verheiratet war. Moses Blumenfeld kam wohl in sehr guten finanziellen Verhältnissen nach Marburg. Nachweislich war er schon 1877 Besitzer des großen Fachwerkhauses Am Markt 17, in dem er als Bauherr für den Einbau eines Ladengeschäfts genannt wird. Zuvor hatte er sein Geschäft im Erdgeschoß des Hauses am Markt 68 geführt.

Was alles in seinem Geschäft zu kaufen war, geht aus dieser Anzeige aus dem Jahre 1876 hervor. 1889 wurden Moses Blumenfeld und Johann Henrichs als Gesellschafter für das Herrengarderobegeschäft eingetragen. Eine zweite Firma wurde 1896 in das Handelsregister eingetragen: ein Geschäft für Tapisseriewaren (Handarbeitsartikel, Kurzwaren usw.). Nach dem Tod von Johann Henrichs 1901 und Moses Blumenfeld 1911 übernahmen die Kinder die elterlichen Geschäfte. Als Mitgesellschafter im Herrenmodegeschäft werden die Witwe Fanny Blumenfeld und ihr Sohn Ernst genannt (siehe auch *Schuhhaus Mercedes*). Das Kurzwarengeschäft in der Wettergasse 14 übernahm Moritz Katz, der die Tochter von Moses, Antonie, geheiratet hatte. Dieses Haus in der Wettergasse erwarb Moses Blumenfeld 1910. Die Familie Katz wohnte in der Wettergasse 21. 1914 wurde das Geschäft in die Wettergasse 4 ver-

Marburger Universitäts-Taschenbuch 1927/28, S. 11.

legt. Von 1916 bis 1918 war Moritz Katz Soldat im 1. Weltkrieg. Aus den Erinnerungen des Sohnes von Moritz Katz, Artur Katz, geht hervor, daß die Familie in dieser Zeit überlegt hatte, das Geschäft zu schließen, weil die Belastung für die Mutter zu groß gewesen sei. Aber man habe sich entschlossen, es doch weiterzuführen, damit die acht Angestellten nicht arbeitslos würden. Frau Katz hatte seit 1911 Prokura, sie führte in Abwesenheit des Mannes das große Geschäft für Kinderkleider, Babysachen, Handarbeiten, Kurzwaren usw. weiter.

1919 wurde das Haus in der Wettergasse 14 verkauft. Zusammen mit einem Teilhaber wurde das Haus Nr. 4 erworben. Ab 1924 hieß das Geschäft *Blumenfeld & Co., Hamburger Engros Lager.*

Arisierung/Liquidation

Nach dem Brand der Synagoge am 10.11.1938 wurde auch Moritz Katz verhaftet und im KZ Buchenwald inhaftiert. Seine Tochter Marga, inzwischen verheiratete Jakobson, nahm am 10.12.1938 das Einschreiben des Oberbürgermeisters über die Schließung des Geschäfts entgegen. Als das Geschäft geschlossen wurde, arbeiteten nur noch zwei Angestellte dort. Die Abwicklung der Firmenschließung übernahm der Bücherrevisor W. M. Als Erwerber des Warenlagers werden viele Marburger Geschäftsleute genannt. Das Inventar im Ganzen erwarb die Firma A. B.. K. B. erwarb 1940 von Moritz Katz das Haus zum 'Reichseinheitswert'. Moritz Katz wurde gezwungen, in das Ghettohaus in der Heusingerstraße 1 zu ziehen.

Familie

Moses Blumenfeld,
geb. 31.12.1849 in Momberg,
gest. 4.6.1911 in Marburg.
Fanny, geborene Bacharach,
geb. 30.10.1853 in Rhina,
gest. 9.4.1928, in Marburg,
Ehefrau von Moses Blumenfeld.
Nachkommen von Moses und Fanny Blumenfeld
Kinder
Antonie, verh. Katz,
geb. 8.3.1876 in Marburg.
Ernst, geb. 22.2.1889 in Marburg.
Schwiegerkinder und folgende Generation
Moritz Katz, geb. 28.10.1870
in Wollenfelde/Göttingen,
Ehemann von Antonie.
Artur, geb. 6.9.1902 in Marburg,
Sohn von Moritz und Antonie.
Marga, verh. Jacobson,
geb. 17.9.1906 in Marburg,
Tochter von Moritz und Antonie.
Artur besuchte nach zwei Jahren jüdischer Volksschule bei Lehrer Abraham Strauß das Gymnasium Philippinum.

Anzeige in der Oberhessischen Zeitung vom 26.9.1918.

Nach dem Abitur studierte er Rechtswissenschaften und promovierte 1925. 1929 bis 1933 arbeitete er als Rechtsanwalt in Berlin und lernte dort seine spätere Frau kennen. Nach dem Berufsverbot für jüdische Rechtsanwälte 1933 verließ das Ehepaar Berlin, nach einem kurzem Abschiedsaufenthalt in Marburg gingen sie nach Haifa in Palästina. Dort arbeitete Artur Katz als Schreiner und eröffnete eine Möbelwerkstatt, da in Palästina für seinen erlernten Beruf kein Bedarf bestand. Artur Katz starb dort am 22.10.1978.

Marga erhielt von ihren Eltern 1933 das Haus Wettergasse 7 als Erbteil. Sie heiratete im Januar 1938 den Kaufmann Marx Jacobson und ging mit ihm Ende 1938 nach Halberstadt, von wo aus sie auch nach Haifa auswandern konnten.

Nach Erinnerungen von Artur Katz war sein Vater Mitglied im Fortbildungsverein; die Bibliothek des Vereins war im Hochzeitshaus in der Nicolaistraße 3. Die Vorträge wurden auch vom Sohn häufig besucht. 1938/39 war Moritz Katz Mitglied des Israelitischen Vorsteheramtes.

Trotz aller Bemühungen gelang es den Kindern Artur und Marga nicht, ihre Eltern nach Palästina zu holen. Ihre Mutter hatte in einem Brief angedeutet, daß der Vater nach dem Pogrom ins KZ verschleppt worden sei. Sie schrieb nach Palästina: *"Vater ist immer noch verreist."* Antonie Katz starb am 24.9.1939. Moritz

Katz wurde am 2.11.1939 gezwungen, in das Ghettohaus in der Heusingerstraße 1 zu ziehen. Seine Häuser wurden zum 'Reichseinheitswert' verkauft. 1939 und 1940 wurde Moritz Katz zweimal wegen Verstoßes gegen den Kennkartenzwang zu 50 RM Geldstrafe bzw. 10 Tagen Gefängnis verurteilt. Am 5.9.1940 mußte er in das Ghettohaus in der Untergasse 17 umziehen, ab 7.7.1942 wohnte er dann bei der Familie Spier in der Moltkestraße 11 (heute Stresemannstraße). Von dort wurde er am 5.9.1942 nach Theresienstadt deportiert. Er starb am 11.3.1944 an den unmenschlichen Bedingungen im Ghetto.

Quellen
Katz, Artur, Streiflichter. Betrachtungen und Erinnerungen. (Unveröffentliches Manuskript). StAM, Kataster II Marburg, Gebäudebücher 1910ff. StAM, 180 LA Mbg, Nr. 4941. StAM, 330 C Mbg, Acc. 1973/1, Nr. 367. Handelsregister des kurfürstlichen Justizamts I, Marburg 1866 Bd. 1, Pag. 1 bis 767, Nr 231, Pag 308. Handelsregister A, Mbg, Bd. 1, 1-267, Nr. 112, Nr. 130. Marburger Arbeitsgruppe für Dokumentation, Die Stadt Marburg - Gesamtdokumentation, 2 Bde., Marburg 1976 u. 1981, Bd. 2, S. 180 und S, 263.

Bornstein, Gerson

Handelsvertretung

Untergasse 20

Eröffnung und Entwicklung
Gerson Bornstein betrieb in der Wohnung seiner Mutter, der Milchhändlerin Laja Bornstein, verschiedene Handelsvertretungen. Ab dem 1.2.1928 hatte er eine Lizenz für *"Anzugsstoffe und Weißwaren ohne Hilfe und ohne besonderen Raum"*. Schon im April des gleichen Jahres mußte er sein Geschäft einstellen. *"Weil der Vertrieb nicht glückte, ist im April dieses Jahres die Einstellung erfolgt"*, so die Eintragung im Gewerberegister.

Im Juni 1931 meldete er eine Vertretung für Holzrollos an, die er aber bereits im August 1931 wieder aufgab. Im Juni 1932 versuchte er, seinen Lebensunterhalt als Vertreter *"in Mineralwasser und Holzrollos"* zu verdienen. Wie lange er diese Handelsvertretung betrieb, ist unbekannt, da die Anmeldung der letzten Vertretung nicht gelöscht wurde.

Familie
(siehe Laja Bornstein)

Quellen
(siehe Laja Bornstein)

166

Bornstein, Laja

Milchhandlung

Untergasse 18

Eröffnung und Entwicklung

Die Familie Bornstein kam im Jahre 1911 über Leipzig aus Polen nach Marburg und bezog eine kleine Wohnung in der Nicolaistraße 9. Dort übernahm Abraham Isaak Bornstein die Milchhandlung des Herrn Scheinowitz, er eröffnete offiziell am 1.11.1911. Nach den Umzügen in den Roten Graben 18, im Juni 1913, und in den Steinweg 6, im Mai 1914, fand die Familie in der Untergasse 20 ihr endgültiges Zuhause. Am 8.10.1918 starb Isaak Bornstein. Laja Bornstein übernahm dann das Geschäft ihres Mannes. Im Mai 1922 mietete sie einen kleinen Ladenraum im Haus gegenüber, Untergasse 18, und erweiterte den Betrieb. Nicht mehr nur Milch, auch Eier, Gemüse und Fische waren jetzt im Angebot. Der Umsatz reichte gerade, um sich und ihre sieben Kinder zu ernähren. Ein weiteres Problem für Laja Bornstein ergab sich daraus, daß sie nur hebräisch schreiben konnte und von daher im Umgang mit Behörden, Ämtern usw. benachteiligt war. Aus den Steuerlisten der jüdischen Gemeinde geht hervor, daß sie zumindest zu Beginn der zwanziger Jahre von der Gemeindesteuer befreit war bzw. keine gezahlt hat.

Arisierung/Liquidation

Ihr Geschäft wurde mit den anderen letzten jüdischen Betrieben im November 1938 geschlossen.

Familie

Abraham Isaak Bornstein,
geb. 12.2.1883 in Wielun, Polen,
gest. 8.10.1918 in Marburg.

Oberhessische Zeitung vom 9.10.1918.

Laja Lea, geborene Latowitzky,
geb. 12.10.1883 in Kreczow, Polen,
Ehefrau von Abraham Isaak Bornstein.
Frieda, verh. Gabrilowitz,
geb. 24.6.1895 in Wielun, Polen,
Schwester von Abraham Isaak Bornstein.
Nachkommen von
Abraham und Laja Bornstein
Kinder
Gerson, geb. 27.5.1909 in Lodz, Polen.
Martha, geb. 21.12.1909.
Sprinza Paula, geb. 2.8.1911
in Wielun, Polen
Jakob, geb. 7.10.1913 in Marburg.
David, geb. 13.1.1915 in Marburg.
Edith, geb. 25.7.1917 in Marburg.
Abraham, geb. 1918/19.
Frieda Bornstein heiratete Moses Gabrilowitz aus Marburg. Im April 1934 wanderten sie mit ihrem Sohn nach Palästina aus (siehe auch *Moses Gabrilowitz*).
David Bornstein konnte im gleichen Jahr in die USA auswandern. Jakob war von Beruf Polsterer. Im Juni 1937 ging auch er in die USA. Abraham, der in Frankfurt wohnte, machte eine Lehre als Anstreicher. Nach dem Pogrom wurde er verhaftet. Nach seiner Entlassung aus dem KZ verließ er Deutschland und emigrierte ebenfalls in die USA. Auch

Laja, Gerson und Edith Bornstein gelang die Emigration in die USA. Paula machte eine Lehre als Verkäuferin im Geschäft Baum, Inhaber Leyser. 1936 ging sie nach Frankfurt. Von dort wurden sie und ihre Schwester Martha 1941 nach Polen deportiert. Paulas Todesdatum wird mit dem 1.10.1944 im KZ Stutthof angegeben. Marthas Todesdatum ist unbekannt, sie gilt als 'in Polen verschollen.'

Quellen
Brief von Edith Shestack, geborene Bornstein, vom 20.8.1989.
StAM, 330 C Mbg, Acc. 1973/1, Nr. 367.
StAM, 330 C Mbg, Nr. 4453, Steuerlisten der jüdischen Gemeinde, o.D. (Anfang der zwanziger Jahre).

Brender, Hirsch

Etagengeschäft für Textilien und Wäsche

Wörthstraße 21
(heute Liebigstraße)

Eröffnung und Entwicklung
Der staatenlose Hirsch Brender kam mit seiner Familie gegen Ende des Jahres 1932 aus Holzminden nach Marburg. Er zog zuerst zur Untermiete in die Universitätsstraße 16. Die beantragte Genehmigung für den *Verkauf von Stoffwaren an Wiederverkäufer* wurde ihm im April 1933 erteilt. Schon im Mai zog die Familie in die Wörthstraße 21, in der Hirsch Brender ein Etagengeschäft einrichtete. Im März 1934 wurde das Sortiment um Eßbestecke erweitert.

Arisierung/Liquidation
Sein Geschäft hat Hirsch Brender nicht selbst abgemeldet, daher ist nicht bekannt, wann er den Verkauf wieder eingestellt hat. Es ist anzunehmen, daß die Familie nach einem erneuten Umzug in die Wettergasse 31 - im Mai 1935 - die Auswanderung nach Palästina vorbereitet hat; dabei sind sicherlich die Restbestände veräußert worden. Für den 8. Dezember 1935 ist die Abmeldung der Familie Brender nach Palästina im Einwohnermeldeamt vermerkt.

Familie
Hirsch Brender, geb. 17.7.1908 in Sniatyn/UdSSR.
Maria, geb. Borgenicht, geb. 26.4.1897, Ehefrau von Hirsch Brender.
Nachkommen von Hirsch und Maria Brender Kinder
Josef, geb. 7.11.1931 in Holzminden.

Drucker, Meier

Geschäft für Fell- und Viehhandel, Fahrräder, Eisenwaren, Haushalts-produkte und Landwirtschaft

Ockershäuser Straße 82

Eröffnung und Entwicklung

Mehrere Familien mit Namen Drucker lebten Mitte des 19. Jahrhunderts in Ok-kershausen. Aus welchem Zweig der Familie der 1871 geborene Meier Drucker entstammt, ist unklar. Seine Großeltern scheinen der Handelsmann Simon und dessen Ehefrau, eine geborene Gutheim gewesen zu sein. Zu Beginn der zwanzi-ger Jahre dieses Jahrhunderts werden drei Händler mit Namen Drucker er-wähnt: Jonas in Haus 26 (Stiftsstraße 36), Kalme in Haus 86 (Alte Kirchhofgas-se 10) und Meier in Haus 106 (Ockers-häuser Straße 82).
1932 wurde für Meier Drucker ein viel-seitiges Handelsunternehmen in das Ge-werberegister der Stadt Marburg einge-tragen: *Fell-, Viehhandel, Eisenwaren, Fahr-räder, landwirtschaftliche Haushaltungsarti-kel.* In seinem Geschäft arbeiteten seine Söhne Max und Jakob mit.

Arisierung/Liquidation

Am 29.10.1936 beantragte Max Drucker beim Kreiswirtschaftsberater die Über-nahme der Verkaufsstelle. Dieser lehnte das Gesuch nach Absprache mit dem Gauwirtschaftsleiter mit der Begründung ab, daß es in Marburg genügend Hand-lungen für die von ihm angebotenen Waren gäbe. *"Die Genehmigung ist sowohl in wirtschaftlicher als auch in politischer Hinsicht abzulehnen."* Auch wurde Meier Drucker zum 1. April 1938 die Zulassung für den Viehhandel entzogen mit der Begründung, daß er *"die persönliche und sachliche Eignung zur Führung eines Vieh-handelsbetriebes nicht besitze"* (Verordnung über den Handel mit Vieh vom 25.1.1937).
Endgültig liquidiert wurde der Betrieb dann nach dem Pogrom; ebenso wie den anderen jüdischen Geschäftsleuten wur-de ihm am 10.12.1938 die Zustellungs-bescheinigung durch einen Marburger Polizeibeamten überbracht. Gleichzeitig wurde der 'Reichseinheitswert' für das Haus mit 970 RM, für das landwirt-schaftliche Grundstück mit 2.420 RM festgelegt.
Während der Sohn zur Zwangsarbeit herangezogen wurde, versuchte Meier Drucker, in bescheidenem Rahmen die Lebensbedingungen für die Familie zu verbessern. Er holte das Gras vom jüdi-schen Friedhof in Marburg als Futter für eine Kuh, die er noch hielt. Für 1941 gibt es einen Hinweis, daß er die Milch noch an die Marburger Molkerei ablieferte. Er verpachtete auch Land an einen Ockers-häuser Arbeiter. Nach einer Beschwerde von der Ortsgruppe Wilhelmsplatz der NSDAP im August 1941 wurde dies je-doch verboten.

Familie

Jakob Drucker, geb. 23.9.1822, gest. 13.12.1905.
Bertha, geb. Stern, Ehefrau von Jacob Drucker.
Nachkommen von Jakob und Bertha Drucker Kinder
Michael, geb. 11.5.1861 in Marburg.
Meier, geb. 15.3.1871 in Ockershausen.
Schwiegerkinder und folgende Generation
Jeanette, geb. Goldschmidt, geb. 8.12.1877 in Hausen, Ehefrau von Meier.
Jakob, geb. 30.4.1910 in Ockershausen, Sohn von Meier und Jeanette.
Max, geb. 9.6.1912 in Ockershausen, Sohn von Meier und Jeanette.
Jakob Drucker wanderte im August 1938 in die USA aus. Für die Auswanderungs-genehmigung war auch eine Beurteilung der zuständigen NSDAP-Ortsgruppe not-

Nationalsozialistische Deutsche Arbeiterpartei
Ortsgruppe Marburg-Wilhelmsplatz

Gau Kurhessen
Kreisleitung Marburg (Lahn)
Ortsgruppengeschäftsstelle
Orleansstraße 1 (Erdgeschoß)

Sprechstunden:
siehe Anschlag an der Geschäftsstelle
Bankkonto: Nr. 171
Kreissparkasse Marburg

Marburg, den   19.August 1941.
Orleansstraße 1

An den

    Kreisleiter der N S D A P.   2 0. AUG. 1941

    M a r b u r g /Lahn

    Heinrich Abel-Haus.

        Der im Stadtteil Ockershausen wohnende Jude Meyer
D r u c k e r , Ockershäuserstraße, ist unter anderem noch im Besitz
einer Kuh und liefert die Milch dieser Kuh, wie alle anderen Volksgenossen Ockershausens, an die Molkerei. Da im Betriebe des Juden
Drucker große Unordnung und Schmutz herrschen, nimmt die Bevölkerung
mit Recht Anstoß daran, daß aus einem solch jüdischen Betrieb Milch
an die Molkerei geliefert wird. So besitzt z.B. die jüdische Familie
noch nicht einmal einen Abort, sondern benutzt anstelle dieses
Abortes vor den Augen der anderen einen Misthaufen.

        Drucker hat außerdem Land an den Arbeiter J█ U█
aus Ockershausen verpachtet und zwar zu Preisen, die weit über den
zulässigen Pachtpreisen liegen. U█ wird von den Pol. Leitern
als politisch unzuverlässiger Mensch bezeichnet, der diesen erhöhten
Pachtsatz aus Judenfreundlichkeit zahle. Der Ortsbauernführer hat
über diese Angelegenheit bereits mehrfach beim Kreisbauernführer
berichtet, ohne daß eine Änderung erfolgt ist. Ich halte in beiden
Fällen baldige Abhilfe für dringend erforderlich.

                 Heil Hitler

wendig, die folgendes über ihn aussagte: *"Der Jude Jakob Drucker hat sich vor der Machtübernahme während der letzten Wahlkämpfe und sogar noch während des Märzwahlkampfes 1933 offen für die K.P.D. bekannt, daß er heute anders sein sollte wird wohl sein jüdisches Instinktsgefühl nicht zulassen! - Er ist ein echter schmutziger, fauler, gehässiger Jude wo als eine Untugend die andern übertrifft, der sein redliches dazu tun wird wenn er Gelegenheit dazu bekommt an Deutschland nicht eine Haare gerade sein zu lassen. Es ist nur schade daß diese Halunken die Ausreise so leicht gemacht kriegen und nicht auch erst mit ihrem Schweiße teilhaben läßt an dem Wiederaufbau des Staates und der Wirtschaft. Man könnte richtige jüdische Arbeitskolonnen für Vorarbeiten zum Straßenbau (Steinbruchbetriebe u.s.w.) bilden und Sie erst hier gewisse Zeiten und Leistungen vollbringen lassen. Hoffentlich ist die Zollfahndungsstelle auf der Hut und überwacht die Brüder beim Grenzübertritt. Er hat hier bei seinem Auftreten immer den Armen markiert aber gelaufen ist er Tag und Nacht und da hat er auch was verdient.*

Heil Hitler
B.
Zellenleiter d. Zelle 20
Ockershausen "

Trotz Bedenken, daß Jakob Drucker *"im Ausland sicherlich dazu beitragen (wird), das Ansehen des Reiches mit den bekannten jüdischen Hetzmitteln zu schädigen"*, erhielt er die Ausreiseerlaubnis. Aufgrund der 'Beurteilung' durch die Partei wurde allerdings das Finanzamt angewiesen, *"Maßnahmen zu treffen, um Steuer- und Kapitalflucht zu verhüten"* (Devisenakte).

Auch die übrige Familie scheint Anstrengungen unternommen zu haben, in die USA auszuwandern, doch es gelang nicht. Max wurde am 31.5.1942 deportiert und am 15.8.1942 im KZ Majdanek ermordet. Die Eltern wurden im September 1942 nach Theresienstadt deportiert und gelten als 'in Minsk verschollen'. Das Datum ihrer Ermordung ist unbekannt.

Quellen
StAM, Bestand 327/1, NSDAP, Nr. 5592.
STAM, 330C Acc. 1973/1, Nr. 367.
HStAWI, Abt. 519/D, Devisenakte Jakob Drucker. Bastian, Herbert; Bernsdorff, Walter; Brinkmann, Fritz u.a. Ockershausen - Seine Geschichte in Wort und Bild, Marburger Schriften zur Geschichte und Kultur 26, Marburg 1988, S. 61ff., S. 505ff.

Das Geschäft M. Eichelberg's Nachf. - hinten in der Bildmitte - in den zwanziger Jahren. Foto: Foto Marburg.

M. Eichelberg's Nachf.
Inhaber: Alfred Rosenberg und Samuel Meyer

Stoff- und Konfektionsgeschäft

Barfüßerstraße 50

Oberhessische Zeitung vom 13.7.1929.

Eröffnung und Entwicklung
Menke Eichelberg, der aus einer alteinge-sessenen Marburger Familie stammte, gründete 1861 das Bankgeschäft *Eichelberg & Sohn*. 1865 folgte die Kleiderstoff-handlung *Menke Eichelberg*. Das Textil- und Stoffgeschäft befand sich ursprüng-lich in der Barfüßerstraße 42. In den sieb-ziger Jahren des 19. Jahrhunderts wurde

das Geschäft in die Wettergasse verlegt. Bankhaus und Kleiderhandlung befan-den sich in denselben Geschäftsräumen. Im folgenden Jahrzehnt wurden Bank

Z e u g n i s .

Fräulein Lotte Tietz, Marburg/L. war vom 1.April 1937 bis zum 31.Dezember 1938 in unserem Geschäft als Änderin tätig.Während dieser Zeit hat sie sämtliche ihr übertragenen Arbeiten zu unserer vollsten Zufriedenheit erledigt, und die Interessen des Geschäftes jederzeit gewahrt. Fräulein Tietz ist ehrlich, fleissig, und versteht es, mit der Kundschaft umzugehen.Sie verlässt uns, weil wir unser Geschäft aufgeben. Unsere besten Wünsche begleiten sie für ihr ferneres Leben.

Zeugnis für Lotte Tietz.
Privatbesitz Frau Schobel, geborene Tietz.

und Verkaufsgeschäft getrennt. 1883 übernahm der Schwiegersohn von Menke, Leo Rosenbusch, das Geschäft. Es hieß nun *M. Eichelberg's Nachfolger*. Die Bank eröffnete im Steinweg 35a. Sie wurde von Herrmann Eichelberg weitergeführt, zusammen mit Hugo, einem Sohn von Menke. 1893 trat der zweite Schwiegersohn, Samuel Meyer, als Teilhaber in die Firma ein. Das Geschäft wurde 1899, nach dem Kauf des Hauses durch Louis Erlanger, in die Barfüßerstraße 50 verlegt.

Nach dem Tod von Leo Rosenbusch, am 22.11.1902, wurde seine Witwe Teilhaberin des Geschäfts. 1920, nach der Heirat von Estella Meyer, Tochter von Samuel und Elise Meyer, mit dem Kaufmann Alfred Rosenberg, gab Franziska Rosenbusch ihre Teilhaberschaft auf und eröffnete im Haus Barfüßertor 7 ein Bettwäschegeschäft (siehe *Rosa Eichelberg*). Al-

fred Rosenberg lebte nun als Teilhaber des Geschäfts und Mitbesitzer des Hauses mit seiner Familie im zweiten Stock, während die Meyers im ersten Stock lebten. Die Firma führte jetzt insbesondere Damen-, Herren-, und Kinderkonfektion, aber auch Bettwäsche, Tischdecken, Stickwaren und anderes. Noch zur Zeit der Schließung hatte das Geschäft eine Angestellte.

Arisierung/Liquidation

Am 14.10.1938 unterzeichnete Samuel Meyer das Schreiben, das ihn über die Schließung seiner Firma unterrichtete. Alfred Rosenberg war nach dem Pogrom am 10.11.1938 in das KZ Buchenwald verschleppt worden. Nach Aussage einer jüdischen Zeitzeugin wurde das Geschäft zerstört. Die Abwicklung des Geschäfts wurde dem Bücherrevisor W. M. übertragen. Am 4.4.1939 meldete M. den Abschluß des Verfahrens. Das Warenlager, dessen Wert auf 3.189,50 RM festgelegt wurde, erwarb die Firma S. Das Inventar wurde an verschiedene Marburger Firmen zu einem Preis von 360,45 RM verkauft. Das Geld wurde den Familien auf ein Sperrkonto überwiesen. Das Haus in der Barfüßerstraße 50 mußte im Juni 1939 für 39.300 RM an die Stadt Marburg verkauft werden. 1960 wurde das Haus abgerissen; heute befindet sich hier die Hauptstelle der Stadtsparkasse.

Ruth Rosenberg. Aufnahme ca. 1938.
Foto: Privatbesitz Lotte Schobel.

Familie
Menke Eichelberg, geb. 7.9.1806, gest. 28.10.1885.
Minna, geborene Worms, geb. 1815, gest. 20.8.1851,
erste Ehefrau von Menke Eichelberg.
Rebecca, geborene Strauß, geb. 8.12.1832, gest. 29.6.1900,
zweite Ehefrau von Menke Eichelberg.
Nachkommen von
Menke und Minna Eichelberg
Kinder
Reisa, geb. 1841.
Salomon, geb. 1842.
Herrmann, geb. 6.7.1844, gest. 20.1.1932.
Leopold, geb. 1846.
Ernst, geb. 1848.
Nachkommen von
Menke und Rebecca Eichelberg
Kinder
Franziska, verh. Rosenbusch, geb. 18.11.1854 in Marburg.
Bertha, verh. Meyer, geb. 16.4.1858 in Marburg, gest. 7.12.1936.
Hugo, geb. 13.3.1860 in Marburg, gest. 20.10.1902.
Schwiegerkinder und folgende Generation
Rosa, geborene Haas, geb. 16.6.1871 in Marburg, Ehefrau von Hugo.
(zur Familie von Hugo und Rosa siehe Rosa Eichelberg)
Leo Rosenbusch, geb. 9.2.1848, gest. 22.11.1902, Ehemann von Franziska.

Samuel Meyer, geb. 18.5.1863 in Weenen, Ehemann von Bertha.
Elise, geborene Klein, geb. 1.1.1877 in Rheydt, zweite Ehefrau von Samuel Meyer.
Estella, verh. Rosenberg, geb. 28.4.1895 in Marburg, Tochter von Samuel und Elise.
Alfred Rosenberg, geb. 10.9.1888 in Münster, Ehemann von Estella.
Ruth, geb. 2.12.1922 in Marburg, Tochter von Alfred und Estella.
Walter, geb. 6.12.1929 in Marburg, Sohn von Alfred und Estella.
Samuel und Elise Meyer zogen am 15.2.1939 in ein israelitisches Altersheim im Geburtsort von Frau Meyer. Im April 1941 kamen sie noch einmal für zwei oder drei Wochen zu ihren Kindern zu Besuch. Die Familie Rosenberg wohnte inzwischen im Ghettohaus der Gebrüder Moses, Barfüßertor 15b. Samuel und Elise Meyer wurden von Rheydt aus deportiert; das Datum ist unbekannt. Sie wurden nach dem Krieg für tot erklärt; sie sollen in Minsk ermordet worden sein. Nachdem die Familie Rosenberg am

15.5.1939 in das Ghettohaus gezogen war, versuchte sie vergeblich eine Ausreise nach Argentinien zu erwirken. Alfred Rosenberg wurde 1939 zweiter Vorsitzender des zwangsweise gegründeten Vereins *Israelitische Gemeinde Marburg* in Marburg. Vom gleichen Jahr an wurde er zu verschiedenen Zwangsarbeiten herangezogen: zuerst zu Straßenbauarbeiten in der Neuen Kasseler Straße, später, im Winter 1941, zu Arbeiten auf dem Friedhof zur Erweiterung des Ehrenfriedhofs für Gefallene des 2. Weltkriegs. Am 30. Mai 1942 wurde die Familie nach Lublin, von dort in das KZ Majdanek deportiert. Alfred Rosenberg, der die Häftlingsnummer 10173 hatte, wurde dort am 21. August 1942 ermordet. Estella, Ruth und Walter gelten als 'verschollen', was bedeutet, daß Datum und Ort ihrer Ermordung nicht bekannt sind.

Quellen
Gespräch mit Lotte Schobel, geb. Tietz am 4. Juni 1987. Grundbuchamtakten Marburg, Bd.45, Art. 1962, Fol. 2. StAM, 330C Mbg, Nr. 4453, Steuerlisten. StAM, 330C Mbg, Acc. 1973/1, Nr. 367. StAM, Vereinsregister, Nr. 146. Stadtbauamt, Akten Magistrat Mbg., Friedhofserweiterung. Haupt, Abt. 17 D, Unterabt. 2, Nr. 2a, I. Teil 1939-1949. Handelsregister des kurfürstlichen Justizamtes I Marburg 1866, Bd. 1, Pag. 1 bis 767 Nr. 15, Pag. 28. Handelsregister A Marburg, Bd. 1, 1-267, Nr. 12.

Eichelberg, Rosa

Etagengeschäft für Kaffee, Tee, Kakao und Handarbeiten

Friedrichstraße 7

Eröffnung und Entwicklung
Die Witwe des Bankiers Hugo Eichelberg, Rosa, eröffnete im Dezember 1927 in der Friedrichstraße 7 ein kleines Geschäft, in dem sie Kaffee, Tee, Kakao und feine Handarbeiten verkaufte. Zuvor leitete sie in ihrem Haus ein Mädchenpensionat, das sie 1926 aufgab. Außerdem führte sie eine Pension für auswärtige Schüler. Über die Eintragung in das Gewerberegister, die an einem Samstag erfolgte, gibt es den Vermerk: *"Unterschrift kann wegen Samstag nicht gegeben werden"*.
Im Oktober 1933 zog sie in die Universitätsstraße 14, 2. Stock, am 7. Juni in das Barfüßertor 7 zu ihrer Schwägerin

Adreßbuch der Stadt Marburg 1896.

Franziska Rosenbusch. Diese starb schon einige Monate später, am 7.12.1936. Das Geschäft wurde in den Räumlichkeiten der Wettergasse 2 weitergeführt.

Arisierung/Liquidation
Rosa Eichelberg schloß ihr Geschäft am 1.6.1937, zwei Wochen, bevor sie nach Hamburg zog.

Familie
Hugo Eichelberg, geb. 13.3.1860
in Marburg, gest. 20.11.1902.
Rosa, geborene Haas, geb. 16.6.1871
in Marburg, Ehefrau von
Hugo Eichelberg.

Nachkommen von Hugo und Rosa Eichelberg
Kinder
Heinrich, geb. 30.4.1897 in Marburg.
Karl, geb. 19.7.1900 in Marburg.
Heinrich zog 1917 nach Halberstadt; sein
weiteres Schicksal ist nicht bekannt. Karl
ging 1922 nach Hannover und wanderte
später nach Palästina aus. Rosa beging
am 30.12.1941 in Hamburg Selbstmord.

Anzeige in der Oberhessischen Zeitung
vom 2.8.1919.

Firma Ellenzweig
Inhaber: Julius und Moritz
Ellenzweig

Modekaufhaus

Steinweg 4

Eröffnung und Entwicklung
Mitte der siebziger Jahre des letzten
Jahrhunderts kam die Familie Ellenzweig
nach Marburg. Sie ließ sich zunächst in
Weidenhausen nieder. Im Adreßbuch ist
Hirsch Ellenzweig erst als Arbeiter, dann
als Händler für Borsten- und Kurzwaren
geführt. Später kamen noch Tuch-, Lei-
nen- und Modewaren dazu. Die Firma
wurde seit 1882 oder früher von Hirsch
Ellenzweig geführt; sie hatte ihren Sitz in
der Weidenhäuserstraße 4. Die Söhne
von Hirsch und Sophie Ellenzweig, Julius und Moritz, eröffneten am 1.12.1906
im Steinweg 4 ein Manufakturwarengeschäft. Im November 1928 wurde das

Geschäft, das sich inzwischen zum Kaufhaus entwickelt hatte, als offene Handelsgesellschaft in das Handelsregister
der Stadt eingetragen. Die Familie war
1913 von der Marktgasse 18/20 in die
Deutschhausstraße 24 gezogen und von
dort 1919 in die Biegenstraße 21.

Arisierung/Liquidation
Das Kaufhaus, das sich direkt unter den
Steinwegsälen im Steinweg 4 befand,
mußte bereits 1934 schließen. Der Ausverkauf im März wurde durch einen
SA-Posten behindert; ob er wie vorgesehen durchgeführt werden konnte, ist
unklar. Am 24.7.1934 wurde das Konkursverfahren eröffnet. Nach dessen
Abwicklung erlosch die Firma endgültig
am 24.6.1935. In die Geschäftsräume
zogen ein Friseur und ein Lotto- und
Wettbüro ein. Das Vermögen der Brüder
Ellenzweig - 10.199 RM - in der Form
eines Guthabens auf der Kreissparkasse
fiel nach einer Unterlage des Finanzamtes am 17.3.1943 *"dem Reiche zu"*.

Familie
Hirsch Ellenzweig, geb. 28.9.1852,
gest. 27.4.1906.
Sophie, geborene Dannowitz,
geb. 28.9.1851 in Meseritz,
gest. 19.10.1918.
Nachkommen von
Hirsch und Sophie Ellenzweig
Kinder
Rosa, geb. 7.5 1875 in Marburg.
Karoline, verh. Kaufmann,
geb. 11.2.1878 in Marburg.
Eva, geb. 3.11.1879 in Marburg.
Julius, geb. 11.5.1883 in Marburg.
Moritz, geb. 4.6.1885 in Marburg.
Ida, verh. Wanzburger, geb. 17.4.1894
in Marburg.
Schwiegerkinder und folgende Generation
Hedwig, geb. Strauss, geb. 22.1.1897,
Ehefrau von Julius.
Rosa Ellenzweig ging 1911 nach Bad
Nauheim, ihre Schwester Karoline 1916
nach Berlin. Sie heiratete 1920 den Ge-
schäftsmann Gernhard Kaufmann aus
Düsseldorf. Ida war kurz vor dem Tod
ihrer Mutter 1918 nach Frankfurt gezo-
gen, heiratete am 24.8.1925 den Kauf-
mann Arno Wanzburger und ließ sich
anschließend in Berlin nieder. Julius und
Moritz, die beide Soldaten im 1. Weltkrieg gewesen waren, wanderten nach
Amerika aus; Julius bereits im Oktober
1933, Moritz mit der übrigen Familie
(Eva, Hedwig und Ida) 1935. Ihre neue
Heimat wurde Saratoga Springs. Moritz
starb dort am 1.1.1954.

Oberhessische Zeitung vom 24.5.1930.

Quellen
StAM, 330C Mbg, Nr. 4453, Steuerlisten.
StAM. RP Kassel Bestand 165, Nr. 3982,
Bd. 13, S. 63. HStAWI, Abt. 519, Finanzamt Mbg., Liegenschaftsstelle, Nr. 102.
Handelsregister A Marburg, Bd. II, Nr.
366. Marburger Arbeitsgruppe für Dokumentation, Die Stadt Marburg - Gesamtdokumentation, 2 Bde., Marburg 1976
und 1981, Bd. 2, S. 223.

*Haus Steinweg 4 kurz nach
dem Zweiten Weltkrieg. In den Räumen des
Geschäftes Schade & Füllgrabe war bis 1934 das
Geschäft Ellenzweig.
Foto: Hermann-Bauer-Nachlaß.*

Firma Rosa Erlanger
Inhaber: Julius Adler

Elisabethstraße 15

Stoff- und Konfektionsgeschäft

Eröffnung und Entwicklung
1810 kam der Handelsmann Falk (Valck)
Erlanger aus Wetzlar nach Marburg. Er
erlangte für sich und seine Ehefrau Jette,
geb. Elias, das Bürgerrecht. 1844 kaufte
er das Heintzenbergsche Haus in der
Untergasse. Einen ersten Hinweis auf ein
Geschäft *Erlanger* gibt es im Adreßbuch
Hessen von 1842. Es ist das einzige jüdische Geschäft in Marburg, das in dieser

Aufstellung erwähnt wird: *"Ellen- und
Modewaren, auch Wechsel u. kurze Waren"*.
Das Haus in der Untergasse mußte 1870
dem Neubau des Gymnasiums Philippinum weichen. Wahrscheinlich 1866 oder
1868 erwarb die Familie Erlanger die
beiden Torhäuser in der Elisabethstraße.
In dem bergseitigen Torhaus Elisabethstraße 520 (später Nr. 15) wurde das
Geschäft eingerichtet. Moritz Erlanger,
wahrscheinlich der Sohn von Falk Erlanger, wurde 1868 mit seiner Firma folgendermaßen geführt: *"Director d. Dienstm.
=Instituts, Branntwein=, Colonial= u. Kurzwaarengeschäft, Strumpfwaaren, fertige
Wäsche u. Fantasiesachen, Lager bewährter
Nähmaschinen zum Geschäfts= u. Familiengebrauche"*.

1874 wurden Mode-, Weiß- und Manufakturwaren sowie Nähmaschinen verkauft. Man vermittelte Dienstmänner, bot Wohnungen an, beförderte Eilgut vom Bahnhof und war im Inkasso-, Kommissions- und Speditionsgeschäft tätig.

Wahrscheinlich nach dem Tod von Moritz Erlanger ging das Geschäft am 18.7.1874 an die Ehefrau Rosa, geborene Wertheim, über. Ihren Namen trug das Geschäft bis zur 'Arisierung' 1936.

Im Jahr der Geschäftsübernahme übertrug Rosa Erlanger die Firma an ihren Schwiegersohn Ernst Eichelberg, sie selbst und ihre Tochter Thekla erhielten Prokura. Schon 1878 wurde Rosa Erlanger wieder Geschäftsinhaberin. Die Firma hatte sich in der Zwischenzeit auf Manufaktur- und Modewaren, Herren- und Damenkonfektion, sowie Nähmaschinenhandel spezialisiert.

1888/89 wurde anstelle des bergseitigen Torhauses ein Neubau nach Plänen des Architekten Otto Eichelberg errichtet und 1905 eine Ladenfront eingebaut. 1889 übernahm der Sohn von Rosa, Louis Erlanger, das Geschäft; die Mutter und die Schwester Thekla hatten weiterhin Prokura. Erlangers besaßen die Häuser Elisabethstraße 15 und 16, die auch Firmenadresse waren.

In der Zeit des Ausbaus des Bahnhofsviertels, um 1890, verkauften Erlangers das lahnseitige Torhaus an den ehemaligen Kliniksinspektor Otto Dey, der das große Eckhaus errichtete, heute ein Neubau, in dem sich eine Zweigstelle der Stadtsparkasse befindet. Das Geschäft führte jetzt Manufaktur- und Modewaren, Damen- Mädchen- und Kinderkonfektion, Maßgarderobe für Damen und Herren, Tuche, Buckskins (englischer Herrenanzugsstoff, eigentlich Bocksfell), Leinen, Bildzeuge, Damast, Barchent (flanellartiger Baumwollstoff), Drellen (Gewebe mit bestimmter Bindungstechnik), Daunencöper (fester Stoff für

Adreßbuch der Stadt Marburg 1889.

Matratzenbezüge), Weißwäsche, Bettwäsche, Unterwäsche, Gardinen, Bettfedern, Daunen, fertige Betten, Ausstattungen.

1896 eröffnete Louis Erlanger in der Barfüßerstraße 50, einem Haus, das der Familie seit den achtziger Jahren des Jahrhunderts gehörte, eine Filiale. Sie bestand aber nur bis zum Verkauf des Hauses an Leo Rosenbusch im Jahre 1899.

Am 1.10.1905 übernahmen Julius Adler, der vorher in Trier gearbeitet hatte, und Philipp Edler aus Düren als Gesellschafter die offene Handelsgesellschaft 'Rosa Erlanger'. Kurz nach dem Verkauf ist die Familie Erlanger in Marburg nicht mehr nachweisbar. Thekla Eichelberg, die seit den 1890er Jahren wieder ihren Mädchennamen Erlanger führte, ließ sich wahrscheinlich mit ihrer Familie in Kassel nieder.

Ab 1911 führte dann Julius Adler mit seiner Familie die Firma alleine weiter. Sie führte Damenoberbekleidung, Stoffe und Zubehör. Er erwarb in diesem Jahr auch das Haus, als dessen Besitzer 1910 die *Bellerstein & Meyer OHG* angegeben wird; als Kaufpreis wird der Betrag 77.500 M genannt.

Die Geschäftsräume befanden sich im Erdgeschoß und im 1. Stock; im 2. Stock war die Wohnung. In der Firma arbeiteten die Familie und zwei Angestellte. Das Warenangebot richtete sich an die mittlere Bürgerschicht. Der Laden war am Samstag (Sabbat) geöffnet.

Arisierung/Liquidation

Am 1.4.1933, dem Tag des Boykotts jüdischer Geschäfte, wurde ein Schild an der Ladenfront angebracht, das 'arische' Kunden davon abhalten sollte, bei Juden zu kaufen. Insgesamt wurde der Umsatz ab 1933 immer schlechter - oder, wie es Hans Adler ausdrückte: *"In den dreißiger Jahren waren wir alle arm."* Viele Kunden trauten sich nicht mehr, das Geschäft zu betreten, andere kamen abends heimlich an die Hintertür. Manche zahlten auch ihre ausstehenden Rechnungen nicht mehr.

Ab 1936 war die Firma nicht mehr zu halten; unter dem politischen Druck wurden die Verkaufseinbußen zu groß. Julius Adler verpachtete das Geschäft mit gleichem Sortiment an Anna Ehlers und Luise Kley, die als Ehlers & Kley firmierten. Die monatliche Miete betrug 240 RM. Die neue Firma wollte zwar auch das Haus erwerben, aber Julius Adler weigerte sich; das Haus blieb zunächst weiter im Besitz der Familie, wurde aber 1942 vom Reichsfiskus übernommen.

Hessisches Tageblatt vom Oktober 1928.

1943 gingen die Geschäftsräume an die NSDAP über; dazu der Oberbürgermeister in einem Schreiben vom 9.6.1943 an das Finanzamt: *"Auf Antrag der SA der NSDAP, Standarte Jäger 11, nehme ich hiermit aufgrund des Reichsleistungsgesetzes vom 1.9.1939 als zuständige untere Verwaltungsbehörde die bislang von der Fa. Ehlers und Kley innegehabten Geschäftsräume im Erdg. und im 1. Stock des Hauses Elisabethstraße 15 zum Zwecke der Unterbringung von 35 in der vormilitärischen Ausbildung stehenden Reitschülern in Anspruch."*

Im Krieg wurde das Haus Elisabethstraße 15 zu zwanzig Prozent zerstört. Am 31.7.1945 beschlagnahmten die amerikanischen Besatzungstruppen die ehemaligen Geschäftsräume. 1948 eröffnete im Erdgeschoß eine Schnellgaststätte. 1954 verkauften die Geschwister Adler das in

Oberhessische Zeitung vom 29.8.1936.

der Zwischenzeit wieder an sie zurück-
gegebene Haus. Heute befindet sich ein
Herrenbekleidungsgeschäft im Erdgeschoß und das Café 'Suisse' im 1. Stock.

Familie
Isaak Julius Adler, geb. 30.8.1865
in Kelsterbach.
Klara, geborene Eschwege, geb. 8.12.1879
in Fulda.
Nachkommen von Julius und Klara Adler
Kinder
Trude, verh. Wertheim, geb. 19.10.1906
in Marburg.
Hans, geb. 7.7.1910 in Marburg.
Schwiegerkinder und folgende Generation
Alfred Wertheim, geb. 16.3.1899
in Kassel, Ehemann von Trude.
(zur weiteren Familienchronik
von Alfred und Trude Wertheim siehe Le-
derhandlung Strauß)
Klara Adler verstarb in Marburg am
1.1.1934. Dem Sohn Hans, der das Gymnasium Philippinum besucht und eine
Ausbildung zum Kaufmann absolviert
hatte, gelang im Frühjahr 1936 die Auswanderung in die USA. Er zog zu Verwandten nach New York. Seine Schwester Trude und ihr Ehemann Alfred
Wertheim folgten ihm einen Monat später. Der Vater fühlte sich zu alt für einen
Neuanfang in einem fremden Land. Die

Familie Adler. Die Aufnahme entstand um 1930
im Marburger Schloßpark. Von links: Klara,
Hans, Julius und Trude.
Foto: Privatbesitz Hans Adler.

nächsten Jahre konnte er noch in seinem
Haus wohnen bleiben, aber am 2.4.1942
ist er nach den Unterlagen des Einwohnermeldeamtes bei der Familie Strauß in
der Wettergasse 2 angemeldet. Am 6.Sep-

181

tember 1942 wurde er mit dem letzten Marburger Transport über Kassel in das Ghetto Theresienstadt deportiert.

In Kassel, wo die Verhafteten im Auffanglager in den Bürgerschulen Schillerstraße/Ecke Wörthstraße bis zur endgültigen Deportation untergebracht waren, wurde Julius Adler der Bargeldbetrag von 75,46 RM - die Juden durften nur 50 RM mit sich führen -, Briefmarken im Wert von 1,86 RM und die Uhr im Wert von acht RM abgenommen. In Marburg wurde das noch vorhandene Bankguthaben von 3724 RM beschlagnahmt und der Erlös aus der Versteigerung des Wohnungsmobiliars in Höhe von 1356,95 RM eingezogen. Abzüglich des Betrags von 10,65 RM für Wasser und Strom im August 1942, den er nicht mehr bezahlen konnte, weil er deportiert wurde, überwies das Finanzamt Marburg die Summe an die Reichshauptkasse in Berlin. Julius Adler verstarb schon sechs

Wochen später am 30.10.1942 im Ghetto Theresienstadt.

Quellen

Gespräch mit Hans Adler am 17.8.1987; weitere Gespräche mit ihm, Korrespondenz und Dokumente von ihm. StAM, Stahr, Kurt: Marburger Sippenbuch 1500-1850, unveröffentlichtes Manuskript, Bd. 10, S. 8, Nr. 13292. StAM, Kataster II, Mbg, Gebäudebücher 1910ff. HStAWI, Abt. 519, Finanzamt Mbg. Liegenschaftsstelle, Nr. 38, Abt. 519, Rückerstattungsakten Mbg. 59, Nr. 404. Handelsregister A Marburg, Nr. 49 und Nr. 203. Marburger Arbeitsgruppe für Dokumentation, Die Stadt Marburg - Gesamtdokumentation, 2 Bde., Marburg 1976 u. 1981, Bd. 2, S. 126. Adreßbuch der Kaufleute, Fabrikanten der Stadt Frankfurt, Hessen-Darmstadt, Hessen-Kassel, Nassau, Nürnberg 1842.

Frankfurter Schuhlager
Inhaber: Elias Goldschmidt

Schuhwarengeschäft

Steinweg 3 1/2

Eröffnung und Entwicklung
Im April 1900 kam Elias Goldschmidt nach Marburg und zog in die Wettergasse 25. Hier übernahm er im Mai des Jahres das *Frankfurter Schuhlager*, welches seit 1897 im Besitz von Adolf Bär aus Gießen und Flora Fanny Sichel aus Marburg war und zuvor von Jacob Wolf geleitet wurde. 1920 erwarb Elias Goldschmidt das Haus Steinweg 3 1/2 von der Frankfurter Firma H. Salomon & Co., die einige Jahre zuvor vergeblich versucht hatte, dort ein Automaten-Restau-

Oberhessische Presse vom 1.9.1919.

rant zu etablieren. 1919 hatte Elias Goldschmidt sein Schuhwarengeschäft dorthin verlegt. Nach den Steuerlisten 1920/22 lag das Steueraufkommen im mittleren Bereich.

Arisierung/Liquidation
Am 1.3. 1934 wurde das Geschäft von Elias Goldschmidt 'arisiert'. Neuer Besitzer wurde Ernst Weber.

Familie
Elias Goldschmidt, geb. 4.4.1869 in Sterbfritz/Schlüchtern.
Frau Goldschmidt (Vorname, Mädchenname und Lebensdaten nicht bekannt).
Nachkommen der Eheleute Goldschmidt Kinder
Betti, verh. Homburger,
geb. 11.2.1901 in Marburg.
Berthold, geb. 14.4.1903 in Marburg, gest. 4.2.1922 in Marburg.
Karl, geb. 28.5.1909 in Marburg.
Die Söhne der Eheleute Goldschmidt, Berthold und Karl, absolvierten eine kaufmännische Ausbildung in Frankfurt. Berthold starb bereits kurz vor seinem zwanzigsten Geburtstag in Marburg. Karl ging 1927 für ein Jahr nach Wiesbaden und 1929 für zwei Jahre nach Mönchengladbach; im Juli 1931 kehrte er nach Marburg zurück. Nach dem Verlust des Geschäfts ging er Anfang März 1934 wieder nach Frankfurt und wanderte von dort 1937 nach Palästina aus. Betti Goldschmidt heiratete im Mai 1925 den Kaufmann Leonhard Homburger und zog mit ihm nach Schweinfurt. Elias Goldschmidt, Mitglied des Vorstands des Israelitischen Männervereins, folgte seinem

Im Handelsregister A Nr. 88 ist bei der Firma „Frankfurter Schuhlager Elias Goldschmidt in Marburg" heute eingetragen worden. Die Firma ist geändert in „Frankfurter Schuhlager Ernst Weber". Neuer Inhaber ist der Kaufmann Ernst Weber in Marburg. Forderungen und Verbindlichkeiten der bisherigen Firma gehen nicht auf den neuen Inhaber über.   1303
Marburg, den 7. März 1934.
Amtsgericht.

Oberhessische Zeitung vom 12.3.1934.

Sohn Ende März 1934 nach Frankfurt. Ob er ebenfalls auswandern konnte, ist nicht bekannt.

Quellen
StAM, Kataster II Marburg, Gebäudebücher 1910ff. StAM, 330C Mbg, Nr. 4453, Steuerlisten. Marburger Arbeitsgruppe für Dokumentation, Die Stadt Marburg - Gesamtdokumentation, 2 Bde., Marburg 1976 und 1981, Bd. 2, S. 222f.

Freund, Sigmund

Juwelier und Uhrengeschäft

Wettergasse 36

Oberhessische Zeitung vom 25.9.1929.

Eröffnung und Entwicklung

Bär Jacob, der sich später Freund nannte, und seine Frau Brenne, ließen sich gegen Ende des 18. Jahrhunderts in Marburg nieder. Von deren Sohn Isaak ist bekannt, daß er zumindest in den Jahren 1824/25 als Kammerjäger arbeitete. Dessen Sohn Bernhard eröffnete in Weidenhausen, Haus Nr. 97, einen Kleiderhandel. Ein Sohn von Bernhard Freund, Salomon, gründete 1866 das Uhrmacher- und Juweliergeschäft in der Neustadt 15, direkt neben dem Optiker Unckel. Nach dem Tod von Salomon Freund im Jahre 1887 führten seine Frau Rosalie und Sohn Sigmund die Firma weiter. Von 1894 an hatten sie beide Prokura für das Geschäft.

1910 kaufte Sigmund Freund das Haus in der Wettergasse 36. Das Geschäft wurde im Erdgeschoß eingerichtet, die Familie selbst wohnte im Haus Nr. 38. 1911 übernahm Sigmund als Alleininhaber die Firma, seine Frau Frieda erhielt Prokura. Das Geschäft entwickelte sich schnell. 1925 wurde es zur Hangseite hin vergrößert und 1934 eine Lagerhalle errichtet. Neben den Familienmitgliedern waren in der Firma zwei Verkäuferinnen und zeitweise zwei Uhrmacher beschäftigt. 1919 konnte die Familie Freund das Haus Barfüßertor 12 kaufen; dorthin verlegten sie ihre Wohnung.

Das Juweliergeschäft Freund war das größte und angesehendste Juwelier- und Uhrengeschäft in Marburg. Sohn Paul erhielt nach dem Besuch des Gymnasiums Philippinum eine Ausbildung zum Uhrmacher und arbeitete im elterlichen Geschäft mit. Ebenso sein Bruder Robert, der zwar nach dem Gymnasium eine Ausbildung zum Bankkaufmann absolviert hatte, aber nach 1933 keine Arbeitsmöglichkeit mehr erhielt und sich zum Gold- und Silberschmied ausbilden ließ.

Arisierung/Liquidation

Auch nach 1933 hielt der Kundenstamm offenbar der Firma die Treue. Trotz der Boykottaktionen des Jahres 1933 erzielte der Betrieb in diesem Jahr die höchsten Gewinne aller Marburger Juweliere. Auch in den folgenden Jahren hatte die Firma noch relativ gute Umsätze. Dies war ein Sonderfall unter den jüdischen Geschäften. Repressalien gab es allerdings auch gegen Sigmund Freund; es wurde gegen ihn ein Ermittlungsverfahren wegen des *"Verdachts der Umgehung der Devisenbestimmungen"* eingeleitet. Freund gab an, *"dass sich die Steigerung der Gewinne in den Jahren 1934 bis 1938 aus Verkauf an ausgewanderte Juden ergebe, bei welchen für an und für sich veraltetem Edelstein- und Edelmetallschmuck verhältnismässig gute Preise erzielt worden seien."* Offenbar wurde das Verfahren niedergeschlagen.

Am 1.11.1938 wurden Geschäft und Haus zum 'Reichseinheitswert' von 68.000 RM an Ernst Spalthoff, einen Bekannten der Familie, verkauft. Dieser Betrag mußte auf ein Sperrkonto eingezahlt werden.

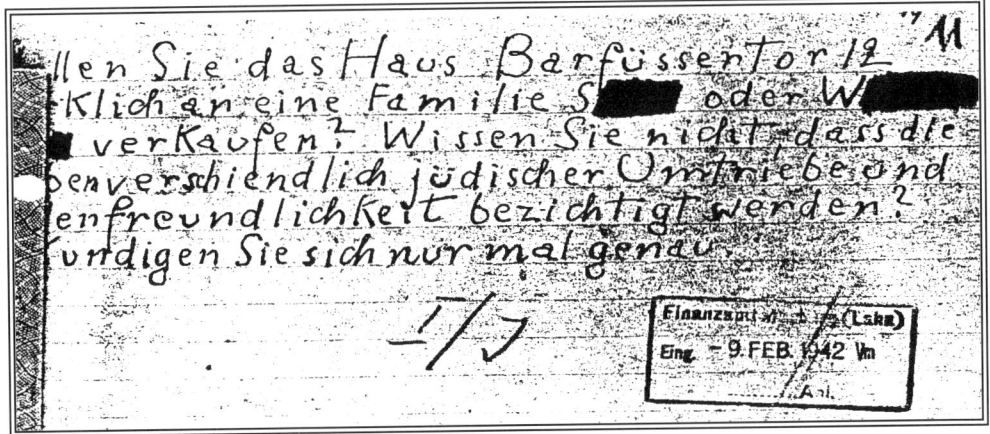

Anonyme Denunziation 1942. Hauptstaatsarchiv Wiesbaden.

Nach der Emigration der Familie fiel das Vermögen der Freunds, schon stark angegriffen durch 'Judenvermögensabgabe' (eine 'Sühneleistung' für die Schäden des Pogroms) und 'Reichsfluchtsteuer', dem Reich zu. Sie durften zwar ihren Hausrat mitnehmen, mußten aber den Gegenwert vorher auf ein Konto bei der Deutschen Golddiskontbank in Berlin einzahlen.

* **Entjudetes Geschäft.** Das bisher in jüdischen Händen befindliche Uhren- und Goldwarengeschäft Wettergasse 86 ist in arischen Besitz übergegangen und wird von Uhrmachermeister Ernst Spalthoff weitergeführt. — Auch das seither einem Juden gehörige Haus Barfüßertor 34 wurde von dem Obst- und Gemüsehändler Paul Münßelein gekauft.

Oberhessische Zeitung vom 1.11.1938.

Familie
Bär Jacob Freund, gest. 1816.
Brenne, geb. 1760 in Allendorf,
Ehefrau von Bär Freund.
Nachkommen von Bär und Brenne Freund
Kinder
Isaak (Jizchak), geb. 1793 in Marburg,
gest. 3.6.1855 in Marburg.
Elisabeth, geb. 1799.
Lazarus, geb. 1801.
Schwiegerkinder und folgende Generation
Jette, geb. Levi, geb. 1784 in Falkenstein,
gest. 1.6.1857 in Marburg,
Ehefrau von Isaak.
Amalie (Malchen), verh. Buxbaum, geb.
1817 in Marburg,
gest. 20.10.1897 in Marburg,
Tochter von Isaak und Jette.

Bernhard, geb. 2.9.1819 in Marburg,
gest. 20.5.1907 in Marburg,
Sohn von Isaak und Jette.
Johanna, geb. Hirsch, geb. 27.1.1817
in Falkenstein,
gest. 12.10.1877 in Marburg,
Ehefrau von Bernhard.
Salomon, geb. 8.7.1843 in Marburg,
gest. 15.12.1887 in Marburg,
Sohn von Bernhard und Johanna.
Leopold, geb. 19.4.1846 in Marburg,
gest. 30.5.1871 in den USA,
Sohn von Bernhard und Johanna.
Jacob, geb. 12.9.1849 in Marburg,
gest. 17.1.1898 in den USA,
Sohn von Bernhard und Johanna.
Amalia, geb. 17.9.1852 in Marburg,
gest. 6.3.1873 in Marburg,

Familie Freund.
Von Links Robert, Frieda
und Sigmund Freund.
Die Aufnahme wurde
- wahrscheinlich von Paul Freund -
im Frühjahr 1939 gemacht,
nachdem Robert Freund aus dem KZ
Buchenwald entlassen worden war
(am 7.2.) und bevor er nach England
auswanderte (am 20.4.).
Foto: Privatbesitz Robert Freund.

Tochter von Bernhard und Johanna.
Rosalie (Röschen), geborene Haas,
geb. 12.9.1844 in Hofgeismar,
gest. 2.5.1914 in Marburg,
Ehefrau von Salomon.
Julius, geb. 1871 in Marburg,
Sohn von Salomon und Rosalie
(später Lektor für Englisch an der Universität Berlin).
Sigmund, geb. 19.8.1873 in Marburg,
Sohn von Salomon und Rosalie
Laura, geb. 1875 in Marburg,
Tochter von Salomon und Rosalie
(Heirat nach Detmold).
Albert, geb. 1879 in Marburg,
Sohn von Salomon und Rosalie
(später Kaufmann für Öle und Fette, Ex- und Import in Hamburg).
Selma, geb. 18.9.1883 in Marburg,
Tochter von Salomon und Rosalie
(ging 1921 nach München).
Johanna, verh. Jacobs, geb. 23.4.1884
in Marburg,
Tochter von Salomon und Rosalie.
Frieda, geborene Lohmeier,
geb. 4.10.1886 in Basel,
Ehefrau von Sigmund.
Paul Salomon, geb. 11.8.1909 in Marburg,
Sohn von Sigmund und Frieda.
Robert Wilhelm,
geb. 12.9.1914 in Marburg,
Sohn von Sigmund und Frieda.

Als das Geschäft der Freunds im Jahre 1938 verkauft werden mußte, war Sigmund Freund bereits schwerkrank. Das Geschäft hatte er schon zuvor seinem Sohn Paul übergeben. Der Entschluß, Deutschland zu verlassen fiel, nachdem die Söhne Paul und Robert im Zusammenhang mit dem Pogrom von November 1938 verhaftet und ins KZ Buchenwald verschleppt worden waren. Paul wurde bereits Anfang Dezember 1838 entlassen, da seine Anwesenheit bei der 'Arisierung' des Geschäfts notwendig war; sein Bruder Robert erst am 7.2.1939, nachdem die Familie ein Visum für eine fingierte Auswanderung nach Uruguay besorgt hatte. Robert ging dann am 20.4.1939 nach England. Er erinnert sich noch heute, daß das Schiff bei seiner Abfahrt von Cuxhaven von 21 Schuß Salut zum 50. Geburtstag Adolf Hitlers begleitet wurde. Paul folgte ihm kurz vor Kriegsbeginn. Von England aus emigrierten beide in die USA, wo sie sich in New York niederließen.

Sigmund und Frieda gingen im November 1939 nach Basel, der Heimatstadt von Frieda Freund. Dort starb Sigmund Freund im August 1940. Frieda Freund siedelte dann später zu ihren Söhnen nach New York über. Sie starb dort am

11.1.1952. Paul Freund starb am 25. Dezember 1978 in New York. Sein Bruder Robert, der heute in New York lebt, hat den Kontakt zu seiner alten Heimat bewahrt; er besucht Marburg immer noch häufig.

Johanna Jacobs, eine Schwester Sigmunds, konnte mit ihren zwei Kindern noch im Jahre 1939 nach England fliehen. Ihr Mann, der Bankbeamte David Jacobs, war bereits 1930 gestorben.

Quellen
Gespräch mit Robert Freund am 25. Juni 1987 und weitere Gespräche; Korrespondenz und Originaldokumente von ihm. HSTAWI, Abt. 519 Finanzamt Mbg, Liegenschaftsstelle, Nr. 85-87. RP Darmstadt, Entschädigungsbehörde in Wiesbaden, RP Kassel Nr. 05974, Nr. 04545, Nr. 00051, Nr. 06938. Marburger Arbeitsgruppe für Dokumentation: Die Stadt Marburg - Gesamtdokumentation, 2 Bde., Marburg 1976 u. 1981, Bd. 2, S. 273.

Firma H. Fürst
Inhaber: Julius Fürst

Mehl- und Fruchthandel

Obere Rosenstraße 2
(heute Rosenstraße)

Eröffnung und Entwicklung
Heinemann Fürst siedelte zu Beginn der siebziger Jahre des 19. Jahrhunderts mit seiner Frau von Frankenberg nach Marburg über. 1874 handelte er am Bahnhof mit Landesprodukten. Für das Jahr 1876 ist als Adresse Haus Nr. 913 angegeben; im Adreßbuch von 1884 ist dies Bahnhofstraße 22. Anfang der achtziger Jahre kaufte er das Haus in der Rosenstraße 2, anscheinend ein Neubau. Im Februar 1885 wurde das Handelsgeschäft Heinemann Fürst ins örtliche Handelsregister eingetragen. In den Adreßbüchern wird er zunächst als Fruchthändler, später dann als Inhaber eines Geschäfts für Frucht-, Mehl- und Landesprodukte geführt. Seine Schwester Hilde Fürst, die ebenfalls im Haus wohnte, arbeitete als Haushälterin.
1909 wurde das Geschäft auf den Sohn Julius überschrieben. Sohn Berthold Fürst

Im Handelsregister A sind folgende Firmen, als erloschen, gelöscht worden:
Nr. 103 L. Stern
Nr. 189 Wilhelm Heinrichs
Nr. 383 Hans Schmidt
Nr. 132 J. Heineberg & Co.
Nr. 104 Ch. & H. Sömmering
Nr. 149 O. & A. Niemeyer
Nr. 93 Chr. Lorch
Nr. 125 Landmesser Krieger
Nr. 152 S. Haas
Nr. 91 H. Fürst [631
Amtsgericht, Marburg-Lahn

Oberhessische Zeitung vom 20.9.1938.

eröffnete eine Schokoladenhandlung (siehe unter *Berthold Fürst*). Sowohl Berthold als auch Julius Fürst waren als Soldaten im Ersten Weltkrieg. Ihre Frauen führten in dieser Zeit die Geschäfte weiter. Julius Fürst erweiterte seinen Betrieb 1920 und handelte auch mit Tabakfabrikaten. Sein Lagerhaus befand sich seit 1910 in der Neuen Kasseler Straße, bis das Haus 1922 abgerissen wurde.

Arisierung/Liquidierung

Die Familie hatte ihr Haus bereits 1914 an einen Fabrikanten verkauft, Julius und seine Frau lebten aber weiterhin dort. Das Geschäft mit Frucht-, Mehl-, Landesprodukten und Tabak wurde nach dem Pogrom liquidiert. Julius und seine Frau mußten auch die Wohnung verlassen. Der Hausbesitzer klagte am 18.11.1938 auf Wohnungsräumung des Ehepaares Fürst: "... *weil es für ihn unerträglich ist, als Mitglied der NSDAP mit Juden länger in einem Haus zu wohnen ...*". Schon elf Tage nach der Verhandlung, am 31.12.1938, mußten Fürsts ihre Wohnung verlassen und in das Ghettohaus in der Schwanallee 15 ziehen.

Familie

Heinemann Fürst, geb. 9.2.1835 in Frankenberg, gest. 8.2.1913 in Marburg. Johanna, geborene Lichtenstein, geb. 9.2.1846, gest. 11.6.1902, Ehefrau von Heinemann. Hilde, geb. 16.12.1841 in Frankenberg, Schwester von Heinemann.

Nachkommen von Heinemann und Johanna Fürst
Kinder
Julius, geb. 16.2.1873 in Marburg.
Berthold, geb. 7.11.1881 in Marburg.
Schwiegerkinder und folgende Generation
Martha, geb. Gumpertz, geb. 30.8.1883 in Augsburg, Ehefrau von Julius.
(Zur weiteren Familie siehe unter *Berthold Fürst*)
Julius Fürst und seine Frau wurden am 6.9.1942 mit dem letzten Transport aus Marburg nach Theresienstadt deportiert und von dort in das Vernichtungslager Auschwitz. Sie gelten als 'in Auschwitz verschollen', d.h. sie wurden ohne Registrierung sofort nach ihrer Ankunft in den Gaskammern ermordet.

Quellen

Gespräch mit Heinz Fürst am 4.9.1988. StAM, 330C Mbg, Acc. 1973/1, Nr. 367. Falk, Georg-Dietrich: Vom alltäglichen Funktionieren der Justiz im Nationalsozialismus, S. 39-43, in: Betrifft Justiz 2/85, S. 40.

Fürst, Berthold

Schokoladen- und Zuckerwaren-großhandlung

Biegenstraße 29

Eröffnung und Entwicklung

Wann Berthold Fürst seine Großhandlung eröffnete, ist nicht bekannt. 1913 zog er in das Haus Biegenstraße 29, aber erst 1926/27 ist er im Adreßbuch mit einer 'Zuckerhandlung' als dort ansässig verzeichnet. Das Büro war im Vorderhaus, das Lager in den Hinterhäusern Nr. 29 und Nr. 27. Berthold Fürst belieferte kleinere Geschäfte in Marburg und Kommissionäre, die große Teile Oberhessens und Hessen-Nassaus mit den Produkten der Firma Fürst belieferten.

Berthold Fürst war Stadtverordneter im Marburger Stadtparlament; ungeklärt ist jedoch, in welchen Jahren er diese Tätigkeit ausübte. Für 1922 ist bekannt, daß er Mitglied im *Kavallerieverein Marburg* war.

Arisierung/Liquidation

Das Geschäft lief nach 1933 immer schlechter. Die Abnehmer zahlten die bestellten Waren nicht mehr, die Marburger Kunden stellten die Geschäftsverbindungen mit Fürsts Großhandlung ein. Die Angestellten mußten entlassen werden. Im Oktober 1935 wurde die Firma von W.A., einem Zuckerwarengroßhändler, übernommen.

Familie
Berthold Fürst, geb. 7.11.1881
in Marburg.
Helene, geborene Marx,
Ehefrau von Berthold Fürst.
Nachkommen von
Berthold und Helene Fürst
Kinder
Heinz, geb. 31.3.1914 in Marburg.
Hilde, geb. 16.9.1918 in Marburg.
1933 gelang es Heinz Fürst, nach Brasilien auszuwandern. 1935 konnte er die
Emigration der Eltern und der Schwester
Hilde in die Wege leiten. Die Familie ließ
sich in São Paulo nieder. Berthold Fürst
starb bald nach seiner Ankunft in Brasilien. Helene Fürst arbeitete als Schneiderin, Hilde als Zuschneiderin in der Konfektionsbranche, Heinz in der chemischen Industrie.
Versuche, nach 1945 wenigstens eine
Entschädigung für den materiellen Schaden zu erhalten, scheiterten schon an den
fehlenden Geldmitteln für einen Rechtsanwalt, der die Vertretung in Deutschland hätte übernehmen können. Das
Finanzamt Marburg fand nur Unterlagen
über Wertsachen in Höhe von 12,50 RM.

Quellen
Gespräch mit Heinz Fürst am 4.9.1988.

Gabrilowitz, Moritz Moses

Schuhmacherei

Universitätsstraße 21

Eröffnung und Entwicklung
Moritz Moses Gabrilowitz kam im Mai
1919 aus seiner Heimatstadt Wielun,
Polen, nach Marburg. Er wohnte zunächst bei der Familie Bornstein, die
einige Jahre zuvor auch aus Wielun
übergesiedelt war. Moritz Gabrilowitz
heiratete die Schwester von Isaak Bornstein, Frieda Bornstein. Im Mai 1919
meldete er eine Schuhmacherei in der
Steingasse 11 als Gewerbebetrieb an.
Nach Aussage seines Sohnes, war Moritz
Gabrilowitz orthopädischer Schuhmacher. Im Oktober 1919 zog die Familie
ebenfalls in die Steingasse. Zwei Jahre
später verlegte er Geschäft und Wohnsitz
in die Universitätsstraße 21. Er verkaufte
nun auch noch Seife und Seifenpulver.
1925 wurde dieser Verkauf eingestellt.
Im Februar 1926 zog die Familie in den
Renthof 2, wo Moritz Gabrilowitz die
Schuhmacherei weiterbetrieb. Inwieweit
seine Frau Frieda, deren Beruf mit Wirtschafterin angegeben wird, für den Lebensunterhalt mitverdient hat, ist ungeklärt.

Arisierung/Liquidation
Im Jahre 1933 zog die Familie zweimal
um: im April zunächst in den Steinweg 19 und im August dann in die Neustadt 13; sie wohnten dort im zweiten
Stock. Beeinflußt von der zionistischen
Bewegung, bereiteten Moritz, seine Frau
Frieda und der Sohn Hans ihre Auswanderung nach Palästina vor. Im April 1934
fanden sie dort ihre neue Heimat.

Familie
Moritz Moses Gabrilowitz,
geb. 14.3.1898 in Wielun, Polen.
Frieda, geborene Bornstein,
geb. 24.6.1895 in Wielun, Polen.
Nachkommen von
Moritz und Frieda Gabrilowitz
Kinder
Hans, geb. 1921 in Marburg.
Hans Gabriely, wie er sich in Israel
nannte, starb während eines Besuchs in

Marburg im Jahre 1986. Es war sein Wunsch, in seiner Geburtsstadt begraben zu werden.

Quellen
Zeitungsartikel in der Oberhessischen Presse vom 6.4.1979.

Goldschmidt, Hermann

Pferdehandel

Cappeler Straße 15

Eröffnung und Entwicklung
Mit Kriegsbeginn im Juli 1914 meldete Hermann Goldschmidt seinen Wohnsitz in Marburg in der Neuen Kasseler Straße 18 an. Er war Kriegsteilnehmer und kehrte 1918 nach Marburg zurück. Im Adreßbuch der Stadt wird sein Beruf 1919 mit Versicherungsinspektor angegeben. Nach der Steuerliste von 1920 gehörte Hermann Goldschmidt zu den reicheren Mitgliedern der jüdischen Gemeinde in Marburg. Am 25.10.1924 eröffnete er gemeinsam mit dem Wetteraner Juden Albert Stern in der Cappeler Straße 15 eine Pferdehandlung mit Firmensitz in Wetter. Ab Januar 1928 führte Hermann Goldschmidt den Betrieb in Marburg allein. Die Familie bezog ein Haus in der Cappeler Straße 4; hierher wurde auch der Pferdehandel verlegt.

Arisierung/Liquidation
Am 1.9.1936 wurde der Pferdehandel eingestellt.

Familie
Hermann Goldschmidt, geb. 2.11.1881 in Bebra.
Waltraut, geb. 21.5.1929, vermutlich Tochter von Hermann Goldschmidt.
Hermann Goldschmidt ist am 21.8.1936 in Marburg gestorben. Waltraut zog kurz nach dem Tod von Hermann nach Nidervelheim. Über ihr weiteres Leben ist nichts bekannt, ebensowenig über die Frau von Hermann Goldschmidt oder andere Verwandte.

Quellen
StAM, 330C Mbg, Nr. 4453, Steuerlisten.

Goldschmidt, Julius

Handelsvertretung für
Mühlenfabrikate und Kohlenhandel

Biegenstraße 23

Julius Goldschmidt im Hof der Biegenstraße 32.
Foto: Privatbesitz Hanna Goldschmidt.

Eröffnung und Entwicklung
Wahrscheinlich kam Julius Goldschmidt
1905 aus Herborn nach Marburg. Er
wohnte zunächst im *Hessischen Hof* in der
Elisabethstraße 17. 1912 heiratete er Berta
Baum und bezog mit ihr eine Wohnung
in der Biegenstraße 23, Erdgeschoß. Zwar
ist das Geschäft *Mühlenfabrikate und Kohlen* erst 1913 im Marburger Gewerberegister eingetragen, aber wahrscheinlich ist
die Geschäftseröffnung spätestens 1912
erfolgt.
Das Ehepaar Goldschmidt führte das
Geschäft gemeinsam. Frau Goldschmidt
erledigte die Büroarbeiten in der Wohnung, während Herr Goldschmidt die
Kunden besuchte. Er war Vertreter für
Getreidemühlen und verkaufte Brennmaterial. Unklar ist, wo sich das Lager
befand. Die Tochter, Hanna Goldschmidt, erinnert sich aber an die Koh-
lenlieferwagen, die im Hof hinter dem
Haus in der Biegenstraße standen.

Arisierung/Liquidation
Die Geschäfte gingen nach 1933 sehr
schlecht. Im September 1933 wurden
Julius Goldschmidt und seine Kunden in
der Kurhessischen Landeszeitung angeprangert. Ob sich die Erinnerungen der
Tochter auf diesen Vorfall beziehen, oder
ob es noch weitere Denunziationen gab,
ist ungeklärt. Hanna Goldschmidt berichtet jedenfalls von einer Anprangerung
am 'Schwarzen Brett', wahrscheinlich
dem 'Stürmerkasten' am Hauptbahnhof.
Die Situation wurde so schwierig, daß
sich die Familie 1936 gezwungen sah,
ihre Wohnung in der Biegenstraße aufzugeben und in die Wohnung der
Schwiegermutter, Rosalie Baum, Heusingerstraße 1, umzuziehen. Frau Baum war
Hauseigentümerin. Sie hatte bisher in
ihrer Wohnung Zimmer an Studenten
vermietet, was jetzt nicht mehr möglich
war.

Mit dem Umzug hörte auch die Firma
auf zu bestehen; sie wurde am 16.12.1936
'arisiert'.
Julius Goldschmidt war gezwungen, sich
seine Lebensversicherung auszahlen zu
lassen, um seine Familie ernähren zu
können.

Familie
Julius Goldschmidt, geb. 20.8.1882
in Wolfenbüttel.
Berta, geborene Baum, geb. 6.7.1889
in Neukirchen.

Nachkommen von Julius und
Berta Goldschmidt
Kinder
Martin Josef, geb. 27.10.1912 in Marburg.
Hanna, geb. 4.11.1919 in Marburg.
Martin Goldschmidt hatte nach dem Besuch der Oberrealschule in Marburg Zahnmedizin studiert. Er wanderte am 22.7.1936 nach Uruguay aus. Dort arbeitete er als Kaufmann im Im- und Exportgeschäft.
Hanna Goldschmidt mußte 1934 die Elisabethschule verlassen. Danach absolvierte sie eine einjährige Ausbildung an der Gewerbeschule in Marburg. Bis zur Emigration arbeitete sie in verschiedenen jüdischen Haushalten in Frankfurt und Meschede. Sie verbrachte auch sechs Wochen in einem Vorbereitungslager für Israel, dem Gut Schniebinchen in der Nähe von Landsberg an der Warthe. Am 31.11.1937 emigrierte sie ebenfalls nach Uruguay. Sie lebt heute in Kalifornien, USA. Julius und Berta Goldschmidt konnten nicht mehr auswandern. Ihre finanziellen Mitteln waren gesperrt. Vergeblich versuchten die Kinder von Uruguay aus, die Eltern zu retten. Das Haus in der Heusingerstraße 1, dessen Miteigentümer Julius und Berta nach dem Tod von Rosalie Baum im Januar 1938 wurden, war ab 1939 jüdisches Ghettohaus. Von dort wurde das Ehepaar Goldschmidt zusammen mit dem Ehepaar Pfifferling und der Familie Buchheim ins Ghetto Riga deportiert. Alle wurden ermordet. Das Haus fiel an den Reichsfiskus.

Quellen
Gespräch mit Hanna Goldschmidt am 22.8.1988. HStAWI Abt 519, Finanzamt Mbg, Liegenschaftsstelle, Nr. 8.

Goldschmidt, Sally

Handelsvertretung für Textilwaren

Neue Kasseler Str. 13

Eröffnung und Entwicklung
Im Jahre 1933 zog Sally Goldschmidt in das Haus der Familie Höxter, in die er eingeheiratet hatte, in der Neuen Kasseler Straße 13. Hier eröffnete er im Dezember 1933 eine Handelsgesellschaft für Textilwaren.

Arisierung und Liquidation
Am 10.12.1938 erhielt Sally Goldschmidt den Bescheid über die Zwangseinstellung seines Gewerbebetriebs. Da dieser von seiner Frau Toni quittiert wurde, ist anzunehmen, daß Sally Goldschmidt zu dieser Zeit im Konzentrationslager Buchenwald inhaftiert war. In einem Schreiben, das vom 13.12.1938 datiert ist, entgegnet er darauf: *"Teile ganz ergebenst mit, daß ich keinen Gewerbebetrieb besitze, nur lediglich als Handelsvertreter in Textilwaren tätig war."* Das Haus wurde im Jahre 1939 unter die Verwaltung des Marburger Hausbesitzervereins gestellt. Sally mußte eine 'Judenabgabe' in Höhe von 9.400 RM bezahlen. Für sich und seine Familie bekam er von seinem Sperrkonto einen monatlichen Betrag von 300 RM zugewiesen.

Familie Höxter
Simon Höxter, geb. 26.8.1852
in Gemünden/Wohra, gest. 1932.
Karoline Höxter, geborene Blumenfeld, geb. 16.7.1857 in Momberg.
Nachkommen von
Simon und Karoline Höxter
Siegmund, geb. 5.12.1883 in Gemünden, gefallen 8.5.1915.

Toni, verh. Goldschmidt,
geb. 14.10.1885 in Gemünden.
Jacob, geb. 10.7.1893 in Gemünden.
Gerta, verh. Goldschmidt,
geb. 7.6.1895 in Gemünden.
Familie Goldschmidt
Sally Goldschmidt, geb. 4.7.1881
in Hersfeld.
Toni, geborene Höxter,
seine Ehefrau.
zwei Kinder, deren Namen und Lebensdaten nicht bekannt sind.
Karoline Höxter ging im November 1939 in ein jüdisches Altersheim in Frankfurt. Von dort aus wurde sie in das Ghetto Theresienstadt deportiert. Ihr Todesdatum wird mit dem 17.9.1942 angegeben.
Sallys und Tonis Kinder waren schon 1933 ausgewandert.
Gerta, die inzwischen Adolf Goldschmidt geheiratet hatte und vorübergehend in Wuppertal lebte, konnte ebenfalls in die USA auswandern.
Sally Goldschmidt war 1939 im Vorstand der jüdischen Gemeinde; wichtige Dokumente dieser Zeit tragen seine Unterschrift, z.B. das über die Zwangseingliederung der Marburger jüdischen Gemeinde in die Reichsvertretung der deutschen Juden. Nunmehr ohne jedes eigenes Einkommen, erhielt er von der jüdischen Wohlfahrt eine monatliche Unterstützung von 65 RM.
Sally Goldschmidt und seiner Frau gelang es noch sehr spät auszuwandern. Nachdem sie ihren gesamten Besitz für nur 925 RM verkauft hatten, gingen sie im April 1940 über Frankfurt - wo sie ein letztes Mal Verwandte besuchten - nach Genua, von wo aus sie mit dem Schiff in die USA gelangen konnten.
Das Haus wurde Anfang 1943 preisgünstig an einen Marburger Milchhändler verkauft, nachdem es bis Dezember 1941 ein Ghettohaus gewesen war. 1948 bekam es die Familie zurückerstattet; sie verkaufte es Anfang der fünfziger Jahre an einen Marburger Großhändler.

Quellen
HStAWI, Abt. 519/D, Devisenakte Sally Goldschmidt; Abt. 519, Finanzamt Mbg., Liegenschaftsstelle Nr. 28. Grundbuchamtakten Marburg, Abt. I, Bd. 96, Bl. 3546.

Haas, Emmy

*Vertretung für
technische Öle und Fette,
Papier- und Schreibwaren,
Reklameartikel*

Haspelstraße 25

Eröffnung und Entwicklung
Nach dem Konkurs des Bankhauses Karl Haas in der Wettergasse 25 im August 1930 wurde ab 1931 in der Privatwohnung des Hauses eine Handelsvertretung eingerichtet.

Das Bankhaus hatte nach seiner Gründung im Jahre 1901 fast dreißig Jahre bestanden. Im Jahre 1909 war Albert Herz (siehe auch unter *Johanna Herz*) Prokurist; von 1910 an fungierten er und Karl Haas als Gesellschafter des Bankhauses. 1921 wurde die Prokura auf Siegmund Lilienstein (siehe auch unter *Siegmund Lilienstein*) und Sally Stern eingetragen. Die Bank war jetzt eine offene Handelsgesellschaft.

1930 mußte Konkurs angemeldet werden, und 1932 erfolgte die Eintragung *"Gesellschaft aufgelöst, Firma erloschen"* im Handelsregister.

Die Handelsvertretung führte offiziell den Namen von Emmy Haas, der Ehefrau von Karl Haas, der aber die amtliche Anmeldung, wie auch die am 31.8.1931 erfolgte erste Abmeldung der Firma selber durchführte. Im Januar 1934 wurde die Vertretung erneut ins städtische Gewerberegister eingetragen. Ihr Geschäftsziel war nun: *Vertretung in Papier- und Schreibwaren, Reklameartikeln und technischen Ölen und Fetten.*

Arisierung/Liquidation
Offiziell hat die Familie Haas das Geschäft nicht abgemeldet. Das Ehepaar Haas ging 1934 nach Frankfurt.

Familie
Karl Haas, geb. 12.3.1873 in Marburg.
Emmy, Ehefrau von Karl Haas.
Nachkommen von Karl und Emmy Haas
Kinder
Alice, geb. 30.7.1909 in Marburg.
Alice Haas wohnte bis zu ihrer Emigration im November 1932 nach London bei ihren Eltern. Diese zogen im August 1934 noch für kurze Zeit in die Bahnhofstraße 30 zur Familie Oppenheim, ehe sie im November nach Frankfurt gingen. Karl Haas wurde von dort aus deportiert

Adreßbuch der Stadt Marburg 1910, Inseratenanhang S. 31.

und gilt als 'in Litzmannstadt/Lodz verschollen'. Er ist ermordet worden.
Das Schicksal von Emmy Haas ließ sich bisher nicht klären.

Haas, Sally

Papierfabrik,
Versicherungsagentur

Deutschhausstraße 19

Eröffnung und Entwicklung
Als eines der ersten Geschäfte wurde 1866 die Firma Simon Haas als Nr. 31 in das Marburger Handelsregister eingetragen. Sie wird beschrieben als *Fell- Rauhwaaren und Lumpenhandlung, Lotterie Collecteur* im Haus Nr. 183 in der Untergasse (heute die Nr.3). Ob die Familie Haas schon vorher in Marburg ansässig war, ist nicht bekannt. 1867 erhielt Bernhard Haas die Prokura für die Firma; ab 1873 war er der alleinige Besitzer. Etwa zur gleichen Zeit wechselten Wohnung und Geschäft der Familie Haas in den Pilgrimstein, Häuser Nr. 555 und Nr. 556 (1884 Nr. 27 und 28). 1889 erhielt Sally Haas, der Sohn von Bernhard, die Prokura für das Geschäft. 1899 wurde das Geschäft in eine offene Handelsgesellschaft umgewandelt. Neben Bernhard Haas war auch Sally Haas Gesellschafter. Im April 1901 wurde ein weiterer Gesellschafterwechsel vollzogen: Bernhard Haas zog sich zurück, und sein Sohn Siegfried kam in die Firma. Er wirkte hier bis zum 31.12.1904, als er in der Bismarckstraße 28 eine Agentur eröffnete, über deren Geschäftsziele aber nichts bekannt ist; 1912 ging er nach Gießen.
Sally Haas war nun Alleingesellschafter der Firma. Bereits zur Jahrhundertwende war er mit seiner Familie in die Kasernenstraße 10 gezogen; 1905 wechselte die Familie in die Deutschhausstraße 19 in den zweiten Stock des Hauses der Familie von Hermann Bauer. Bernhard Haas blieb im Firmenhaus im Pilgrimstein wohnen. Als Privatier zog er spätestens 1906 zu seinem Sohn Siegfried in die Bismarckstraße.

Die Firma wurde um 1910 um einen Papiergroßhandel erweitert und zog vom Pilgrimstein in die Cölber Straße 2 um. Dort nutzte sie ein Fabrikgebäude, ein Waschhaus und einen Schuppen. Das Geschäft umfaßte zwei Abteilungen: die eine bestand aus der 'Lumpensortieranstalt und alte Metalle', die andere umfaßte die Rohprodukten- und Papiergroßhandlung. Im Einwohnerverzeichnis von Marburg wurde Sally Haas 1910 als Papierfabrikant geführt. Über Umsätze und Gewinne der Firma läßt sich wenig gesichertes sagen; nach den Steuerlisten vom Anfang der zwanziger Jahre gehörte Sally Haas aber zu den besser verdienenden Geschäftsleuten.
Zum Jahresende 1930 stellte Sally Haas sein Geschäft ein; im Handelsregister wurde die Firma allerdings erst am 12.9.1938 gelöscht. Das Firmengelände war schon 1932 von der Tabakfabrik Niderehe übernommen worden. Die Gebäude wurden 1950 im Zuge von Umbauarbeiten für die Afföllerstraße 8 abgerissen. Sally Haas eröffnete im November 1932 eine Versicherungsvertretung in seiner Wohnung.

Von 1935 an wohnte er mit seiner Frau in einer Wohnung im ersten Stock des Hauses Deutschhaustraße 36. Auch hier betrieb er seine Agentur weiter - u.a. war er Generalvertreter der *Basler Versicherung* in Marburg.

Arisierung/Liquidation

Im Verlauf des Jahres 1938 scheint Sally Haas seine Auswanderung vorbereitet zu haben. Aus einem von ihm zu diesem Grund erstellten Vermögensverzeichnis geht hervor, daß er im Februar 1939 nur noch etwa 5.000 RM besaß. Nach dem Pogrom vom 9.11.1938 hatte er seine Versicherungsagentur am 23. November abgemeldet. Deshalb gehörte er nicht mehr zum Kreis derer, denen einige Tage später die 'Arisierungsbescheide' zugestellt wurden.

Familie

Simon Haas, gest. 1.1.1885.
Röschen, geborene Gans, gest. 30.7.1866, Ehefrau von Simon Haas.
Nachkommen von Simon und Röschen Haas
Bernhard, geb. 8.2.1841, gest. 15.2.1907 in Marburg.
Schwiegerkinder und folgende Generation
Sally, geb. 27.1.1868 in Marburg, Sohn von Bernhard.
Siegfried, geb. 26.8.1869 in Marburg, Sohn von Bernhard.
Therese, geborene Rosenbaum, geb. 14.5.1878 in Memmingen, Ehefrau von Sally.
Else, verh. Zollfrei, geb. 15.5.1900 in Marburg, Tochter von Sally und Therese.
Martha, verh. Strupp, geb. 20.8.1904 in Marburg, Tochter von Sally und Therese.
Sowohl Simon, als auch Bernhard und Sally Haas gehörten zum Vorstand der Israelitischen Gemeinde. Sally Haas hatte dieses Amt bis zu seiner Auswanderung 1939 inne. Er war auch im politischen Leben der Stadt aktiv. Kurz nach der Jahrhundertwende war er Stadtverordneter, er hatte den Vorsitz des Kuratoriums der *Kaufmännischen Fortbildungsschule des Kaufmännischen Vereins* - wahrscheinlich von 1914 bis 1919 - inne.

Sallys Bruder Siegfried zog Ende 1912 nach Gießen, wo er am 30.4.1935 starb. Tochter Else heiratete am 3.3.1922 den Kaufmann Siegfried Zollfrei und zog nach Frankfurt. Später gingen die beiden nach Argentinien, wohin auch ihre Eltern 1939 nachkamen. Else starb dort 1978.

Martha heiratete am 28.6.1929 den Kaufmann Emanuel Strupp aus Treysa und verzog dorthin. Von dort aus wurden Martha und Emanuel Strupp mit ihrer Tochter Inge deportiert und schließlich in Auschwitz ermordet.

Sally Haas und seine Frau Therese emigrierten 1939 nach Argentinien zu ihrer Tochter. Um ihr Umzugsgut im Wert von 2.700 RM mitnehmen zu dürfen, mußte Sally Haas noch eine Abgabe an die *Deutsche Golddiskontbank* zahlen. Üblicherweise mußte ein Betrag in Höhe der geschätzten Sachwerte bezahlt werden. Da die Familie so viel Geld nicht mehr besaß, wurde das restliche Barvermögen in Höhe von 2.000 RM eingezahlt. Sally Haas und seine Frau Therese verpaßten wegen der langsamen Bearbeitung ihrer Anträge das Schiff *Kap Norte*, für das sie am 28.4.1939 gebucht hatten. Es gelang ihnen aber dennoch am 26.5.1939 die Ausreise mit der *Antonio Delphino*, einem Schiff der Hamburg-Südamerika-Linie. Sally starb noch während der Kriegsjahre in Buenos Aires, Therese Haas einige Jahre später.

Quellen

StAM, Kataster II Marburg, Gebäudebücher 1910ff. StAM, 330C Mbg, Nr. 4453, Steuerlisten. Handelsregister A Marburg, Nr. 152, S. Haas. HStAWI, Abt. 519/D, Devisenakte Sally Haas.

Warenhaus J. Heineberg & Co.
Inhaber: Selmar Frank

Bekleidung, Spielwaren,
Küchengeräte etc.

Steinweg 2 1/2

Eröffnung und Entwicklung
1897 eröffneten Pauline Frank, geborene Heineberg, und Julius Heineberg aus Darmstadt im Haus Steinweg 2 1/2 ein Geschäft für *Kurz-, Weiß- und Wollwaren*. Pauline Frank, die Witwe des Kaufmanns Hermann Frank, wohnte zusammen mit ihrem Sohn Selmar, der in der Firma als Handlungsgehilfe mitarbeitete, im gleichen Haus. Nachdem Selmar Frank 1906 Geschäftsführer geworden war, übernahm er 1908 - wahrscheinlich nach dem Tode seiner Mutter - die Firma. Spätenstens seit 1906 führte das Geschäft die Bezeichnung Warenhaus. Das ursprüngliche Sortiment wurde um Porzellan, Glas, Spielwaren, Haushaltsartikel u.a. erweitert. Zum Geschäftspersonal gehörten auch Putzmacherinnen.
Von 1914 bis 1918 war Selmar Frank Soldat im 1. Weltkrieg. Wer zu dieser Zeit das Geschäft führte, ist ungeklärt. Selmar Frank heiratete Reni Löwenstein. Das Ehepaar hatte zwei Kinder. 1921 war die Familie in so guten finanziellen Verhältnissen, daß sie das große repräsentative Haus Steinweg 2 1/2, errichtet 1891, von dem jüdischen Bankier Hermann Wertheim für 20.000 Mark kaufen konnte. Selmar Frank gehörte zu den besser situierten Mitgliedern der jüdischen Gemeinde. Ab 1921 bis zu seiner Auswanderung 1939 war er Mitglied im Vorstand der israelitischen Gemeinde.
1921 wurde die Schaufensterfront des Geschäfts umgebaut. Das Warensortiment umfaßte Damen- und Kinderbekleidung, Kurz-, Weiß- und Wollwaren, Gardinen, Teppiche, Haus- und Küchengeräte sowie Spielwaren. Ab 1932 wurde auch der 1. Stock als Verkaufsraum genutzt.

Arisierung/Liquidation
Am 1.10.1935 mußte Selmar Frank Konkurs anmelden. Er selbst schrieb dazu im Zusammenhang mit seiner Auswanderung: *"Infolge starken Geschäftsrückgangs musste ich bei zahlreichem Personal das Geschäft schliessen, um nicht die Ansprüche meiner Gläubiger zu schmälern."* Eine bis dahin florierende jüdische Firma hatte aufgehört zu bestehen; fast alle Zeitzeugen, mit denen gesprochen werden konnte, erinnern sich an das Warenhaus Heineberg als angesehenes, beliebtes Geschäft. SA-Posten vor dem Warenhaus, die den Kunden mit Anzeigen drohten, ließen die Verkäufe sehr schnell zurückgehen. Die Geschäftsräume übernahm der Kaufmann N., der dort ein Möbelhaus eröffnete. 1938 wurde das Haus zwangsversteigert. Erwerber war die

Stadtsparkasse Marburg, die das Gebäude 1940 an N. verkaufte.

Am 25.4.1936 starb Reni Frank, die Ehefrau von Selmar. Noch im selben Jahr mußte die Familie das Haus verlassen und wohnte in der Lothringer Straße 3, heute Dürerstraße, zur Untermiete. 1937 zog die Familie in die Wettergasse 2 zur Familie Strauß. Selmar Frank versuchte, als Vertreter den Lebensunterhalt zu verdienen. Ab 1.10.1938 war er arbeitslos. Interessanterweise gehörte das Geschäft auch im Dezember 1938 noch zu den Firmen, die vom Bürgermeister die Aufforderung erhielten, mit sofortiger Wirkung den Geschäftsbetrieb einzustellen.

Familie
Selmar Frank, geb. 6.8.1876
in Stadtoldendorf/Holzminden.
Reni, geborene Löwenstein,
geb. 22.3.1886 in Eisenach,
Ehefrau von Selmar Frank.
Nachkommen von Selmar und Reni Frank
Kinder
Ruth, geb. 24.4.1909 in Marburg.
Werner Josef, geb. 28.5.1921 in Marburg. Selmar Frank und seinem Sohn Werner Josef gelang noch 1939 - am 17. November - die Auswanderung in die USA; die Tochter Ruth war wohl schon früher emigriert. Der ehemals gutverdienende Geschäftsmann, war auf die Hilfe von Verwandten angewiesen, um die Schiffskarten bezahlen zu können. In den letzten Wochen in Marburg bekam er finanzielle Unterstützung vom jüdischen Kultusverein. Zwei Kisten mit Umzugsgut, die Selmar Frank durch die Umzugsfirma Josef Feuerstein in Fulda in die USA bringen lassen wollte, wurden 1942 'verwertet' und der Erlös von über tausend RM an das Finanzamt Marburg überwiesen. Nach dem Krieg versuchte

Oberhessische Zeitung vom 6.5.1936.

198

Werner Josef Frank eine Entschädigung zu bekommen, doch war es in diesem wie in anderen Fällen sehr schwierig, den Beweis für den enteigneten und eingezogenen Besitz zu führen. Ob es zu einer Entschädigungszahlung gekommen ist, konnte nicht geklärt werden.

Quellen
Gespräch mit Frau L. am 19.5.1987. StAM, Kataster II Marburg, Gebäudebücher 1910ff. StAM, 330C Mbg, Acc. 1973/1 Nr. 367. HStAWI, Abt. 519/D, Devisenakte Selmar Frank; Abt. 519, Finanzamt Mbg., Liegenschaftsstelle, Nr. 134, Abt. 519, Rückerstattungsakten Mrg. 59, Nr. 25333. Marburger Arbeitsgruppe für Dokumentation, Die Stadt Marburg - Gesamtdokumentation, 2 Bde., Marburg 1976 u. 1981, Bd. 2, S. 222f.

Oberhessische Zeitung vom 6.11.1935.

Herz, Johanna

Weinvertretung

Frankfurter Straße 44

Eröffnung und Entwicklung
Johanna Herz war die Ehefrau des Bankiers Albert Herz. Beide wohnten seit 1902 in Marburg, Bahnhofstraße 24, im Haus der Familie Strauß und ab 1918 in der Schulstraße 14. Im Mai 1927 zogen sie in das zusammen mit Karl Haas erworbene Haus in der Frankfurter Straße 44.
Albert Herz war Mitgesellschafter des *Bankhauses K. Haas (OHG)*, das im Juli 1930 Konkurs anmeldete. 1931 waren Albert Herz und Karl Haas gezwungen, das Haus in der Frankfurter Straße 44 für 25.000 RM zu verkaufen; die Summe ging wohl in die Konkursmasse ein. Einige Tage nach der endgültigen Schließung des Bankhauses eröffnete Johanna Herz am 1.8.1932 eine Weinvertretung.

Arisierung/Liquidation
Wie lange die Vertretung bestanden hat, ist nicht zu klären, da die übliche Abmeldung in dem Gewerberegister fehlt. Anzunehmen ist, daß sie bis 1937, als das Ehepaar nach Köln zog, geführt wurde.

Familie
Albert Herz, geb. 4.6.1882 in Beuel.
Johanna, geborene Katz,
geb. 1.9.1885 in Treysa,
Ehefrau von Albert Herz.
Herbert, geb. 16.9.1912 in Marburg,
Sohn von Albert und Johanna Herz.
Herbert Herz ging im April 1934 nach Frankfurt. Albert Herz zog mit seiner Frau im Oktober 1937 nach Köln.
Bisher gibt es keine weiteren Informationen über das Schicksal der Familie.

Quellen
StAM, Kataster II Mbg, Gebäudebücher 1910ff.

Deutsche Landwirte! Besucht den ersten judenfreien Viehmarkt Marburgs. Zeigt, daß Ihr keine Juden als Zwischenhändler braucht!

Kurhessische Landeszeitung vom 7.9.1933.

Höchster, Sally

Viehhandel

Haspelstraße 29

Eröffnung und Entwicklung
1902 kam die Familie Höchster aus Allendorf/Lumda nach Marburg. Ferdinand Höchster betrieb einen Viehhandel, wahrscheinlich zuerst in der Gisselberger Straße 17, später dann in der Frankfurter Straße 50. Ab 1920 wohnte die Familie in der Haspelstraße 29, einem Haus mit Hof und Stallgebäude. Dieses Anwesen wurde 1921 gekauft. Über den Geschäftsablauf lassen sich nur Vermutungen anstellen; wahrscheinlich ist der An- und Verkauf von Zuchtvieh auf den Viehmärkten Marburgs und Umgebung und der Weiterverkauf an Bauern und Metzger. Nachdem Sally Höchster 1919 aus dem Krieg nach Marburg zurückgekehrt war, übernahm er das Geschäft. Ferdinand Höchster setzte sich zur Ruhe.

Arisierung/Liquidation
Schon 1933 wurde auf die jüdischen Viehhändler ein massiver Druck ausgeübt, der sie immer mehr von den Märkten verdrängte. Wie sich dies konkret auf das Geschäft Sally Höchsters auswirkte, ist ungeklärt; jedenfalls wurde das Geschäft im Februar 1937 aus dem Gewerberegister gestrichen, *"da kein stehendes Gewerbe in Frage kommt"*. Sally Höchster beantragte zwar einen Wandergewerbeschein, aber es findet sich kein Hinweis, daß er ihn erteilt bekam.
Die Familie lebte bis zur Emigration von ihren Ersparnissen und den wenigen Außenständen, die noch eingeholt werden konnten. Das Haus in der Haspelstraße wurde schließlich im August 1937 für 25.000 RM verkauft.

Familie
Ferdinand Höchster,
geb. 16.8.1857 in Allendorf/Lumda.
Fanny, geborene Dreyfuss,
geb. 20.10.1864, gest. 11.11.1918,
wohl Ehefrau von Ferdinand Höchster.
Nachkommen von
Ferdinand und Fanny Höchster
Kinder
Sally, geb. 25.7.1886 in Allendorf.
Berta, geb. 17.2.1890 in Allendorf.
Paula, geb. 20.4.1892 in Allendorf.
Schwiegerkinder und folgende Generation
Meta, geborene Bloch,
geb. 21.6.1895 in Fritzlar,
Ehefrau von Sally.
Martin, geb. 12.8.1920 in Marburg,
Sohn von Sally und Meta.
Ernst Josef, geb. 21.6.1922 in Marburg,
Sohn von Sally und Meta.
Berta Höchster heiratete 1911 in Bad Wildungen. Paula verlobte sich im Februar 1919 mit dem Kaufmann Max Oppenheimer aus Bad Wildungen. Über

```
.........V.e.r.k.a.u.f.........
```

Tag u. Ort des Weiterverkaufs	Name u. Wohnort des Käufers		Verkaufs- preis
19. 3. Gießen 1 Kuh	Abraha Simon	Ehringshausen	275.--
„ „ 1 R.u.K.	Nathan Selig	Steinheim	250.--
„ Frankf.1 Kuh	Viehmarkt		242.--
21. „ „	„		244.--
21. 3. Laasphe „	Sally Gunzenhäuser		280.--
28. 3. „ 4 Kühe	„		1200.--
2. 4. Gießen 1 Kuh	Karl Jakob	Schmalkalden	250.--
„ „ 1 Rind	Ferd. Katz	Wehrheim	305.--
„ „ 2 Kühe	Emil Kahn	Selters	530.--
„ „ 2 Bullch.	Viehmarkt Löwengart Rexingen		345.--
„ „ 1 Kuh	Th. Rollmann	Mühlheim	280.--
8. 4. Frkfrt. 1 Bulle	Viehmarkt		591.--
16. 4. Gießen 1 Kuh	Abraha Simon	Ehringshausen	245.--
„ „ 1 Rind	Edelmuth		265.--
„ „ 1 R. u. K.	Otto Grünebaum	Idstein	290.--
22. 4. Holzhsn. 2 Kühe	Jul. Rülf		870.--
16. 4. Gießen 1 Rind	Viehmarkt Jordan Freudenthal		185.--
„ 4 Kühe	Sally Gunzenhäuser Laasphe		1345.--
30. 4. Gießen 1 R. u. K.	Adolf Löwenstein		425.--
„ „ 1 Bullch.	Viehmarkt Löwengart Rexingen		165.--
„ „ 1 Rind	„		155.--
„ „ 1 Rindch.	„		110.--
10.5. Neuhöfe 1 Kuh	Ww. Müller		310.--
13.5. Gießen 1 Kuh	Leopold Heusle Steinfels		260.--
14.5. „ „	Salm. Goldschmidt Schotten		325,--
„ „ 1 Kuh m. K.	M. Goldschmidt Eucendingen		186.--
„ „ 1 Rind	Max Strauss Ausbach		300.--
„ „ „	Löwengart Rexingen		
„ „ „	„		360.--
„ „ 1 Bullch.	Karl Philipp Steinberg		145.--
17. 5. „ „	Heinrich Schäufler N. Weimar		130.--
14. 5. „ 1 Rindch.	Löwengart Rexingen		138.--
„ „ 1 Kuh	J. Oppenheimer Aschaffenburg		125.--
„ „			
„ „ 1 Kalb	Willi Meyer Viernheim		270.-- 40
„ „ 1 Stier	Bender		155.--
Marburg 1 Bullch.	Metzger Nassauer		150.--

Eine Seite aus dem im August 1935 von den Behörden eingezogenen
An- und Verkaufsbuch des Viehhändlers Sally Höchster.
StAM 180 LA Mbg, Nr. 4175.

das weitere Schicksal der beiden Schwestern Sallys ist nichts bekannt.

1937 verließ die Familie Höchster Marburg. Als erster wanderte Martin Höchster im April des Jahres in die USA aus. Im Oktober folgten dann Sally, Meta und Ernst Josef. Ferdinand Höchster meldete sich zur gleichen Zeit amtlich ab; er ging nach Frankfurt, vermutlich in ein jüdisches Altersheim. Sein weiteres Schicksal ist unbekannt.

Nach der Rückerstattung des Hauses in den ersten Nachkriegsjahren wurde das Haus in der Haspelstraße 29 im Jahre 1955 dann endgültig verkauft.

Quellen

StAM, 180 LA Mbg, Nr. 4175. StAM, Kataster II Marburg, Gebäudebücher 1910ff.

Oberhessische Zeitung vom 18.10.1937.

HStAWI, Abt. 519, Finanzamt Marburg, Liegenschaftsstelle Nr. 180, 181.

Isenberg, Gerson

Darmhandlung

Steinweg 12

Eröffnung und Entwicklung

Die Familie Isenberg kam im letzten Drittel des 19. Jahrhunderts, wahrscheinlich 1875, von Caldern nach Marburg. 1876 sind der Metzger Marcus Isenberg im Steinweg 405 (ab 1884 Nr. 22) und der Handelsmann Tobias Isenberg in der Barfüßerstraße 18 (ab 1884 Nr. 16) ansässig gewesen. In den achtziger Jahren wohnte die Familie Marcus Isenberg im Haus Roter Graben 2. Marcus und Tobias Isenberg betrieben hier eine Schlachterei und eine Gastwirtschaft.

1888 kauften die Ehepaare Tobias und Rosa Isenberg sowie Gustav und Jeanette Isenberg von dem Ehepaar Adolf Ernst

Oberhessische Zeitung vom 12.12.1930.

und Gertrude Metzler das mächtige Haus Steinweg 12, ein ehemaliger Burgmannensitz der Familie Breidenbach zu Breidenstein, die sogenannte *Löwenburg*. Im gleichen Jahr wurde im Souterrain - heute Lokal *Cavete* - ein Fleischverkaufsraum eingerichtet, Gustav Isenberg

Briefkopf des Geschäftspapiers von Gerson Isenberg.
Grundbuchamtakte.

betrieb hier seine Metzgerei. In den oberen Etagen wurden Gasträume und Hotelzimmer eingerichtet. Besitzer des Hotels war Tobias Isenberg. Bei der Anmeldung des Telephonanschlusses - 1896 mit Nummer 19 - wurde *Sonnabend nicht* vermerkt; man beachtete den Sabbat.

Die *Jüdische wissenschaftlich-gesellige Vereinigung*, gegründet 1903, die Studenten und Kaufleute zu ihren Mitgliedern zählte, tagte jeden Montag abend im Hotel Isenberg. Roland Freisler, in der NS-Zeit Vorsitzender Richter am Volksgerichtshof in Berlin, soll in dem bei den Studenten sehr beliebten Hotel Isenberg verkehrt haben. Immer 'knapp bei Kasse', ließ er sich häufig von seinen jüdischen Freunden, den späteren Rechtsanwälten Hermann Reis und Willi Wertheim, aushalten.

Wahrscheinlich 1909 zog sich Tobias Isenberg aus dem Geschäftsleben zurück und übergab *Haus Isenberg* seinem Sohn Gerson. 1912 eröffnete Gerson Isenberg eine Agentur für die Versicherung *Nordstern*, Berlin. 1913 war er kurzzeitig der Kompagnon von August Briel, Engros-Agentur für Weine, Liköre, Zigarren und Zigaretten.

1919 eröffnete Gerson Isenberg zusammen mit Walter Schneidewind im Steinweg 12 ein Geschäft für Tabak und Tabakfabrikate, Genuß- und Lebensmittel. Wahrscheinlich ist, daß nach dem Tod von Gustav Isenberg im Jahre 1915 die Metzgerei geschlossen worden war und die Firma *Schneidewind & Co* in den leerstehenden Metzgerladen einziehen konnte.

Um 1920 wurde die Speise- und Schankwirtschaft eingestellt, sicherlich auch das Hotel, da in den folgenden Jahren das Adreßbuch für das Haus Steinweg 12 eine ganze Anzahl von Mietern anführt. Unter Umständen haben die Kriegsjahre dem Hotel geschadet: wenig Studenten, Schwierigkeiten, Lebensmittel zu beschaffen.

Ab 1921 wurden in der Firma *Schneidewind & Co.* Metzgerei- und Bäckereimaschinen und weitere Fachartikel verkauft, sowie Maschinenreparaturen durchgeführt. 1925 trennten sich die Geschäftspartner. Walter Schneidewind eröffnete einen Betrieb für Metzgereimaschinen, Kühlanlagen und Metzgereiartikel am Grün 46; 1927 verkaufte er nur noch *Reform*-Kühlanlagen. Gerson Isenberg führte eine *Handlung mit Därmen und Metzgereiartikeln* mit einem Betriebskapital von 10.000 RM. Neben der Familie arbeiteten noch zwei kaufmännische Ange-

203

stellte in dem Geschäft. Im Juli 1930 meldete Gerson Isenberg das Geschäft ab. Im Oktober wurde es von seinem Sohn Hans Isenberg wiedereröffnet. 1932 wurde unter seinem Namen auch ein Kommissions- und Agenturgeschäft angemeldet.

Arisierung/Liquidation
Nach der Auswanderung von Hans Isenberg, der nach Frankreich ging, führte Gerson Isenberg das Kommissions- und Agenturgeschäft fort. Im Mai 1935 kam als Betriebserweiterung die *Vermittlungsvertretung in Waren* dazu, sowie der *Handel mit Därmen und Metzgereiartikeln*, "*Ausnahmegenehmigung nicht erforderlich. Es handelt sich um die Fortführung des Geschäftes des Sohnes*".
Anscheinend wurde die Firma später 'arisiert'. Aus einem Schreiben der Ortsgruppe Marburg der NSDAP an den Gauwirtschaftsberater in Kassel vom 23.9.1938 heißt es: "*Die aus jüdischem Besitz in arischen Besitz übergegangene Firma Gerson Isenberg (MR), Metzgerartikel, hatte bei der Übernahme keine Gefolgschaftsmitglieder ... Der Übernahmepreis betrug RM 345,10.*"
Das Haus Steinweg 12 mußte schon im Zusammenhang mit dem Konkurs 1931 verkauft werden. Käufer war der jüdische Rechtsanwalt Dr. Ludwig Bachrach. Wahrscheinlich ist, daß bis zum Verkauf im Jahre 1934 die Familie Isenberg im Haus wohnen bleiben konnte; erst ab 1934 waren sie im Haus Steinweg 16 angemeldet.
In den Unterlagen über die Schließung der letzten jüdischen Geschäfte in Marburg im November 1938 wird Gerson Isenberg mit einem Ausschank alkoholfreier Getränke angeführt. Wahrscheinlich war dies, nach der Schließung des Cafés Blumenfeld, die letzte Möglichkeit der jüdischen Bürger, sich in einem halböffentlichen Rahmen zu treffen.

Gerson Isenberg war einer der jüdischen Männer, die nach dem Pogrom in Marburg am 9. November 1938 verhaftet und ins KZ Buchenwald gebracht wurden. Schon wenige Tage nach seiner Verhaftung, am 14.11.38, erlag er nach amtlichen Angaben einem 'Herzversagen'. Seine Frau Selma Isenberg weigerte sich, am Samstag (Sabbat) dem Polizeiobermeister ihre Unterschrift zu geben: " *Sie gab an, daß am 10.12.38 für sie Sonntag wäre und (sie) keine Unterschrift leisten würde*". Überreicht wurde ihr das Schreiben des Oberbürgermeisters, in dem die Schließung des Geschäftes verfügt wurde.

Familie
Tobias Isenberg,
geb. 17.5.1847 in Caldern,
gest. 9.2.1917 in Marburg.
Rosa, geborene Goldschmidt,
geb. 1.3.46 in Reichensachsen/Eschwege,
gest. 27.5.1927
in Marienburg/Westpreußen,
Ehefrau von Tobias Isenberg.
Gustav, geb. 29.7.1861 in Caldern,
gest. 23.11.1915 in Marburg,
wohl Bruder von Tobias.
Jeannette, geborene Sondheimer,
geb. 27.2.1861 in Bürfelden/Hessen,
gest. 6.6.1914 in Marburg,
Ehefrau von Gustav.
Nachkommen von Tobias und Rosa Isenberg
Kinder
Hedwig, verh. Stern,
geb. 7.11.1877 in Marburg.
Gerson, geb. 6.4.1880 in Marburg.
Julius, geb. 29.10.1881 in Marburg.
Sally, gefallen am 16.11.1914.
Schwiegerkinder und folgende Generation
Selma, geborene Hirsch,
geb. 25.2.1881 in Eppingen/Heidelberg,
Ehefrau von Gerson.
Lieselotte, geb. 22.12.1906 in Marburg,
Tochter von Gerson und Selma.
Hans, geb. 4.3.1910 in Marburg,
Sohn von Gerson und Selma.

Nachkommen von
Gustav und Jeannette Isenberg
Kinder
Gerson Friedrich, geb. 17.12.1888,
Zahnarzt in Frankfurt.
Helene, verh. Zunz,
geb. 6.9.1891 in Marburg,
zog 1920 zu ihrem Ehemann
nach Mönchengladbach.
Hans Isenberg wanderte am 28.8.1933
nach Frankreich aus und lebt heute in
der Nähe von Paris. Selma Isenberg versuchte vergeblich, 1939 noch zu ihrem
Sohn Hans nach Frankreich zu gelangen.
Am 6.9.1942 wurde sie nach Theresienstadt und von dort nach Auschwitz deportiert. Sie wurde ermordet.

Über die Tochter Lieselotte ist nur bekannt, daß sie 1916-1924 die heutige
Elisabethschule besuchte.

Quellen
StAM, Kataster II Marburg, Gebäude-
bücher 1910ff. StAM, Bestand 327/1,
NSDAP, Nr. 5592. Grundbuchamtakten
Marburg, Abt. I, Bd. 17, Art. 1203 Fol.
167. STAM, 330C Mbg, Acc. 1973/1,
Nr. 367. Marburger Arbeitsgruppe für
Dokumentation: Die Stadt Marburg -
Gesamtdokumentation, 2 Bde., Marburg
1976 u. 1981, Bd. 2, S. 225.

'KAMERA'
**Inhaber: Christine Häussler,
Richard Goldstaub
und Ludwig Loevinger**

Kino

*Kasernenstraße 19
(später Hermann-Göring-Straße,
heute Gutenbergstraße)*

Eröffnung und Entwicklung
Am 4.3.1931 übernahmen Richard Goldstaub und Ludwig Loevinger aus Frankfurt von der Frankfurter Firma Wollwe-
ber die *Kamera- und Lichtspielgesellschaft*
im Hinterhaus der Kasernenstraße 19.
Das Kino kann erst kurze Zeit bestanden
haben; im Adreßbuch von 1928/29 gibt
es noch keinen Hinweis auf das Unternehmen. Schon im gleichen Jahr nannte
sich die Gesellschaft *Häussler & Co.*; als
weitere Inhaberin kam Christine Häussler hinzu.

*Kinoprogramm nach der 'Arisierung'.
Oberhessische Zeitung vom 20.7.1935.*

Arisierung/Liquidation
Schon am 1.5.1933 wurde die Lichtspielgesellschaft 'arisiert'. Neue Besitzer wurden Wilhelm Mauß und Alfred Schleier.
Der Sitz der Firma wurde nach Marburg
verlegt.

Quellen
Kurhessische Landeszeitung vom 12.5.1933,
6.10.1933 und 7.10.1933.

Buchhandlung Katz
Inhaber: Selma und Arthur Katz

Lahntor 5

Eröffnung und Entwicklung

1919 eröffnete Selma Katz mit einem Betriebskapital von 3.000 Mark eine Buch- und Papierwarenhandlung im Haus Lahntor 5, dem Eckhaus zum Rudolphsplatz. Die jährliche Miete für den Laden betrug 700 Mark. 1921 wurde das Geschäft auf ihren Bruder Arthur Katz überschrieben. Neben Büchern und Papier führte die Firma auch Zeitungen und Briefmarken. Nach den Steuerlisten der jüdischen Gemeinde zu schließen, war es nur ein kleines Geschäft mit geringem Umsatz.

Arisierung/Liquidation

Schon am 1.6.1933 mußten die Geschwister Katz das Geschäft aufgeben. Käthe Keuscher, bis dahin als Prokuristin in einem anderen Marburger Geschäft tätig, machte sich mit der Übernahme des jüdischen Geschäfts selbständig. Den Briefmarkenhandel gab sie auf. In der Wohnung von Selma und Arthur Katz, Wettergasse 42, führte Arthur Katz einen Zeitungsvertrieb weiter, der am 1.1.1934 eingestellt wurde. Vermutlich bestritt danach Selma Katz den Lebensunterhalt als Schneiderin bei jüdischen Familien. 1936 wanderten Selma und Arthur Katz in die USA aus.

Familie

Henriette Katz, geborene Fischer, geb. 6.12.1845 in Hossbach/Unterfranken, gest. 1914 in Marburg;

Die Buch- und Schreibwarenhandlung von Herrn Arthur Katz, Lahntor 5 ging am 1. Juni käuflich in meine Hände über

Käthe Keuscher

Buch- und Schreibwarenhandlung
Lahntor 5

Hessische Volkswacht vom 19.6.1933.

Der Ehemann ist unbekannt; sie war bereits verwitwet, als sie nach Marburg kam.

Nachkommen von Henriette Katz
Kinder

Selma, geb. 1.6.1874 in Bibra.
Arthur, geb. 30.3.1876 in Bibra.
1906 wohnte Selma Katz in der Nicolaistraße 9. Spätestens 1910 lebte die Familie - Selma und ihre Mutter Henriette Katz - im Haus Wettergasse 42. Wohl erst nach seiner Militärzeit 1918 zog Arthur Katz zuerst in die Kasernenstraße 13, dann in die Wettergasse. 1914 starb Henriette Katz, sie wurde auf dem jüdischen Friedhof in Marburg begraben.

Quellen

StAM, 330C Mbg, Nr. 4453, Steuerlisten.

Katz, Salomon

Metzgerei

Untergasse 17

Eröffnung und Entwicklung
Mitte der zwanziger Jahre gab es vier jüdische Metzgereien in Marburg: Jonas, Wehrdaer Weg 2; Katz, Untergasse 17; Levi, Rübenstein 12; Nassauer, Barfüßerstraße 9. Die Familie Katz war 1909 nach Marburg gezogen. Salomon Katz war vorher Metzger in Lohra gewesen - vermutlich auch schon in Ostheim, wo seine Tochter aus erster Ehe geboren wurde - und eröffnete nun Am Grün 19 eine Metzgerei. Im Herbst 1913 zog er in die Untergasse 17 um; offensichtlich tauschte er sein Geschäft mit dem Metzger Röll, der von der Untergasse 17 in das Haus Am Grün 19 zog. Möglicherweise versprach sich Katz durch die größere Nähe zu seinen Kunden - viele Juden wohnten im Bereich Barfüßerstraße, Wettergasse, Steinweg - ein besseres Geschäft.
Die Metzgerei wurde im Erdgeschoß betrieben, die Familie wohnte im ersten Stock des Hauses, das sie 1914 kaufte. Neben der Familie Katz wohnten im Haus auch noch andere Mieter, sowohl Juden als auch Nichtjuden.
Das Vieh für den Fleischverkauf wurde - wie für die anderen jüdischen Metzgereien auch - im Schlachthof geschlachtet. Im hinteren Teil des Hauses, zur Metzgergasse hin, gab es eine kleine Wurstküche. Außerdem befand sich in einem Zwischengeschoß ein kleiner, nicht begehbarer Raum zum Trocknen der Würste. Wahrscheinlich führte Salomon Katz die Metzgerei zusammen mit einem Gesellen, der im Haus wohnte. Ein Zeitzeuge erinnert sich, daß die Spezialität des Ladens eine harte rote Wurst für Hülsenfruchtsuppen war, die auch von nichtjüdischen Kunden gern gekauft wurde.

Arisierung/Liquidation
Am 31.3.1933 wurde die Metzgerei geschlossen; die Gründe hierfür sind ungeklärt.
Salomon Katz war zu diesem Zeitpunkt schwer krank; er starb 1936 an einem Asthmaleiden.

Familie
Salomon Katz, geb. 5.5.1874 in Mörköbel, gest. 1936.
Hilda, geborene Levi,
geb. 13.10.1879 in Lohra,
zweite Ehefrau von Salomon Katz.
Nachkommen von Salomon Katz
Kinder
Mathilde, geb. 31.1.1900 in Ostheim, Tochter aus erster Ehe.
Walter, geb. 5.10.1910 in Marburg, Sohn von Salomon und Hilda.
(zur weiteren Familie siehe unter Walter Katz)
Im Haus der Familie Katz in der Untergasse 17 war von Februar 1939 bis November 1940 die jüdische Schule untergebracht. Mit der Zerstörung der Synagoge hatte nämlich die Schule ihre Räume verloren. Der Lehrer Salomon Pfifferling war verhaftet und ins KZ Buchenwald gebracht worden. Erst nach seiner Entlassung konnte der Schulbetrieb wieder weitergehen. Die jüdische Gemeinde bekam die Erlaubnis, einen Raum im Erdgeschoß des Hauses Untergasse 17 zu nutzen. Hier wurden acht bis zehn Kinder im Alter von zehn bis zwölf Jahren unterrichtet. Nach November 1940 verbot die Stadt den Schulbetrieb in der Kernstadt, und die Schule zog ins Haus Schwanallee 15, wo noch kurze Zeit der Unterricht abgehalten werden konnte.
Das Haus Untergasse 17 wurde im Oktober 1939 ein Ghettohaus. Nach dem *Reichsgesetz über die Mietverhältnisse mit Juden* vom 4.5.1939 durften Juden von Amts wegen aus 'deutschen Wohnstätten' entfernt werden. Jüdische Hausbesitzer wurden gezwungen, die obdachlos

gewordenen Juden bei sich aufzunehmen. So zogen im Oktober 1939 die Familie Isenberg aus Buchenau und im Mai 1940 die Familie Dannenberg sowie Lena Reinheimer aus Wetter in das Haus.

Am 8.12.1941 wurden Hilda Katz und ihre Stieftochter Mathilde in das Ghetto Riga deportiert; mit ihnen wurden die Familie Dannenberg und Frau Reinheimer verschleppt. 1942 zog die Familie Hess in das Haus. Sie war aus Wetter vertrieben worden und hatte von März 1940 bis März 1942 in der Neuen Kasseler Straße 13 gewohnt.

Alle jüdischen Personen, die im Haus Untergasse 17 gewohnt haben, sind mit den drei Deportationen im Dezember 1941, im Juni 1942 und im September 1942 verschleppt worden. Niemand hat die Konzentrationslager überlebt; alle sind ermordet worden.

Hilda Katz. Kennkartenfoto, wahrscheinlich Anfang 1939.
Staatsarchiv Marburg.

Quellen
Gespräch mit L. P. am 26.1.1988. StAM 330C Mbg, Nr. 4452 (Die israelitische Elementarschule). StAM, Kataster II Marburg, Gebäudebücher 1910ff.
HStAWI, Abt. 519 Finanzamt Marburg, Liegenschaftsstelle Nr. 14. Marburger Arbeitsgruppe für Dokumetation, Die Stadt Marburg - Gesamtdokumentation, 2 Bde. Marburg 1976 u. 1981, Bd. 2, S. 236.

Katz, Walter

Kleinhandel mit Selterswasser und Metzgereibedarf

Untergasse 17

Eröffnung und Entwicklung
1929 eröffnete Walter Katz, Sohn von Salomon und Hilda Katz, eine Handelsvertretung ohne Lager und Betriebsräume im Haus Untergasse 17, in dem sein Vater die Metzgerei betrieb. Er führte einen Hausiererbetrieb und verkaufte von einem Handwagen Selterswasser, Därme und Blasen. Diese bezog er von der Großhandlung Heinrich Adorf, Auf dem Wehr 3.

Da Walter Katz fast blind war, wurde er häufig vom jungen Sohn der Familie P., die von Mitte der zwanziger bis in die sechziger Jahre im Haus der Familie Katz wohnte, begleitet. Walter Katz hat 1932 versucht, ein Rechtsbüro im Haus Untergasse 17 einzurichten. Weshalb dieses Vorhaben nicht realisiert werden konnte, ist ungeklärt.

Arisierung/Liquidation
Nach 1933 wurde es immer schwieriger mit dem ambulanten Verkauf. Walter Katz war immer wieder Beschimpfungen ausgesetzt. 1935 wollte er ein Textilver-

sandgeschäft betreiben, bekam dafür jedoch keine Betriebserlaubnis. Die Eintragung im Gewerberegister lautet: *"Eröffnung von Textilversandgeschäften ist verboten."*
Ungeklärt ist, wann genau Walter Katz seine Handelsvertretung eingestellt hat; spätestens war dies Ende 1937, als er mit seiner Familie nach Holland emigrierte.

Familie
Walter Katz, geb. 5.10.1910 in Marburg.
Irma, geborene Baer, geb. am 8.10.1910 in Haaren, Kreis Düren,
Ehefrau von Walter Katz.
Martin, geb. 29.5.1936 in Marburg,
Sohn von Walter und Irma Katz. Walter Katz ging am 17.12.1937 mit seiner Frau und seinem Sohn nach Amsterdam. Die Familie wurde deportiert und ermordet. Walter Katz wurde für 'tot erklärt' im Vernichtungslager Sobibor.

Walter Katz.
Foto: Privatbesitz Berta Levi de Garcia.

Quellen
Gespräch mit L. P. am 26.1.1988.

Krämer, Fritz, Dr.

Rechtsanwalt

Bahnhofstraße 9

Die einzige Quelle, die bisher einen Hinweis auf den jüdischen Rechtsanwalt Fritz Krämer gibt, ist ein kurzer Artikel in der Oberhessischen Zeitung vom 7.4.1933. Unter dem Titel *Zulassung jüdischer Rechtsanwälte*, wird berichtet, *"daß nur der Rechtsanwalt Dr. Fritz Krämer in Marburg an den Gerichten des Landgerichtsbezirks Marburg auftreten darf"*. Im Adreßbuch von 1932/33 wird er noch aufgeführt, 1934/35 gibt es keine Angabe mehr.

> • Zulassung jüdischer Rechtsanwälte. Amtlich wird uns jetzt mitgeteilt, daß nur der Rechtsanwalt Dr. Fritz Krämer in Marburg an den Gerichten des Landgerichtsbezirks Marburg auftreten darf. Die am 4. April gebrachte Notiz beruhte auf einer vorläufigen Regelung, die durch die jetzige aufgehoben ist.

Oberhessische Zeitung vom 7.4.1933.

Kugelmann, Eva

Mittagstisch und Agentur

Schulstraße 16
(ab 1933 Otto-Böckel-Straße)

Eröffnung und Entwicklung
1924, nach dem Tod ihres Vaters Salem Kugelmann, übernahm Eva Kugelmann die Versicherungsagentur. 1934 hatte sie eine Vertretung der *Allianz* und des *Stuttgarter Vereins*. Von 1928 bis 1933 führte sie außerdem zusammen mit ihrem Bruder Hugo Kugelmann das gleichnamige Schuhgeschäft. Ab 1933 hatte sie neben der Versicherungsagentur noch einen Mittagstisch.

Arisierung/Liquidation
Zum 1.1.1936 wurden die Agentur und der Mittagstisch eingestellt.

(zur Familie siehe auch unter Schuhgeschäft Kugelmann)

Schuhgeschäft Kugelmann
Inhaber: Hugo Kugelmann

Schulstraße 16
(ab 1933 Otto-Böckel-Straße)

Eröffnung und Entwicklung
1884 kamen die Brüder Max und Salem Kugelmann, geboren in Wohra, nach Marburg. Sie wohnten im Haus Markt 17 und betrieben ein Tuch-Leinen-Modegeschäft, *Firma Gebrüder Kugelmann*. Das Haus gehörte Moses Blumenfeld; er besaß eine Firma der gleichen Branche. Ungeklärt ist, ob sie ein Ladenlokal führten oder einen ambulanten Handel betrieben.
Anfang der neunziger Jahre besaßen die Brüder das Haus Neustadt 26. Max betrieb einen Manufakturwarenhandel ohne Laden, Salem verkaufte Schuhwaren. Um 1900 wurde das Haus an Heinrich Bauer verkauft. 1905 wohnte die Familie Max Kugelmann im Renthof 2; Max Kugelmann betrieb hier eine Agentur für die Feuerversicherung *Thüringen*. Die Familie von Salem Kugelmann wohnte im Haus Steinweg 3 1/2; Salem Kugelmann ver-

Oberhessische Zeitung vom 25.4.1925.

kaufte Schuhwarenrestbestände. Um 1914 zogen beide Familien in die Schulstraße 16. Max hatte eine Kommission für Papierwaren, Salem betrieb einen Groß- und Kleinhandel mit Zigarren und Zigaretten ohne Laden. Max Kugelmann starb 1917. Salem Kugelmann betrieb weiter die Zigarrenhandlung, daneben arbeitete er als Versicherungsvertreter für die Feuerversicherung *Providentia*.

Nach dem Tod von Salem Kugelmann eröffnete seine Tochter Cäcilie ein Etagengeschäft für Schuhwaren 'ohne Hilfe' in der Wohnung der Familie im ersten Stock des Hauses Schulstraße 16. Die Tochter Eva übernahm die Versicherungsagentur. Der Sohn Hugo absolvierte nach seiner Rückkehr aus englischer Kriegsgefangenschaft im Jahre 1919 eine Schuhmacherlehre in Pirmasens. 1926 kehrte er nach Marburg zurück und übernahm das Geschäft. Nach der Heirat von Cäcilie Kugelmann 1928 führte Hugo das Geschäft bis zum Jahre 1933 zusammen mit seiner unverheirateten Schwester Eva.

Bis zuletzt war das Geschäft nur ein Etagengeschäft, das in der Wohnung betrieben wurde. Hugo Kugelmann wurde auch als Handelsvertreter bezeichnet; wahrscheinlich hat er auch einen ambulanten Schuhverkauf betrieben.

Arisierung/Liquidation

Nach dem Synagogenbrand wurde Hugo Kugelmann verhaftet und in das KZ Buchenwald verschleppt. Da seine Auswanderung bereits in die Wege geleitet war, konnte er am 13.12.1938 nach Marburg zurückkehren. Seine Frau Paula hatte das Geschäft, das in den letzten Dokumenten als *Etagengeschäft kleinsten Umfangs* bezeichnet wird, in der Zwischenzeit aufgelöst. Die Lagerbestände wurden - unter Mithilfe der nichtjüdischen Haushaltshilfe - verkauft. Der Erlös reichte jedoch für den Lebensunterhalt nicht aus. Die Familie war deshalb gezwungen, ihre Wertpapiere gegen einen Kredit zu verpfänden.

Familie

Max Kugelmann,
geb. 29.12.1852 in Wohra,
gest. 22.12.1917 in Marburg.
Emma, geborene Bauer, geb. 20.8.1857,

Oberhessische Zeitung vom 12.12.1938.

gest. 30.10.1913 in Marburg,
wahrscheinlich Ehefrau
von Max Kugelmann.
Salem, geb. 26.9.1857 in Wohra,
gest. 10.12.1924 in Marburg,
Bruder von Max Kugelmann.

Gustine, geborene Bendheim,
geb. 20.3.1865 in Bensheim,
Ehefrau von Salem Kugelmann.
Nachkommen von
Max und Emma Kugelmann
Kinder
Willi, geb. 16.5.1889 in Marburg,
gefallen 31.1.1915.
Nachkommen von
Salem Kugelmann und Gustine Kugelmann
Kinder
Cäcilie, verh. Nussbaum,
geb. 23.12.1888 in Marburg.
Eva, geb. 5.1.1890 in Marburg.
Siegfried, geb. 17.1.1893 in Marburg,
gefallen 22.10.1914, Bankbeamter.
Bella, verh. Wolf, geb. 28.1.1895,
Krankenschwester.
Hugo, geb. 5.3.1896 in Marburg.
Schwiegerkinder und folgende Generation
Paula, geborene Nussbaum,
geb. 25.10.1896 in Mausbach,
Ehefrau von Hugo.
Margot, geb. 18.10.1929 in Marburg,
Tochter von Hugo und Paula.
Siegfried, geb. 3.6.1933 in Marburg,
Sohn von Hugo und Paula.
Hanna, geb. 6.5.1934 in Marburg,
Tochter von Hugo und Paula.
Josef, geb. 23.11.1935 in Marburg,
Sohn von Hugo und Paula.
Die Familie Kugelmann führte einen religös bestimmten Haushalt. So verzeichnet die Aufstellung des 'Umzugsgutes' bei der Emigration getrenntes Geschirr für Fleisch und Milchkost. Die Haushaltshilfe der Familie kam am Samstag (Sabbat) als Schabbesfrau und erledigte die Dinge, die ein frommer Jude am Sabbat nicht tun durfte; sie kochte Essen, machte Feuer usw. Hugo Kugel-

mann war von 1932 bis 1938 als Gemeindeältester im Vorstand der jüdischen Gemeinde.

Ab 1933 muß die Familie in einer angstgeprägten Wohnsituation gelebt haben. In diesem Jahr wurde die Schulstraße in 'Otto-Böckel-Straße' umbenannt. In einem Nachbarhaus der Familie Kugelmann, Haus Nr. 12, befand sich die Kreis- und Ortsgruppenleitung der NSDAP. Auf der anderen Straßenseite, Haus Nr. 7, war das israelitische Heilerziehungsheim.

Ihre Habe konnte die Familie ohne die übliche Abgabe an die Deutsche Golddiskontbank Berlin ausführen, da sie über keine Geldmittel mehr verfügte. Die Auswanderung wurde nur möglich, weil der jüdische Hilfsverein und der Wohlfahrtsverein für die Kosten aufkamen.

Trotz des großen zeitlichen Drucks - Hugo Kugelmann war erst Mitte Dezember aus dem KZ zurückgekehrt - schafften es Hugo, seine Frau Paula und die Kinder Margot, Siegfried, Hanna und Josef noch im Dezember, Marburg zu verlassen und am 21.12.1938 mit dem letzten Hapagdampfer des Jahres von Hamburg in die USA zu entkommen. Eva Kugelmann war schon am 12.10.1938 in die USA ausgewandert.

Über das weitere Schicksal der verheirateten Schwestern von Hugo Kugelmann ist nichts bekannt. Die Mutter, Gustine Kugelmann, ist am 23.9.1937 in Marburg gestorben.

Quellen
Gespräch mit Frau L. am 19.5.1987.
HStAWI, Abt. 519/D, Devisenakte Hugo Kugelmann.

Damen- und Herrenschneiderei Lanzewizki
Inhaber: Jakob Lanzewizki

Universitätsstraße 20

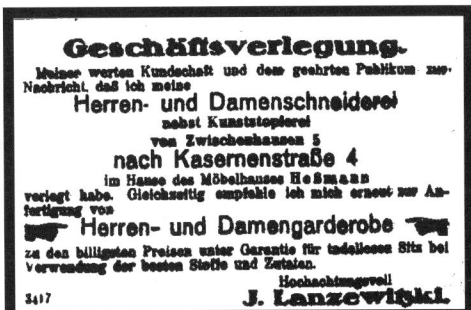

Oberhessische Zeitung vom 18.5.1931.

Eröffnung und Entwicklung

Jakob Lanzewizki, geb. in Slonim, Weißrußland, kam während des 1. Weltkrieges im Jahre 1916 als russischer Kriegsgefangener nach Deutschland und ließ sich in Marburg nieder. Von Beruf Schneider, machte er sich hier 1921 mit einer Damen- und Herrenschneiderei und Reparaturwerkstatt selbständig. Der Betrieb befand sich zunächst in der Barfüßerstr. 33, später dann in der Ketzerbach Nr. 2. Bis 1925 wohnte er in der Karmelitergasse und von 1926 bis 1927 Am Grün 27. Ab 1928/29 waren Geschäft und Wohnung in Zwischenhausen 5.

Ein Zeitzeuge, der auf der Ketzerbach groß geworden ist, erinnert sich daran, daß die Kinder, wenn sie sich die Kleidung zerrissen hatten, zu 'Onkel Lanzewizki' gegangen sind, und er die Knöpfe annähte oder die Risse flickte.

Von 1931 bis 1937 befanden sich Werkstatt und Wohnsitz der Familie in der Gutenbergstraße 4 (früher Kasernenstraße, nach 1933 Hermann-Göring-Straße) im dritten Stock. 1937 zog die Familie in das Haus der jüdischen Familie Wolf Universitätsstraße 20.

Arisierung/Liquidation

Der Besitzer des Hauses Gutenbergstraße 4 bestätigte nach dem Krieg die starke Betroffenheit des Betriebs vom Boykott jüdischer Geschäfte: *"Sein Firmenschild war mit einem roten Boykottzettel auf beiden Seiten beklebt. Am Hauseingang stand die SA und ließ seine Kundschaft nicht rein."* Das Geschäft bestand noch Ende 1938. Aber den finanziellen Schaden in den Jahren 1933 bis 1938 bezifferte Jakob Lanzewizki auf 8.000 bis 10.000 RM. Vor der erzwungenen Betriebsschließung nach dem Pogrom konnte er sein Warenlager zwar noch 'unter der Hand verkaufen', aber auch hier war der Verlust mit etwa 1.000 RM doch beträchtlich. Das Schreiben des Oberbürgermeisters, in dem die Schließung verfügt wurde, nahm Elise Bock, die Mutter von Frau Lanzewizki, entgegen; Jakob Lanzewizki war nach dem Pogrom verhaftet und mit den anderen jüdischen Männern aus Marburg ins KZ Buchenwald gebracht worden. Nach seiner Freilassung Ende Dezember 1938 bemühte er sich um eine Ausnahmegenehmigung für seinen Geschäftsbetrieb, die aber im April 1939 abgelehnt wurde.

Familie

Jakob Lanzewizki, geb. 5.12.1891 (23.11.) in Slonim, Weißrußland, Barbara (Betty), geborene Bock, geb. 18.1.1901 in Limburg, Dieter, geb. 5.2.1936, Sohn von Jakob und Barbara Lanzewizki.

Jakob Lanzewizki war mit einer Katholikin verheiratet. Die Familie hoffte, daß die 'Mischehe' und sein Status als Ausländer ihn davor bewahren würden, nach dem Pogrom verhaftet zu werden.

Aus diesem Grund gewährte die Familie Max Haas, der nach dem Synagogenbrand aus Kirchhain geflohen war, Unterschlupf. Max Haas erlebte dann, versteckt in der Wohnung, die Verhaftung von Jakob Lanzewizki mit.

Auswanderungspläne nach Jakobs Freilassung aus dem KZ scheiterten. Wie so häufig fehlten Papiere, und wenn man sie erhielt, waren andere verfallen. Wie bedrängt die Situation war, geht aus einem Briefentwurf hervor, der wahrscheinlich Anfang 1939 geschrieben wurde und an einen Verwandten in England gerichtet war: *"Da bis zur Entgegennahme des [amerikanischen] Visums noch eine längere [Zeit vergehen] wird, ich solange nicht warten kann, bitte ich Dich, mir für die Übergangszeit nach England durch Deine Hilfe den Aufenthalt zu ermöglichen. Ich bin ganz kopflos & weiss mir keinen anderen Rat und bitte ich nochmals alles für mich zu tun was in Deinen Kräften steht."* Die Familie mußte in Marburg bleiben. Jakob mußte sich jeden Tag bei der Gestapo im Kilian melden. Bei Ausbruch des Krieges wurde er erneut verhaftet und in Gefängnishaft im Kilian (wahrscheinlich Schirne) gehalten. Nach seiner Freilassung bestand weiterhin die Pflicht zur täglichen Meldung bei der Gestapo. *"Ich war ausser Gesetz gestellt, durfte kein Geschäft betreten und wagte nicht, mich am Tage oder sonst in der Öffentlichkeit sehen zu lassen."*

Jedoch wurde er nicht wie die meisten anderen jüdischen Männer zu Erdarbeiten herangezogen. Durch Interventionen ihm wohlgesonnener Beamter konnte er als angestellter Schneider in 'arischen' Betrieben arbeiten. Gegen Ende des Krieges wurde aber auch seine Situation, als Jude in einer 'privilegierten Mischehe' lebend, immer bedrohlicher. Die Familie konnte sich jedoch bei christlichen Freunden bis zum Eintreffen der Amerikaner verstecken.

Nach dem Krieg war er Mitbegründer

Jakob Lanzewizki im Arbeitsraum seiner Schneiderei in der Universitätsstraße 20, wahrscheinlich kurz nach dem Zweiten Weltkrieg.
Foto: Privatbesitz Dieter Lanzewizki.

der jüdischen Gemeinde des Raumes Marburg/Gießen/Wetzlar. Er hatte den Vorsitz bis zu seinem Tode 1977 inne. Auch an der Gründung der Gesellschaft für christlich-jüdische Zusammenarbeit war er maßgebend beteiligt und arbeitete bis zu seinem Tode im Vorstand mit. Beruflich war er wieder als Schneider tätig. Ab 1945 hatte er eine Maßschneiderei und ein Konfektionsgeschäft in der Universitätsstraße 20.

Zu seinem 85. Geburtstag bekam er für seine Verdienste um das Verständnis zwischen Christen und Juden den Ehrenbrief des Landes Hessen. Jakob Lanzewizki starb am 12.7.1977 in Marburg; seine Frau Barbara war zehn Jahre zuvor am 16.7.1967 verstorben.

Quellen
Gespräch mit Max Haas am 12.8.1987.
Gespräche mit Dieter Lanzewizki 1991.
Einsichtnahme in private Unterlagen von Jakob Lanzewizki.

Metzgerei Levi
Inhaber: Adolf Levi
ab 1934 Ehefrau Johanna Levi

Rübenstein 12

Eröffnung und Entwicklung
Die Familie Levi kam 1925 nach Marburg. Adolf Levi stammte aus Lohra, er war von Beruf Viehhändler und Metzger. Er hatte einige Jahre in Bromberg, dem heutigen Bydgoszcz, in Polen gelebt und gearbeitet. Dort hatte er auch geheiratet. Von 1914 bis 1918 war er deutscher Soldat im 1. Weltkrieg. 1920 kehrte er nach Lohra zurück, lebte dann noch einige Zeit in Berlin, bevor er schließlich nach Marburg zog.
Die Familie kaufte 1927 das Haus Rübenstein 12; die Metzgerei wurde 1928 eröffnet. Unter der Aufsicht des Rabbiners wurde das Vieh im Schlachthof in der Biegenstraße geschlachtet. Am Sabbat arbeitete Adolf Levi nicht, Wilhelm, der nichtjüdische Geselle, bediente die Kundschaft. Im Keller des Hauses waren die Räucherkammer und die Wurstküche.
In der Metzgerei kauften überwiegend jüdische Kunden, aber auch die Nachbarschaft am Rübenstein holte teilweise hier ihre Fleisch- und Wurstwaren. Beliefert wurden darüber hinaus die Studentenverbindungen am Schloßberg. Die Auslieferungen übernahm insbesondere Frau Levi, aber auch die Kinder halfen dabei mit; im Sommer packte man die Waren auf einen Handwagen und im Winter auf einen Schlitten.
Neben der Metzgerei gab es auch noch einen Mittagstisch in der Wohnung der Familie Levi; ca. zehn bis zwölf Personen konnten zur gleichen Zeit am Tisch Platz nehmen. Juden und Nichtjuden aßen hier zu Mittag; städtische Bedienstete - u.a. auch die Polizisten vom Rudolphsplatz - und Studenten. Darunter auch der Stu-

dent Spier aus Gemünden, der 1933 mit dem Schild *"Ich habe ein Christenmädchen geschändet"* durch die Straßen der Stadt getrieben wurde.
Außer dem Gesellen Wilhelm (der Nachname ist nicht bekannt) arbeitete noch Maria Baltz, verheiratete W., von 1928 bis zu ihrer Heirat 1932 bei den Levis. Auch ihr späterer Mann, Paul W., half ab 1930 im Geschäft mit und aß auch am Mittagstisch.

Arisierung/Liquidation
Nach 1933 gingen die Geschäfte zurück, da die nichtjüdische Kundschaft (insbesondere Beamte, Studentenverbindungen) nicht mehr bei Levis kauften. Zum Zeitpunkt der Boykottage im April 1933 flohen die Verwandten aus Lohra nach Marburg zu Levis. Sie blieben acht Tage dort, bevor sie sich wieder in das Dorf zurückwagten. An der Metzgerei wurde in dieser Zeit ein Schild angebracht *"Deutsche dürfen hier nicht kaufen"*, aber die Nachbarn vom Rübenstein kauften weiterhin bei Levis ein. Nach 1935 kam Herta Levi, die Tochter von Johanna und Adolf Levi, aus Antwerpen, wo sie in der Zwischenzeit lebte, nach Marburg zu Besuch. SA-Leute standen vor dem Haus und versuchten, ihr den Eintritt zu ver-

Die Kinder des Ehepaars Levi. Von Links Berta, Herta und Isbert.
Foto: Privatbesitz Berta Levi de Garcia.

wehren: *"Hier dürfen Sie nicht rein, hier wohnt ein Jude."*
1934 wurde das Geschäft auf den Namen von Frau Levi eingetragen, der Grund ist nicht bekannt. 1936 verzeichnete das Gewerberegister die Einstellung der Metzgerei.
Der Verkauf des Hauses an den Hausmeister und Kneipwirt des Marburger Wingolf, erbrachte gerade soviel, daß das Ehepaar Levi nach Argentinien auswandern konnte.

Familie
Adolf Levi, geb. 13.11.1884 in Lohra.
Johanna, geb. Baruch, geb. 21.6.1889 in Damerau/Cülm.
Nachkommen von Adolf und Johanna Levi
Kinder
Isbert, geb. 24.7.1910 in Bromberg.
Herta, verh. Melcher,
geb. 14.4.1913 in Bromberg.

Berta, verh. Blumenfeld,
heute verh. Levi de Garcia,
geb. 30.9.1917 in Bromberg.
Schwiegerkinder und folgende Generation
Gilbert Melcher, Ehemann von Herta.
Lotte, geb. 1937,
Tochter von Gilbert und Herta.
Alfred Blumenfeld,
geb. 2.8.1912 in Marburg,
erster Ehemann von Berta.
Ruth, geb. 4.1.1936,
Tochter von Alfred und Berta.
Das Ehepaar Levi emigrierte 1936 über Belgien zusammen mit seiner Tochter Herta und deren späterem Mann nach Argentinien.
Adolf Levi starb 1967 in Buenes Aires.
Johanna Levi war bereits 1961 in Argentinien gestorben.
Isbert Levi hatte eine Ausbildung zum Dekorateur in Gießen beendet. Danach arbeitete er in München. Er folgte seiner

Familie 1938 nach Argentinien, wo er 1961 starb.

Herta Levi hatte eine Lehre als Verkäuferin gemacht und arbeitete im Trachtengeschäft Julius Stern in der Barfüßerstraße. 1935 ging sie nach Antwerpen, wo sie ihren späteren, nichtjüdischen Mann Gilbert Melcher kennenlernte, der ihr und ihren Eltern die Ausreise nach Argentinien ermöglichte. Herta Melcher starb 1985 in Argentinien.

Berta Levi war Schneiderin und Weißnäherin. Ihre Lehre hatte sie von 1932 bis 1935 bei den Schwestern Henny und Sophie Käss in der Gutenbergstraße 1a absolviert. Bis zu ihrem Ausschluß im Jahr 1933 war sie Mitglied im *Marburger Sportverein 1885*. Danach war sie Mitglied im jüdischen Jugendbund ESRA (Hilfe). Dort lernte sie ihren Mann, den Schlosser Alfred Blumenfeld aus Kirchhain kennen. Sie heirateten 1935. Kurze Zeit war sie zusammen mit ihrem Mann im Hachscharah-Vorbereitungslager in Frankfurt, da sie nach Palästina auswandern wollten. Das Vorhaben scheiterte an fehlenden finanziellen Mitteln.

Kurz nach der Geburt der Tochter Ruth im Januar 1936 gelang Alfred Blumenfeld die Auswanderung nach New York. Berta wohnte bei Verwandten ihres Mannes, der Familie Hanny und Sally Blumenfeld, in der Universitätsstraße 16. Sie arbeitete in einem Café in der Bahnhofstraße, das einem Onkel ihres Mannes, Hermann Blumenfeld, gehörte. Am 1.1.1937 konnte Berta Blumenfeld mit ihrer Tochter Deutschland verlassen und nach Argentinien emigrieren. Ihre Tochter Ruth lebt mit ihrer Familie in Kalifornien.

Quellen

Erstes Gespräch mit Berta Levi de Garcia am 15.9.1988, verschiedene Fotos und Unterlagen. Gespräch mit P.W. am 18.3.1988. Gespräch mit P.W. und W.K. am 16.6.1989. StAM, Kataster II Marburg, Gebäudebücher 1910ff. Marburger Arbeitsgruppe für Dokumentation: Die Stadt Marburg - Gesamtdokumentation, 2 Bde., Marburg 1976 u. 1981, Bd. 2, S. 218.

Lilienstein, Siegmund

Etagengeschäft für Wäscheartikel

Marbacher Weg 18

Eröffnung und Entwicklung
Siegmund Lilienstein entstammte einer alteingesessenen Goßfeldener Familie. Im Oktober 1911 verlegte er seinen Wohnsitz nach Marburg. Er zog zunächst in die Kasernenstraße 16; im Adreßbuch wird als Berufsbezeichnung Bankbeamter angegeben. Wahrscheinlich ist, daß er schon seine Lehre im Bankhaus Haas absolvierte, da er 1927 sein fünfundzwanzigjähriges Geschäftsjubiläum feierte. Im Dezember 1921 erhielt er Prokura für dieses Bankhaus in der Wettergasse 25, das gemeinsam von Karl Haas und Albert Herz geführt wurde. Bereits im Juli 1920 war er, inzwischen verheiratet, in den Marbacher Weg 18 gezogen. Am 1.8.1930 wurde das Konkursverfahren gegen das Bankhaus eingeleitet; wie viele andere ging auch diese Privatbank in der Weltwirtschaftskrise unter. Endgültig im Handelsregister gelöscht wurde sie im Juli 1932. Siegmund Lilienstein eröffnete im August 1933 in seiner Wohnung eine Vertretung in Wäscheartikeln.

Arisierung/Liquidation

Im Marburger Adreßbuch von 1936/37 ist ein Etagen-Wäschegeschäft noch ange-,geben. Wegen der bevorstehenden Emigration stellte Siegmund Lilienstein sein Unternehmen zum 31. Dezember 1937 ein.

Familie

Siegmund Lilienstein,
geb. 1.6.1886 in Goßfelden.
Hedwig, geborene Goldschmidt,
geb. 17.3.1895 in Goßfelden,
Ehefrau von Siegmund Lilienstein.

Kinder von
Siegmund und Hedwig Lilienstein

Ernst-Adolf, geb. 27.10.1921 in Marburg.
Edith, geb. 9.12.1923 in Marburg.
Siegmund Lilienstein emigrierte mit seiner Frau und den beiden Kindern im Februar 1938 nach New York, USA. Ernst-Adolf wurde amerikanischer Soldat und fiel im 2. Weltkrieg. Die in Goßfelden verbliebenen Familien Lilienstein wurden Opfer des Faschismus.

Quellen

Jüdische Wochenzeitung für Cassel, Hessen und Waldeck vom 25.3.1927.

Likörfabrik und Immobiliengeschäft Lion
Inhaber: Zadock Lion, Karl Lion

Haspelstraße 17

Eröffnung und Entwicklung

Zadock Lion stammte aus Nordeck und war spätestens seit 1879 in Marburg ansässig. Im Handelsregister ist er als Inhaber eines Großhandels für Branntwein angeführt. Nach dem Adreßbuch von 1884 hatte er in Weidenhausen Nr. 17 ein Gemischtwarengeschäft *Coloni al-, Material-, Drogen-, Farbwaaren-, Spezerei- und Delikatessenhandel*. Schon 1891 war er der Besitzer des Hauses Haspelstraße 18, später Nr. 17, und Inhaber einer Likörfabrik mit gleicher Aadresse. Über diese Firma ist nichts bekannt. 1903 wurde neben der Likörfabrikation auch eine Branntwein-Großhandlung betrieben. 1913 erfolgte zusätzlich die Gründung eines Immobiliengeschäfts. Möglicherweise wurde dieses vom Sohn von Zadocks, Karl Lion, betrieben. 1919 starb

Zadock Lion. Inhaberin der Branntwein-Großhandlung und der Grundstücksvermittlung wurde die Witwe von Zadock, Fanny Lion. Die Likörfabrik nahm zusätzlich die Produktion von Essig auf. Möglicherweise bestand Mitte der zwanziger Jahre nur noch das Maklergeschäft.

Arisierung/Liquidation

Der Geschäftsbetrieb der Branntweingroßhandlung wurde zwar erst 1939 im Handelsregister gelöscht, wahrscheinlich ist aber, daß schon Jahre davor weder die Likörfabrik noch das Immobiliengeschäft mehr bestanden. Man kann davon ausgehen, daß die Likörfabrik in den wirtschaftlich schwierigen Jahren der Weimarer Republik nicht mehr zu halten war. Das Maklergeschäft mußte nach 1933 aufgegeben werden, spätestens 1938 mit dem Inkrafttreten des Gesetzes, das Juden verbot, in dieser Branche tätig zu sein. 1940 wurde das Haus an einen Bezirksschornsteinfegermeister und dessen Frau verkauft.

Familie

Zadock Lion, geb. 20.3.1850 in Nordeck, gest. 3.5.1919 in Marburg.

Fanny (Sagel), geborene Stern, geb. 9.7.1853 in Ockershausen.

Karl, geb. 20.12.1881 in Marburg, Sohn von Zadock und Fanny Lion.

Franziska, geborene Baer, geb. 12.9.1902 in Stockhausen, wohl Ehefrau von Karl (nicht völlig zu klären).

Fanny Lion starb am 12.7.1941 in Marburg. Karl Lion und Franziska wurden im Dezember 1941 in das Ghetto Riga deportiert und sind ermordet worden.

Im Haus von Zadock Lion, Haspelstraße 18, lebte seit 1936 die Familie Lion aus Ebsdorf.

Emanuel Lion starb 1937, die Ehefrau Auguste, geborene Walldorf, und der Sohn Leopold konnten noch 1941 in die USA entkommen. Der Bruder von Auguste, Moses Walldorf, und seine Frau Dina (Thekla), die auch 1936 in das Haus gezogen waren, sind umgekommen (siehe auch *Moses Walldorf*). Von Ende 1939 bis zu ihrer Auswanderung 1940 lebten außerdem Flora und Moritz Isenberg in der Haspelstraße 17.

Quellen

Gespräch mit Frau L. am 19.5.1987. Gespräche mit Max Walldorf am 1. und 4.9.1989. Korrespondenz mit ihm und Leopold Lion.

Dentistische Praxis und zahntechnisches Labor Lucas
Inhaberin: Dina Lucas

Bahnhofstraße 10

Eröffnung und Entwicklung

Das Dentallabor wurde 1910 in das Gewerberegister eingetragen, und wohl noch im gleichen Jahr eröffnet. Im Einwohnerverzeichnis des Adreßbuchs von 1910 war Dina Lucas noch als *Privatiere* verzeichnet.

Über den beruflichen Werdegang von Dina Lucas ist bisher nicht viel bekannt. Sie hatte die jüdische Volksschule und danach, 1878, ein Jahr lang die Elisabethschule in Marburg besucht. Ihre weitere Ausbildung hat Dina Lucas außerhalb Marburgs erhalten. Dentist war bis 1952 die Bezeichnung für einen Zahnheilkundigen ohne akademische Ausbildung. Zur Berufsausübung benötigte man eine etwa fünfjährige, staatlich geregelte Ausbildung.

Dina Lucas.
Foto: Privatbesitz Franz D. Lucas.

Arisierung/Liquidation

Nach den Eintragungen des Marburger Adreßbuches bestanden die Praxis und das Labor noch bis 1938, doch waren sie nicht mehr auf der Liste der zu schließenden jüdischen Geschäfte im November 1938 verzeichnet. Margot Pfifferling, die Tochter des Lehrers der jüdischen Schule in Marburg, wollte 1933 bei Dina Lucas eine Lehre beginnen, doch war dies nicht mehr erlaubt.

Familie

Bernhard Lucas,
geb. 1.6.1836 in Marburg,
gest. 1.6.1906 in Marburg.
Brendel (Bertha), geborene Falkenstein,
geb. 1843, gest. 14.1.1897 in Marburg.
Nachkommen von
Bernhard und Brendel Lucas
Kinder
Emma, geb.25.7.1865,
vor 1913 gestorben.
Dina (Goldine),
geb. 11.11.1866 in Marburg.
Frieda (Fanny),
geb. 11.9.1869 in Marburg.
Leopold, geb. 18.9.1872 in Marburg.
Schwiegerkinder und folgende Generation
Dorothea, geborene Janower,
geb. 19.3.1882 in Breslau,
Ehefrau von Leopold.
Werner,
Sohn von Leopold und Dorothea.
Franz Dietrich,
Sohn von Leopold und Dorothea.
Die Familie Lucas war eine der ersten jüdischen Familien, die in Marburg nachgewiesen ist. Sie war schon im 17. Jahrhundert in der Stadt ansässig. 1674 erhielt Abraham (Lucas) als zwanzigjähriger Handelsmann den landesherrschaftlichen Schutzbrief ausgestellt. Seit 1681 wohnten er und seine Familie in der Wettergasse 25. Abrahams Sohn Lucas konnte 1697 den Schutzbrief des Vaters übernehmen. Sohn Salme (Salomon) Lu-

B. LUCAS
Wettergasse Nr. 324.
Uhren,
Gold-, Silber- und versilberte Waaren.
Atelier für Reparaturen.

Adreßbuch der Stadt Marburg 1874.

cas hatte 1725 einen Schutzbrief vom Landgrafen erhalten, auch der zweite Sohn Aaron war 1744 im Besitz eines Schutzbriefes, ebenso wie der Neffe Liebmann, der einen Schutzbrief des Landes Hessen-Darmstadt besaß.

Aarons Sohn Loeb Aaron Lucas, Handelsmann *"mit zeugen, sitz, cattun und allerhand seiden zeuge, auch strümpfen"* konkurrierte 1801 mit Abraham Mendel, dem Stammvater der späteren Wertheims, um das wirtschaftlich bedeutende Branntweinmonopol für die Stadt Marburg. 1808 wurde er zum Municipalrat (Stadtrat) ernannt. Sowohl sein Vater als auch Loeb Aaron hatten das Amt des Vorstehers der Marburger Judenschaft inne.

Loeb Aarons Sohn Aaron Loeb Lucas und dessen Frau Fanny sind die Großeltern von Dina Lucas. Ihr Vater Bernhard Lucas hatte sich als Uhrmacher und Juwelier einen Namen in Marburg gemacht, sein Bruder Wilhelm war Zigarrenfabrikant, später dann Mineralwasserfabrikant mit einer Geschäftsniederlassung im Steinweg 21.

Laden und Wohnung der Familie Bernhard Lucas befanden sich 1868 im Haus 80 (später Markt Nr. 23), 1874 dann in dem der Familie gehörenden Haus Wettergasse 324 (später Nr. 25), das Haus, das schon seit Generationen im Besitz der Familie war. 1810 brannte das Gebäude ab und wurde dann im klassizistischen Stil neu erbaut. 1890 kaufte Bernhard Lucas einen Teil des Hauses Bahnhofstraße 10 (6a) von dem Kaufmann Maier Rothschildt. Das Haus Wettergasse 25 wurde an Schaaf verkauft. Bernhard Lucas richtete in dem Haus Bahnhofstraße Werkstatt und Laden ein. Nach seinem Tod im Jahre 1906 übernahm S. das Geschäft; die Familie hatte auch ihre Wohnung in dem Haus. 1913 wurden die Kinder von Bernhard Lucas, Dina, Fanny und Leopold, als Erben des Hauses eingetragen.

Fanny Lucas starb 1936. Über ihr Leben ist bisher nichts bekannt. Im Adreßbuch wurde sie als *Privatiere* bezeichnet; sie war unverheiratet. Leopold Lucas besuchte nach der jüdischen Volksschule das Gymnasium Philippinum. Er studierte orientalische Sprachen, Geschichte und Philosophie. 1895 promovierte er. 1899 erhielt er das Rabbinerdiplom. Im gleichen Jahr bekam er eine Berufung als Rabbiner nach Glogau. Während der Jahre in Glogau ist eine umfangreiche wissenschaftliche Tätigkeit nachzuweisen. Ab 1940 bis zu seiner Deportation war er als Lehrer an der *Hochschule für die Wissenschaft des Judentums* in Berlin tätig. Am 17.12.1942 wurde er zusammen mit seiner Frau Dorothea nach Theresienstadt deportiert. Leopold Lucas starb am 13.9.1943 unter den furchtbaren Bedingungen im Ghetto Theresienstadt. Dorothea Lucas wurde im Oktober 1944 im KZ Ausschwitz ermordet. Die beiden Söhne konnten nach Argentinien bzw. nach Bolivien auswandern.

Dina Lucas wohnte bis zum 1.4.1942 im Haus Bahnhofstraße 10, dann mußte sie in das Strauß'sche Haus Wettergasse 2 ziehen. Sie wurde am 6.9.1942 nach Theresienstadt deportiert. Sie ist die erste der Marburger Jüdinnen, für die ein sogenannter 'Heimkaufvertrag' in Höhe von 9.000 RM für Theresienstadt nachzuweisen ist; mit einem solchen 'Vertrag' - so machte man die Juden glauben - sollte ein dauerhaftes Wohnrecht in einem 'Musterghetto' erworben werden.

Am 29.9.1942 wurde Dina Lucas in das KZ und Vernichtungslager Maly Trostinec verschleppt und dort ermordet.

Im Januar 1942 hatte Dina Lucas unter Zwang einem Marburger Geschäftsmann das Vorkaufsrecht an ihrem Haus eingeräumt. Doch fiel der Besitz zuerst an den Reichsfiskus. Erst 1944 konnte das Gebäude verkauft werden. 1951 wurde das Haus nach langer Auseinandersetzung den Söhnen von Leopold und Dorothea Lucas zugesprochen. Sie verkauften nun rechtmäßig.

Quellen
StAM, Kataster II Marburg, Gebäudebücher 1910ff. HStAWI, Abt. 519, Finanzamt Mbg, Liegenschaftsstelle, Nr. 42; Abt. 519, Rückerstattungsakten MRG 59, Nr.108. Brief von Franz Dietrich Lucas vom 2.5.1990. Dettmering, Erhart (Hrsg.): Rabbiner Dr. Leopold Lucas, Marburg 1872 - 1943 Theresienstadt. Versuch einer Würdigung, Marburger Stadtschriften zur Geschichte und Kultur 21, Marburg 1987. StAM, Stahr, Kurt, Marburger Sippenbuch 1500-1850, unveröffentliches Manuskript, Bd. 13, S. 223, Nr. 20144, Bd. 14, S. 70, Nr. 876. Munk, Leo, Zur Geschichte der Juden in Marburg, in: Dgl., Zur Erinnerung an die Einweihung der Synagoge in Marburg am 15. September 1897, Marburg 1897. Erdmann, Axel: Die Marburger Juden, Dissertationsdruck, Marburg 1987. Handelsregister des kurfürstlichen Justizamtes Marburg, Bd. 1, Pag.1 bis 767, Nr. 30, Pag. 58. Grundbuchamtakten Marburg, Abt. I, Bd. 95, Bl. 3499.

Schuhhaus Mercedes
Inhaber: Ernst Blumenfeld

Steinweg 30

Eröffnung und Entwicklung
Von 1911 an war Ernst Blumenfeld Mit-
gesellschafter im Geschäft *Blumenfeld &*
Henrichs (siehe auch unter Firma Blumenfeld
& Co.). Nach den Eintragungen in den
Adreßbüchern befand sich das Geschäft
bis 1926/27 in dem Haus Steinweg 30.
Unklar ist, wann die Firma *Blumenfeld &*
Co. geschlossen wurde. 1920 kaufte Ernst
Blumenfeld das Haus Steinweg 30 und
eröffnete dort 1924 das Schuhhaus *Merce-*
des. Bis in die zwanziger Jahre hatte die
Firma Otto Papst, Wettergasse 43, die
Alleinvertretung der bekannten *Merce-*
des-Schuhe gehabt. Wahrscheinlich ist,
daß sich nach deren Schließung für Ernst
Blumenfeld die Möglichkeit ergab, mit
dem Schuhhaus *Mercedes* selbständiger
Kaufmann zu werden. Nach der Eintragung in das Gewerberegister eröffnete
das Geschäft mit 5.000 Mark Betriebskapital. Angestellt waren ein Lehrmädchen und ein Lehrjunge.

Arisierung/Liquidation
Das Geschäft wurde schon am 28.1.1933
geschlossen. Die Geschäftsräume übernahm ein Marburger Kaufmann; er erwarb 1940 auch das große stattliche
Fachwerkhaus, das 1898/99 errichtet
worden war.

Familie
Ernst Blumenfeld,
geb. 22.2.1889 in Marburg.
Bella, geborene Tannenbaum,
geb. 26.3.1900 in Hersfeld,
Ehefrau von Ernst Blumenfeld.

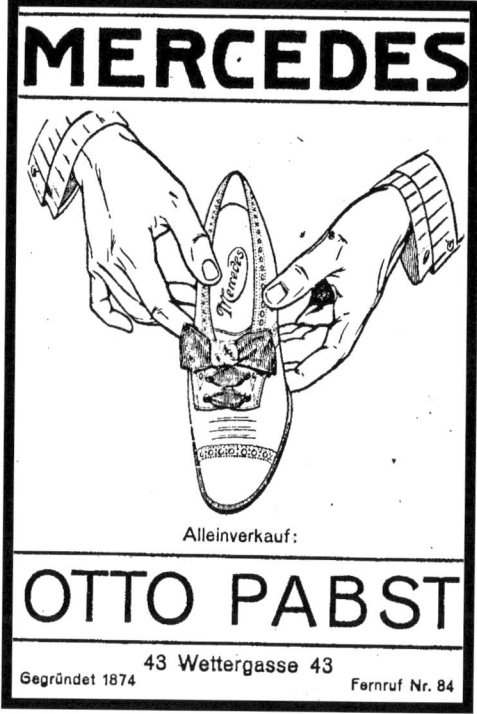

Marburger Adreßbuch 1921, Anhang S. 32.

Kinder
Lore, geb 13.3.1927 in Marburg.
Franz, geb. 21.3.1929 in Marburg.
Paul, geb. 2.2.1932 in Marburg.
Ernst Blumenfeld starb in Marburg am
24.4.1935. Bella Blumenfeld emigrierte
am 18.11.1939 mit ihren Kinder in die
USA.

Quellen
StAM, Kataster II Marburg, Gebäudebücher 1910ff. Marburger Arbeitsgruppe
für Dokumentation, Die Stadt Marburg -
Gesamtdokumetation, 2 Bde., Marburg
1976 u. 1981, Bd. 2, S. 228.

Michel, Ernst

Häute, Felle und Därmehandlung

Schwanallee 32

Eröffnung und Entwicklung

Im September 1935 zog die Familie Ernst Michel von Gladenbach nach Marburg. Sie war vor dem Terror der Nationalsozialisten gegen die Gladenbacher Juden geflohen.

Im Dezember 1935 meldete Ernst Michel laut Gewerberegistereintragung eine *"Häute- und Fellhandlung an Wiederverkäufer in Gladenbach, Leitung von Marburg, wo sich auch ein Darmlager befindet, von dem der Versand stattfindet"* in der Schwanallee 32 an. Schon zuvor hatte in diesem Haus ein Lager für sein Geschäft in Gladenbach bestanden. Im September 1935 war aus diesem Haus die Familie Ziegelstein in die USA ausgewandert; in deren Wohnung zogen jetzt Ernst Michel, seine Frau und seine Mutter.

Arisierung/Liquidation

Ernst Michel bereitete 1938 seine Auswanderung vor. Im März verkaufte er sein Haus in Gladenbach, und im Juni schloß er den Betrieb seines Geschäftes.

In das Handelsregister A 425 ist heute eingetragen worden die Firma "Ernst Michel" in Marburg Schwanallee 32 (Häute-, Fell- und Darmhandlung) — bisher in Gladenbach — und als deren Inhaber der Fellhändler Ernst Michel in Marburg.   (899

Marburg, den 18. Februar 1987,

Amtsgericht, Abt. III.

Oberhessische Zeitung vom 17.2.1937.

Familie

Hermine Michel, geborene Rosenthal,geb. 29.1.1865 in Holzappel, Mutter von Ernst Michel. Ernst Michel, geb. 2.12.1893 in Gladenbach. Selma, geborene Rosenthal, geb. 15.6.1897 in Wilmenrod, Ehefrau von Ernst Michel. Im Juli 1938 emigrierte das Ehepaar Michel in die USA. Hermine Michel zog nach Hackenbroich bei Köln. Sie wurde in das Ghetto Theresienstadt deportiert und wurde ermordet.

Quellen

HStAWI, Abt. 519, Finanzamt Mbg, Liegenschaftsstelle, Nr. 99.

Michel, Isidor

Manufakturwarenhandel

Barfüßertor 12

Eröffnung und Entwicklung
Nach Ausschreitungen gegen die Gladenbacher jüdischen Bürger verließen auch Isidor Michel und seine Familie im Dezember 1935 Gladenbach. Sie zogen nach Marburg ins Haus Barfüßertor 12, das der Familie Freund gehörte. Isidor Michel versuchte, mit einem kleinen Manufakturwarenhandel den Unterhalt für die Familie zu verdienen.

Arisierung/Liquidation
Ende November 1938 mußte auch dieser Handel aufgegeben werden. Am 11.12.1938 erhielt Frau Michel den entsprechenden Bescheid des Oberbürgermeisters durch die Polizei ausgehändigt.

Damit ist es mehr als wahrscheinlich, daß Isidor Michel nach dem November-Pogrom im KZ Buchenwald in Haft war.

Familie
Israel Benjamin Michel, geb. 23.6.1862 in Gladenbach,
Vater von Isidor Michel.
Isidor Michel,
geb. 4.2.1892 in Gladenbach.
Sara, geborene Meier,
geb. 13.3.1892 in Zimmersrode,
Ehefrau von Isidor Michel.
Inge, geb. 19.6.1930 in Gladenbach,
Tochter von Isidor und Sara Michel.
Israel Michel, der im August 1939 aus Gladenbach zu seinem Sohn nach Marburg gezogen war, starb am 12.12.1939.
Isidor, Sara und Inge wurden am 8. Dezember 1941 von Marburg aus in das Ghetto nach Riga deportiert. Die Familie gilt als 'verschollen in Riga'. Das bedeutet, daß die ganze Familie ermordet wurde.

Moses, Ludwig und Siegfried

Handelsvertretung für Seife, Seifenpulver, Farben und Schuhcreme

Barfüßertor 15b

Eröffnung und Entwicklung
Mitte der achtziger Jahre des 19. Jahrhunderts kam der Kaufmann Moritz Moses - seine Familie stammte aus Frielendorf - nach Marburg. Er wohnte zunächst im Pilgrimstein 6; seine Firma *Süddeutscher Herren-Kleider-Bazar* befand sich im Steinweg 36. Um 1890 zog Moritz Moses mit seiner Familie in den Steinweg 37. Im April 1890 war dieses

Geschäft auf den Namen seiner Frau Mathilde ins örtliche Handelsregister aufgenommen worden; Moritz selbst erhielt die Prokura. 1900 gehörte ihm das Haus in der Neuen Kasseler Straße 14, welches er wahrscheinlich von dem Handelsmann Moses Moses, der 1890 gestorben war, geerbt hatte. Er verkaufte es 1910 dem jüdischen Maschinenhändler Isaak Schaumberg. Die Familie, die inzwischen durch die Geburt von sechs Söhnen erheblich gewachsen war, zog nun mehrmals um: 1902/03 an den Friedrichsplatz 1, das erste Gebäude in dieser Straße, kurze Zeit später in die Wörthstraße 44, heute Liebigstraße, ab 1910 wohnten sie in der Frankfurter Straße 57.
Moritz und Mathilde Moses schlossen

ihren Herren-Kleider-Bazar offiziell im Februar 1911; möglicherweise war er auch schon vorher eingestellt worden, denn schon im Adreßbuch von 1910 wurde Moritz Moses nur noch als *Privatier* geführt. Nachdem ihr Sohn Julius im Juli 1913 und ihr Ehemann Moritz im September 1913 gestorben waren, zog Frau Mathilde Moses im Frühjahr 1914 mit ihren Kindern in den Roten Graben 2. Arthur und Siegfried Moses wurden zum Militär eingezogen. Nach seiner Rückkehr ging Arthur Moses im Februar 1919 nach Köln, ein Jahr später folgte sein Bruder Max. Arthur Moses wurde Besitzer der Wäschefabrik *Progress* in Köln. Schon 1923 muß er in so guten finanziellen Verhältnissen gewesen sein, daß er für seine in Marburg verbliebene Familie das Haus am Barfüßertor 15b für 500 Millionen Inflationsmark kaufen konnte. In dieses Haus zogen seine Mutter und seine drei Brüder Hugo, Siegfried und Ludwig. Siegfried meldete im Februar 1921 einen Hausierhandel mit Schuhcreme, Seife und Seifenpulver an. Die Erlaubnis bezog sich allerdings nur auf den Bereich der Stadt Marburg. 1924 wird auch sein Bruder Ludwig mit einem Hausierhandel genannt; das Angebot wurde nun auch noch um Farben erweitert. Aus den Wiedergutmachungsunterlagen geht allerdings hervor, daß ihr Verdienst zum Lebensunterhalt nicht ausreichte. Arthur Moses unterstützte die Brüder von Köln aus.

Arisierung/Liquidation

Die Gebrüder Moses waren bis zuletzt im Gewerbebuch mit ihren *Handelsvertretungen in Seife, Seifenpulver, Schuhcreme und Farben* verzeichnet; ihre Namen standen auf der nach dem Pogrom herausgegeben 'Arisierungsliste'. Beide unterschrieben am 10.12.1938 den Bescheid des Oberbürgermeisters zur Schließung ihres Gewerbes. Arthur Moses unter-

stützte seine Brüder bis zu seiner Auswanderung 1939 mit monatlich 250 RM und bezahlte auch die Haushälterin Frau Seligmann. Nebenbei hatten sie stets kostenlos Wäsche aus seiner Fabrik erhalten, um mit deren Verkauf ihren Lebensunterhalt aufzubessern.

Nach der 'Arisierung' wurde das Haus der Brüder Moses zum Ghettohaus. Familie Bachrach lebte dort bis zur Auswanderung nach Palästina, ebenfalls Jacob und Max Marx, Frau Eichelberg und Frau Stern. Die Familie Rosenberg, die Schwestern Oppenheim, die Brüder Moses und Rosa Seligmann wurden aus diesem Haus deportiert. Bereits am 31.5.1942 hatte das Haus keine jüdischen Bewohner mehr. Mit der Begründung, *"auch einen Teil dazu beigetragen zu haben, daß das Haus judenfrei wird"*, bewarb sich ein Marburger Bürger um den Kauf diese Hauses. Er war nicht der einzige, der Anspruch auf dieses Haus erhob; innerhalb einer Woche nach der Deportation hatten sich 104 Anträge mit ähnlichen Begründungen beim zuständigen Sachbearbeiter eingefunden.

Familie

Moritz Moses, geb. 18.12.1860 in Frielendorf, gest. 7.9.1913 in Marburg. Mathilde, geborene Koch, geb. 15.1.1860 in Mainz, gest. 28.5.1932 in Marburg.

Kinder

Hugo, geb. 23.2.1886/87 in Marburg. Julius, geb. 11.4.1888 in Marburg, gest. 20.7.1913 in Marburg. Max, geb. 20.4.1889 in Marburg. Siegfried, geb. 13.7.1891 in Marburg. Arthur, geb. 12.6.1895 in Marburg. Ludwig, geb. 9.5.1899 in Marburg. Julius Moses war Schneidergehilfe. Arthur, der die Oberrealschule besucht hatte, und Siegfried wurden zum Militär eingezogen und kehrten im November

1918, bzw. im Januar 1919 zurück. Arthur und Max Moses gingen dann nach Köln. Arthur Moses wanderte von Köln in die USA aus. Was aus Max Moses, der Handlungsgehilfe war, wurde, ist nicht bekannt. Nach dem Tod der Mutter Mathilde am 28.5.1932 zogen die Brüder Hugo, Siegfried und Ludwig in eine Etage des Hauses, nachdem sie zuvor zwei Etagen bewohnt hatten. Ludwig hatte den Beruf des Buchbinders erlernt, war aber ebenso wie Siegfried Handelsvertreter; Hugo wird auf seiner Meldekarte als Privatmann geführt.

Ludwig, Siegfried und Hugo wurden am 31.5.1942 in das Ghetto Lublin und von dort in das KZ Majdanek deportiert. Lisa de Boor berichtet über die Deportation in ihren Tagebuchblättern: " *27. - 29. Mai [1942]. In diesen Tagen kommen die letzten Juden aus Marburg fort. Die so lang vertrauten Gesichter der drei Brüder Moses verschwinden vom Barfüßertor. Der Davidstern geht unter."* Nur das Todesdatum von Siegfried ist bekannt; er starb am 23.6.1942. Seine beiden Brüder gelten als 'verschollen/unbekannt'. Es ist nicht bekannt, wann und wo sie ermordet wurden.

Quellen
StAM, 330C Mbg, Acc. 1973/1, Nr. 367. StAM, 330C Mbg, Nr. 4453, Steuerlisten. HStAWI, Abt. 519, Finanzamt Mbg, Liegenschaftsstelle, Nr. 34; Abt. 519, Rückerstattungsakten Mrg 59, Nr. 541. Grundbuchamtakten Marburg Abt. I, Bd. XVIII Nr. 1038, Bd. 124, Bl. 4748. Handschriftliche Schülerliste Martin-Luther-Schule, erstellt von Dr. Helmut Krause. Handelsregister A Marburg, Bd. 1, Nr. 21.

Reis, Hermann, Dr.

Rechtsanwaltsbüro und Notariat

Afföllerstraße 1/2

Eröffnung und Entwicklung
Von 1925 an, möglicherweise auch schon früher, hatten Hermann Reis und Willi Wertheim eine gemeinsame Rechtsanwaltspraxis im Haus Steinweg 26. Im Adreßbuch 1926/27 wird als Büroadresse Deutschhausstraße 30 angegeben, 1932/33 Afföllerstraße 1/2. Ab 1931 betrieben Reis und Wertheim gleichzeitig ein Notariat.

Arisierung/Liquidation
Schon am 5.4.1933 meldete die *Oberhessische Zeitung*, daß nur noch ein jüdischer Rechtsanwalt - Wertheim - von

Oberhessische Zeitung vom 10.1.1931.

bisher vier, beim Land- und Amtsgericht zugelassen sei. Die notarielle Tätigkeit wurde allen jüdischen Notaren untersagt.

Die letzte Karte von Hermann Reis an Jakob Lanzewizki aus dem Ghetto Theresienstadt vom 18.7.1944.
Privatbesitz Dieter Lanzewizki.
"Lieber Jakob! Herzlichen Dank für Eure l. Karte vom 3.6., die wir schon am 5.7 erhielten; überhaupt kommt alle Post jeder Art gut hier an, was Ihr auch aus der Bestätigung von Hans Lilienstein [auch an diese Familie schickte die Familie Lanzewizki Post und Päckchen] ersehen haben werdet. Der Inhalt Euer l. Karte war uns schon zum Teil bekannt, da uns Tante Lotte [?] und Hermann [?] mit einem Päckchen sehr erfreut hatten, bitte Dank und Grüße an sie. Euren großen Verlust [Karl Lanzewizki war gefallen] hattet Ihr uns schon mitgeteilt, seid unseres Beileids gewiß. Wir sind gesund und hoffen bald von Euch und allen Bekannten zu hören.
Euer Hermann Reis."

Beide Verbote erfolgten zu diesem Zeitpunkt ohne ausreichende Rechtsgrundlage. Am 7.4.1933 wurde die Meldung insoweit korrigiert, daß nur noch Dr. Fritz Krämer als der Rechtsanwalt bezeichnet wurde, der bei Gericht Vertretungsrecht hatte. Das bedeutete, daß die berufliche Tätigkeit in ganz entscheidendem Maße eingeschränkt war. Dr. Willi Wertheim war schon Anfang 1933 nach Frankreich gegangen (siehe unter *Dr. Willi Wertheim*). Hermann Reis blieb die Tätigkeit eines 'Rechtsberaters'. Die Eintragung Nr. 5 im Gewerberegister vom 31.1.1934 lautet: *"Betriebsänderung, da nicht mehr als Rechtsanwalt zugelassen nur noch nebenstehende Tätigkeit. - Erledigung fremder Rechtsangelegenheiten gegen Entgelt."*

Am 30.6.1936 wurde unter Nr. 43 die Einstellung der Rechtsberatung im Gewerberegister angezeigt. Auf der Liste der jüdischen Gewerbebetriebe in Marburg von Ende November 1938 wird Hermann Reis als 'Devisenberater' bezeichnet. 1939 mußten sich die jüdischen Gemeinden als Vereine neu konstituieren. Der *Jüdischen Kultusvereinigung* in Marburg stand Hermann Reis als erster Vorsitzender vor. Er übernahm die Vertretung der Gemeinde den Behörden und der jüdischen Reichsvereinigung gegenüber. Auch im Zusammenhang mit den immer kleiner werdenden Landgemeinden finden sich immer wieder Briefe, die an Hermann Reis adressiert sind, oder von diesem unterschrieben wurden (Verkaufsverhandlungen, Probleme der Gemeindevertretung, Umzugsgut etc.).
Über seine letzte Zeit in Marburg berichtet eine Zeitzeugin: *"Der hätte längst schon auswandern können, denn der hatte Verwandte, Leute, die schon ausgewandert waren und ihn rüberholen wollten. Und der hat immer gesagt: 'Solange noch ein Jude in Marburg ist, wandere ich nicht aus.' Weil er doch mit juristischen Kniffen für die noch so manches machen konnte."*

Familie
Hermann Reis, geb. 16.9.1896
in Allendorf/Eder.
Selma, geborene Levi,
geb. 5.11.1902 in Treysa,
Ehefrau von Hermann Reis.
Marion Berta, geb. 12.4.1925 in Marburg,
Tochter von Hermann und Selma Reis.
Hermann Reis wurde als Sohn des Viehhändlers Moses Reis in Allendorf/Eder
geboren. Nach dem Besuch der Volksschule in Battenfeld, war er von 1908 bis
1915 Schüler der Oberrealschule in Marburg. Er lebte im jüdischen Lehrlings-
und Schülerheim in der Schwanallee 15.
1915 machte er 'Kriegsabitur'. 1915 bis
1918 nahm er als Kriegsfreiwilliger am
1. Weltkrieg teil. 1918 bis 1920 absolvierte er sein Jurastudium in Marburg,
Würzburg und Frankfurt. Er promovierte
1922 und ließ sich nach Abschluß seiner
Ausbildung 1924 in Marburg nieder.
Am 5.9.1942 kamen Hermann Reis, seine
Frau Selma und die Tochter Marion mit
der letzten Deportation in das Ghetto
Theresienstadt. Von dort wurden sie
1944 in das Vernichtungslager Auschwitz
deportiert. Die Familie Reis wurde in
Auschwitz ermordet.

Quellen
Gespräch mit Frau N. am 25.3.1988. Dik-
kinson, John K.: German and Jew, The
life and death of Sigmund Stein [Reis],
Chicago 1967. Haase, Konstantin; Rehme,
Günther: "...mit Rumpf und Stumpf aus-
rotten ...", Zur Geschichte der Juden in
Marburg und Umgebung nach 1933,
Marburger Stadtschriften zur Geschichte
und Kultur 6, Marburg 1982. Westphal,
Gudrun: Marion Reis - ein Kind aus
meiner Klasse? in: Experiment, Zeitung
der Elisabethschule, Sonderheft 1990.
Hermann Reis ein exemplarischer Le-
benslauf, in: Martin-Luther-Schule
1838-1988. StAM, VR 146, Israelitische
Gemeinde; 330C Mbg, Acc. 1973/
Nr. 367.

Rosenbusch, Franziska

*Etagengeschäft für
Betten, Federn und Wäsche*

Barfüßertor 7

Eröffnung und Entwicklung
1920 war Franziska Rosenbusch aus der
Firma *M. Eichelberg's Nachf.* ausge-
schieden. Sie hatte dieses große Geschäft
ihrem Schwager Samuel Meyer und
ihrem angeheirateten Neffen Alfred Rosenberg übergeben (siehe auch unter *M.
Eichelberg's Nachf.*). Sie selbst wollte sich
noch nicht zur Ruhe setzen und eröffnete
im Barfüßertor 7 einen *Großhandel mit
Manufakturwaren*. Laut Eintrag ins Ge-

*Leo Rosenbusch als Besitzer des Textilgeschäfts
M. Eichelberg's Nachf.
Adreßbuch der Stadt Marburg 1889.*

werbebuch wurden *"auch Stücke im einzelnen verkauft, auch Bettwaren"*. Sie be-

schäftigte zu dieser Zeit keine Hilfskräfte und ihr Betriebsraum war die eigene Wohnung.

Arisierung/Liquidation
Über das Ende des Geschäfts von Franziska Rosenbusch finden sich keine Eintragungen. Laut Adreßbuch von 1932/33 existiert das Geschäft noch; in dem von 1934/35 erscheint es nicht mehr. Wahrscheinlich führte der Betrug einer nichtjüdischen Hausangestellten im Sommer 1933 zur Schließung des Geschäfts. Hildegard J. bot Frau Rosenbusch an, als Geschäftsreisende die Waren zu verkaufen. Sie betrog sie um Waren im Wert von 300 RM und 90 RM Bargeld.

Familie
Leo Rosenbusch, geb. 9.2.1848, gest. 22.11.1902 in Marburg.
Franziska, geborene Eichelberg, geb. 18.11.1854 in Marburg, Ehefrau von Leo Rosenbusch.
(Die übrige Familie siehe *Firma M. Eichelberg's Nachf.*)

Franziska Rosenbusch starb am 7.12.1936 im Alter von 82 Jahren in Marburg.

Quellen
Artikel in der *Kurhessische Landeszeitung* vom 15.9.1933.

Firma Z. S. Rothschild
Inhaberinnen:
Johanna und Minna Rothschild

Kurz-, Woll- und Weißwarengeschäft

Bahnhofstraße 13

Eröffnung und Entwicklung
Im Adreßbuch der Stadt Marburg von 1868, dem ersten, das es gab, wird der Händler Salomon Rothschild genannt. Er verkaufte Rauhwaren im Haus Nr. 108 in der Ritterstraße (heute Nr. 10). Unter *Rauhwaren* sind weich aufgerauhte Stoffe wie Flanell, Molton, Biber und Barchent zu verstehen. Bis 1876 kam noch die *"Fabrication von wollenen und baumwollenen Strumpfwaaren, Kinder-Gamaschen, Beinlängen, Unterröcken"* dazu, und es bestand ein *"Lager in wollenen Unterhemden & Beinkleidung"*. Die Maschinenstrik-

Oberhessische Zeitung vom 16.5.1930.

kerei und der Laden wechselten häufig die Adresse: Steinweg 541, Wettergasse 3, Elisabethstraße 10, Steinweg 39, Bahnhofstraße 18 und schließlich ab 1913/14 Bahnhofstraße 13.

1884 übernahm Zadok Rothschild den Betrieb. Vermutlich war er der Sohn von Salomon Rothschild. Um 1913 wurde die Produktion von Strickwaren aufgegeben, die Strumpf- und Wollwarenhandlung bestand weiter. 1926, nach dem Tod von Zadok Rothschild, übernahmen seine beiden Töchter Johanna und Minna die Kurz-, Weiß- und Wollwarenhandlung.

Arisierung/Liquidation
Im Oktober 1933 wurde das Geschäft 'arisiert'. Käthe Werner übernahm die Firma Rothschild. Nach dem Verkauf eröffnete Minna Rothschild 1933 in ihrer Wohnung eine Vertretung für Papierwaren, Bastband und Modezeitungen, später noch eine Vertretung der *Basler Lebensversicherung*. Darüber hinaus gibt es einen Hinweis, daß Johanna Rothschild für kurze Zeit als Erzieherin im Israelitischen Heilerziehungsheim tätig war. Im August 1938 wurden die Vertretungen abgemeldet.

Familie
Salomon Rothschild, geb. 8.12.1816, gest. im August 1894 in Marburg.
Zadok, geb. 10.4.1849
in Erksdorf/Kirchhain,
gest. 12.6.1926 in Marburg,
wohl der Sohn von Salomon.
Pauline, geborene Nussbaum,
geb. 23.4.1853 in Bergen/Frankfurt,
Ehefrau von Zadok.
Kinder
Moritz, geb. 19.11.1881 in Marburg.
Minna, geb. 12.6.1883 in Marburg.
Johanna, geb. 24.6.1888 in Marburg.
Moritz Rothschild erlernte den Beruf des Kaufmanns und ging im Juni 1912 nach Leipzig. Das weitere Schicksal ist unbe-

Geschäftsübernahme

Mit dem heutigen Tage habe ich das seit 61 Jahren bestehende Geschäft der Firma **Z. S. Rothschild**, Bahnhofstr. 13

Kurz-, Weiß- u. Wollwaren

käuflich erworben.

Meine langjährige Tätigkeit und gesammelten Erfahrungen in dieser Branche geben Ihnen die Gewähr stets gut und preiswert bedient zu werden.

Ich bitte um Ihren werten Besuch

Käthe Werner

Oberhessische Zeitung vom 14.10.1933.

kannt. Johanna Rothschild konnte im Juli 1937 mit dem Schiff von Hamburg aus nach New York emigrieren. Pauline Rothschild und ihre Tochter Minna versuchten, noch im Verlauf des Jahres 1939 auszuwandern; dies gelang nicht. Am 14.5.1940 mußten sie ihre Wohnung in der Bahnhofstraße 24 aufgeben. Dieses Haus, das die Familie Strauß besessen hatte, war kurz zuvor 'arisiert' worden. Sie zogen in das Haus der Familie Goldschmidt in der Neuen Kasseler Straße 13, in dem bereits andere jüdische Familien ghettoisiert worden waren. Am 1.4.1941 verstarb dort Pauline Rothschild. Danach versuchte Minna Rothschild noch, nach Kuba auszuwandern, wahrscheinlich, um über Kuba zu ihrer Schwester in die USA zu gelangen. In der Beurteilung der NSDAP-Ortsgruppe Ortenberg, die für jeden Auswanderungsantrag eingeholt werden mußte, heißt es: *"Über eine politische Betätigung der Minna Sarah Rothschild konnte nichts ermittelt werden (...). Sie hat keine hervorstechenden Charaktereigenschaften. Jüdisches Gebahren, Leumund nicht ungünstig. Gegen eine Auswanderung bestehen keine Bedenken."* Diese 'günstige' Bescheinigung wurde am 9.11.1941 ausgestellt, aber die Auswanderung gelang ihr nicht mehr. Einen Monat später, am 8.12.1941, wurde Minna Rothschild in das Ghetto Riga deportiert.

Sie wurde 'für tot erklärt - im Osten'. Es ist also ungeklärt, wo und wann sie ermordet wurde.

Quellen
StAM, 330C Mbg, Nr. 4453, Steuerlisten.

Schade & Füllgrabe AG
Frankfurt/Main

Kolonialwaren, Lebensmittel und Feinkost

Filialen: Neustadt 23 und Gutenbergstraße 7

Eröffnung und Entwicklung
1878 wurde die Firma Schade & Füllgrabe von Conrad Schade und Oscar Füllgrabe in Frankfurt gegründet. 1887 wurde die Firma an den jüdischen Kaufmann Joseph Halberstadt verkauft. 1928 bestanden 130 Filialen mit etwa 600 Mitarbeitern.
Im November 1929 eröffnete die Lebensmittelladenkette Schade & Füllgrabe AG Frankfurt/M. in der Neustadt 23 eine Filiale mit Kolonialwaren, Feinkostartikeln, Landesprodukten etc. Offenbar lief das Geschäft gut, denn 1932 wurde eine weitere Filiale in der Gutenbergstraße 7 eröffnet. In diesem Jahr hatte die Firma mit 144 Filialen in ganz Deutschland ihre höchste Anzahl vor dem Krieg erreicht.

Arisierung/Liquidation
1936 wurde die Firma 'arisiert'. Neuer Besitzer wurde die Firma Wilhelm Werhahn aus Neuss; Vorstandsmitglieder

Anzeige nach der 'Arisierung'. Oberhessische Zeitung vom 29.5.1936.

waren Wilhelm Werhahn, Anton Werhahn, Hermann Josten und Josef Wienen. Die Eintragung der 'Arisierung' erfolgte in das Marburger Gewerberegister erst am 1.4.1938.

Quellen
Schade-Chronik, in: 100 Jahre Schade - Heimatatlas.

Seifenfabrik Sonneborn
Inhaber: Samuel Sonneborn

Herstellung von Haushalts- und Feinseifen, Seifenpulver und Schmierseife

Alte Kasseler Straße 5
(wahrscheinlich ab 1928 als Nr. 43)

Eröffnung und Entwicklung
Um 1890 war die Familie Sonneborn aus Breidenbach im Kreis Biedenkopf nach Marburg gekommen. 1891 wohnte ein *L. Sonneborn, Handelsmann, und Ehefrau* im Haus Neustadt 24. Wahrscheinlich waren sie die Eltern von Samuel Sonneborn, Levi Sonneborn und Amalie (Malchen), geborene Bachrach. Nach dem Adreßbuch von 1896 wohnten Sonneborns in der Haspelstraße 4. Eine geschäftliche Tätigkeit Levi Sonneborns in Marburg ist nicht nachzuweisen. Samuel Sonneborn zog nach den Unterlagen des Einwohnermeldeamtes erst 1908 in die Wilhelmstraße 38 zu seinen Eltern. 1910 kauften Levi und Amalie Sonneborn das Haus in der Wilhelmstraße.
Am 15.1.1909 eröffnete Samuel Sonneborn seine Seifenfabrikation in der Alten Kasseler Straße 5. Sie war zunächst eine provisorische Seifensiederei, ein *Handbetrieb* für ein bis zwei Sorten Haushaltsseife. 1910 erwarb Jacques Sonneborn, der Bruder von Samuel, das Fabrikationsgelände. Er war Inhaber der *Ölwerke Stern-Sonneborn A.G.(OSSAG) Köln-Hamburg-Paris-London*, gegründet in den acht-

Adreßbuch der Stadt Marburg 1925.

ziger Jahren des 19. Jahrhunderts von Joseph und Leo Stern, die ebenfalls aus Breidenbach stammten.
1911 wurde Samuel Sonneborn der Eigentümer der Fabrik. Der Betrieb entwickelte sich gut. Schon 1917 wurden größere bauliche Veränderungen vorgenommen und ein neues Lagerhaus kam hinzu. Die Baubeschreibung läßt darauf schließen, daß zu diesem Zeitpunkt außer Seifenstücken auch Seifenpulver hergestellt wurde.
1915 wurde Samuel Sonneborn zum Militär eingezogen. Doch zeigt ein Schreiben an die Baupolizei, daß er schon 1917 wieder in Marburg war, und die Produktion unter Kriegsbedingungen weiterlief.
1922 wurde die Fabrikationshalle neu errichtet. Durchschnittlich waren ca. zwölf Angestellte beschäftigt. Jakob Vo-

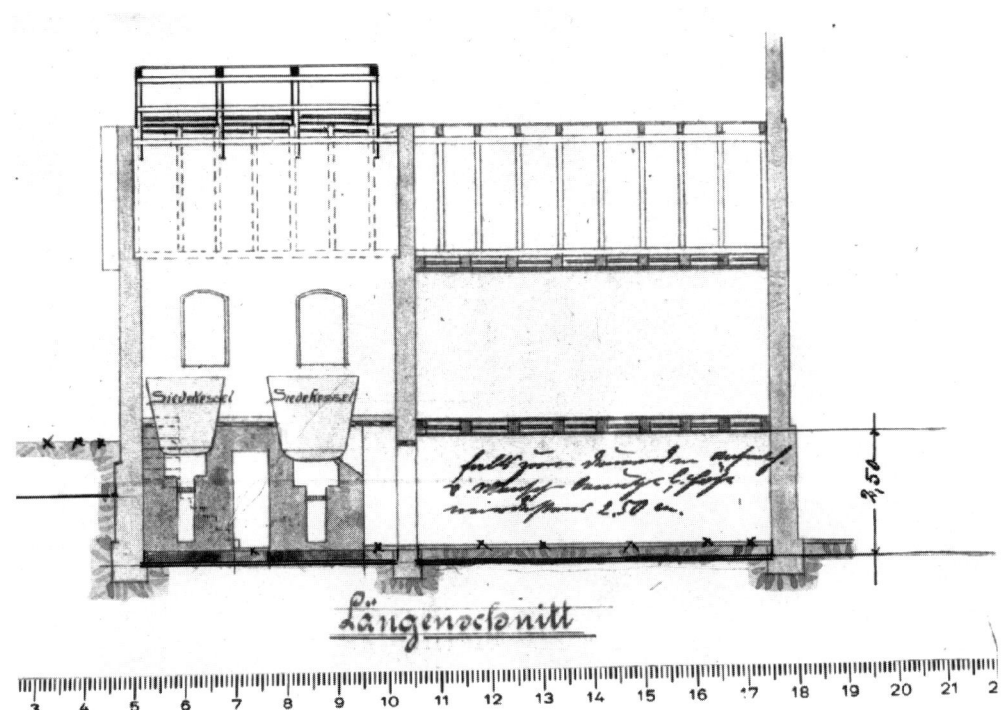

Längsschnitt der Seifensiederei von 1908. Text rechts unten:
"Falls zum dauernden Aufenthalt v. Menschen benutzt, l. Höhe mindestens 2,50m."
Foto: Staatsarchiv Marburg.

renberg hatte von 1922 bis 1924 Prokura. Die Ehefrau Rösel Sonneborn, geborene Stern, erhielt 1927 Prokura.

1925 nennt eine Anzeige im Adreßbuch als Produkte der Seifenfabrik *Fein- und Haushaltsseifen, Seifenpulver und Schmierseife*. Die Steuerlisten der jüdischen Gemeinde von 1920 weisen Samuel Sonneborn als einen sehr wohlhabenden jüdischen Bürger aus. Nach dem Tod der Eltern wurde Samuel Sonneborn Eigentümer des Wohnhauses Wilhelmstraße 38.

Arisierung/Liquidation
Schon am 8.10.1933 verließen Samuel und Rösel Sonneborn mit ihren Kindern Kurt und Lotte Deutschland und ließen sich in Luxemburg nieder. Die genauen Gründe für diese frühe Emigration sind nicht bekannt.Die Seifenfabrik wurde mit dem Weggang von Samuel Sonneborn geschlossen.

Familie
Levi Sonneborn,
geb. 11.3.1833 in Breidenbach,
gest. 21.8.1911 in Marburg.
Amalie (Malchen), geborene Bachrach,
geb. 30.1.1843 in Kestrich,
gest. 16.6.1916 in Marburg,
Ehefrau von Levi Sonneborn.
Nachkommen von
Levi und Amalie Sonneborn
Kinder
Samuel, geb. 9.2.1881 in Breidenbach.

Schwiegerkinder und folgende Generation
Rösel, geborene Stern,
geb. 12.9.1891 in Breidenbach,
Ehefrau von Samuel.
Kurt Ludwig,
geb. 18.10.1918 in Marburg,
Sohn von Samuel und Rösel.
Lotte Berta,
geb. 6.5.1921 in Marburg,
Tochter von Samuel und Rösel.
Familie Sonneborn schloß 1935 einen Lizenzvertrag über 10.000 RM mit der Seifenfabrik *Madaform*, Inhaber Siegmund und Berthold Heilbronner, Heilbronn am Neckar.
Bis zum Verkauf der Gebäude Alte Kasseler Straße 43 wurden die ehemaligen Fabrikationsräume als Lagerräume vermietet. Darüber hinaus hatten hier jüdische Jugendliche eine der wenigen Möglichkeiten, sich sportlich zu betätigen, denn eine der Fabrikationshallen wurde als Sporthalle genutzt. Das Haus Wilhelmstraße 38 wurde bereits 1933 an ein privates Altersheim für 25.000 RM verkauft.
Ende 1938 lief das Ausbürgerungsverfahren gegen die Familie Sonneborn, das auch den vollständigen Vermögenseinzug der sich noch in Deutschland befindlichen Werte zur Folge hatte. Doch hatten Sonneborns bei ihrer frühen Emigration das gesamte Betriebsvermögen ins Ausland transferieren können.
An den Reichsfiskus fielen die Lizenzgebühren von *Madaform*, das Fabrikationsgebäude in der Kasseler Straße, das aber noch mit einer Hypothek für Dr. Paul Edgar Sonneborn, Hamburg, belastet war, die Lebensversicherung, zwei Privatkonten und eine Restkaufhypothek für das Haus Wilhelmstraße 38. Insgesamt eine Summe von 45.000 RM. Davon mußten 4.800 RM als 'Judenvermögens-

abgabe' in vier Raten bezahlt werden. Samuel Sonneborn erhob mit Schreiben vom 23.10.1938 beim Amtsgericht Marburg Einspruch gegen die Beschlagnahme seines Fabrikgrundstücks: "... *[ich habe] mein Geschäft stets nach den Grundsätzen eines ehrbaren Kaufmanns geführt, jederzeit eine geordnete kaufmännische Buchführung besessen...*". Ein erstaunlicher Schritt kurz vor dem Pogrom, aber möglich, da er sich zu diesem Zeitpunkt in Luxemburg noch in relativer Sicherheit befand.
Nach der Löschung der Hypothek (Vermögenseinzug) zugunsten von Dr. Sonneborn in Hamburg wurde 1939 das Grundstück für 20.000 RM an einen Kaufmann verkauft, der die Errichtung einer Malzkaffeefabrik plante.
Die Familie Sonneborn wanderte von Luxemburg nach New York, USA, aus.
1951 stellte die Familie einen Antrag auf Entschädigung. Aus der Antwort der zuständigen Behörde: "*Der Hessische Minister der Finanzen hat diesen Ansprüchen widersprochen. Er bestreitet nicht, dass die in Rede stehenden Gelder dem Reich zugeflossen sind, wendet aber ihren Verbrauch ein, hält die gefertigten Zinsen für überhöht und zieht ausserdem die Zuständigkeit des Gerichts in Zweifel.*"

Quellen
StAM, 330C Marburg, Acc. 1973/1, Nr. 312. StAM, Kataster II Mbg, Gebäudebücher 1910ff. Handelsregister A Marburg, Bd. I, Nr. 248. Grundbuchamtakten Marburg, Abt. I, Bd. 58, Bl. 2374. HStA-WI, Abt. 519, Finanzamt Mbg, Liegenschaftsstelle, Nr. 69 und 70. Arnsberg, Paul: Die jüdischen Gemeinden in Hessen, 2 Bde. Frankfurt 1971, Bd. 3 [Bilder und Dokumente] Darmstadt 1973, Bd. 1, S. 90-92.

Schuhhaus Spinat
Inhaber: Josef Spinat

Wettergasse 25

Eröffnung und Entwicklung

Nachdem das Bankhaus Karl Haas nach dem Konkurs 1930 die Räume in der Wettergasse 25 aufgegeben hatte, befand sich dort für ein oder zwei Jahre das Restegeschäft Ferber. Am 14.10.1932 eröffnete hier das Schuhhaus Fink, Inhaber Hans Fink/Frankfurt, eine Filiale. Geschäftsführer wurde Josef Spinat, der die Firma am 15.12.1932 auf eigenen Namen übernahm.

Arisierung/Liquidation

Zu Beginn des Jahres 1935 war die wirtschaftliche Situation so unhaltbar geworden, daß Josef Spinat im April den Ausverkauf seines Geschäftes ankündigte. Diese Aktion wurde von Anfang an durch SA-Posten und Mitglieder der Schuhmacherinnung, der auch die Schuhgeschäftsinhaber angehörten, behindert. Das Gerücht, Josef Spinat habe für den Ausverkauf noch neue Ware hinzugekauft, führte am 9. April zu den schwersten Ausschreitungen gegen ein jüdisches Geschäft, die sich für Marburg nachweisen lassen. Zehn bis fünfzehn Studenten, deren Anführer gleichzeitig SA-Männer waren, zertrümmerten den ganzen Laden. Josef Spinat, seine Frau und die Angestellten konnten sich in Sicherheit bringen. Am nächsten Tag floh die Familie nach Wiesbaden.

Das Verfahren gegen die Täter, die das Schuhhaus Spinat verwüstet hatten, wurde eingestellt, die Tat als 'grober Unfug' bezeichnet. Josef Spinat dagegen wurde in den polizeilichen Akten als *"unmittelbarer Störer der öffentlichen Ordnung"* bezeichnet.

Familie

Josef Spinat, geb. 9.4.1900
in Lancut/Polen.
Helene, geborene Spira,
geb. am 30.7.1906 in Pforzheim,
Ehefrau von Josef Spinat.
Rita, geb. 24.10.1933 in Marburg,
Tochter von Helene und Josef Spinat.
Die Familie Spinat konnte 1935 nach Palästina auswandern.

Quellen

StAM, RP Kassel 165 Nr. 3982, Bd. 15. Klein, Thomas (Hrsg.): Der Regierungsbezirk Kassel 1933-1936 - Die Berichte des Regierungspräsidenten und der Landräte, Quellen und Forschungen zur hessischen Geschichte 64, Darmstadt/Marburg 1985, S. 386. Marburger Arbeitsgruppe für Dokumentation, Die Stadt Marburg - Gesamtdokumentation,2 Bde., Marburg 1976 u. 1981, Bd 2, S. 271.

Stern, Helene

Damenschneiderei

Am Grün 44

Eröffnung und Entwicklung
Im August 1928 eröffnete die Schneiderin Helene Stern aus Ockershausen, die dort als Schneiderin gearbeitet hatte, eine Damenschneiderei am Grün 44. Sie zog mit ihrer Mutter Emma Stern in den zweiten Stock des Hauses, wo sie auch ihre Werkstatt hatte. Sie arbeitete auch als Hausschneiderin, so bei der Lehrerfamilie Pfifferling.

Arisierung/Liquidation
Am 1.4.1935 stellte Helene Stern ihren Betrieb ein. Sie ging zusammen mit Emma Stern nach Battenberg.

Familie
Emma Stern, geborene Oppenheimer, geb. 26.2.1858 in Altenlofheim, Mutter von Helene Stern.
Helene, geb. 6.5.1899 in Ockershausen. Helene und Emma Stern meldeten sich am 6.4.1935 nach Battenberg ab. Dort starb kurz darauf, am 15.5.1935, Emma Stern. Über das weitere Schicksal von Helene Stern ist nichts bekannt.

Stern, Jakob

Geschäft für Schuhe, Öle, Fette und Parfümerieartikel

Hirschberg 18

Eröffnung und Entwicklung
Im Oktober 1902 kam der Schuhmachermeister Jakob Stern (siehe auch *Sally Stern*) aus Frankfurt, wo er seinen Beruf erlernt hatte, nach Marburg. Er wohnte in der Weidenhäuser Straße 56 und eröffnete im Renthof 8a eine Schuhmacherei. In den folgenden zehn Jahren zog er mehrmals um: in die Hofstatt Nr. 11 und Nr. 21, in die Nicolaistraße 9 und schließlich 1914 in die Kasernenstraße 13 (nach 1933 Hermann-Göring-Straße, heute Gutenbergstraße), wo er bis zu seiner Auswanderung wohnte.
Jakob Stern war Soldat im 1. Weltkrieg; er kehrte im November 1919 aus der Kriegsgefangenschaft zurück. Bis 1923 betrieb er in seinem Wohnhaus eine

Kurhessische Landeszeitung vom 24.1.1934.

Schuhmacherei. Dann stellte er den Handel mit Schuhwaren ein und beschränkte sich auf den Verkauf von Ölen und Fetten. 1931 mietete er einen Laden im Hirschberg 18 und spezialisierte sich auf den Handel mit Parfümeriewaren, Seifen, Waschmitteln, Ölen und Fetten.

Arisierung/Liquidation

Im Januar 1934 wurde das Drogeriegeschäft von Jakob Stern 'arisiert'; die neue Inhaberin war Betty Stoll. Jakob Stern betrieb bis zur Auswanderung im Sommer 1936 einen Kleinhandel mit Ölen und Fetten in seiner Privatwohnung in der Kasernenstraße 13.

Familie

Jakob Stern, geb. 28.12.1879 in Kirchhain.
Berta, geborene Katz,
geb. 18.2.1879 in Bibra,
Ehefrau von Jakob Stern.
Norbert, geb. 24.9.1906 in Marburg,
Sohn von Berta und Jakob Stern.
Norbert Stern besuchte in Marburg die jüdische Volksschule, dann für einige Jahre die Oberrealschule und absolvierte eine Banklehre. Im Mai 1927 zog er als Bankbeamter nach Frankfurt. Berta und Jakob wanderten am 23.6.1936 nach New York, USA, aus.

Quellen

Leo-Baeck-Institut/New York, Verzeichnis der vom 1. Oktober 1918 bis 1. März 1919 zugezogenen steuerpflichtigen Personen. Handschriftliche Schülerliste der Martin-Luther-Schule, erstellt von Dr. Helmut Krause. Marburger Arbeitsgruppe für Dokumentation, Die Stadt Marburg - Gesamtdokumentation, 2 Bde., Marburg 1976 u. 1981, Bd. 2, S. 140.

Stern, Julius

*Geschäft für Stoffe,
Trachten und Herrenbekleidung*

Barfüßerstraße 26

Eröffnung und Entwicklung

Julius Stern kam 1913 nach Marburg und eröffnete im Haus Barfüßerstraße 26 ein Geschäft für *Manufakturwaren, Stoffe, Herren- und Knabenkonfektion und Trachtenartikel.* Es beschäftigte drei Angestellte. Anfangs führte Julius Stern die Firma zusammen mit seiner Schwester Friederike. 1917 erteilte er seiner Ehefrau Else Prokura; die von Friederike Stern erlosch.
1918 kauften die Eheleute Stern das Haus Barfüßerstraße 26. 1931 wurde eine Erweiterung der Firma vorgenommen: Man eröffnete in der Barfüßerstraße 10 ein Geschäft für Betten, Bettfedern, Schränke und Schlafzimmereinrichtun-

Julius Stern
Marburg a. Lahn
26 Barfüßerstraße 26
Fernsprecher 347

**Spezial-Geschäft in
Hess. Landestrachten**

Herren- und Knaben-
Bekleidung

Großes Stoff-Lager

Nähmaschinen

Sofas

Billige Bezugsquelle für Wiederverkäufer

Große Auswahl   Billige Preise

Adreßbuch der Stadt Marburg 1921.

gen. Auch das Sortiment des Stammgeschäfts im Haus Barfüßerstraße 26 expandierte nach und nach. Außer den von Anfang an hier vertriebenen Artikeln wurden jetzt auch Nähmaschinen und Sofas angeboten. Die Firma empfahl sich auch als *billige Bezugsquelle für Wiederverkäufer.*

Julius Stern gehörte zur reicheren Gruppe der jüdischen Gemeinde. Die Eröffnung eines weiteren Geschäfts in den Jahren, in denen viele Geschäftsleute durch Nachwirkungen der Weltwirtschaftskrise eher Schwierigkeiten als den Expansiondrang hatten, macht deutlich, daß Julius Stern sich schnell und gut in Marburg etabliert hatte.

Julius Stern. Kennkartenfoto, wahrscheinlich Anfang 1939. Staatsarchiv Marburg.

Arisierung/Liquidation

Doch änderte sich die Situation sehr schnell mit der Machtübernahme der Nationalsozialisten. Sie endete mit einer vollständig ausgeplünderten Familie, der aber die Flucht nach Amerkia gelang. Es finden sich keine direkte Hinweise darauf, daß auch die Sternschen Geschäfte von den Boykottmaßnahmen um den 1. April 1933 betroffen waren, aber wegen ihrer Bedeutung und Lage ist dies sehr wahrscheinlich.

Spätestens 1935 wurde das Geschäft in der Barfüßerstraße 10 aufgegeben. Schon 1934 schickte man den 17jährigen Sohn Hans zu Verwandten nach Fargo/USA. Es war häufig der Fall, daß man versuchte, zuerst die Kinder, die in Deutschland kaum noch Berufs- und Ausbildungsperspektiven hatten, ins Ausland zu bringen. Nach Aussage von I. F. wurde Hans 1933/34 von der Gestapo in Marburg für eine Nacht wegen Prügelei mit 'arischen' Jugendlichen verhaftet.

Für die folgenden Entwicklungen bis 1938 ist nur wenig Konkretes bekannt. Wahrscheinlich ist, daß die Geschäftseinnahmen kontinuierlich zurückgingen, die Situation beruflich und privat immer

unhaltbarer wurde: SA-Aufmärsche, Einschüchterung der Kunden, Repressalien. Die wirtschaftliche Lage läßt sich an der Einkommenssituation ablesen: 1936 gab Julius Stern ein Einkommen von 3.107 RM an, für 1937 kein Einkommen und für 1938 ein Minus von 3.181 RM.

Im Februar 1938 kam - schutzsuchend vor den noch stärkeren direkten Repressalien in kleinen Ortschaften - die Mutter von Else Stern, die Witwe Ernestine Oppenheim aus Aub nach Marburg.

Im August begann der Ausverkauf des Geschäfts, das man bis Ende des Jahres schließen wollte.

Im September wurde die 15jährige Tochter Margot ebenfalls zu den Verwandten nach Fargo geschickt.

Nach dem Synagogenbrand im November 1938 wurde auch Julius Stern verhaftet und ins KZ Buchenwald gebracht. (Nach einem Fernschreiben der Gestapo vom 9.11.1938 an alle Stapo-Leitstellen sollten vor allem vermögende Juden festgenommen werden.) Um aus der Haft entlassen zu werden, beugte sich Julius

Stern dem Druck zum Verkauf von Geschäft und Grundbesitz.

Das Haus mit der Ladeneinrichtung wurde zum 1.4.1939 gemäß dem Kaufvertrag vom 23.12.1938 an den neuen Besitzer übergeben. Lag schon der behördlich festgelegte 'Einheitswert' für jüdischen Grundbesitz weit unter dem realen Wert, so war der Verkaufspreis in diesem Fall noch einmal um ein Beträchtlichs niedriger; Einheitswert: 34.000 RM, Verkaufspreis 26.600 RM, inklusive Ladeneinrichtung. Bevor der Verkauf möglich wurde, mußten die Sterns die Sicherungshypothek für die 'Reichsfluchtsteuer' von 20.200 RM tilgen. Der schließlich vom neuen Eigentümer bezahlte Betrag ging auf ein Sperrkonto und wurde für den Fluchtsteueranspruch des Reiches und die künftigen Raten der 'Judenvermögensabgabe' gepfändet.

Am 10.12.1938 quittierte Else Stern - Julius dürfte sich noch im KZ befunden haben - die Zustellung der Benachrichtigung über die Abwicklung des Geschäfts durch den Bücherrevisor. Am 10.2.1939 meldete dieser den Abschluß der 'Geschäftsübergabe' an die Devisenstelle des Oberfinanzpräsidenten in Kassel, und am 25.3.1939 erging die Meldung an den Oberbürgermeister in Marburg.

Nach Sterns Aufstellung betrug der Wert des Warenlagers 12.000 RM. Der Bücherrevisor setzte den Wert auf 70 Prozent dieser Summe an, da sich seiner Ansicht nach viele nichtgängige und unverkäufliche Waren darunter befanden. Ein 'Sachverständiger' - selbst Besitzer eines Geschäfts für hessische Landestrachten und Haupterwerber des Warenlagers - taxierte den Wert auf 4.159 RM.

Insgesamt gab Julius Stern am 6.1.1939 der Devisenstelle sein Vermögen und das von Else Stern vom 12.11.1938 mit rund 47.000 RM an (Haus, Bankguthaben, Warenbestand, Geschäftseinrichtung).

Familie

Frieda Stern, geborene Rothschild,
geb. 27.1.1849 in Oberaula,
gest. 18.9.1924 in Marburg,
Mutter von Julius Stern.
Ernestine Oppenheim, geborene Blach,
geb. 12.8.1862 in Rauischholzhausen,
Mutter von Else Stern.
Julius Stern,
geb. 14.12.1885 in Niederklein.
Else, geborene Oppenheim,
geb. 30.1.1891 in Aub/Unterfranken,
Ehefrau von Julius Stern.
Friederike (Rickchen),
geb. 16.5.1893 in Niederklein,
1918 Wegzug nach Laasphe,
Schwester von Julius Stern.
Hans, geb. 27.9.1917 in Marburg,
Sohn von Else und Julius Stern.
Margot (Trude),
geb. 22.11.1922 in Marburg,
Tochter von Else und Julius Stern.

Im Dezember 1938 mußte die erste Rate der 'Judenvermögensabgabe' in Höhe von 3.150 RM bezahlt werden, am 15. 2. 1939 die zweite. Durch Verfügung vom 9.1.1939 wurde das Vermögen sichergestellt; alle eingehenden Beträge mußten auf ein Sperrkonto eingezahlt werden.

Der Rechtsanwalt Dr. Hermann Reis bat darum, daß Julius Stern ab April 300 RM für seinen Lebensunterhalt vom Sperrkonto nehmen konnte. Darüber hinaus ersuchte er um Erlaubnis, eine Rechnung über 362,54 RM bezahlen zu dürfen.

Auf Bitte von Reis wurde der monatliche Betrag, der vom Sperrkonto abgehoben werden durfte, im Sommer 1939 auf 500 RM erhöht, da Julius Stern wegen einer Erkrankung besondere Pflege nötig hatte. Das Leihhaus in Kassel stellte am 29.9.1939 eine Bescheinigung über abgegebene Gold- Silber- und Schmuckgegenstände aus. Das Umzugsgut hatte einen Wert von 4.050 RM, dieser Betrag mußte am 21.9.1939 an die *Deutsche Golddiskont-*

bank *Berlin* gezahlt werden. Von ihrem großen Vermögen waren gerade noch 8.232 RM geblieben, die bei der Auswanderung an das Reich fielen.

Sterns konnten noch bis zum 31.12.1939 im Haus wohnen bleiben; danach mußte die Wohnung aufgegeben werden. Es wurde ihnen eingeräumt, daß sie bis zum 30. September mietfrei wohnen durften, doch schon im März teilte Hermann Reis mit, daß Julius Stern dennoch Miete bezahlen mußte. Die weit vorangeschrittenen Auswanderungsplanungen der Sterns hatten wohl verhindert, daß man das Gesetz vom 30.4.1939 über Mietverhältnisse mit Juden, das die Ghettoisierung einleitete, anwendete.

Am 28.10.1939 verließen Else und Julius Stern Deutschland. Verwandte in Fargo, USA, hatten die Schiffspassage von Rotterdam nach Amerika bezahlt.

Ernestine Oppenheim ging nach Frankfurt in ein jüdisches Altersheim. Von dort wurde sie deportiert und gilt als 'in Minsk verschollen'. Die Umstände ihrer Ermordung sind unbekannt.

Nach dem Krieg meldeten die Sterns ihre Ansprüche auf Entschädigungszahlungen an.

Quellen
HStAWI, Abt. 519/D, Devisenakte Julius Stern; Abt. 519, Finanzamt Mbg, Liegenschaftsstelle, Nr.91. StAM, 330C Mbg, Acc. 1973/1 Nr. 367. Grundbuchamtakten, Abt. I, Bd. 68 Bl. 2655. Marburger Arbeitsgruppe für Dokumentation, Die Stadt Marburg - Gesamtdokumentation, 2 Bde., Marburg 1976 u. 1981, Bd. 2, S. 114.

Stern, Levy

Grundstücks- und Immobilienmakler

Wörthstraße 20
(heute Liebigstraße)

Ankauf, Verkauf und Tausch von Immobilien

Hypothekengelder in belieb. Höhe (für Geldgeber *kostenlos*) vermittelt *billigst* und unter *strengster* Verschwiegenheit

L. Stern, Immobiliengeschäft

Telephon · Anschluss   Wörthstrasse 20

Adreßbuch der Stadt Marburg 1906.

Eröffnung und Entwicklung
1889 eröffnete Levy Stern eine Firma in der Wörthstraße 17 (später Nr. 20), von der ungeklärt ist, ob es von Anfang an ein Maklergeschäft war. 1906 lautet die Adreßbucheintragung *"Kommissionär"*, 1913 *"Grundstücks- und Immobilienmakler, Mitglied des Verbandes deutscher Immobilienmakler"*.

Arisierung/Liquidation
Es ist bisher ungeklärt, welche konkreten Auswirkung die Zeit des Nationalsozialismus auf die Firma hatte. Levy Stern starb am 17.2.1935. Seine Firma erlosch am 24.6.1935. Eine Zeitungsmeldung in der Oberhessischen Zeitung, die die Löschung der Handelsregistereintragung bekannt gab, erschien aber erst am 20.9.1938.

Familie
Levy Stern,
geb. 13.3.1856 in Ockershausen.

Oberhessische Zeitung vom 24.12.1918.

Therese, geborene Seligmann,
geb. 31.8.1861 in Ockershausen,
Ehefrau von Levy Stern.
Manfred, geb. 5.3.1902 in Marburg,
Sohn von Therese und Levy Stern.
Manfred Stern war von Beruf Kaufmann.
In einer Vermißtenanzeige vom 14.5.1926
in der *Jüdischen Wochenzeitung für Cassel,
Hessen und Waldeck* wird Manfred Stern
als 'geisteskrank' bezeichnet. Nach einem
Vermerk auf seiner Einwohnermeldekar-
te wurde er im November 1929 in die
Heilanstalt Hadamar eingewiesen. Nach
dem Tod von Levy Stern verließ Therese
Stern am 29.4.1935 Marburg und ließ sich
in Frankfurt nieder. Ihr weiteres Schick-
sal ist unbekannt.

Empfehle als beste Geldanlage

Quellen
Vermißtenanzeige vom 14.5.26 in der
*Jüdischen Wochenzeitung für Cassel,Hessen
und Waldeck*. Handelsregister des kurfürstlichen Justizamtes I Marburg, 1866,
Pag. 1 bis 767, Nr. 216, Pag. 293. Handelsregister A Marburg Nr. 103.

Firma M. Stern
Inhaber: Alfred Stern und Karl Bär

Kohle und Landesprodukte

Neue Kasseler Straße 3 3/4

Eröffnung und Entwicklung
Moses Stern wird zum ersten Mal im
Adreßbuch von 1889 erwähnt. Er wohnte
in der Bahnhofstraße 23 und betrieb dort
einen Handel mit Landesprodukten. Im
November 1890 wurde sein Geschäft als
offene Handelsgesellschaft (OHG) in das
Marburger Handelsregister eingetragen.
Im Gewerbebuch wird für das Jahr die
Eröffnung einer Mehl- und Fruchthand-
lung durch Alfred Stern, einem Sohn von
Moses, in der Bahnhofstraße 30 vermerkt. Alfred Stern trat aus dem väterlichen Geschäft aus, vereinigte aber nach
dem Tod seines Vaters sein Geschäft mit
der Firma seines Vaters und eröffnete am

1.2.1901 einen Kohlen- und Landespro-
duktenhandel in der Bahnhofstraße 27.
Er wurde als Alleininhaber der OHG
Firma M. Stern im Handelsregister ge-
führt. Im Frühjahr 1906 erwarb Alfred
Stern zusammen mit dem 1902 aus Gie-
ßen zugezogenen Karl Bär, inzwischen
Mitinhaber der Firma, das neuerbaute
Haus in der Neuen Kasseler Stra-
ße 3 3/4. Der Kaufvertrag, nennt einen
Preis von 70.000 Mark, für diese Zeit
eine stattliche Summe. Man kann deshalb
annehmen, daß das Geschäft florierte.
Die Familien Stern und Bär zogen nun
gemeinsam in die Neue Kasseler Straße.
1910 wurde auf dem Grundstück ein
Lagerhaus gebaut, 1915 eine weitere
Lagerstelle.
Nach den Steuerlisten vom Anfang der
zwanziger Jahre zu urteilen, war das
Geschäft ein mittelständisches Unterneh-
men.
Moritz Stern, ein Sohn von Alfred, arbeitete bis zu seinem Weggang im Juli 1934

in der Firma mit, ebenso der Sohn von Karl Bär, Hugo, der im September 1935 nach Brasilien auswanderte.

Arisierung/Liquidation

Im Februar 1936 wurde das Geschäft eingestellt. Der Verkauf von Mühlenfabrikaten, das *Landesprodukte-Handelsgeschäft* und der *Salzhinterlage-Betrieb* wurden aufgegeben. (Ungeklärt bleibt hier, was sich mit dem Namen 'Salzhinterlage-Betrieb' verbindet und warum dieser der Firma angegliedert wurde.)
Der Schuppen wurde 1938 an die I.G. Farben verkauft. Haus und Grundstück wurden 1938/39 von einem Tankstellenbesitzer erworben, der 1939 das Lagerhaus abreißen und stattdessen eine Kraftwagenhalle errichten ließ. Aus den Akten des Grundbuchamts geht hervor, wie stark auf die 'Arisierung' politischerseits Einfluß genommen wurde: Im März 1938 hatten die damaligen Eigentümer Karl Bär und die Witwe von Alfred Stern, Pauline, das Haus für 52.000 RM an den Tankstellenbesitzer verkauft, der durchaus mit dem Preis einverstanden war. Regierungspräsidium und Oberbürgermeister der Stadt setzten allerdings den Verkaufspreis des Hauses mit Grundstück auf den *'volkswirtschaftlich gerechtfertigten'* Preis von 38.504,70 RM fest. Die Beschwerden von Karl Bär wurden verworfen; man berief sich dabei auf §2 des Preisbildungsgesetzes von 1936 im Rahmen der *'Preisgesetzgebung des Vierjahresplans'*.

Familie Stern

Moses Stern, geb. in Wehrda,
gest. um 1900/01.
Alfred, geb. 22.4.1862 in Wehrda,
gest. 2.12.1926 in Marburg,
Sohn von Moses Stern.
Pauline, geborene Siesel,
geb. 14.5.1868 in Oberrockstadt,
Ehefrau von Alfred.

Nachkommen von Alfred und Pauline Stern
Kinder
Irene, geb. 20.1.1892 in Marburg.
Emilie, geb. 19.12.1893 in Marburg.
Gerda, geb. 12.11.1895 in Marburg.
Ludwig, geb. 16.3.1898 in Marburg.
Moritz, geb. 17.7.1904 in Marburg.

Familie Bär

Karl Bär, geb. 22.7.1872
in Nürmbrecht/Köln.
Frieda, geborene Künstler,
geb. 4.2.1877 in Gerolshofen,
Ehefrau von Karl.

Nachkommen von Karl Bär und Frieda Bär
Kinder
Hugo, geb. 11.5.1904 in Marburg.
Erna, geb. 24.10.1906 in Marburg.

Alfred Stern starb am 2.12.1926 in Marburg. Der Sohn Ludwig war Handlungsgehilfe. Auf seiner Meldekarte ist vermerkt, daß er im April 1922 mit unbekanntem Ziel verzogen ist. Irene Stern war Putzmacherin. Von 1915 bis 1922 betrieb sie ein Geschäft für Putz- und Modewaren in der Bahnhofstraße 1. Danach arbeitete sie als Putzmacherin in Recklinghausen. 1929 verlobte sie sich mit dem Kaufmann Julius Buxbaum aus Stadtallendorf. Weiteres ist über sie nicht bekannt. Moritz Stern meldete sich am 30.7.1934 ab, wohin, ist nicht bekannt. Pauline Stern blieb bis zu ihrer Deportation am 5.9.1942 in der Neuen Kasseler Straße wohnen. Sie verstarb eine Woche später am 12.9.1942 unter den furchtbaren Bedingungen im Ghetto Theresienstadt.
Erna Bär heiratete am 12.5.1933 einen Kaufmann namens Adler aus Weilburg und zog dorthin. Hugo Bär wanderte am 4.9.1935 nach São Paolo in Brasilien aus. Seine Eltern konnten im Juli 1939 folgen.

Quellen

StAM, 330C Mbg, Nr. 3001. StAM, 330C Mbg, Nr. 4453, Steuerlisten. Grundbuchamtakten, Abt. I, Bd. 55, Bl. 2296.

Stern, Rudolf

Viehhandel und Landwirtschaft

Stiftsstraße 36

Eröffnung und Entwicklung

Die Sterns waren eine alteingesessene Ockershäuser Familie. Die Großmutter von Rudolf Stern, Amalie Lucas, geboren im November 1826 in Ockershausen, wohnte in der Alten Kirchhofgasse 10, wo die Familie Landwirtschaft und Viehhandel betrieb. Im Einwohnerverzeichnis von Ockershausen - dieses ist erstmalig 1919/20 im Marburger Adreßbuch enthalten - werden die Handelsmänner Kalme und Jonas Stern genannt, wohnhaft in Haus 86 (Alte Kirchhofgasse 10) und Haus 26 (Stiftsstraße 36). In der Stiftsstraße wurde auch Rudolf Stern geboren. Er absolvierte eine kaufmännische Ausbildung und arbeitete ab 1910 im väterliche Geschäft, das er später übernahm. Über die wirtschaftliche Situation des Betriebs ist nichts bekannt. Mit dem Datum der Eingemeindung Ockershausens wurde der Betrieb von Rudolf Stern am 1.1.1931 im Gewerbebuch der Stadt Marburg angemeldet.

Arisierung/Liquidation

Der Viehhandel wurde Juden nach 1933 zunehmend erschwert. So wurden schon bald die ersten 'judenfreien Viehmärkte' in der *Oberhessischen Zeitung* gemeldet, so am 2.9.1933. 1937/38 wurde die Familie Stern gezwungen, ein Stück Land, welches zum Bau der Tannnenbergkaserne benötigt wurde, zu verkaufen.
Nach dem Pogrom im November 1938 wurde auch Rudolf Stern verhaftet und mit den anderen jüdischen Männern aus Marburg im KZ Buchenwald inhaftiert. Am 10.12.1938 wurde er entlassen. Sein Viehhandelsbetrieb findet sich noch auf

Der erste judenfreie Biehmarkt

Am Donnerstag, dem 7. September d. Js., findet in Marburg auf der Bürgerwiese der erste judenfrei Biehmarkt für alle Arten von Nutz- und Zuchtvieh statt. Es werden aufgetrieben: Pferde aller Rassen und Altersklassen, insbesondere gute Oldenburger Pferde, eine größere Anzahl von Milchkühen mit Kälbern, gute Zuchtrinder und Zuchtbullen. An Schafen werden ca. 1000 Stück aufgetrieben, außerdem findet ein Ferkelmarkt statt.

Es ist Pflicht eines jeden Bauern sein verkäufliches Vieh dort zum Verkauf anzubieten bzw. seine Ankäufe bei dieser Gelegenheit ohne den Juden zu tätigen. Kein Bauer darf den Besuch dieser Veranstaltung versäumen. Für auswärtige Besucher gibt der Markt Gelegenheit, bei großer Auswahl günstig einzukaufen.

Oberhessische Zeitung vom 2.9.1933.

der Liste von November 1938, in die die noch bestehenden jüdischen Geschäfte aufgenommen wurden. Es ist jedoch unwahrscheinlich, daß er noch als Viehhändler arbeiten konnte.

Familie

Rudolf Stern, geb. 18.9.1893 in Marburg.
Amalie, geborene Löb,
geb. 24.4.1896 in Berstadt,
Ehefrau von Rudolf Stern.
Jeanette Löb, geborene Freund,
geb. 29.12.1869 in Storndorf,
Mutter von Amalie.
Heinz Sally, geb. 28.1.1926 in Marburg,
Sohn von Rudolf und Amalie Stern.
Obwohl die Familie Stern Anstrengungen unternahm, auszuwandern, reichten ihre finanziellen Mittel nicht mehr dazu aus. Am 5.9.1942 wurden Rudolf Stern, seine Frau Amalie, der Sohn Heinz und die Mutter von Amalie in das Ghetto Theresienstadt deportiert. Die Familie überlebte die Zeit im Ghetto. Frau Löb starb nach der Befreiung am 20.6.1945 in

Theresienstadt. Rudolf, Amalie und Heinz Stern kehrten nach Ockershausen zurück. Ihre Hoffnungen, in Ockershausen wieder leben und arbeiten zu können, wurden enttäuscht. Sie bekamen weder Hilfe für einen beruflichen Neuanfang, noch für die Ausbildung des Sohnes. Am ernüchterndsten war der Kontakt mit den früheren Mitbürgern:

"Es zeigte sich, daß wir die einzigen Juden - von früher 200 - waren, die nach Beendigung der Verfolgung nach Marburg zurückkamen, während die Trennung zwischen Juden und Nichtjuden die Nazizeit überdauerte. Ein jeder von uns dreien brauchte unter den damals allgemein zerrütteten Verhältnissen, bei unserer großen Schwäche, dem Mangel der gewohnten Arbeit aber mehr als je menschliche Anlehnung, Ansprache über unsere Probleme in vollem Vertrauen und gegenseitige Hilfe. Nichts schien auf baldige Besserung zu deuten."

Im September 1946 emigrierte die Familie Stern in die USA.

Heinz Stern starb im Alter von 22 Jahren an den Folgen eines Arbeitsunfalls. Die Eltern erhielten nur eine geringe Rente und 150 DM Haftentschädigung für jeden Monat erlittene KZ-Haft. Amalie Stern starb am 8.9.1971 und Rudolf Stern am 10.9.1971 in Chicago.

Quellen
HStAWI, Abt. 519, Finanzamt Mbg,Liegenschaftsstelle, Nr. 56. Bastian, Herbert; Bernsdorff, Walter; Brinkmann, Fritz u.a.: Ockershausen. Seine Geschichte in Wort und Bild. Marburger Schriften zur Geschichte und Kultur 26, Marburg 1988, S. 510ff.

Stern, Sally

Firma für technische Öle und Fette

Heusingerstraße 3

Eröffnung und Entwicklung
Die Geschwister Sally, Betti und Rebecca Stern zogen im November 1921 von Cölbe nach Marburg. Sally Stern hatte schon im Juli 1921 seinen Betrieb von Cölbe in die Neue Kasseler Straße 16 verlegt. Er kaufte das Grundstück in der Heusingerstraße 3 im März 1922, wohnte aber noch mit seinen Schwestern bis zum endgültigen Einzug im Oktober 1924 in der Moltkestraße 31 (heute Stresemannstraße). Die Firma *Technische Öle und Fette S. Stern* wurde am 3.12.1923 ins Handelsregister eingetragen. Sie wurde zunächst noch weiter in der Neuen Kasseler Straße 16 betrieben. 1928 waren

Sally Stern.
Kennkartenfoto, wahrscheinlich Anfang 1939.
Staatsarchiv Marburg.

Lagerhaus und Büro auf dem Grundstück in der Heusingerstraße fertiggestellt worden und das Geschäft wurde nun dorthin verlegt; 1930 baute man eine Garage neben dem Haus.

Es ist anzunehmen, daß Sally Stern mit Jakob Stern (siehe auch *Jakob Stern*) zusammengearbeitet hat, denn dieser handelte in der Kasernenstraße 13 (heute Gutenbergstraße), später in seinem Geschäft am Hirschberg 18, mit den gleichen Produkten.

Arisierung/Liquidation

Nach 1933 verschlechterte sich die Geschäftslage zunehmend. Sally Stern betrieb jetzt einen ambulanten Handel mit Schuhcreme und mußte sein Haus mit Hypotheken belasten. Aufgrund einer Denunziation wurde er Angriffsziel von HJ und BDM. Angeblich sollen er und seine Schwestern *"eine im Hause befindliche Hausangestellte fortgesetzt belästigt und einen Jungvolkjungen beleidigt"* haben. Am 15.5.1935 und den darauffolgenden Tagen fanden Demonstrationen gegen Sally Stern und seine Schwester Betti statt. Die beiden entzogen sich den Angriffen, indem sie nach Herbede a.d. Ruhr flüchteten. Erst sechs Wochen später kehrten sie wieder nach Marburg zurück.

Am 7.10.1938 meldete Sally Stern seine Firma ab. Der Kleinbetrieb wurde endgültig am 10.12.1938 eingestellt. Die Geschäftsräume der ehemaligen Firma von Sally Stern übernahm ein in der Nähe wohnender Kaufmann.

Familie

Sally Stern, geb. 30.11.1887 in Kirchhain.
Betti, geb. 14.2.1878 in Kirchhain, Schwester von Sally.

Betty Stern.
Kennkartenfoto, wahrscheinlich Anfang 1939.
Staatsarchiv Marburg.

Rebecca, geb. 27.5.1892 in Kirchhain, Schwester von Sally.
Rebecca Stern starb am 25.7.1933 in Marburg. Sally und Betti Stern wurden am 31.5.1942 ins Ghetto Lublin deportiert. Wann und wo sie ermordet wurden, ist nicht bekannt.

Quellen

Gespräch mit Frau F. am 23.6.1987.
StAM, RP Kassel 165 Nr. 3982 Bd. 14.
HStAWI, Abt. 519, Finanzamt Mbg, Liegenschaftsstelle, Nr. 36. Todesanzeige Rebecca Stern, OZ 26.7.33.
Klein, Thomas (Hrsg.): Der Regierungsbezirk Kassel 1933-1936 - Die Berichte des Regierungspräsidenten und der Landräte. Quellen und Forschungen zur hessischen Geschichte 64, Darmstadt und Marburg 1985, S. 434.

Lederhandlung Strauß
Inhaber: Alfred Wertheim
und Julius Weichsel

Wettergasse 2, Bahnhofstraße 24

S. Strauss, Bahnhofstr. 24   Tel. 556
Inh. E. Strauss Wwe., Jul. Weichsel, Alfred Wertheim

Marburger Einwohnerbuch 1928/29.

Eröffnung und Entwicklung
Koppel Bernhard Strauß stammte aus Amöneburg. 1872 kaufte er das Haus Wettergasse 2 von der Apothekerfamilie Ruppersberg. Koppel Strauß war Lederhändler und eröffnete in seinem Haus eine Lederhandlung. Spätestens ab 1885 führten Koppel Strauß und Hermann Strauß das Geschäft gemeinsam. 1887 setzte sich Koppel Strauß zur Ruhe. Hermann, Isaak und Salomon Strauß führten das Geschäft gemeinsam weiter. 1890 schied Salomon Strauß aus der Firma aus und meldete eine eigene Fell- und Lederhandlung an (In den Schulakten der Elisabethschule wird er als 'Viehhändler'geführt). Das Geschäft befand sich zuerst in der Bahnhofstraße 11, dann ab spätestens 1896 in der Bahnhofstraße 24, in dem Haus, das er dann auch kaufte. Zu diesem Zeitpunkt lebten Koppel Strauß als *Rentier* und Hermann Strauß als Besitzer der Firma *Koppel Strauß Söhne* in der Wettergasse 2. Isaak Strauß wohnte in der Wettergasse 29; er arbeitete in der Firma mit. 1900 schied Meier Baruch Strauß aus der Gesellschaft aus; für ihn trat als Gesellschafter Isaak Strauß ein. 1915 wurde der Sitz der Gesellschaft Firma *Koppel Strauß Söhne* nach Frankfurt, Gutleutstraße 94, verlegt; Hermann Strauß zog mit seiner Familie dorthin. Schon 1912 hatte Koppel Strauß das Haus Wettergasse 2 an seinen Sohn Isaak übertragen. Nach dem Auszug der Familie Hermann Strauß zog die Familie Isaak Strauß von der Wettergasse 29 hierher. 1920 war Isaak Strauß Privatier; seine berufliche Situation bis 1920 ist ungeklärt.

Oberhessische Zeitung vom 25.4.1936.

Salomon Strauß starb 1922, das Geschäft übernahmen Alfred Wertheim und Julius Weichsel am 15.4.1923. Emilie Strauß, die Witwe von Salomon, und ihr Sohn Kurt traten mit 2.500 RM als Kommanditisten in die Firma ein.

Arisierung/Liquidation
Emilie Strauß starb 1933; der fünfzehnjährige Sohn Kurt verließ Marburg 1934. Damit erlosch die Teilhaberschaft der Familie Strauß an diesem Geschäft. Am 1.1.1936 wurde das Geschäft nach einem Bericht des Oberbürgermeisters an den Regierungspräsidenten in Kassel geschlossen: *"Eine jüdische Lederhandlung ist am 1.1.36 eingegangen. Der bisherige Besitzer will Marburg verlassen, weil er hier eine weitere Lebensmöglichkeit nicht hat. Die Pässe des Besitzers und Mitinhabers wurden eingezogen, weil sie bei zwei Banken noch Schulden haben; ihre Auswanderung soll vorerst auf diese Weise verhindert werden."*
Am 7.7.1936 verließ Julius Weichsel mit seiner Familie die Stadt und zog wieder in seinen Geburtsort Rimbach. Alfred Wertheim emigrierte mit seiner Frau Frieda am 20.7.1936 nach New York.
Die letzte Nachricht darüber, daß es in Marburg ein Ledergeschäft Strauß gegeben hat, findet sich am 25.4.1936 in der *Oberhessischen Zeitung*. Der Auktionator, Taxator und Fuhrunternehmer Karl Schott bietet im Rahmen einer *"Freiwilligen Versteigerung"* im Hinterhaus Bahnhofstaße 24 *"die Restbestände einer Lederhandlung"* an.

Familien
Familie Strauß
Koppel Bernhard Strauß,
geb. 2.1.1831 in Amöneburg,
gest. 21.5.1917 in Marburg.
Johanna, geborene Kann,
geb. 19.6.1834 in Mainzlar,
gest. 7.4.1928 in Marburg,
Ehefrau von Koppel Strauß.
Nachkommen von
Koppel und Johanna Strauß
Kinder
Hermann, geb. 10.7.1856 in Amöneburg.

Isaak Strauß.
Kennkartenfoto, wahrscheinlich Anfang 1939.
Staatsarchiv Marburg.

Isaak, geb. 17.8.1857 in Amöneburg.
Salomon, geb. 3.6.1859 in Amöneburg,
gest. 22.8.1922 in Marburg.
Schwiegerkinder und folgende Generation
Frieda, geborene Lichtenstein,
geb. 28.9.1864,
gest. 5.5.1931 in Marburg,
Ehefrau von Isaak.
Flora, verh. Speier,
geb. 25.10.1887 in Marburg,
Tochter von Isaak und Frieda.
Bella, geb. 5.4.1889 in Marburg,
Tochter von Isaak und Frieda.
Paula, verh. Bendheim,
geb. 13.4.1891 in Marburg,
Tochter von Isaak und Frieda.
Thekla, verh. Marxheimer,
geb. 29.5.1895 in Marburg,
Tochter von Isaak und Frieda.
Elsa, verh. Löwenburg,
geb. 29.5.1895 in Marburg,
Tochter von Isaak und Frieda.
Johanna, geborene Heilbronn,
geb. 5.3.1866,
gest. 24.7.1915 in Marburg,
erste Ehefrau von Salomon.

Victoria, geb. 19.2.1890 in Marburg, Tochter von Salomon und Johanna.
Mathilde, verh. Zunt,
geb. 7.9.1891 in Marburg,
Tochter von Salomon und Johanna.
Max, geb. 24.11.1892 in Marburg,
Sohn von Salomon und Johanna.
Fritz, geb. 6.3.1894 in Marburg,
Sohn von Salomon und Johanna.
Benno, geb. 9.9.1895 in Marburg,
Sohn von Salomon und Johanna.
Bertha, geb. 19.10.1899 in Marburg,
Tochter von Salomon und Johanna.
Emilie, geborene Reis,
geb. 3.6.1880 in Gießen,
gest. 27.2.1933 in Marburg,
zweite Ehefrau von Salomon.
Kurt, geb. 12.2.1918 in Marburg,
Sohn von Salomon und Emilie.
Kinder von Hermann Strauß
Toni, geb. 14.6.1885 in Marburg, Tochter.
Ernst, geb. 27.7.1888 in Marburg.
Helene, geb. 24.9.1889 in Marburg.
Julius, geb. 8.8.1890 in Marburg.
Siegfried, geb. 10.10.1898 in Marburg.
Die Tochter von Isaak und Frieda Strauß, Bella, zog 1911 nach Igstadt, Else ging 1912 nach Frankfurt. Else kam 1921 noch einmal für kurze Zeit nach Marburg zurück, verlobte sich mit Hellmuth Löwenberg aus Igstadt und zog dann dorthin. Paula heiratete am 27.4.1914 den Kaufmann Moses Bendheim. Beide konnten nach New York emigrieren. Paula wurde nach dem Krieg als Besitzerin des Hauses Wettergasse 2 erwähnt.
Salomon Strauß starb am 22.8.1922 in Marburg. Seine erste Frau, mit der er sechs Kinder hatte, war im Juli 1917 gestorben, seine zweite Frau starb am 27.2.1933 in Marburg. Die drei Töchter besuchten das Mädchengymnasium in Marburg. Mathilde zog 1912 nach Berlin, kehrte aber 1913 wieder nach Marburg zurück und heiratete im gleichen Jahr den Hamburger Zahnarzt Hugo Zunt. Bertha zog 1916 nach Hamburg und

Friederike Wertheim.
Kennkartenfoto, wahrscheinlich Anfang 1939.
Staatsarchiv Marburg.

wanderte von dort 1937 nach Palästina aus. Über das Schicksal von Victoria Strauß ist nichts bekannt. Max Strauß wurde Arzt und zog 1916 nach Hindenburg. Ihm gelang die Auswanderung nach Palästina; er wurde dort am 13.11.1938 eingebürgert. Fritz und Benno Strauß besuchten die Oberrealschule und absolvierten eine kaufmännische Ausbildung. Benno wurde 1940 die deutsche Staatsbürgerschaft aberkannt; es ist deshalb anzunehmen, daß ihm eine Auswanderung gelang. Fritz war im 1. Weltkrieg Soldat und kehrte 1918 nach Marburg zurück. Über seinen weiteren Lebensweg ist nichts bekannt.
Das Haus Wettergasse 2 wurde eines der Marburger Ghettohäuser. Nach dem Tod seiner Frau und dem Wegzug der Kinder wohnte Isaak Strauß mit der langjährigen Haushälterin Friederike Wertheim - sie war schon in der Wohnung Wettergasse 29 bei der Familie angestellt gewesen - allein in der Wohnung im 2. Stock. Im 1. Stock hatte die Familie Kujus ihre Wohnung, im Erdgeschoß befanden sich

die Elektro- und Radiohandlung Kujus sowie der Tabakladen von Elise Steinberger, die nach dem damaligen Sprachgebrauch 'Halbjüdin' war.

Ende 1938 zog Thekla Marxheimer zusammen mit ihrem Mann Leo und ihren Kindern Ruth und Herbert aus Langenschwalbach zu ihrem Vater Isaak Strauß in die Wettergasse 2. Die Familie wohnte dort bis zu ihrer Deportation ins Ghetto Riga am 8.12.1941.

Am 2.4.1942 mußten Dina Lucas, die Schwester von Leopold Lucas, sowie Isaak Julius Adler, Vater von Trude Adler, verheiratete Wertheim, in das Ghettohaus Wettergasse 2 ziehen. Sie wurden zusammen mit Isaak Strauß am 6.9.1942 mit dem letzten Transport ins Ghetto Theresienstadt gebracht. Alle sind dort umgekommen.

Vor seiner Deportation mußte Isaak Strauß sein Grundvermögen auf das Deutsche Reich überschreiben. Auch das bewegliche Vermögen wurde vollständig eingezogen. Folgende Aufstellung aus den Liegenschaftsakten des Finanzamtes Marburg ist erhalten:

Erlös 1 Uhr	1,-- RM
Bankguthaben	895,18 RM
Erlös Mobiliar	1.611,-- RM
Nähmaschine	35,-- RM
Wertsachen	9,23 RM
Wertpaiere	3.525,-- RM
Summe:	6.076,-- RM

Familie Wertheim
Alfred Wertheim,
geb. 16.3.1899 in Kassel.
Trude, geborene Adler,
geb. 19.10.1906 in Marburg,
Ehefrau von Alfred Wertheim.
Alfred Wertheim kam 1923 nach Marburg, um zusammen mit seinem Partner Julius Weichsel das Ledergeschäft von Salomon Strauß zu übernehmen. Nach ihrer Heirat am 16.4.1936 wanderten Alfred und Trude Wertheim in die USA aus. Alfred Wertheim starb in New York am 4.3.1962. Trude Wertheim lebt heute in Kalifornien.

Familie Weichsel
Julius Weichsel, geb. 13.4.1894 in Rimbach bei Heppenheim.
Becka, geborene Stern, geb. 18.9.1896, gest. 15.5.1928,
erste Ehefrau von Julius.
Selma, geborene Neumann,
geb. 29.6.1901,
zweite Ehefrau von Julius.
Ernst, geb. 3.4.1928 in Marburg,
Sohn von Julius und Becka Weichsel.
Julius Weichsel war im April 1923 aus Mannheim nach Marburg gekommen. Hier heiratete er auch seine erste Frau, Becka Stern, die kurz nach der Geburt des Sohnes starb. Die zweite Frau von Julius Weichsel, Selma Neumann, war 1932 aus Studecken bei Mainz nach Marburg gekommen.
Die Familie Weichsel emigrierte zunächst nach England, von dort weiter nach Mexiko und ließ sich endgültig in New York, USA, nieder. Später zogen Julius und Selma Weichsel in ein Altersheim nach New Jersey. Zuletzt wohnten sie in Florida, nicht weit von Ernst Weichsel. Sie starben dort beide im September 1986.

Quellen
Brief von Trude Wertheim vom 12.10.1990. HStAWI, Abt. 519, Finanzamt Mbg, Liegenschaftsstelle, Nr. 59. Klein, Thomas (Hrsg.): Der Regierungsbezirk Kassel 1933-1936 - Die Berichte des Regierungspräsidenten und der Landräte. Quellen und Forschungen zur hessischen Geschichte 64, Darmstadt und Marburg 1985, S. 733. Marburger Arbeitsgruppe für Dokumentation: Die Stadt Marburg - Gesamtdokumentation, 2 Bde., Marburg 1976 u. 1981, Bd. 2, S. 262f.

Tempelhof, Moritz

Möbelschreinerei

Bahnhofstraße 25

Eröffnung und Entwicklung
Moritz Tempelhof stammte aus Lodz und kam 1916 im 1. Weltkrieg als russischer Kriegsgefangener nach Kassel-Niederzwehren. Da er Kunstschreiner war und gut deutsch sprach, wurde er von der Marburger Möbelfabrik Schaefer, mit Sitz in der Bahnhofstraße 15, als Handwerker angefordert. Seit dem 22.11.1916 war Moritz Tempelhof in der Bahnhofstraße 15 gemeldet. 1919 holte er seine Familie, seine Frau Lea und sieben Kinder, aus Polen nach Marburg. Bis zur Schließung der Fabrik in den zwanziger Jahren, arbeitete er in der Firma Schaefer. Am 1.8.1925 eröffnete Moritz Tempelhof im Hof des Hauses Bahnhofstraße 25 eine eigene Möbelschreinerei mit einem Anlagekapital von 120 Mark. Die Miete für die Werkstatt betrug monatlich 25 Mark. Hilfskräfte wurden nicht eingestellt; wahrscheinlich wurde die Familie in die Arbeit mit einbezogen.

Arisierung/Liquidation
Der Betrieb konnte sich nicht lange halten. Das Betriebskapital war zu gering, und die Firma mußte im Januar 1929 aufgelöst werden. Wie viele andere Kleinbetriebe wurde wahrscheinlich auch diese Schreinerei von der Weltwirtschaftskrise der Zeit erfaßt.
Moritz Tempelhof arbeitete danach als Schreiner bei der Möbelfabrik Georg Schaefer in der Gisselberger Straße 31 bis zur Schließung der Fabrik im Jahre 1931. Bis zum Zeitpunkt der Auswanderung der Familie im Jahr 1935 war er als Schreiner bei der Stadt Marburg tätig. Er wurde z.B. für Reparaturarbeiten der Parkbänke im Schloßpark eingesetzt. Erstaunlich ist, daß ihm diese städtische Arbeit auch nach der Machtergreifung der Nationalsozialisten nicht gekündigt worden ist. Daneben arbeitete er noch im Israelitischen Heilerziehungsheim in der Schulstraße; er unterrichtete dort die Schüler im Tischler- und Schreinerhandwerk.

Familie
Moritz Tempelhof,
geb. 15.12.1881 in Lodz.
Lea, geborene Salzenstein, geb. 1887, Ehefrau von Moritz.
Kinder von Moritz und Lea Tempelhof
Ernst (Aaron).
Hans (Chanock).
Fritz (Ephraim).
Friedel (Shulamit).
Paula (Perel), geb. 14.7.1909 in Lodz.
Jacob, geb. 10.8.1911 in Lodz.
Abraham, geb. 3.5.1914 in Lodz.
Paula besuchte die jüdische Volksschule in Marburg, machte dann eine Ausbildung zur Modistin im Modewarengeschäft E. Baum bei Markus Leyser. Sie wurde zu Beginn des Nationalsozialismus nach Lodz ausgewiesen. Ihr Bruder Abraham, der als erster der Familie nach Palästina ausgewandert war, konnte sie mit Hilfe eines Zertifikats nach Palästina holen.
Jacob besuchte ebenfalls die jüdische Volksschule in Marburg und ging dann einige Jahre auf das Gymnasium, bevor er in einem jüdisch-theologischen Seminar in der Nähe von Würzburg ausgebildet wurde. Er wurde Lehrer in Gladenbach. Wegen der extremen Verfolgungen der Juden in Gladenbach verließ er den Ort schon 1934 und ging nach Frankfurt.
Abraham besuchte ebenfalls die jüdische Volksschule in Marburg, ging ein Jahr zur Oberrealschule und begann dann eine Polstererlehre in Ockershausen. Dort bestand er noch 1933 die Gesellenprü-

fung, wurde aber im April 1933 entlassen. Da er eine abgeschlossene handwerkliche Ausbildung vorweisen konnte, erhielt er noch 1933 die Einwanderungserlaubnis nach Palästina. Von dort aus organisierte er die Einwanderung seiner Eltern und Geschwister, die im Herbst 1935 nachkommen konnten.

Quellen
Gespräch mit Abraham Tempelhof am 8.9.1988.

Haus der Familie Walldorf in Ebsdorf. Vor dem Haus Thekla Walldorf und Anna Lemmer (in Tracht). Foto: Privatbesitz.

Walldorf, Moses

Manufakturwarenhandel

Haspelstraße 17

Eröffnung und Entwicklung
Vor dem 1. Weltkrieg übernahmen Emanuel Lion und sein Schwager Moses Walldorf in Ebsdorf die Firma D. Stern (Nachfolger). Das Geschäft führte Kolonialwaren, Manufakturwaren, Milchzentrifugen, Butterfässer, Nähmaschinen, Fahrräder etc. 1936 mußten beide Familien Ebsdorf verlassen. Die Firma wurde 'arisiert', der Grundbesitz mußte verkauft werden. In Marburg fanden sie Aufnahme im Haus von Verwandten, der Familie Karl Lion, in der Haspelstraße 17. Einige der leicht transportierbaren Waren, wie z.B. Stoffe, konnten mit nach Marburg genommen werden. Ein regelrechtes Geschäft hat in Marburg nicht

251

Eine der letzten Karten von Thekla und Moses Walldorf vom 10.11.1941 an ihren Neffen Leo Lion.
"Meine Lieben alle! Hoffe, daß Ihr noch gesund, wie wir es auch sind. Unsere letzten Briefe haben [?]
Euch sicher etwas aufgeregt, aber leider ist es nun so. Die Hauptsache ist, daß wir alle gesund bleiben.
Es reisen immer noch Leute ob wir, wissen wir noch nicht? Auch von l. Fritz hatten wir gestern noch
Nachricht [?] Hilde u. ihr Mann [?] heute aber l. Lina, möchte gern mit uns zusammen sein, aber man
muß alles abwarten. Sonst wüßte ich nichts besonderes. Noch viele Grüße von allen, besonders von mir
an Euch lb. alle. Eure Thekla."
Privatbesitz Max Walldorf.

mehr bestanden. Es kam aber zu Verkäufen von Manufakturwaren gegen bar oder auf Kommissionsbasis an jüdische Geschäfte, z.B. an das von Meier Wolf.

Arisierung/Liquidation

Nach dem Pogrom im November 1938 wurden Leopold Lion, der Sohn des inzwischen verstorbenen Emanuel Lion, und Moses Walldorf verhaftet und in das KZ Buchenwald gebracht. Das Schreiben des Oberbürgermeisters über die *Abwicklung jüdischer Geschäftsbetriebe* wurde am 10.12.1938 von Frau Auguste Lion, der Schwester von Moses Walldorf, in Empfang genommen. Die letzte Information über das Geschäft stammt aus dem Schreiben des 'Abwicklers' des Wolfschen Geschäfts vom 25.3.1939:
"Walldorf hat nun bei dem Finanzamt wegen seiner Forderung [an Meier Wolf] interveniert. Ich habe zusammen mit Wolf jun. die noch am Lager befindlichen Waren, die von Walldorf stammen, aussortiert und an Walldorf zurückgegeben. Sie sind von dem Abwickler des Walldorfschen Lagers mitver-

wertet worden. Betreffs des Restguthabens von Walldorf in Höhe von RM 463.95 habe ich Walldorf mitgeteilt, dass er diesen Betrag von mir nicht erhalten könne, da die Waren zu Gunsten des Finanzamts gepfändet sind."

Familie Walldorf
Moses Walldorf, geb. 21.2.1884
in Großen-Buseck.
Dina Thekla, geborene Theisebach,
geb. 28.9.1886 in Hatzbach,
Ehefrau von Moses Walldorf.
Kinder von Moses und Dina Walldorf
Henni, geb. 8.10.1912 in Ebsdorf.
Max, geb. 30.9.1914 in Ebsdorf.
Familie Lion
Emanuel Lion, geb. 29.1.1876 in Nordeck.
Auguste, geborene Walldorf,
geb. 7.8.1878 in Großen-Buseck,
Ehefrau von Emanuel Lion,
Schwester von Moses Walldorf.
Leopold, geb. 21.1.1915 in Marburg,
Sohn von Emanuel und Auguste Lion.
Am 19.10.1936 meldeten sich die Familien Lion und Walldorf in der Haspelstraße 17 polizeilich an. Max Walldorf konnte 1936, Henni Walldorf 1937 nach Südafrika emigrieren. Leopold Lion arbeitete bis 1938 noch in Frankfurt.
Moses Walldorf wurde 1939 in den Vorstand der jüdischen Gemeinde gewählt und mußte die Zwangseingliederung der Gemeinde und des Gemeindeeigentums in die von den Nationalsozialisten geschaffene Reichsvereinigung mitvollziehen.
Trotz aller Bemühungen von Max und Henni Walldorf war die Auswanderung der Eltern nach Südafrika nicht möglich. Moses Walldorf wollte seine Schwester Auguste mit ihrem Sohn nicht alleine in Deutschland lassen.
Am 30.5.1941 mußten Thekla und Moses Walldorf in das Ghettohaus Schwanallee 15 ziehen, von dort wurden sie ein Jahr später in das Ghetto Lublin deportiert. Beide gelten als 'in Polen verschollen'. Ihr Todesdatum und ihr Todesort sind nicht bekannt.
Emanuel Lion starb in Marburg am 12.11.1937. Leopold Lion und seine Mutter Auguste Lion konnten noch im Frühjahr 1941 aus Deutschland entkommen. Sie emigrierten in die USA.

Quellen
Gespräch mit Max Walldorf am 1. und am 4.9.1989, umfangreicher Briefwechsel, Originaldokumente. Briefwechsel mit Leopold Lion. Gespräch mit H. H. am 6.3.1990. Gespräch mit der Tochter einer ehemaligen Angestellten der Familie Walldorf am 12.12.1989. StAM, 330C Mbg, Acc. 1973/1 Nr. 367.

Weinberg, Isidor

Manufakturwaren und Grundstücksvermittlungen

Universitätsstraße 1

Isidor Weinberg.
Kennkartenfoto, wahrscheinlich Anfang 1939.
Staatsarchiv Marburg.

Eröffnung und Entwicklung

Im Oktober 1896 zog Raphael Weinberg mit seiner Familie aus Mardorf nach Marburg in die Universitätsstraße 1. Knapp ein Jahr später wurde das im Erdgeschoß des Hauses befindliche Geschäft *An- und Verkauf von Schafwolle* beim Gewerbeamt angemeldet. Das Warenangebot wurde im Laufe der Zeit erweitert. 1924 übernahm Sohn Isidor das Geschäft, das im Gewerbebuch als *Manufakturwarengeschäft und Grundstücksvermittlungen, An- und Verkauf von Schafwolle* bezeichnet wurde. Laut Adreßbuch 1932/33 wurden auch Kurzwaren angeboten. Aufgrund der Angaben in den Steuerlisten 1920/22 kann das Geschäft als mittelständisches Unternehmen angesehen werden.

Arisierung/Liquidation

Im März 1937 zog die Familie in die Frankfurter Straße 27 um. Die Geschäftsräume übernahmen eine große Bürobedarfshandlung und ein Buchbinder. Ob Isidor nach seinem Umzug noch irgendwelchen Handel betrieben hat, ist nicht bekannt. Sicher ist jedoch, daß er nicht mehr von der endgültigen 'Arisierung' im November 1938 erfaßt wurde, das heißt, daß sein Geschäft schon im Laufe der Jahre 1937/38 eingestellt worden war.

Familie

Raphael Weinberg,
geb. 23.4.1853 in Treysa,
gest. 29.1.1930, Vater von Isidor.
Rosa, geborene Lion,

geb. 1857, gest. 31.12.1918,
Mutter von Isidor.
Isidor, geb. 16.1.1890 in Mardorf.
Käthe, geborene Goldstein,
geb. 10.3.1894 in Eisleben,
Ehefrau von Isidor
Kinder von Isidor und Käthe Weinberg
Herbert, geb. 28.6.1921 in Marburg.
Ruth, geb. 19.8.1922 in Marburg.
Isidor Weinberg heiratete am 21.1.1920 Käthe Goldstein aus Eisleben; verlobt hatten sie sich, kurz nachdem Isidor aus dem Krieg nach Marburg zurückgekommen war. Der Sohn Herbert ging 1936 nach Frankfurt, um dort eine Kaufmannslehre zu beginnen. Käthe Weinberg soll nach einer Eintragung im Einwohnermeldeamt am 29.10.1937 in Frankfurt verstorben sein. Ruth Weinberg ging im Juni 1938 nach Straßburg. Herbert kam im Dezember 1938 nach Marburg zurück, wohl um mit seinem Vater, der nach dem Pogrom im November ins KZ Buchenwald verschleppt worden war, die Auswanderung vorzubereiten. Beide konnten am 19. März

1939 in die USA emigrieren. Auf den Kennkarten der beiden wurde vermerkt: *"fort ohne Abmeldung"*. Aus den Wiedergutmachungsakten geht hervor, daß Isidor Weinberg bei der Dresdner Bank Schulden in Höhe von 4.596 RM hinterließ; damit wäre eine legale Auswanderung garnicht möglich gewesen.

Die Dresdner Bank bemühte sich 1942 um die Eintreibung des Geldes beim Finanzamt und erhielt einen Teil des vom Reich eingezogenen Vermögens der Weinbergs zugesprochen.

Quellen
StAM, 330C Mbg, Nr. 4453, Steuerlisten.
HStAWI, Bestand 519, Finanzamt Mbg, Liegenschaftsstelle, Nr. 63.

Wertheim, Willi, Dr.

Rechtsanwaltsbüro und Notariat

Afföllerstraße 1/2

Eröffnung und Entwicklung
1919 meldete sich Willi Wertheim, als *Dr. jur. Referendar* aus Neustadt kommend, in Marburg an. Er hatte als Soldat im 1. Weltkrieg gekämpft und kehrte mit einer schweren Kopfverletzung zurück. Zusammen mit Hermann Reis hatte er spätestens ab 1925 eine gemeinsame Rechtsanwaltspraxis im Steinweg 26. Von 1926 bis 1932 war die Praxis in der Deutschhausstraße 30 und dann in der Afföllerstraße 1/2. 1931 wurden Reis und Wertheim als Notare zugelassen.

Arisierung/Liquidation
Dr. Willi Wertheim ging Anfang 1933 nach Frankreich. Es ist ungeklärt, was diese frühe Emigration ausgelöst hatte.

Familie
Willi Wertheim, geb. 28.1.1892 in Hatzbach.
Cäcilie, geborene Plachte, geb. 9.9.1896 in Glogau/Schlesien, Ehefrau von Willi Wertheim.
Kinder von Willi und Cäcilie Wertheim
Carola, geb. 24.12.1919 in Marburg.

Martin, geb. 29.9.1925 in Marburg.
Willi Wertheim wurde als Sohn des Kaufmanns Meier Wertheim und seiner Ehefrau Juliane, geb. Eichhorn in Hatzbach geboren. Sein Bruder war der Kaufmann David Wertheim aus Kirchhain.
Willi Wertheim besuchte von 1903 bis 1911 die Oberrealschule in Marburg. Er wohnte wie auch Hermann Reis im jüdischen Lehrlings- und Schülerheim in der Schwanallee 15. Willi Wertheim studierte und promovierte in Marburg.
Nach seiner frühzeitigen Ausreise nach Frankreich Anfang 1933 folgten ihm die Kinder Carola und Martin im September 1933. Cäcilie Wertheim kam am 1.11.1933 nach. Als Aufenthaltsorte der Familie werden Straßburg und Paris genannt. In Paris betrieb Willi Wertheim zusammen mit einem russischen Emigranten eine Buchhandlung in der *Rue de la Pompe* gegenüber dem *Lycée Charlemagne*. Der letzte Wohnort der Familie in Frankreich war - nach Angabe des Suchdienstes des Internationalen Roten Kreuzes - *Taurice/-Aude*. Willi Wertheim wurde verhaftet und in das Lager Drancy gebracht. Am 4.3.1943 wurde er nach Lublin/Majdanek deportiert; er ist ermordet worden.
Martin Wertheim, der im 2. Weltkrieg (wohl mit falschen Papieren) auf französischer Seite kämpfte, war Kriegsgefangener in Deutschland. Er fiel 1947 in Indochina.

Cäcilie und Carola lebten längere Zeit in Paris. Cäcilie starb 1956 in Frankfurt, Carola wanderte 1959 in die USA aus. Sie lebt heute in Kanada.

Quellen
Schreiben von Carola Wertheim vom 18.7.1991. StAM, 180LA Mbg, Nr. 4824; 180LA Mbg, Nr.3593. HStAWI, Abt. 519, Finanzamt Mbg, Liegenschaftsstelle, Nr. 158. Handschriftliche Schülerliste der Martin-Luther-Schule, erstellt von Dr. Helmut Krause. Leo-Baeck-Institut, New York, Verzeichnis der vom 1. Oktober 1918 bis 1. März 1919 zugezogenen jüdischen steuerpflichtigen Personen. Haase, Konstantin; Rehme, Günther: "...mit Rumpf und Stumpf ausrotten...", Zur Geschichte der Juden in Marburg und Umgebung nach 1933, Marburger Stadtschriften zur Geschichte und Kultur 6, Marburg 1982, S. 174. Westphal, Gudrun: Verzeichnis der jüdischen Schülerinnen der ehemaligen Höheren Töchterschule, heute Elisabeth-Schule, 1878 bis 1938, in: Experiment, Zeitung der Elisabeth-Schule, Sonderheft November 1990, S. 46f.

Wohl, Minna und Erwin

Speiserestaurant und Mineralwasserhandel

Wettergasse 25

Eröffnung und Entwicklung
Minna Wohl war die Tochter von Salomon Strauß, der zusammen mit seiner Frau Meta ein Branntweingeschäft zunächst im Steinweg 2 1/2 und ab 1912 dann in der Bahnhofstraße 9 betrieben hatte. Nach dem Tod des Vaters im Oktober 1918 führte Meta das Geschäft noch bis 1920 alleine weiter. Tochter Minna ging im Dezember 1923 nach Frankfurt, wahrscheinlich um eine Ausbildung zur kaufmännischen Angestellten zu absolvieren, und kam zu Beginn des Jahres 1926 nach Marburg zu ihrer Mutter zurück. Im Sommer 1928 heiratete sie den aus Böhmen stammenden Kaufmann Erwin Wohl. Am 15. April 1931 eröffnete das Ehepaar im ersten Stock des Hauses Wettergasse 25 ein koscheres *Speisehaus, Mittags- und Abendtisch*. Es entstand in der Nachfolge des Mittagstisches von Johanna Blumenfeld (siehe auch *Johanna Blumenfeld*). Insbesondere der Rabbiner Dr. Cohn drang darauf, daß für die orthodoxen jüdischen Studenten und Durchreisende ein modernes koscheres Speisehaus wieder eröffnet würde.

Das Restaurant war auch für größere Feierlichkeiten eingerichtet; so ist aus einer Anzeige der *Jüdische Wochenzeitung für Kassel, Hessen und Waldeck* bekannt, daß das Brautpaar Hermann und Erna Roth aus Breidenbach ihre Hochzeitsfeier im Frühjahr 1932 in der Restauration Wohl beging.

Wie ein Eintrag im Gewerberegister belegt, übernahm Erwin Wohl im Juli 1933 einen *Handel mit Mineralwasser von Haus zu Haus im Stadtbezirk Marburg*. Außerdem behielt er eine Vertretung in Frankfurt bei.

Arisierung/Liquidation
Über die Auflösung des Restaurants und des Mineralwasserhandels ist nichts bekannt. Es ist anzunehmen, daß das Speisehaus Ende 1933 oder Anfang 1934 eingestellt wurde.

Salomon Strauß,
geb. 23.2.1868 in Amöneburg,
gest. 19.10.1918,
Vater von Minna Wohl.
Meta, geborene Strauß,
geb. 23.2.1877 in Nördlingen,
Mutter von Minna Wohl.
Kinder von Salomon und Meta Strauß
Berthold, geb. 26.2.1901 in Marburg.
Irene, geb. 10.3.1903 in Marburg.
Minna, verh. Wohl,
geb. 14.8.1904 in Marburg.
Erwin Wohl,
geb. 20.12.1901 in Tachau/Böhmen,
Ehemann von Minna.
1933 beobachtete Erwin Wohl, wie ein
SA-Mann einen Aushangkasten des *Jung-
deutschen Ordens* anzündete. Er wurde
mit dem Tode bedroht, falls er aussagen
würde. Da er vor Gericht in der Sache
schwieg, sollte er in Schutzhaft genom-
men werden. Er floh nach Marienbad
und arbeitete dort als Kellner. Durch
Vermittlung der Schwägerin konnte er
das Zertifikat als Kellner in Palästina
bekommen. Die Familie Wohl - Minna,
Erwin und die beiden in Marburg geborenen Söhne - konnte Anfang 1934 nach
Palästina emigrieren.
Irene Strauß, die im elterlichen Haus
Wilhelmstraße 13 eine Sprachschule führte, emigrierte im Juli 1933 nach Palästina.
Auch Berthold Strauß, der als Arzt in
Berlin lebte, konnte nach Palästina ent-
kommen. Seine beiden Söhne leben heute
in Berlin, bzw. in Frankfurt. Meta Strauß
wohnte nach der Emigration bei der
Familie Wohl in Tel Aviv. Die beiden
Söhne des Ehepaars Wohl leben heute in
Israel.

Quellen
Brief von Erwin Wohl vom 4.11.1991.
Marburger Arbeitsgruppe für Dokumen-
tation, Die Stadt Marburg- Gesamtdoku-
mentation, 2 Bde., Marburg 1976 u. 1981,
Bd. 2, S. 271.

Wolf, Meier

Wäsche- und Bekleidungsgeschäft

Universitätsstraße 20

Eröffnung und Entwicklung
Im April 1905 zog Meier Wolf aus seinem Geburtsort Nordeck nach Marburg
in die Universitätsstraße 20 - das Haus
kaufte er später - und eröffnete hier im
Erdgeschoß am 1.5.1905 ein Manufakturwarengeschäft. 1909 heiratete er Käthe
Hammerschlag, die ab 1910 Mitbesitzerin
des Hauses war.
Im Jahre 1916 zogen auch die Schwestern
von Meier Wolf, Julie und Auguste, ins
Haus; vermutlich haben sie während des
Kriegsdienstes ihres Bruders im Geschäft

Meier Wolf.
Kennkartenfoto, wahrscheinlich Anfang 1939.
Staatsarchiv Marburg.

Universitätsstraße vor dem Ersten Weltkrieg.
Auf der rechten Seite als zweites Geschäft das von Meier Wolf.
Foto: Privatbesitz Marianne Eckardt.

geholfen. Auch der Bruder Moritz, der Mitinhaber der Firma wurde, zog 1916 in das Haus. Er fiel 1918 im 1. Weltkrieg. Nach den Steuerlisten der jüdischen Gemeinde vom Anfang der zwanziger Jahre zu urteilen, florierte der Betrieb. 1933 trat Hans Wolf, der Sohn von Meier Wolf, nach dreijährigem Aufenthalt in Herne in das väterliche Geschäft ein.

Arisierung/Liquidation

Wie alle anderen jüdischen Familien auch, wurde die Familie Wolf im April 1938 aufgefordert, eine Auflistung ihres Vermögens für das Finanzamt zu erstellen. Aus einem Briefwechsel zwischen Meier Wolf und dem Marburger Finanzamt geht hervor, daß die Familie zu diesem Zeitpunkt noch keine konkreten

Auguste Wolf.
Kennkartenfoto, wahrscheinlich Anfang 1939.
Staatsarchiv Marburg.

258

Auswanderungspläne hatte; er wollte daher auch keine Vermögenserklärung abgeben. In der dann erzwungenen Erklärung wies er auf 66.749 RM an Außenständen hin, ein Hinweis auf die schlechte Zahlungsmoral der Kunden gegenüber jüdischen Kaufleuten.

Am 10.12.1938 - dem Tag, an dem Julie Wolf starb - erhielt Käthe Wolf das 'Arisierungsschreiben' des Oberbürgermeisters durch einen Polizei-Oberwachtmeister ausgehändigt. Meier Wolf war nach dem Novemberpogrom verhaftet worden und befand sich im KZ Buchenwald.

Mit der Abwicklung der 'Arisierung' wurde der Marburger Bücherrevisor und Steuerberater K. K. von der Industrie- und Handelskammer Kassel vorgeschlagen und vom Oberbürgermeister der Stadt Marburg eingesetzt; dieser 'arisierte' auch andere große Betriebe wie das Geschäft von Julius Stern. Die Wahl auf diese Person wurde folgendermaßen begründet: *"Nach unseren Feststellungen ist sonst die Gewähr für eine ordnungsgemäße Abwicklung dieser Firmen nicht gegeben."* Meier Wolf wurde wegen der bevorstehenden Auflösung und dem Verkauf seines Geschäftes aus dem KZ entlassen. Er schätzte sein Warenlager selbst auf 10.775,90 RM. Wie in anderen Fällen auch, wurden vom Abwickler und dem Finanzamt einheimische Konkurrenten als 'Sachverständige' bestimmt, die dann auch den Wert des Warenlagers um dreißig Prozent niedriger ansetzten: *"Bei den Manufakturwaren handelte es sich fast durchweg um kurrante Artikel, aber Wolf hatte vielfach zu teuer eingekauft, da er in letzter Zeit meistens durch zweite Hand beziehen musste. Unter der Berücksichtigung, dass die Abnehmer auch die kleinen Abschnitte (Reste) und die durch Lagerung verschmutzten Stücke mit übernehmen müssen, erfolgte auf den Gesamtwert ein Abschlag von etwa 30 %. Für die Herrenbekleidung, die fast durchweg aus unkurranten Grössen bestand, wurde ein Pauschalpreis von RM 400,- angesetzt und auch erzielt."* Einer der zwei bestellten Sachverständigen übernahm sechzig Prozent des Warenlagers zu dem von ihm selbst festgelegten Preis. Von den 10.775,90 RM blieben dann rund 5.000 RM, die nach dem 'Verkauf' des Warenlagers ans Finanzamt überwiesen wurden; von dort bekam dann die Familie Wolf nach Abzug aller möglichen Abgaben den Rest auf das Sperrkonto überwiesen, von dem Meier Wolf monatlich 300,-RM abheben durfte. Nach den Deportationen der Familie fiel das Restvermögen dem Reichsfiskus zu. Das Haus wurde ebenfalls weit unter Wert an den Sachverständigen, der schon ein Großteil des Warenlagers erstanden hatte, verkauft.

Familie
Kaufmann Wolf, Nordeck,
Vater von Meier Wolf.
Henriette, geborene Hammerschlag,
Mutter von Meier Wolf.
Anschel Hammerschlag,
geb. 11.4.1854 in Treis/Lumda,
Vater von Käthe Wolf.
Meier Wolf, geb. 4.7.1873 in Nordeck.
Käthe, geborene Hammerschlag,
geb. 29.4.1883 in Bad Wildungen,
Ehefrau von Meier Wolf.
Julie, geb. 31.3.1868 in Nordeck,
Schwester von Meier.
Auguste, geb. 24.6.1875 in Nordeck,
Schwester von Meier.
Moses Moritz, geb. 1.4.1887 in Nordeck,
Bruder von Meier.
Kinder von Meier und Käthe Wolf
Ilse, verh. Engelbert,
geb. 31.3.1906 in Marburg.
Hans Martin, geb. 28.7.1914 in Marburg.
Kurt, geb. 6.6.1918 in Marburg.
Schwiegerkinder
Anita, geborene de Jonge,
geb. 14.1.1916 in Frankfurt,
Ehefrau von Hans.
Ilse Wolf heiratete im August 1929 in Marburg den Kasseler Kaufmann Joseph

Engelbert und zog nach Kassel. Beide wanderten nach Bolivien aus und von dort weiter in die USA. Kurt wanderte im Juli 1938 in die USA aus. Hans und seine Frau Anita blieben bei den Eltern in Marburg. Julie Wolf starb in Marburg am 10.12.1938, ihre Schwester Auguste am 22.8.1940. Im November 1939 kam auch der Vater von Käthe, Anschel Hammerschlag, in das Haus. Hans und Anita Wolf wurden am 8.12.1941 deportiert; sie wurden in Auschwitz ermordet.

Ihre Eltern und der Großvater mußten im Februar 1942 in das Ghettohaus in der Schwanallee 15 ziehen; von dort wurden sie im September 1942 nach Theresienstadt deportiert; Meiers Todesdatum ist mit dem 15.3.1944 in Theresienstadt angegeben, Käthes mit Ende 1943. Andere Dokumente bezeichnen sie als 'in Auschwitz verschollen'.

Quellen

StAM, 330C Mbg, Acc. 1973/1, Nr. 367. StAM, Kataster II Mbg, Gebäudebücher 1910ff. HStAWI, Abt. 519, Finanzamt Mbg, Liegenschaftsstelle, Nr. 26 und Nr. 61; Abt. 519, Rückerstattungsakten Mrg, Nr. 764.

Ziegelstein, Simon

Viehhandel und Immobilienmaklergeschäft

Schwanallee 32

Eröffnung und Entwicklung

1908 zog Simon Ziegelstein mit seiner Frau Emilie und drei Kindern von Treis/Lumda nach Marburg in die Werderstraße 4. Er betätigte sich dort als Viehhändler. Nach mehreren Umzügen - 1914 in die Gisselberger Straße 53, 1915 in die Schwanallee 23 - kaufte er das Haus Schwanallee 32 für 40.250 RM. Im April 1919 bezog er mit seiner Familie dieses Haus. Das Geschäft war im Erdgeschoß untergebracht.

1924 meldete er zusätzlich eine Immobilienagentur an. Hohe Einkommensteuer sowie relativ hohe Jahresabgaben an die jüdische Gemeinde 1920/22 sprechen für guten Geschäftserfolg.

Arisierung/Liquidation

Im August 1935 stellte Simon Ziegelstein den Immobilienhandel ein. Kurz danach zog er mit seiner Frau nach Frankfurt und wanderte von dort in die USA aus. Das Haus wurde für den 'Reichseinheitswert' von 30.000 RM verkauft.

Familie

Elias Ziegelstein, geb. in Treis/Lumda, gest. 11.12.1911.
Jettchen, geborene Jakob, gest. 14.10.1927.
Simon Ziegelstein,
geb. 6.11.1869 in Treis/Lumda,
Sohn von Elias und Jettchen.
Emilie, geborene Honi,
geb. 22.9.1872, Ehefrau von Simon.
Kinder von Simon und Emilie Ziegelstein
Julius, geb. 24.8.1898 in Treis/Lumda.
Albert, geb. 30.10.1900 in Treis/Lumda.
Martin, geb. 12.12.1905 in Treis/Lumda.
Ewald, geb. 25.10.1910 in Marburg.
Anneliese, geb. 17.3.1916 in Marburg.
Simon und Emilie gingen 1935 nach Frankfurt und wanderten von dort in die USA aus. Albert ging 1922 nach Frank-

furt. Julius studierte Anfang der zwanziger Jahre Medizin in Erlangen und Würzburg. Ewald ging 1926 nach Offenbach. Martin wechselte als Bankbeamter 1929 nach Berlin und wanderte 1934 nach Agram (Zagreb) aus. Anneliese verließ kurz vor ihren Eltern, im Juni 1935, Marburg. Sie meldete sich nach Hofheim/Taunus ab. Ewald Ziegelstein konnte wahrscheinlich 1937 in die USA emigrieren.

Quellen
StAM, 330C Mbg, Nr. 4453, Steuerlisten. HStAWI, Abt. 519, Finanzamt Mbg, Liegenschaftsstelle, Nr. 176 und 177.

Quellen- und Literaturverzeichnis

A: Zeitzeugen

Gespräch mit Hans Adler am 17.8.1987.

Gespräch mit Judith Bachrach am 29.8.1989.

Gespräch mit Theo Bachrach am 7.8.1987.

Gespräch mit Ilse Feibel, geb. Bergenstein, am 24.11.1988.

Gespräch mit Robert Freund am 25.6.1987.

Gespräch mit Heinz Fürst am 4.9.1988.

Gespräch mit Hanna Goldschmidt am 22.8.1988.

Gespräch mit Max Haas am 12.8.1987.

Gespräch mit H. H. am 6.3.1990.

Gespräch mit W. K. am 16.6.1989.

Gespräch mit Dieter Lanzewizki am 19.8.1991.

Gespräch mit Berta Levi de Garcia am 15.9.1988.

Gespräch mit L. L. am 19.5.1987.

Brief Leopold Lion vom 28.8.1990.

Gespräch mit K. L. am 21.5.1987.

Brief Franz-Dietrich Lucas vom 2.5.1990.

Gespräch mit Milli Mitscherlich, geb. Beck, am 13.11.1989.

Gespräche mit R. M. am 29.5.1989 und 27.11.1989.

Gespräch mit H. N. am 25.3.1988.

Gespräch mit L. P. am 26.1.1988.

Gespräch mit Herbert Roth am 3.6.1990.

Gespräch mit L. S. am 4.6.1987.

Brief Edith Shestack, geb. Bornstein, vom 20.8.1989.

Gespräch mit Abraham Tempelhof am 8.9.1988.

Gespräche mit Margot Weil, geb. Pfifferling, am 11.8.1987 und 5.12.1987.

Gespräche mit Max Walldorf am 1.9. und 4.9.1989.

Brief Carola Wertheim vom 18.7.1991.

Brief Trude Wertheim, geb. Adler, vom 12.10.1990.

Gespräch mit P. W. am 16.6.1989.

Brief Erwin Wohl vom 4.11.1991.

B: Archivquellen

HSTAWI, Abt. 519/D, Devisenakten.

HSTAWI, Abt. 519, Finanzamt Marburg, Liegenschaftsstelle, Nr. 1-200.

HSTAWI, Abt. 519, Vermögenskontrollakten, Nr. 44-48.

HSTAWI, Abt. 519, Rückerstattungsakten MRG, Nr. 59.

RP Darmstadt, Entschädigungsbehörde in Wiesbaden, RP Kassel.

STAM, Bestand 16, Ministerium des [kurhessischen] Innern.

STAM, Bestand 165, RP Kassel, Nr. 3982, Bde. 9-16.

STAM, Bestand 180 LA Marburg, Nr. 4173, Nr. 4175, Nr. 4827, Nrn. 4849-4857 und Nr. 4941.

STAM, Bestand 274 Marburg, Acc. 1981/57, Nr. 388.

STAM, Bestand 274 Marburg, Acc. 1984/19, Nr. 125.

STAM, Bestand 275 Marburg, Acc. 1974/5, Notariatsakten Bachrach.

STAM, Bestand 327/1, NSDAP, Nr. 5561, Nr. 5589, Nr. 5590, Nr. 5592 und Nr. 5652.

STAM, Bestand 330 C Marburg, Nr. 4452, Nr. 4453 und Nr. 5037.

STAM, Bestand 330 C Marburg, Acc. 1973/1, Nr. 367.

STAM, Kataster II Marburg, Gebäudebücher 1910ff..

STAM, Stahr, Kurt: Marburger Sippenbuch 1500-1850, unveröffentlichtes Manuskript.

STAM, Vereinsregister, Nr. 146, Israelitische Gemeinde Marburg.

C: Unterlagen verschiedener Marburger Behörden

Einwohnermeldekartei bis 1945. Teilbestand, die jüdischen Einwohner umfassend, jetzt im Stadtarchiv unter D1719 archiviert.

Gewerberegister der Stadt Marburg: Gewerbeanmeldungen bis 1926, Alphabetisches Namensverzeichnis, Gewerbeabmeldungen ab 3.6.1926, Gewerbean- und -ummeldungen 1893-1926, Gewerbean- und -ummeldungen 1926-16.6.1945.

Grundbuchamtsakten Marburg.

Allgemeines Handelsregister des Kurfürstlichen Justizamts I Marburg 1866-1901.

Handelsregister A der Stadt Marburg, 2 Bände, 1901-1938.

Handelsregister B der Stadt Marburg.

Stadtbauamt, Akten Magistrat Marburg, Friedhofserweiterung und Ehrenhain für die im Kriege 1939-1945 Gefallenen, Hauptabt. 17 D, Unterabt. 2.

D: Zeitungen

Der Sturm. Nationalsozialistisches Kampfblatt für Kurhessen und Waldeck, Jge. 1930-1932, ab 1.1.1933: Hessische Volkswacht, Januar - August 1933, dann: Kurhessische Landeszeitung. Das Amtsblatt der Städte Kassel, Marburg und Fulda, Westfälische Landpost, Waldecker Beobachter, Jge. 1933-1935.

Hessisches Tageblatt, 1928 - 29.4.1933 (erzwungene Einstellung der Zeitung).

Jüdische Wochenzeitung für Cassel, Kurhessen und Waldeck. Jge. 1924-1933.

Oberhessische Zeitung, insbesondere 1933-1938.

Zeitschrift für Demographie und Statistik der Juden, Jge. 1911-1914, verschiedene Nummern.

Adressbücher der Stadt Marburg 1868ff..

Bastian, Herbert, u.a.: Ockershausen - Seine Geschichte in Wort und Bild, Marburger Schriften zur Geschichte und Kultur 26, Marburg 1988.

Boor, Lisa de: Tagebuchblätter 1938-1945, München 1963.

Brocke, Bernhard vom: Marburg im Kaiserreich 1866-1918, S.367-540, in: Dettmering, Erhart/Grenz, Rudolf (Hrsg.): Marburger Geschichte. Rückblick auf die Stadtge-schichte in Einzelbeiträgen, Marburg 1982.

Dettmering, Erhart (Hrsg.): Rabbiner Dr. Leopold Lucas, Marburger Stadtschriften zur Geschichte und Kultur 21, Marburg 1987.

Dickinson, John Kellog: German & Jew [The life and death of Sigmund Stein], Chicago 1967.

Erdmann, Axel: Die Marburger Juden. Ihre Geschichte von den Anfängen bis zur Gegenwart. Dargestellt anhand der staatlichen Quellen unter besonderer Berücksichtigung des 19. Jahrhunderts, Dissertationsdruck, Marburg 1987.

Fülberth, Susanne u.a. (Hrsg.): Strafsache 2 KLs 42/47, Protokoll der Hauptverhandlung gegen die Synagogenbrandstifter, November 1947 in Marburg, Schriften der Geschichtswerkstatt Marburg Nr. 3, Marburg 1988.

Händler-Lachmann, Barbara/Werther, Thomas: "... daß dieser junge Mann das Vorurteil und das Mißtrauen gegen uns nicht zu scheuen hat." Bruno Strauss zum 100. Geburtstag, S.19-20, in: Studier mal Marburg 2, Februar 1989.

Händler-Lachmann, Barbara/Werther, Thomas: Eine Flucht aus Deutschland - ein Bericht [von Max Haas] zur 'Reichskristallnacht', in: Studier mal Marburg 11, November 1987, S.7-9.

Händler-Lachmann, Barbara/Werther, Thomas: Salomon Pfifferling - der letzte Lehrer der jüdischen Schule in Marburg, S.5-6, in: Studier mal Marburg 11, November 1991.

Händler-Lachmann, Barbara/Werther, Thomas: "Über 'vergessene Geschäfte' und 'verlorene Geschichte'. Artikelserie in der Oberhessischen Presse, 7.11.1987, 9.11.1987, 10.11.1987, 11.11.1987, 12.11.1987 und 13.11.1987.

Händler-Lachmann, Barbara/Werther, Thomas: "Wenn das Judenblut vom Messer spritzt, geht's noch mal so gut ...", S.6-8, in: Express Nr. 23/88.

Händler-Lachmann, Barbara/Roth, Jürgen: Jüdisches Leben in Marburg - ein Forschungsbericht der Marburger Geschichtswerkstatt, S.58-61, in: Juden in Deutschland, Geschichtswerkstatt Nr. 15, Hamburg 1988.

Katz, Arthur: Jüdischer Friedhof in Marburg, Verzeichnis der Gräber 1848-1958. Unveröffentlichte Liste, zur Verfügung gestellt von Robert Freund.

Katz, Artur: Streiflichter, Betrachtungen und Erinnerungen eines Marburgers. Unveröffentlichtes Manuskript in den Akten des Presseamts der Stadt Marburg.

Koshar, Rudy John: Organizational Life an Nazism: a study of mobilisation in Marburg an der Lahn 1918-1935, Dissertation, Michigan, 1979/80.

Koshar, John Rudy: Vereinsleben und Nazismus. Eine Analyse der Mobilisierung in Marburg a.d.L., S. 117-126, in: Hennig, Eike (Hrsg.): Hessen unterm Hakenkreuz, Frankfurt 1983.

Krause, Helmut: Unveröffentlichte Liste jüdischer Schüler der Martin-Luther-Schule.

Krause, Helmut: Herkunft und Zukunft der Schüler jüdischer Konfession 1902-1936, u.a. S.147-155, in: Martin-Luther-Schule 1838-1988. Eine Dokumentation, Marburg 1988.

Kürschner, Walter: Die Stellung der Juden in einer hessischen Stadt [Marburg] von den Anfängen bis zur Neuzeit, S. 119-125, in: Hessenland 5/6, Marburg 1938.

Kürschner, Walter: Geschichte der Stadt Marburg, Marburg 1934.

Leo-Baeck-Institut/New York, Verzeichnisse der vom 1.October 1918 bis 1.10.1919 zugezogenen steuerpflichtigen Personen.

Mann, Rosemarie: Entstehung und Entwicklung der NSDAP in Marburg bis 1933, S. 254-342, in: Hessisches Jahrbuch für Landesgeschichte 22, 1972.

Magistrat der Stadt Marburg (Hrsg.): Wenn erst einmal Bücher verbrannt werden - wie 1933 - und Synagogen brennen - wie 1938 - dann ist es zu spät, noch Schlimmeres zu verhindern. Zum Gedenken an den 9. November 1938, Marburg 1979.

Marburg. Eine illustrierte Stadtgeschichte, Marburg 1985.

Marburger Arbeitsgruppe für Dokumentation: Die Stadt Marburg - Gesamtdokumentation, 2 Bde., Marburg 1976 und 1981.

Moeller, Gabriel B.: Die "Endlösung der Judenfrage" im Stadt- und Landkreis Marburg/Lahn. Eine Dokumentenauswahl, Marburg 1978.

Munk, Leo: Zur Geschichte der Juden in Marburg, S. 1-5, in: Munk, Leo: Zur Erinnerung an die Einweihung der Synagoge in Marburg am 15. September 1897, Marburg 1897.

Neusüß-Hunkel, Ermenhild: Parteien und Wahlen in Marburg nach 1945, Marburger Abhandlungen zur Politischen Wissenschaft, hrsg. von Wolfgang Abendroth, Band 9, Meisenheim am Glan 1973.

Rehme, Günther/Haase, Konstantin: "... mit Rumpf und Stumpf ausrotten...". Zur Geschichte der Juden in Marburg und Umgebung nach 1933, Marburger Stadtschriften zur Geschichte und Kultur 6, Marburg 1982.

Sage, Willi: Geschichte der Juden in Marburg, in: Allgemeine Zeitung der Juden in Deutschland, 27.3.1964.

Schneider, Ulrich: Marburg 1933-1945. Arbeiterbewegung und Bekennende Kirche gegen den Faschismus, Frankfurt 1980.

Seier, Hellmut: Marburg in der Weimarer Republik 1918-1933, S. 559-591, in: Dettmering, Erhart/Grenz, Rudolf (Hrsg.): Marburger Geschichte. Rückblick auf die Stadtgeschichte in Einzelbeiträgen, Marburg 1982.

Westphal, Gudrun: Die jüdischen Schülerinnen der Elisabethschule. Und: Verzeichnis der jüdischen Schülerinnen der ehemaligen Höheren Töchterschule, heute Elisabethschule, 1878-1938, in: Experiment, Zeitung der Elisabethschule, Sonderheft November 1990, Marburg 1990.

Willertz, John Richard: Marburg unter dem Nationalsozialismus (1933-1945), S. 593-653, in: Dettmering, Erhart/Grenz, Rudolf (Hrsg.): Marburger Geschichte. Rückblick auf die Stadtgeschichte in Einzelbeiträgen, Marburg 19822.

Willertz, John Richard: Nationalsocialism in a German city and county, Marburg, 1933 to 1945, Dissertation, Michigan 1970.

F: Literatur zur Geschichte [der Juden in] der Region

Arnsberg, Paul: Die jüdischen Gemeinden in Hessen, 2 Bde., Frankfurt 1971, Bd.3, Bilder und Dokumente, Darmstadt 1973.

Baur, L.: Urkundenbuch des Klosters Arnsburg in der Wetterau, Darmstadt 1851.

Bodenheimer, Rosy: Beitrag zur Geschichte der Juden in Oberhessen von ihrer frühesten Erwähnung bis zur Emanzipation, Dissertation, Gießen 1931.

Cohn, Abraham: Beiträge zur Geschichte der Juden in Hessen-Kassel im 17. und 18. Jahrhundert, Dissertation, Marburg 1933.

Demandt, Karl E.: Die hessische Judentätigkeit von 1744, in: Hessisches Jahrbuch für Landesgeschichte 23, 1973.

"Die Synagogen brennen...!" Die Zerstörung Frankfurts als jüdische Lebenswelt. Kleine Schriften des Historischen Museums, Bd. 41, Frankfurt 1988.

Falk, Georg-Dietrich: Vom alltäglichen Funktionieren der Justiz im Nationalsozialismus, S.39-45, in: Betrifft Justiz 2/85.

Hennig, Eike (Hrsg.): Hessen unterm Hakenkreuz. Studien zur Durchsetzung der NSDAP in Hessen, Frankfurt 1984.

Juden in Kassel 1808-1933. Eine Dokumentation anläßlich des 100. Geburtstages von Franz Rosenzweig, Kassel 1987.

Judenverfolgung in Gießen und Umgebung 1933-1945, Arbeit einer Schülergruppe der Liebigschule Gießen, Mitteilungen des Oberhessischen Geschichtsvereins Gießen NF 69, Gießen 1984.

Klein, Thomas (Hrsg.): Die Lageberichte der Geheimen Staatspolizei über die Provinz Hessen-Nassau 1933-1936, 2 Bde., Köln 1986.

Klein, Thomas (Hrsg.):Der Regierungsbezirk Kassel 1933-1936. Die Berichte des Regierungspräsidenten und der Landräte, Quellen und Forschungen zur hessischen Geschichte 64, Darmstadt/Marburg 1985.

Kleinert, Beate / Prinz, Wolfgang: Namen und Schicksale der Juden Kassels 1933 - 1945. Ein Gedenkbuch, hrsg. vom Magistrat der Stadt Kassel, Kassel 1986.

Knauß, Erwin: Die jüdische Bevölkerung Gießens 1933-1945. Eine Dokumentation, Schriften der Kommission für die Geschichte der Juden in Hessen 3, Wiesbaden 1987.

Kolb, Stefan: Die Geschichte der Bad Nauheimer Juden. Eine gescheiterte Assimilation, Bad Nauheim 1987.

Kropat, Wolf-Arno: Kristallnacht in Hessen: Der Judenpogrom vom November 1938, Schriften der Kommission für die Geschichte der Juden in Hessen 10, Wiesbaden 1988.

Löwenstein, Uta: Quellen zur Geschichte der Juden im Hessischen Staatsarchiv 1267-1600, hrsg. von der Kommission für die Geschichte der Juden in Hessen, 3 Bde., Wiesbaden 1989.

Mika, Hans-Christian: Materialien zur Geschichte der Juden in Gladenbach, Arbeitshilfe für den Geschichts- und Sozialkundeunterricht, Gladenbach 1980.

Moritz, Klaus/Noam, Ernst: NS-Verbrechen vor Gericht 1945-1955. Justiz und Judenverfolgung Bd.2, Schriften der Kommission für die Geschichte der Juden in Hessen 2, Wiesbaden 1978.

Neunhundert Jahre Geschichte der Juden in Hessen. Beiträge zum politischen, wirtschaftlichen und kulturellen Leben, Schriften der Kommission für die Geschichte der Juden in Hessen 6, Wiesbaden 1983.

Noam, Ernst / Kropat, Wolf-Arno: Juden vor Gericht 1933-1945, Justiz und Judenverfolgung Bd. 1, Schriften der Kommission für die Geschichte der Juden in Hessen 1, Wiesbaden 1986.

Prinz, Wolfgang: Die Judenverfolgung in Kassel, in: Volksgemeinschaft - Volksfeinde. Kassel 1933-1945, Bd.2, Teildruck, Fuldabrück 1987.

Adam, Uwe-Dietrich: Judenpolitik im Dritten Reich, Düsseldorf 1972.

Ayaß, Wolfgang: 'Ein Gebot der nationalen Arbeitsdisziplin.' Die Aktion 'Arbeitsscheu Reich' 1938, S. 43-74, in: Feinderklärung und Prävention. Kriminalbiologie, Zigeunerforschung und Asozialenpolitik, Beiträge zur Nationalsozialistischen Gesundheits- und Sozialpolitik 6, Berlin 1988.

Ball-Kaduri, Kurt-Jakob: Das Leben der Juden in Deutschland im Jahre 1933. Ein Zeitbericht, Frankfurt 1963.

Barkai, Avraham: Vom Boykott zur "Entjudung". Der wirtschaftliche Existenzkampf der Juden im Dritten Reich 1933-1943, Frankfurt 1988.

Barkai, Avraham: Das Wirtschaftssystem des Nationalsozialismus, Frankfurt 1988.

Benz, Wolfgang (Hrsg.): Die Juden in Deutschland 1933-1945, München 1988.

Comité des Délégations Juives (Hrsg.): Die Lage der Juden in Deutschland. Das Schwarzbuch - Tatsachen und Dokumente, Paris 1934, Neuauflage Frankfurt 1983.

Dawdowizc, Lucy S.: Der Krieg gegen die Juden 1933-1945, München 1979.

Die jüdische Emigration aus Deutschland 1933-1941. Die Geschichte einer Vertreibung, Ausstellungskatalog, Sonderveröffentlichung der Deutschen Bibliothek 15, Frankfurt 1985.

Elbogen, Ismar/Sterling, Eleonore: Die Geschichte der Juden in Deutschland, Frankfurt 1988.

Gedenkbuch für die jüdischen Einwohner unter der Herrschaft des Nationalsozialismus im heutigen Gebiet der Bundesrepublik Deutschland und in Berlin, Koblenz 1986.

Genschel, Helmut: Die Verdrängung der Juden aus der Wirtschaft im Dritten Reich, Göttingen 1966.

Grab, Walter/Schoeps, Julius H. (Hrsg.): Juden in der Weimarer Republik, Stuttgart/Bonn 1986.

Graml, Hermann: Reichskristallnacht. Antisemitismus und Judenverfolgung im Dritten Reich, München 1989.

Hilberg, Raul: Die Vernichtung der europäischen Juden. Die Gesamtgeschichte des Holocaust, 3 Bde., Frankfurt 1990.

Juden in Preußen. Ein Kapitel deutscher Geschichte, hrsg. vom Bildarchiv Preußischer Kulturbesitz, Dortmund 1981.

Lestschinsky, Jakob: Das wirtschaftliche Schicksal des deutschen Judentums, Berlin 1932.

Ludwig, Johannes: Boykott, Enteignung, Mord. Die 'Entjudung' der deutschen Wirtschaft, Hamburg/München 1989.

Mosse, Werner E. / Paucker, Arnold (Hrsg.): Entscheidungsjahr 1932. Zur Judenfrage in der Endphase der Weimarer Republik, Tübingen 1965.

Paucker, Arnold (Hrsg.): Die Juden im nationalsozialistischen Deutschland 1933-1943, Tübingen 1986.

Prinz, Arthur: Juden im deutschen Wirtschaftsleben 1850-1914, bearb. und hrsg. von Avraham Barkai, Tübingen 1984.

Reichsbund jüdischer Frontsoldaten (Hrsg.): Die jüdischen Gefallenen des deutschen Heeres, der deutschen Marine und der deutschen Schutztruppen 1914-1918. Ein Gedenkbuch, Berlin 1932.

Richarz, Monika: Jüdisches Leben in Deutschland. Selbstzeugnisse zur Sozialgeschichte, 3 Bde., Nördlingen/Stuttgart 1976-1982.

Schilling, Konrad (Hrsg.): Monumenta Judaica. Beiträge zur Geschichte der Juden in Deutschland, Bd.1, Handbuch, Köln 1963.

Schmelz, Usiel O.: Die demographische Entwicklung der Juden in Deutschland von der Mitte des 19. Jahrhunderts bis 1933, S.31-72, in: Zeitschrift für Bevölkerungswissenschaft, Jg.8, 1/1982.

Schuder, Rosemarie/Hirsch, Rudolf: Der gelbe Fleck. Wurzeln und Wirkungen des Judenhasses in der deutschen Geschichte, Köln 1988.

Segall, Jakob: Die beruflichen und sozialen Verhältnisse der Juden in Deutschland, Berlin 1912.

Silbergleit, Heinrich: Die Bevölkerungs- und Berufsverhältnisse der Juden im Deutschen Reich, Bd.1, Freistaat Preußen, Berlin 1930.

Toury, Jakob: Soziale und politische Geschichte der Juden in Deutschland 1847-1871, Düsseldorf 1977.

Uhlig, Heinrich: Die Warenhäuser im Dritten Reich, Köln/Opladen 1956.

Materialanhang

1. Die vierzehn jüdischen Familien in der Populationsliste von Marburg aus dem Jahre 1824

Quelle: StAM, Bestand 330 Marburg AI, 190; Auszug erstellt von Angus Fowler.

(Unterstrichene Hausnummern zeigen Eigenbesitz an. In den Klammern sind die heutigen Adressen angegeben. Mit Fragezeichen versehen wurden die aus den Populationslisten, Adreßbüchern und Einwohnermeldekarten nicht sicher für heute ableitbaren Adressen. Eine Zuordnung ist hier kaum noch möglich, da Hausnummern und Straßennummern häufig gewechselt haben.)

Haus-Nr. (heute)	*Bewohner*
55 (Barf.str.49)	Kaufmann Salomon Eichelberg, geb. 11.5.1766 in Marburg, Sohn Leopold (stud.), geb. 22.6.1804, Sohn Menke (Kaufmann), geb. 7.9.1806, 3 Töchter, geb. 1801, 1802, 1809.
56 (Barf.str.50)	Kaufmann Falk Erlanger, geb. 14.10.1783 in Wetzlar, Sohn Moritz, geb. 15.2.1814, Sohn Heinemann, geb. 9.5.1815, 2 Töchter, geb. 1813, 1815.
<u>112</u> (Ritterstr.10)	Moses Gosen, Rabbiner, 1 Sohn, 1 Tochter, geb. 1829 (?).
158 (Rübenst.8)	Trödler Asher Buxbaum, geb. 5.10.1777 in Frankfurt, Sohn Wolf, geb. 12.5.1810, Sohn Koppel, geb. 1.8.1817, Sohn Jacob, geb. 18.3.1820, 2 Töchter, geb. 1810, 1815.
<u>198</u> (Untergasse 4)	Kaufmann Mathilde Lilienfeld, geb. 1760 in Fulda, Kaufmann Sigmund Lilienfeld, geb. 3.9.1793 in Marburg, Sohn Heinrich, geb. 2.2.1820, Sohn Abraham, geb. 24.9.1821, Sohn Moses, geb. 15.9.1823, 1 Tochter, geb. 1827 (?).

212 (Unterg. 6/7?)   Vorsänger Samuel Fraenkel, geb. 11.3.1757,
      Sohn Menche, geb. 4.4.1791, Trödler,
      2 Töchter, geb. 1799, 1801.

223 (Untergas.10?)   Handelsmann Lucas Wertheim, geb. 4.12.1780 in Sontra,
      Sohn Jonas, geb. Nov.1824,
      Sohn Bernhard, geb. Sept. 1826.

228 (Unterg. 14?)   Trödler Mendel Stiebel, geb. 3.6.1761 in Marburg,
      Sohn Adoch, geb. 6.1.1801, Handelsmann,
      Sohn Siemon, geb. 17.12.1807, Buchbinder,
      4 Töchter, geb. 1799, 1802, 1804, 1812.

245 (Hofstatt 18)   Kammerjäger Isaac Freund, geb. 18.2.1798 in Marburg,
      Sohn Bernhard, geb. 18.2.1818,
      1 Tochter, geb. 1816.

250 (Hofstatt 23)   Trödler Sussmann Drucker, geb. 20.5.1779 in Marburg,
      2 Töchter, geb. 1804, 1812.

300 (Reitgasse 10)   Handelsmann Aron Lucas, geb. Dez. 1792 in Marburg,
      Sohn Herz, geb. 6.6.1822,
      Sohn Wolf, geb. Nov. 1826,
      2 Töchter, geb. 1821, 1823.

326 (Wetterg. 11)   Kaufmann Abraham Windecker, geb. 30.12.1779 in Heddersheim,
      Sohn Samuel, geb. Juli 1826,
      4 Töchter, geb. 1809, 1815, 1821, 1823.

344 (Wetterg. 25)   Kaufmann Levi Aron Lucas, geb. 19.8.1764 in Marburg,
      1 Tochter, geb. 1806.

386 (Neustadt 9)   Trödler Levi Bacharach, geb. 19.7.1760 in Neukirchen,
      Sohn Nathan, geb. 1.8.1801 in Marburg.

2. Jüdische Haushalte nach der Einwohnerliste von 1833

Quelle: StAM, Bestand 330 Marburg C 170; Auszug erstellt von Angus Fowler.

(Die Berufsbezeichnungen wurden aus dem Original übernommen. Unklar bleibt die Religionszugehörigkeit der Dienstmädchen bzw. Mägde. Anzunehmen ist, daß diese in der Regel nichtjüdisch waren, da sie die Hausarbeiten am jüdischen Feiertag, dem Sabbat, zu erledigen hatten.)

Haus-Nr.(heute)	Bewohner
35 (Barf.str.32)	Butzmacherin Lilienfeld, 2 Töchter.
39 (Barf.str.35)	Doktor Hoffa.
56 (Barf.str.50)	Kaufmann Falk Erlanger, Frau, 2 Söhne über 16, 1 Tochter über 16, 1 Tochter unter 16, 1 Magd.
62 (Markt 11)	Handelsmann Eichelbergs Witwe, 1 Sohn über 16, 3 Töchter über 16, 2 Mägde.
79 (Markt 19)	Kaufmann Hirsch Berlein, Frau, 1 Sohn über 16, 1 Tochter unter 16, 1 Magd.
112 (Ritterstr.10)	Rabbiner Moses Gosen, Frau, 1 Tochter über 16, 2 Töchter unter 16, 1 Magd.
158 (Rübenst.8)	Trödler Ascher Buxbaum, Frau, 1 Sohn über 16, 1 Tochter über 16, 1 Tochter unter 16.
198 (*wurde 1864 abgerissen*)	Salomon Gosen, Frau, Moses Weiler.
212 (Untergasse 8)	Salomon Fraenkel, Frau, 2 Töchter über 16, Menche Fraenkel, Frau.
219 (Hofstadt 17?)	Sußmann Drucker, Frau, 2 Töchter unter 16.
223 (Untergasse 10)	Lucas Wertheims Witwe, 3 Söhne unter 16, 1 Tochter unter 16, 1 Schwester der Witwe.
245 (Hofstadt 18)	Kammerjäger Isaac Freund, Frau, 1 Sohn unter 16, 1 Tochter über 16.
338 (Wetterg.21)	Buchbinder S. Stiebel, 2 Gesellen.

344 (Wetterg.25)   Kaufmann L.A. Lucas, 1 Magd,
                      Sohn A. Lucas, Frau, 3 Söhne unter 16,
                      2 Töchter unter 16, 1 Magd,
                      Dr. Eichelberg.

590 (Uni.str. 5)   Secretär Lilienfeld, Frau, 5 Söhne unter 16,
                      1 Tochter unter 16, 2 Mägde.

3. Erwerbstätigkeit der jüdischen Bevölkerung im Kreis Marburg 1842

Quelle: StAM, Bestand 16, Ministerium des Innern, Rep. XIV Kl.1, Nr.57.

Händler	41	(66%)		
Großhändler			12	(19%)
Kleinhändler			18	(29%)
Nothändler			11	(18%)
Handwerker	13	(21%)		
Metzger			5	(8,2%)
Schuhmacher			2	(3,2%)
Schneider			2	(3,2%)
Schirmmacher			2	(3,2%)
Buchbinder			1	(1,6%)
Färber			1	(1,6%)
Ackerbauern	2	(3%)		
Öffentlicher Dienst	6	(10%)		

4. Berufsstruktur der kurhessischen und preußischen Juden

Quellen: Kropat, Wolf-Arno: Die Emanzipation der Juden in Kurhessen und Nassau im 19. Jahrhundert, S. 325-349, in Neunhundert Jahre Geschichte der Juden in Hessen, Wiesbaden 1983, S. 342.
Prinz, Arthur: Juden im Deutschen Wirtschaftsleben, Tübingen 1984, S. 42.

Kurhessen 1842:

Händler	2.287	(64%)		
Großhandel			433	(12%)
Detailhandel			1.587	(45%)
Nothandel			261	(7%)
Sonstige			6	
Handwerker	868	(25%)		
Landwirte	170	(5%)		
Lehrer,Ärzte,Beamte	209	(6%)		

Preußen 1843:

Handel (alle Arten)	43,1%
Gast- und Schankwirtschaft	4,7%
Handwerk, Mechanische Künste	19,3%
Land- und Gartenbau	1,0%
andere Gewerbe	2,2%
Ärzte, Lehrer, Wissenschaft	2,7%
Rentner, Pensionäre	2,7%
Kommunale Dienste	1,3%
Tagelöhner	4,2%
Gesindedienst	10,2%
Unterstützte	3,8%
Bettler	4,9%

5. Marburger jüdische Selbständige 1853

Quelle: StAM, Bestand 16, Ministerium des Innern, Rep. XIV, Kl. 1, Nr. 57.

Kaufleute	4
Bankiers	-
Fabrikanten	-
zünftiges Handwerk	1
unzünftiges Handwerk	4
Landwirtschaft	-
Großhändler	3
bürgerliche Nahrung	-
Handel in sonst. Weise	3
Rentner	1
Rabbiner	1
Doktoren	2
Professoren	1
Witwe (Kramhandel)	1

6. Juden in Marburg 1855

Quelle: StAM, Bestand 330 Marburg C32, Volkszählung;
Auszug erstellt von Angus Fowler.

(Unterstrichene Hausnummern weisen auf den Eigenbesitz hin.)

Haus-Nr. (heute)		Name	Bezeichnung	Alter
24	(Barf.str.25)	Asher Buxbaum	Regenschirmmacher	73
		Hannchen Stern	Magd	55
		Isaac Juda Rülf	Lehrer	23
35	(Barf.str.32)	Simon Haas	Handelsmann	51
		Röschen	seine Frau	45
		Ferdinand		10
		Gustav		8
		Mathilde		6
39	(Barf.str.35)	Betti Wertheim	Witwe	51
		Regina Wertheim		24

46	(Barf.str.42)	Menke Eichelberg	Kaufmann	50
		Rebecca	seine Frau	22
		Resha		14
		Salomon		13
		Hermann		11
		Leopold		9
		Ernst		7
		Franziska		1
		Therese Eichelberg	ledig	56
		Amalie Eichelberg	ledig	55
47	(Barf.str.43)	Siemon Stiebel	Buchbinder	48
		Henriette	seine Frau	47
		Rosalie		16
		Pauline		10
91	(Mainzer G.31)	Sußmann Drucker	Tagelöhner	60
100	(Ritterstr.1)	Leopold Eichelberg	Dr.med.,pr. Arzt	51
108	(Ritterstr.10)	Moses Salomon Gosen	Prov.Rabbiner	76
		Johanette	seine Frau	68
		Rosine	Tochter	46
129	(Nicolaistr.9a)	Karl Brandt	Tischlergeselle	19
134	(Schneid.bg.1)	Freudchen Rose	Kleiderhändlerin	76
179	(Untergasse 1)	Moritz Erlanger	Kaufmann	40
		Rosa	seine Frau	26
		Caecilie		6
		Eduard		5
		Thekla		4
189	(Langgasse 8)	Sara Drucker	Trödelhändler	52
		Rosa Drucker		43
198	(Untergasse 6)	Seele Fraenkel	Kleiderhändlerin	59
		Betty Fraenkel	Kleiderhändlerin	52
		Hannchen Plaut	Ladenmädchen	55
		Albert Weinstein	stud. med.	20
		Moritz Lishard	stud. rer. nat.	20

<u>208</u>	(Untergasse 8)	S.A. Gosen	Rauchwaarenhändler	49
		Rosina, geb. Metz		41
		Klementia		15
		Louise		12
		H. Weiler	Rauchwaarenhändler	48
		Bertha,geb.Heilbronn		41
		Franziska		19
		Emma		17
		Minne		14
		Charlotte		11
255	(Hirschberg 8)	Koppel Buxbaum	Schirmmacher, Hdlsm.	38
		Amalie	seine Frau	38
		Moritz		6
		Bertha		14
		Lisette		12
		Hannchen		10
		Florentina		6
		Karoline		3
258	(Hirschbg.12)	Nathan Bacharach	Handelsmann	37
312	(Wettergas.16)	Sigmund Lilienfeld	Secretär	64
		Rosa	seine Frau	59
		August	Gymnasiast	15
		Maximilian	stud.	19
<u>324</u>	(Wetterga.25)	Aron Lucas	Kaufmann	63
		Fanny Lucas	seine Frau	53
		Wilhelm Lucas	Gehülfe	27
		Moritz Lucas	Uhrmacher	26
		Bernhard Lucas	Gehülfelehrling	19
344	(Renthof 5)	Joseph C.F. Rubino[1]	Prof. Dr.	56
		Mathilde, geb.Hartm.	seine Frau	37
488	(Ketz.bach 38)	Jacob Kureuther	Dr. jur.	25
505	(Ketz.bach 8)	Bernhard Lilienfeld	stud. med.	24
507	(Ketz.bach 6)	Julius Adler	stud. med.	21

742	(Weidenhsn.97)	Bernhard Freund	Kammerjäger	36
		Johanna	seine Frau	37
		Salomon		12
		Leopold		10
		Jaedi		6
		Amalie		4
		Jette Freund	Mutter	73
794	(Stockhaus)	Simon Levi	"Eisensträfling"	57

[1] Prof. Rubino war zum Christentum konvertiert.

7. Jüdische Geschäfte in Marburg 1874

Quelle: Adreßbuch der Stadt Marburg 1874.

(Nicht aufgenommen in die Aufstellung wurden die Geschäfte, bei denen nicht vollständig zu klären war, ob die Besitzer Juden waren.)

Name	Beruf	Haus-Nr.	heute
Baum, Meyer	Handelsmann (Kolonial-waren, Kurzwaren)	604	Am Grün 18
Blumenfeld, Meier H.	Holzhändler (Holz und Kohle)	76	Markt 19
Blumenfeld, Moses	Kaufmann (Herren- und Knaben-Konfektion, Stoffe)	68	Markt 9
Buxbaum, Koppel	Schirmfabrikant	334	Wetterg. 36
Drucker, Therese	Trödlerin	189	Langgasse 8
Eichelberg, Leopold	Dr. med.	100	Ritterstr.1
Eichelberg, Menke	Kaufmann (Bank- und Wechselgeschäft)	46	Barf.str.42
Eichelberg, Hermann	Kaufmann (Tuch und Buchskin, Maßkleider)	324	Wetterg. 25

Erlanger, Moritz	Kaufmann (Warenhaus)	520	Elisb.str. 15
Freund, Bernhard	Kleiderhändler (Herren- und Knabengarderobe, Tuche)	742	Wd.hausen 97
Freund, Salomon	Uhrmacher	336	Wetterg. 38
Fürst, Heinemann	Landesprodukte		am Bahnhof
Goldschmidt, Jacob	Fell- und Borstenhandel	18	Barf.str. 16
Haas, Simon & Bernhard	Lumpen- und Knochenhandel	556	Pilgrimst. 28
Kaiser, Feist & Baruch	Borstenverleger (Borsten und Artikel für Bürstenfabrikation)	40	Barf.str. 36
Lucas, W.	Zigarrenfabrikant (und Mineralwasser)	80	Markt 20
Lucas, Bernhard	Uhrmacher (Uhren, Gold- und Silberwaren)	324	Wetterg. 25
Oppenheim, Simon	Landesprodukte	79	Markt 22
Rothschild, Jacob	Kaufmann	597	Am Grün
Rothschild, M.M.	Kaufmann (Kolonialwaren)	848	Pilgrimst. 13
Rothschild, Salomon	Landesprodukte	541	Steinweg
Stern, Kaufmann	Viehhändler	592	Am Grün 1
Strauss, Meyer H.	Kognacbrennerei	528	Ketzerbach
Strauss, Baruch	Kaufmann (Bank- und Wechselgeschäft)	44	Barf.str. 40
Strauss, Koppel	Lederhändler	298	Aulgasse 4
Strauss, M.S.	Kaufmann (Manufakturwaren)	336	Wetterg. 38
Süßmann	Handelsmann	244	Metzgerg. 6

8. Jüdische Einwohner und Gewerbebetriebe in Marburg 1889

Quelle: Adreßbuch der Stadt Marburg von 1889.

Einwohner

Abt, A.	Kfm.	Barfüßerstr. 18
Aron, H.	Kfm., Firma Deutsch und Aron	Ketzerbach 9
		Geschäftslokal Steinweg 39
Baum, E. Wwe.	Putzgeschäft	Barfüßerstr. 48
Baum, M.	Hdl.	Am Grün 11
Baruch, B.	Kfm.	Elisabethstr. 6
Blumenfeld, M.	Kfm.	Markt 17
Buxbaum, A.	Sensal (=Handelsmakler)	Neustadt 25
Buxbaum, K.	Schirmmacher	Wettergasse 34
Cohen, H.	Prof.Dr.	Renthofstr. 10
Eichelberg, H.	Bankier, Firma Eichelberg & Sohn	Steinweg 35a
Eichelberg, R.	Kfm.Wwe.	Barfüßerstr.42
Eichelb. & Wertheim	Bankgeschäft	Wettergasse 25
Ellenzweig, H.	Hdlsm.	Pilgrimstein 11
Erlanger, L.	Kfm., Firma Rosa Erlanger	Elisabethstr. 10
Erlanger, R.	Wwe.	Elisabethstr. 10
Freund, B.	Kfm.	Weidenhausen 97
Freund, R.	Uhrmacherwwe.	Neustadt 15
Fürst, H.	Kfm.	Ob. Rosenstr. 2
Goldberg, J.	Rechtsanwalt	Markt 9
Goldschmidt, J.	Hdlsm.	Hahnengasse 8
Haas, B.	Kfm., Firma S. Haas	Pilgrimstein 28
Haas, J.	Rentnerin	Barfüßerstr. 41
Isenberg, G.	Metzger	Steinweg 12
Isenberg, J.	Restaurateur	Steinweg 12
Isenberg, M.	Restaurateur	Bahnhofstr. 24
Kugelmann, M.	Kfm.	Markt 17
Kugelmann, S.	Kfm., Firma Gebr. Kugelmann	Barfüßerstr. 25
Leonhard, R.	Prof.Dr.	Barfüßertor 33
Leyser, M.	Kfm.	Barfüßerstr. 48
Lion, L.	Rentier	Markt 8
Lion, Z.	Kfm.	Weidenhausen 17
Lucas, B.	Uhrmacher	Wettergasse 25
Lucas, J.	Wwe.	Rübenstein 9
Lucas, P.	Privatiere	Barfüßerstr. 18
Lucas, W.	Kohlenhdl.	Steinweg 21
Moses, M.	Hdlsm.	N. Kasseler 14
Moses, M.	Kfm., Geschäftslokal Steinweg 36	Pilgrimstein 6
Munk, L., Dr.	Prov. Rabb.	Wettergasse 8
Nussbaum, M.	Wwe.	Wettergasse 3
Oppenheim, G.	Kfm.	Schloßtreppe 1
Oppenheim, H.	Kfm.	Markt 18

Oppenheim, S.	Kfm.	Markt 22
Rosenbusch, L.	Kfm., Firma M. Eichelbergs Nachf.	Barfüßerstr. 42
Rothschild, J.	Fellhdl.	Am Grün 21
Rothschild, M.M.	Kfm.	Bahnhofstr. 6
Rothschild, S.	Hdl.	Schwanallee 6
Rothschild, Z.	Kfm.	Wettergasse 3
Rubino, M.	Prof.Wwe.	Renthofstr. 5
Seelig, J.	Thoraschreiber	Steinweg 16
Sommer, N.	Lehrer	Markt 7
Stern, G.	Schirmmacher	Rübenstein 13
Stern, J.	Wwe.	Zwischenhsn 12
Stern, K.	Hdl.	Kasernenstr. 6
Stern, L.	Kfm.	Wörthstr. 17
Stern, M.	Kfm.	Bahnhofstr. 23
Strauß, B.	Bankier	Barfüßerstr. 40
Strauß, B.	Privatiere	Neustadt 4
Strauß, H.	Kfm.	Bahnhofstr. 24
Strauß, H.	Lederhdl.	Wettergasse 2
Strauß, I.	Lederhdl.	Wettergasse 29
Strauß, K.	Lederhdl.	Wettergasse 2
Strauß, M.	Kfm.	Ketzerbach 9
Strauß; M.B.	Kfm.	Steinweg 15
Strauß, M.H.	Kfm.	Steinweg 46
Strauß, S.	Hdl.	Kasernenstr. 14
Wertheim, G.	Privatier	Roter Graben 6
Wertheim, H.	Bankier	Roter Graben 6

Gewerbebetriebe

Bank- und Wechselgeschäfte: Eichelberg & Sohn, Eichelberg & Wertheim, Strauß

Commissionäre: Buxbaum

Fabriken: Lion, Strauß, M., Strauß, M. (Likör); Lucas (Mineralwasser)

Händler: Baum, Ellenzweig, Goldschmidt, Moses, Rothschild, Stern, Strauß

Handlungen: Lucas (Antiquitäten);
    Goldschmidt (Borsten);
    Baum, Rothschild, Steinberger, Stern, Strauß (Colonial-, Material-, Drogen-, Farb-
    waren-, Spezerei-,Delikatessen);
    Rothschild (Fell);
    Blumenfeld, Deutsch & Aron, Erlanger, Freund, Moses (Kleider);
    Haas (Knochen und Lumpen);

Lucas (Kohlen);
Strauß, H., Strauß, J., Strauß, K. (Leder);
Erlanger, Rosenbusch (Nähmaschinen);
Fürst, Oppenheim, Strauß (Produkten);
Baruch, Baum (Tapisserie, Lingerie, Mercerie, Kurz-, Putz-, Weißwaren);
Blumenfeld, Erlanger, Kugelmann, Moses, Rosenbusch (Tuch, Leinen, Mode);
Rothschild (Wein)

Juweliere, Gold- und Silberarbeiten: Lucas

Metzger: Isenberg

Restaurateure: Isenberg, J., Isenberg, M.

Schirmgeschäfte: Buxbaum, Stern

Uhrmacher und Uhrhandlungen: Freund, Lucas

9. Jüdische Erwerbsstruktur 1914 in Marburg

Quelle: Adreßbuch der Stadt Marburg von 1914.

Tierarzt: Waldeck

Bäcker: Blumenfeld

Banken (privat): M. Eichelberg und Sohn, Baruch Strauß, Haas, Mitteldeutsche Kreditbank (Vorst.: Rothschild)

Fabriken: M. B. Strauß (Likör); Sonneborn (Seife)

Immobilien-Makler: Stern

Handlungen: Goldberg (Blasen, Därme, Felle);
   Heineberg & Co. (Eisen, Stahl, Blech, Messing);
   Heineberg & Co. (Haushalt, Galanterie, Spielwaren);
   Eichelbergs Nachf., Ellenzweig, Erlanger, Stern (Kleider, Stoffe);
   Schaumberg, Stern (Kohlen, Holz, Bau, Düngemittel);
   Strauß, H., Strauß, S. (Leder);
   Haas (Lumpen);
   Schaumberg (Maschinen);
   Eichelbergs Nachf., Erlanger, Schaumberg (Nähmaschinen);

Heineberg & Co. (Porzellan, Glas);
Bachrach, Fürst, Höxter, Oppenheim, Stern (Produkten);
Frankfurter Schuhlager, Rosenthal (Schuhwaren);
Steinberger (Tabak);
Baruch, Leyser, Blumenfeld, Eichelbergs Nachf., Ellenzweig, Gutmann, Erlanger,
Heineberg & Co. (Tapisserie, Lingerie, Mercerie, Kurz-, Weiß-, Putzwaren);
Eichelbergs Nachf., Ellenzweig, Erlanger (Tuch, Leinen, Modewaren);

Hotels, Gastwirte: Jonas, Isenberg

Konditoreien: Blumenfeld

Metzger: Bergenstein und Levy, Jonas, Isenberg, Katz

Putzmacherinnen: Baum, Heineberg & Co., Gutmann

Rechtsanwälte: Goldberg, L. Bachrach

Salz-Niederlage: Stern & Bär

Strickereien: Rothschild

Uhrmacher: Freund

Ergänzungen aus dem Gewerberegister der Stadt Marburg von 1914:

Baum, Sally	Lichtspiele	Bahnhofstr. 20
Beck, Ludwig	Rechts- und Inkassobüro	Weidenhausen 31
Blumenfeld, Johanna	Pension und Mittagstisch	Kasernenstr. 8
Blumenfeld, Sally	Landwirtschaftliche Maschinen, Landesprodukte und Manufakturwaren	Wehrdaer Weg 2
Bornstein, Isaak	Milchhandlung	Nicolaistr. 9
Haas, Siegfried	Agentur	Bismarckstr. 28
Jacobs, David	Hauptagentur für Feuerversicherungen	[keine Adresse]
Katz, Moritz	Kurzwaren	Wettergasse 4

Kugelmann, Salem	Kommission für Papierwaren, Schuhwarenrestbestände	Steinweg
Levi, Max Julius	Herrengarderobe	Steinweg 3 1/2
Lucas, Dina	Zahntechnikerin	Bahnhofstr. 10
Lucas, Toni	Privat-Mittagstisch	Am Grün 40a
Narcwezewitz, Max	Damenhüte und Trikotagen, "Geschäftshaus Marburg-Süd"	Haspelstr. 41
Rosenthal, Joseph	Hausierer	Weidenhausen 50
Stern, Franziska	Konfektion	Haspelstr. 17

10. Dokumente zur 'Entjudung' Marburgs

Bei den folgenden Dokumenten handelt es sich um Schriftverkehr, der die Ausplünderung der jüdischen Bevölkerung zum Gegenstand hat. Es geht hier nicht um Geschäftsangelegenheiten, sondern um die verschärften Repressionen, denen die Juden seit Ende 1938 ausgesetzt waren und im Rahmen derer sie vollständig ausgeplündert wurden.

Direkt nach dem Pogrom wurde den Juden eine 'Sühneleistung' von einer Milliarde Reichsmark auferlegt, die von den einzelnen anteilig - 1938 20%, 1939 25% des angegebenen Vermögens - an das Reich zu zahlen waren (Dokument 1).

Zum gleichen Zeitpunkt mußten alle Vermögenswerte auf Sperrkonten überwiesen werden; jede Verfügung darüber war genehmigungspflichtig (Dokumente 3 und 4).

Jüdische Bürger, die auswandern wollten, hatten u.a. Schuldenfreiheit nachzuweisen und mußten ihre materielle Lage bis ins einzelne auflisten (Dokumente 5 bis 7). Gab es noch Vermögenswerte, so war ein Betrag in Höhe des Wertes des Umzugsgutes abzuführen.

Auch vor den verschärften Repressionen seit Ende 1938 konnten Juden kaum hoffen, reelle Preise für Immobilien zu bekommen (Dokument 2). Nach Auswanderung oder Deportation fiel der jüdische Besitz an das Reich (Dokument 8) und stieß bei manchen 'Ariern' auf großes Interesse (Dokument 9).

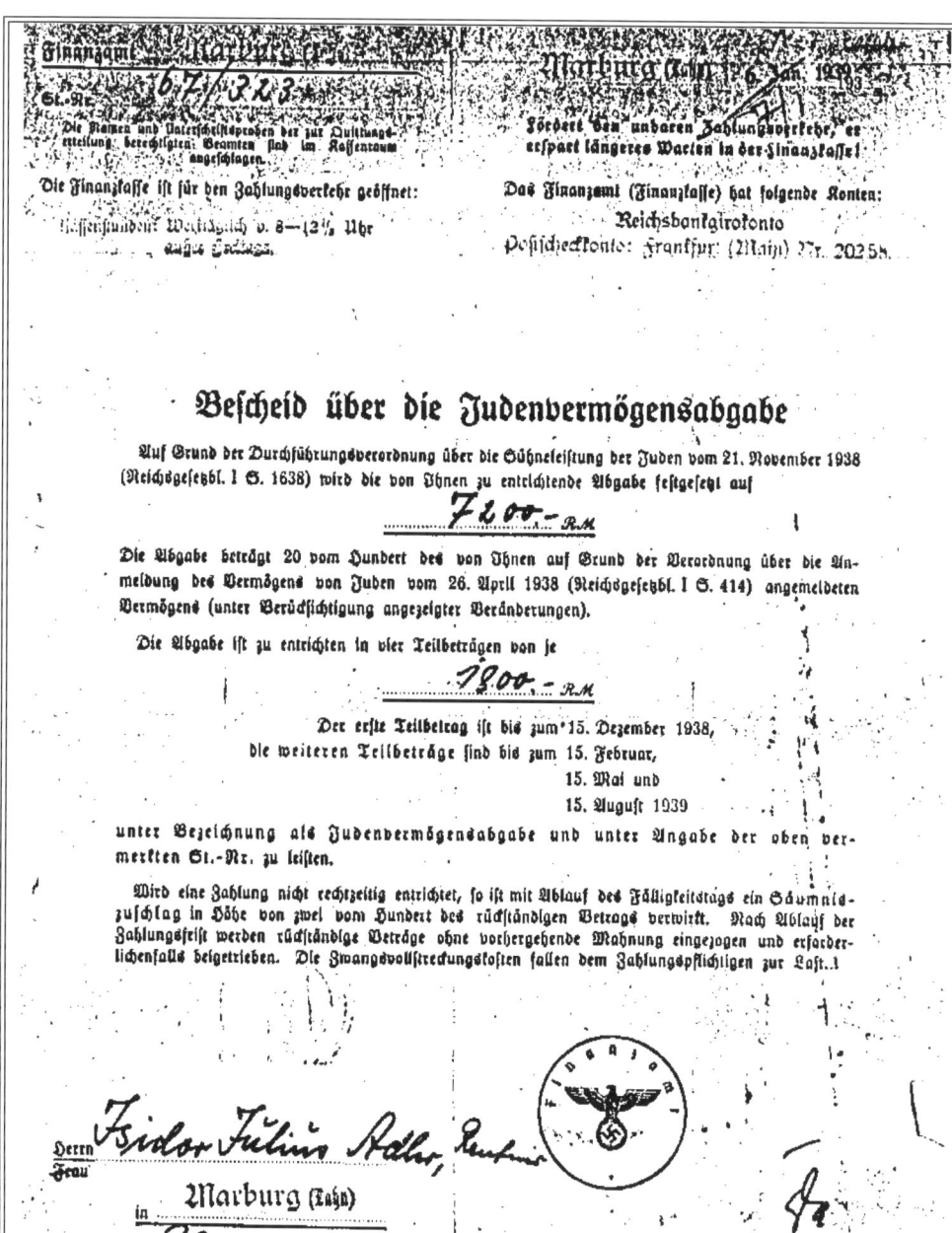

Die Namen und Unterschriftsproben der zur Quittungs-
erteilung berechtigten Beamten sind im Kassenraum
angeschlagen.

Die Finanzkasse ist für den Zahlungsverkehr geöffnet:

Kassenstunden: Werktäglich v. 8—12½ Uhr
außer Sonntags.

Fördert den unbaren Zahlungsverkehr, er
erspart längeres Warten in der Finanzkasse!

Das Finanzamt (Finanzkasse) hat folgende Konten:

Reichsbankgirokonto

Postscheckkonto: Frankfurt (Main) Nr. 20258.

Bescheid über die Judenvermögensabgabe

Auf Grund der Durchführungsverordnung über die Sühneleistung der Juden vom 21. November 1938
(Reichsgesetzbl. I S. 1638) wird die von Ihnen zu entrichtende Abgabe festgesetzt auf

7200.- RM

Die Abgabe beträgt 20 vom Hundert des von Ihnen auf Grund der Verordnung über die Anmeldung des Vermögens von Juden vom 26. April 1938 (Reichsgesetzbl. I S. 414) angemeldeten
Vermögens (unter Berücksichtigung angezeigter Veränderungen).

Die Abgabe ist zu entrichten in vier Teilbeträgen von je

1800.- RM

Der erste Teilbetrag ist bis zum 15. Dezember 1938,
die weiteren Teilbeträge sind bis zum 15. Februar,
15. Mai und
15. August 1939

unter Bezeichnung als Judenvermögensabgabe und unter Angabe der oben ver-
merkten St.-Nr. zu leisten.

Wird eine Zahlung nicht rechtzeitig entrichtet, so ist mit Ablauf des Fälligkeitstags ein Säumnis-
zuschlag in Höhe von zwei vom Hundert des rückständigen Betrags verwirkt. Nach Ablauf der
Zahlungsfrist werden rückständige Beträge ohne vorhergehende Mahnung eingezogen und erforder-
lichenfalls beigetrieben. Die Zwangsvollstreckungskosten fallen dem Zahlungspflichtigen zur Last.

Herrn
Frau

Isidor Julius Adler, Rentner

in Marburg (Lahn)

Elisabethstr. 15

Dokument 1.
Privatbesitz Hans Adler.

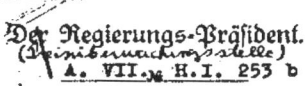

Der Regierungs-Präsident.
(Preisüberwachungsstelle)
A. VII. H.I. 253 b

Es wird ersucht, in Antwortschreiben die obige
Nummer anzugeben.

Fernruf: Sammelnummer 5742.
[24211].

Kassel, den 5. September 1938.
Geschäfts Nr. 4

Betr. Grundstücksverkauf der Fa. M. Stern o.H.G
in Marburg/Lahn an den Tankstelleninhaber
Georg M   in Marburg/Lahn.

– – – – –

Die im Auftrage der Fa. M. Stern o.H.G. in Marburg erhobene
Beschwerde vom 16.7. ds.Js, gegen den Bescheid des Herrn Oberbürgermeisters in Marburg/Lahn vom 6.7. ds.Js. –Gesch.Zeichen
Wi/38– wird hiermit auf Grund des § 2 des Gesetzes zur Durchführung des Vierjahresplanes –Bestellung eines Reichskommissars
für die Preisbildung– (kurz Preisbildungsgesetz genannt) vom
29.10.1936 (RGBl.I Seite 927) und der Fünften Anordnung über die
Wahrnehmung der Aufgaben und Befugnisse des Reichskommissars
für die Preisbildung vom 6.10. 1937 (RMBl IV.S.1706) als unbe-
gründet zurückgewiesen.

Nach § 2 des Preisbildungsgesetzes vom 29.10.1936 ist der
Reichskommissar für die Preisbildung ermächtigt, die zur Sicherung volkswirtschaftlich gerechtfertigter Preise erforderlichen
Maßnahmen zu treffen, Durch Rund-Erl.Nr.155/37 vom 6.10.37 hat
der Herr Reichskommissar für die Preisbildung ausdrücklich klar-
gestellt, daß die Verkäufe von bebauten und unbebauten Grundstücken unter die Preisgesetzgebung des Vierjahresplans fallen.
Durch die Fünfte Anordnung über die Wahrnehmung der Aufgaben
und Befugnisse des Reichskommissars für die Preisbildung vom 6.
10.1937 sind die Befugnisse des Reichskommissars bei Grundstük-
ken den unteren Verwaltungsbehörden –in Preußen den Landräten
und Oberbürgermeistern– übertragen worden.

Für das in Rede stehende Grundstück in Marburg/Lahn, Neue
Kasseler Straße 3 3/4, ist ein Verkaufspreis von 52.000.-RM ge-
fordert worden. Der Oberbürgermeister in Marburg/Lahn als zuständige Preisbildungsbehörde in Grundstücksangelegenheiten hat
als volkswirtschaftlich gerechtfertigten Preis einen Verkaufspreis von 38.504,70 RM ermittelt. Dieser Preis ist unter Mit-
wirkung von Sachverständigen festgestellt worden. Der Einheitswert des Grundstücks beträgt 28.000.- RM (Einschätzung des Finanzamtes). Auch nach meinen Feststellungen kann, unter Würdigung aller von Ihnen vorgebrachten Umstände, für das Grundstück
nur ein Preis von rund 38.500.-RM als volkswirtschaftlich ge -
rechtfertigt angesehen werden-.

Ihr

Dokument 2.
Grundbuchamt, Amtsgericht, Bd. 55, Blatt 2269.

Dr.Hermann Israel REIS   Marburg, den30.3.1939
Juedischer Devisenberater
f.juedische Auswanderer.
Kennummer A 00296, Marburg.

An den
Herrn Oberfinanzpraesidenten
(Devisenstelle)

K a s s e l

Betr.: Akte Julius Israel S t e r n , Marburg/L.
      Si 422/39 Sw/Wr

Laut Genehmigungsbescheid vom 10.Maerz 1939 ist dem Juden Julius
Israel S t e r n in Marburg/Lahn (Kennummer A 00084,Marburg)
gestattet worden, monatlich RM 300.- von seinen eingehenden
Aussenstaenden fuer seinen Unterhalt zu verwenden.

Im Monat Maerz sind nun aber die Aussenstaende in der Hauptsache
auf das gesicherte Konto bei der Dresdner Bank in Marburg eingezahlt worden. Nur rund RM 90.- sind bei dem Antragsteller selbst
eingegangen.

Ich bitte deshalb zu genehmigen, dass der Antragsteller von
einem gesicherten Konto bei der Dresdner Bank in Marburgden
Betrag von RM 200.- fuer seinen Lebensunterhalt abheben kann.

Der Antragsteller will in Zukunft alle eingehenden Eingaenge
bei der Dresdner Bank einzahlen. Er haelt dieses Verfahren fuer
uebersichtlicher. Ich bitte deshalb zu genehmigen, dass er ab
April 1939 monatlich RM 300.- fuer seinen Unterhalt (er muss
jetzt auch Miete bezahlen) von seinem gesicherten Konto bei der
Dresdner Bank entnehmen kann.

Ich ueberreiche anliegend eine Schreinerrechnung ueber RM 362.54.
Ich bitte zu genehmigen, dass Julius Israel S t e r n zu Lasten
eines gesicherten Kontos bei der Dresdner Bank in Marburg den
Betrag von RM 362.54 an Herrn Schreinermeister Heinrich TEXTOR
Marburg/Lahn, Woerthstr., ueberweisen kann.

Dr. Hermann Israel Reis

Dokument 3.
HStAWI, Abt. 519, Devisenakte.

290

Der Oberfinanzpräsident Kassel
(Devisenstelle)

Kassel, 1. April 1939.
Skagerrakplatz 31
Fernsprecher: 31951/2

Akte: Stern, Julius, Israel,
Marburg
Geschäftsnummer: Dev. St 422/39
Sw/Pa.

Die Angabe des nachstehenden Geschäftszeichens bei weiteren
Schreiben ist unbedingt erforderlich.

Sprechstunden: 9 — 12 Uhr.

abgesandt am 1. April 1939

An   Name _____

die Dresdner Bank

Filiale Marburg

M a r b u r g /Lahn

Genehmigungsbescheid

Auf den Antrag des Dr.Hermann Israel Reis in Marburg vom 30.3.1939

erteile ich der Dresdner Bank,Filiale Marburg,

in   Marburg/Lahn

gemäß § 59 des Devisengesetzes vom 12. 12. 1938 (Reichsgesetzbl. I S. 1733) die

Genehmigung für das nachstehend bezeichnete Geschäft in Höhe — XXXXXXXXXXXXXXX —

von 662,54 RM. in Worten: Sechshundertzweiundsechzig 54/100

Reichsmark

Zahlung aus dem nach § 59 DevGes.gesperrten Guthaben des Julius
Israel Stern,Marburg/Lahn,Barfüsserstrasse 26 an :
a) Heinrich Textor,Marburg/Lahn,Würthstrasse   = RM. 362,54
b) an den Kontoinhaber   = RM. 300,--
monatlich,zum Lebensunterhalt.

Wenn für den verflossenen Monat März noch ein Betrag benötigt
wird, ist ein besonderer Antrag,unter Beifügung der erforder=
lichen Unterlagen,einzureichen.

Auflagen:

1) Diese Genehmigung berechtigt nicht zur Verbringung oder Versendung von Reichsmarknoten und
Scheidemünzen in das Ausland oder zur Zahlung mit Schecks oder Wechseln.

2) Diese Genehmigung gilt nur für den oben bezeichneten Zweck und wird in dem Zeitpunkt unwirksam,
in dem der Verwendungszweck nachträglich wegfällt, spätestens jedoch am 31.Juli 1939.
Sie ist nicht übertragbar und mir unverzüglich zurückzugeben, falls sie nicht ausgenutzt wird.

Die eingereichten Originalbelege gebe ich anbei zurück.

Im Auftrag
ges. Unterschrift

Abschriftlich
Herrn Dr.Hermann Israel Reis,Marburg/Lahn.
zur Kenntnis.

Im Auftrag

Dv. II (2. 39. 6000.)

Dokument 4.
HStAWI, Abt. 519, Devisenakte.

Kugelmann
rg/Lahn.
Böckelstr.16

Marburg, den 15. Dezember 1938.

An den Herrn Oberfinanzpräsidenten
Devisenstelle

Kassel.

Hierdurch bitte ich um Ausstellung einer Bescheinigung,
dass ich mein Umzugsgut bei meiner Auswanderung nach Amerika mitnehmen
kann.

Ich bin erst heute in der Lage den Antrag zu stellen,
obwohl ich schon am 21. Dezember ab Hamburg mit dem Hapagdampfer ab-
reisen muss. Ich befand mich bis zum 13.ds.M. in Schutzhaft. Meine
Abreise war auf den 15.Dezember festgesetzt. Da meine Frau das kleine
Geschäft aufzulösen hatte und wir vier kleine Kinder haben, war die
frühere Einreichung der Listen unmöglich.

Am 21.12. fährt das letzte Hapagschiff in diesem Jahre.
Ich wollte meine Wohnung, die zum 1. Januar wieder vermietet ist,
schon am 15.12. aufgeben und kann sie unmöglich über den 1. Januar
behalten, da der Mieter auf den Einzug drängt und auch noch eine Instand-
setzung nötig ist.

Zu meinen persönlichen Verhältnissen gebe ich wiederholt
an, dass meine Familie aus meiner Frau und mir und vier Kindern im
Alter von drei bis neun Jahren besteht.

Ich war Frontsoldat und bin erst Ende 1919 aus engl.
Gefangenschaft zurückgekommen. Ich bin ohne Vermögen. Die Kosten meiner
Ausreise werden zum Teil vom Jüd. Hilfsverein und anderen jüd. Wohl-
tätigkeitsvereinen bestritten.

Ich hatte ein kleines Schuhgeschäft von dem nur noch ein
Restlager im Werte von einigen hundert Mark vorhanden ist. Ob und wie
ich es vor meiner Auswanderung noch verwerten kann, ist unbestimmt.
Es war mir nicht möglich irgendwelche Anschaffungen für die Auswanderung
zu machen. Nur in Schuhen und Strümpfen konnte ich mir einigen Vorrat
aus meinem Geschäft entnehmen.

Den Hausrat den wir mitnehmen müssen wir, mit Rücksicht
auf unsere kleinen Kindern, alsbald nach unserer Ankunft wieder in
Benutzung nehmen. Dieser Hausrat stammt zum grössten Teil noch von meinen
Eltern.

Ich bitte deshalb die aussergewöhnlichen Verhältnisse zu
berücksichtigen und mich in die Lage zu versetzen mein Umzugsgut noch
vor meiner Abreise versenden zu können.

Ich überreiche anbei 1. eine Bescheinigung des Finanzamtes Marburg, 2. eine Bescheinigung der Reichsbanknebenstelle Marburg,
3. eine Bescheinigung der Stadtkasse Marburg, 4. eine Aufenthaltsbesch.
5. eine Erklärung über mein Vermögen und Schuldenregelungserklärung
6. eine Liste des Umzugsgut 7. den Pass, mit der Bitte ihn mir wieder
auszuhändigen.

Dokument 5.
HStAWI, Abt. 519, Devisenakte.

Ich der Unterzeichnete Hugo Kugelmann will und muss am 21.Dezember nach U.S.A. auswandern.

Ich fahre mit dem Dampfer Hamburg der Hapag . Ich muss am Montag, den 19.ds.M. abends von hier abfahren.

Mein Umzugsgut soll in Kisten durch den Spediteur Happe in Marburg verpackt werden.

Ich gebe die folgende Vermögenserklärung ab :

Ich besitze nach der restlichen Bezahlung meiner Fahrtkosten nichts mehr. Ich habe nur noch einen Posten im Allgemeinen unmoderner Schuhe aus meinem Geschäft, die vielleicht einen Wert von zweihundert Mark haben. Dieses Geld habe ich dringend für die Speditionskosten nötig. Den seitherigen Ueber- schuss aus dem Verkauf meines Schuhlagers hatte ich nötig um meine Ge- schäftsschulden zu zahlen.

Ich habe nun keine Schulden mehr und kann in Kenntnis der Tatsache, dass die unrichtige Schuldenregelungserklärung bestraft wird, erklären : dass ich bei meiner Auswanderung keinerlei Schulden im Inland hinterlasse. Ich hinterlasse auch kein Vermögen im Inland.

Ich versichere die Richtigkeit und Vollständigkeit meiner Erklärung.

Marburg, den 15. Dezember 1938.

Hugo Kugelmann

Dokument 5, Fortsetzung.

Fragebogen für die Versendung von Umzugsgut

(in doppelter Ausfertigung einzureichen)

1. a) Vor- und Zuname des Auswanderers: Julius Israel Stern
   b) genaue Anschrift: Marburg a.L. Barfüsserstrasse 26
   c) Staatsangehörigkeit: Deutsches Reich

2. Geburtsdatum: 14. Dezember 1885

3. Jude oder Nichtjude im Sinne des § 5 der Ersten Verordnung zum Reichsbürgergesetz vom 14. November 1935? Jude

4. Sind Sie ledig oder verheiratet? verheiratet

5. Welche Personen wandern mit Ihnen zusammen aus?
   (Ehefrau, Kinder, sonstige Angehörige)

   Name:

   Ehefrau: Else Sara   geb. am 29. Januar 1891   Jüdin

   1. Kind: _____ geb. am _____

   2. Kind: _____ geb. am _____

   Juden im Sinne des § 5 der Ersten Verordnung zum Reichsbürgergesetz vom 14. November 1935?

6. Wohin wandern Sie aus? USA

7. Wo haben Sie und die mit Ihnen auswandernden Personen seit dem 3. August 1931 Ihren Wohnsitz gehabt?

   Vom 3.August 1931 bis jetzt In (Ort) Marburg a.L.

   Vom _____ bis _____ in (Ort) _____

8. Welches Einkommen haben Sie bzw. die mit Ihnen auswandernden Personen versteuert?

   1936 RM 3.107.--

   1937 RM ----.--

   1938 RM minus 3.181.-- (Verlust)

9. Welches Vermögen versteuerten Sie bzw. die mit Ihnen auswandernden Personen nach dem Vermögensteuerbescheid vom 1. Januar 1935? RM 51.000.--

Wenden

Dokument 6.
HStAWI, Abt. 519, Devisenakte.

, Obergerichtsvollz.   Marburg/Lahn   29. Sept.   19 39

(Name des Sachverständigen)   (Ort)   (Datum)

Tax-Verzeichnis

der zur Mitnahme ins Ausland bestimmten Umzugsgüter,
die nach dem 31. 12. 1932 angeschafft worden sind.

Gesch.-3. der Devisenstelle: I 39/84

Name des Auswanderers: Julius Israel Stern u. Frau Else Sara geb.
                                                      Oppenheim

Anschrift: Marburg/Lahn   Barfüsserstrasse 26

Gegenstand (genaue Bezeichnung)	Jahr der Anschaffung	Einkaufspreis lt. Rechnung	Taxwert des Sachverständigen	Bemerkungen
persönlich im Koffer				
1 silberne Taschenuhr	1939	1oo.—lt.Rechn.	1oo.—	mit Etui
1 Stahlarmbanduhr	1938	35.—lt.Ang.	35.—	
2 P.Ohrringe unecht	1938	3,50 "	3.—	
6 P.Herrnsocken	1934/36	4.— "	4.—	
2 P.D.Schutzschürzen	1934/37	o.8o "	1.—	
1 weisser Kittel	1935	3.— "	3.—	
Damenwäsche Nr.28-34	1937/38	55.— "	50.—	
24 Taschentücher	1934/36	9.60 "	9.—	
1 Posten Wäsche Nr.37-46 u.Toilettenartikel	1935/38	98.1o "	1oo.—	
2 Anzüge	1938/39		16o.—	
1 Regenmantel	1938	25.—lt.Ang.	25.—	
1 Regenschirm	1936	1o.— "	1o.—	
3 Selbstbinder	1936/38	6.— "	6.—	
1 Spitzenkleid	1936	45.— "	45.—	
1 Wintermantel	1937	95.— "	95.—	
1 Sommerkleid m.Unterkl.	1938	45.— "	45.—	

Gegen diese Schätzung steht dem Antragsteller der sofortige kostenpflichtige Einspruch zu. Der Einspruch ist dadurch erheben, daß der Antragsteller seiner Unterschrift die Worte: „Ich erhebe Einspruch" hinzufügt und das Wort „anerkannt" streicht.

Anerkannt:

(Unterschrift des Antragstellers)

Falls der Raum oben nicht ausreicht, ist die Rückseite oder eine Anlage zu benutzen.

Vordruck Des. V 3 Nr. 7 (5. 39. 2000)

Dokument 7.
HStAWI, Abt. 519, Devisenakte.

Der Vorsteher des Finanzamts
Marburg/Lahn
O 5205 — I/J 5/ 115.

Marburg/Lahn, ... 20. Oktober 1942

An das

[stamp: Amtsgericht/d.Lahn Eing. 23 OKT. 1942 vor/nachm ......]

Amtsgericht — Grundbuchamt —

M a r b u r g / Lahn

Betrifft: Verfall jüdischen Vermögens.

Der - die Jüdin .... Dina Sara Lucas ....
bisher in Marburg/Lahn .... wohnhaft ist am 7. September
1942 abgewandert. Nach der umseitig in begl. Abschrift ver-
zeichneten Verfügung des Herrn Regierungs-Präsidenten Kassel
vom 27.8.42 A II Nr. 8282/42 ist das gesamte Vermögen des
gen. Juden zu Gunsten des Deutschen Reiches eingezogen worden.
Damit ist auch der Grundbesitz dem Reich angefallen.

Dina Sara Lucas .... zu 1/2 war Eigentümer des in
Marburg/Lahn
Marburg/Lahn .... Band ...... 95 .... Blatt 3499 .... einge-
tragenen Grundstücks.

Ich beantrag hierdurch die Umschreibung des vorbezeich-
neten Grundstücks auf den

" Reichsfiskus (RdF) vertreten
durch den Oberfinanzpräsidenten Kassel"

Ich bitte, einen kostenlosen Grundbuch-Auszug nebst Um-
schreib. - Mitteilung zu übersenden.

[stamp and signature]

Dokument 8.
Grundbuchamt, Amtsgericht Bd. 95, Art. 3499.

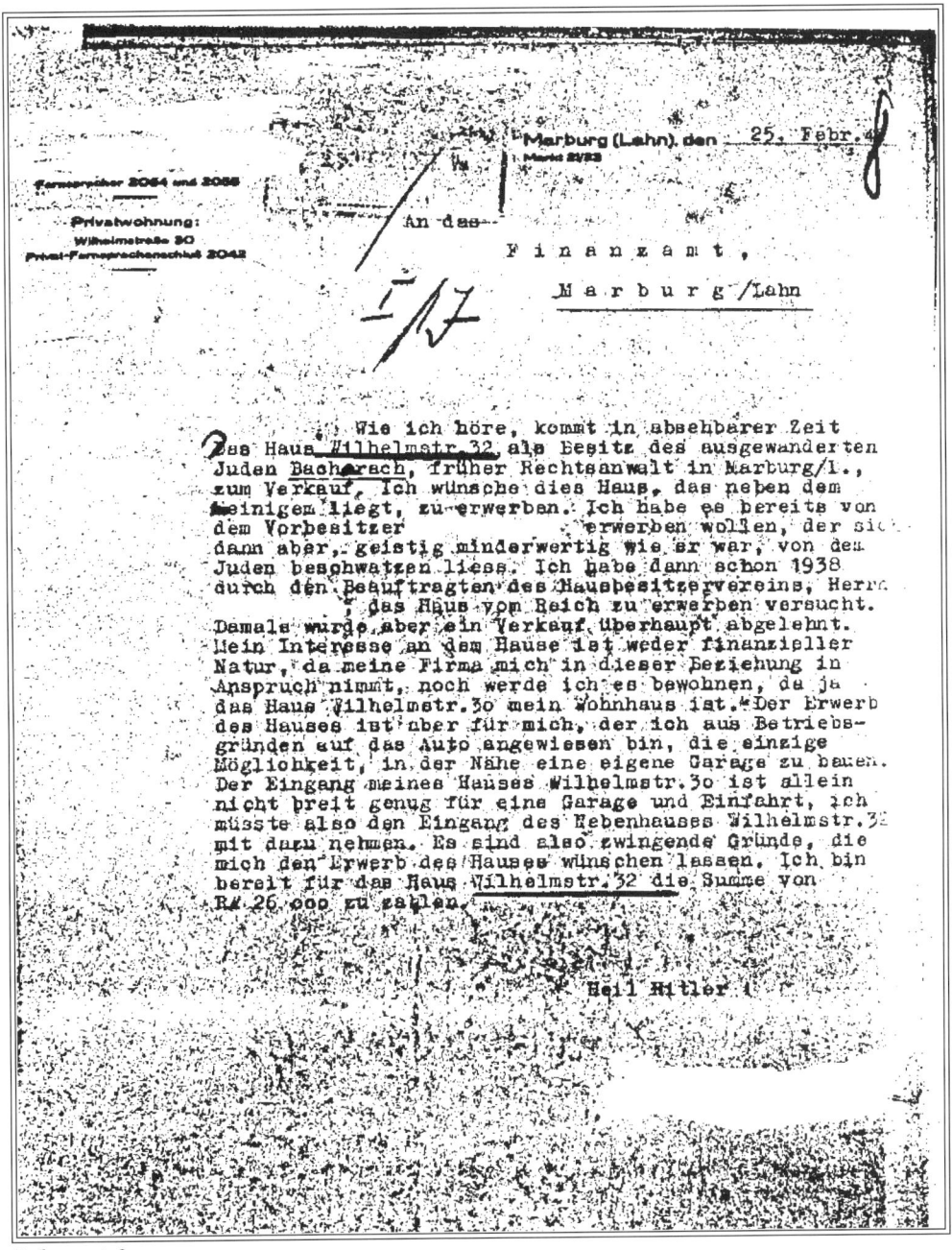

Marburg (Lahn), den 25. Febr. 4_

Fernsprecher 2064 und 2065

Privatwohnung:
Wilhelmstraße 30
Privat-Fernsprechanschluß 2042

An das

F i n a n z a m t ,

M a r b u r g / Lahn

Wie ich höre, kommt in absehbarer Zeit
das Haus Wilhelmstr.32 als Besitz des ausgewanderten
Juden Bacherach, früher Rechtsanwalt in Marburg/l.,
zum Verkauf. Ich wünsche dies Haus, das neben dem
meinigem liegt, zu erwerben. Ich habe es bereits von
dem Vorbesitzer   erwerben wollen, der sic..
dann aber, geistig minderwertig wie er war, von dem
Juden beschwatzen liess. Ich habe dann schon 1938
durch den Beauftragten des Hausbesitzervereins, Herr_
           das Haus vom Reich zu erwerben versucht.
Damals wurde aber ein Verkauf überhaupt abgelehnt.
Mein Interesse an dem Hause ist weder finanzieller
Natur, da meine Firma mich in dieser Beziehung in
Anspruch nimmt, noch werde ich es bewohnen, da ja
das Haus Wilhelmstr.30 mein Wohnhaus ist. Der Erwerb
des Hauses ist aber für mich, der ich aus Betriebs-
gründen auf das Auto angewiesen bin, die einzige
Möglichkeit, in der Nähe eine eigene Garage zu bauen.
Der Eingang meines Hauses Wilhelmstr.30 ist allein
nicht breit genug für eine Garage und Einfahrt, ich
müsste also den Eingang des Nebenhauses Wilhelmstr.3_
mit dazu nehmen. Es sind also zwingende Gründe, die
mich den Erwerb des Hauses wünschen lassen. Ich bin
bereit für das Haus Wilhelmstr.32 die Summe von
RM 26 000 zu zahlen.

Heil Hitler !

Dokument 9.
HStAWI, Abt. 519, Nr. 74, Finanzamt Marburg, Liegenschaftsstelle.

Hessen wie es im Buch steht
bei HITZEROTH

Barbara Händler-Lachmann /
Ulrich Schütt
»unbekannt verzogen«
oder »weggemacht«
Schicksale der Juden im
alten Landkreis Marburg
1933 – 1945
ca. 240 Seiten. Zahlreiche
Abbildungen. Gebunden.
ca. DM 39,-
ISBN 3-89398-080-6

1933 lebten in dreißig Orten des Land-
kreises ca. 850 jüdische Frauen, Männer und Kinder. Ihre Spuren verlieren
sich nicht einfach irgendwo. Die jüdischen Nachbarn sind nicht bloß »weggemacht«, wie es manche der heute Be-
fragten mitunter ausdrücken. In einer
großen Zahl der Fälle sind die Statio-
nen ihres Lebens rekonstruierbar. Nach
den Orten gegliedert, in denen sie
wohnten, werden die Opfer des Nationalsozialismus in ihrer Familienzu-
sammengehörigkeit dokumentiert. Mit
diesen lebensgeschichtlichen Angaben
versehen, ist jeder Person ein eigener
Kurzartikel gewidmet, der, wenn immer
das möglich war, durch ein Bild ergänzt
ist: den verfolgten Juden werden nicht
nur ihre Namen, sondern auch ihre Gesichter wiedergegeben. Ihre Einzel-
schicksale bilden den Hauptteil dieses
Buches. Eine Einleitung gibt einen
kurzen Überblick zur Situation der
jüdischen Bevölkerung im alten Landkreis Marburg. Im Schlußteil folgen Be-
merkungen zu den Deportationsorten.

Uwe Henkhaus
Das Treibhaus der Unsittlichkeit
Lieder, Bilder und Geschichte(n)
aus der hessischen Spinnstube
1991. 240 Seiten. 64 Abbildungen,
davon 7 in Farbe. 51 Lieder mit
Noten. Gebunden. DM 39,-
ISBN 3-89398-075-X

Jeder kennt das Sprichwort »Spinnen
am Morgen, bringt Kummer und Sorgen, spinnen am Abend, erfrischend
und labend«. Uwe Henkhaus macht
nachvollziehbar, warum das abendliche
Spinnen so positiv gesehen wird – aber
nur von den Teilnehmern an den Ge-
sellschaften, nicht dagegen von den
Behörden und anderen Sittenwächtern,
denen die Spinnstuben »Treibhäuser
der Unsittlichkeit« waren. Die Spinnstube diente aber nicht nur dem ernsten
Broterwerb, sondern erfüllte für die
dörfliche Gesellschaft viele andere
soziale Funktionen: sie war Nachrich-
tenbörse und kritisches Forum, der Ort
für jugendliche Sexualkultur, an dem
Ehen angesponnen werden konnten,
und für feuchtfröhliche Ausgelassen-
heit. Im Mittelpunkt der Geschichte(n)
aus der hessischen Spinnstube stehen
die von Henkhaus gesammelten und
notierten Spinnstubenlieder. Zu ihnen
gehören neben Volks- und Kinderliedern
auch erotische, Scherz- und Spottlieder
sowie Schlager. Die Mannigfaltigkeit ihrer Varianten gibt Zeugnis von einer le-
bendigen Kultur, die zumindest in der
Spinnstube verstanden hat, Arbeit und
Leben zu versöhnen.

Hessen wie es im Buch steht
bei HITZEROTH

Park und Schloß
Rauischholzhausen
Uwe Rüdenburg (Hrsg.)
Mit Beiträgen von Ulrike Fezer-
Modrow, Jutta Schuchard und
Cornelia Jöchner
Fotos von Uwe Rüdenburg
1991. 132 Seiten. 99 Abbildungen,
davon 73 ganzseitige Fotos.
Gebunden. DM 48,-
ISBN 3-89398-058-X

Zu den beliebtesten Sehenswürdigkeiten
und Ausflugszielen im mittelhessischen
Raum gehören der Park und das
Schloß Rauischholzhausen. Erstmals
würdigt nun dieser Textbildband umfassend dieses bedeutende Kulturdenk-
mal. In zahlreichen Fotografien läßt
Uwe Rüdenburg ein Bild des Parks entstehen, das dessen gartenkünstlerische
Qualitäten im Lauf der Jahreszeiten
deutlich macht. Die Texte von Ulrike
Fezer-Modrow, Jutta Schuchard und
Cornelia Jöchner zeigen die Ent-
stehungsgeschichte des Parks und des
Schlosses auf und stellen den Zusammenhang mit der Kulturgeschichte des
19. Jahrhunderts im allgemeinen und
der Gartenkunst im besonderen her.
Die Darstellung wird ergänzt durch
Text- und Bilddokumente, die bis in die
Entstehungszeit von Park und Schloß
zurückreichen und die überwiegend
zum ersten Mal veröffentlicht werden.

Gerhard E. Schmitt
Naturkundliche Wanderungen
in Hessen
1990. 158 Seiten. 47 Fotos,
24 zweifarbige topographische
Karten, 12 Abbildungen und
6 Profile. Kartoniert.
DM 19,80
ISBN 3-89398-001-6

Das Land zwischen Main und Weser
bietet eine Vielzahl von unterschied-
lichen Naturerlebnissen: Seltene Pflan-
zen, bizarre Gesteinsformationen, vul-
kanische Landschaften, ausgedehnte
Wälder und vieles mehr sind wandernd
zu entdecken. Darüber hinaus führt der
Autor Gerhard Schmitt, er ist promo-
vierter Diplomgeologe, zu alten Berg-
werken, Steinbrüchen und Höhlen. Der
Leser wird merken, wie spannend es ist,
nach der Karte neue und unbekannte
Wege zu suchen, alte Ringwälle oder
Höhlen zu finden und sich mit etwas
Phantasie in die Vergangenheit zu versetzen. Allgemeinverständliche und an-
schauliche Einführungen, zum Beispiel
in die Geologie des Landes, zahlreiche
Abbildungen und zweifarbige topographische Karten erleichtern die Vorbereitungen des Wanderers.

HITZEROTH
Franz-Tuczek-Weg 1 · 3550 Marburg